# A prática da Psicologia Hospitalar na Santa Casa de São Paulo:
novas páginas em uma antiga história

Wilze Laura Bruscato
Carmen Benedetti
Sandra Ribeiro de Almeida Lopes
ORGANIZADORAS

# A prática da Psicologia Hospitalar na Santa Casa de São Paulo:
## novas páginas em uma antiga história

### AUTORES

Adriana Aparecida Fregonese • Adriana Haberkorn • Ana Paula Sabatini de Mello
Carmen Neves Benedetti • Daniela Achette dos Santos • Juliana Haddad David
Marcela Mayumi Gomes Kitayama • Maria das Graças Saturnino de Lima
Mirella Baise Duque • Nilza Maciel Oliveira • Rosana Trindade Santos Rodrigues
Sandra Fernandes de Amorim • Sandra Ribeiro de Almeida Lopes
Silvia Faigenbaum Balsimelli • Valéria Wojciechowski • Wilze Laura Bruscato

© 2004 Casa do Psicólogo® Livraria e Editora Ltda.
© 2009 Casapsi Livraria e Editora Ltda.
É proibida a reprodução total ou parcial desta publicação, para qualquer finalidade, sem autorização por escrito dos editores.

**1ª Edição**
*2004*

**1ª Reimpressão**
*2006*

**2ª Edição**
*2009*

**1ª Reimpressão**
*2010*

**Editores**
*Ingo Bernd Güntert e Myriam Chinalli*

**Assistente Editorial**
*Sheila Cardoso da Silva*

**Revisão**
*Julián Miguel Barbero Fuks*

**Produção Gráfica & Capa**
*Renata Vieira Nunes*

**Foto de Capa**
*Toshio Mochida*

**Editoração Eletrônica**
*Valquíria Kloss*

**Dados Internacionais de Catalogação na Publicação (CIP)**
**(Câmara Brasileira do Livro, SP, Brasil)**

A Prática da psicologia hospitalar na Santa Casa de São Paulo : novas páginas em uma antiga história / Wilze Laura Bruscato, Carmen Benedetti, Sandra Ribeiro de Almeida Lopes, organizadoras. — São Paulo : Casa do Psicólogo®, 2010.

1ª reimpr. da 2. ed. de 2009
Vários autores.
Bibliografia.
ISBN 978-85-7396-403-5

1. Hospitais - Aspectos psicológicos 2. Medicina e psicologia 3. Santa Casa de Misericórdia de São Paulo - História I. Bruscato, Wilze Laura. II. Benedetti, Carmen. III. Lopes, Sandra Ribeiro de Almeida.

10-10804                                                                         CDD-362.11019

**Índices para catálogo sistemático:**
1. Psicologia hospitalar : Santa Casa de Misericórdia de São Paulo : Bem-estar social 362.11019
2. Santa Casa de Misericórdia de São Paulo : Psicologia hospitalar : Bem-estar social 362.11019

**Impresso no Brasil**
*Printed in Brazil*

Reservados todos os direitos de publicação em língua portuguesa à

**Casapsi Livraria e Editora Ltda.**
Rua Santo Antônio, 1010
Jardim México • CEP 13253-400
Itatiba/SP – Brasil
Tel. Fax: (11) 4524-6997
www.casadopsicologo.com.br

# Sumário

Apresentação, *Ana Mercês Bahia Bock* .................................................................. 11

Prefácio, *José Mandia Netto* ................................................................................. 13

## Parte I - Introdução

### Capítulo 1
A Psicologia no Hospital da Misericórdia: um modelo de atuação ........................ 17
*Wilze Laura Bruscato*

### Capítulo 2
O trabalho em equipe multiprofissional na saúde ................................................. 33
*Wilze Laura Bruscato*
*Marcela Mayumi Gomes Kitayama*
*Adriana Aparecida Fregonese*
*Juliana Haddad David*

### Capítulo 3
O cotidiano do psicólogo no Hospital Geral .......................................................... 43
*Wilze Laura Bruscato*
*Sandra Fernandes de Amorim*
*Adriana Haberkorn*
*Daniela Achette dos Santos*

### Capítulo 4
Avaliação psicológica no Hospital Geral ............................................................... 53
*Sandra Ribeiro de Almeida Lopes*
*Sandra Fernandes de Amorim*

### Capítulo 5
Intervenção psicológica no Hospital Geral ............................................................ 69
*Sandra Fernandes de Amorim*

# Parte II - Atendimentos psicológicos nas especialidades

## Capítulo 6
Atendimento psicológico da criança no ambiente hospitalar .................................................. 81
*Maria das Graças Saturnino de Lima*

## Capítulo 7
As dores do crescer ............................................................................................................. 89
*Sandra Ribeiro de Almeida Lopes*
*Carmen Benedetti*

## Capítulo 8
Atuação psicológica na UTI ................................................................................................ 99
*Adriana Haberkorn*

## Capítulo 9
Reabilitação física: um caminho para a adaptação psicossocial ......................................... 109
*Valéria Wojciechowski*

## Capítulo 10
Intervenção psicológica em obesidade mórbida ................................................................. 119
*Carmen Benedetti*

## Capítulo 11
O desafio da dor sem fim: reflexões sobre a intervenção psicológica junto a pessoas
portadoras de dor crônica .................................................................................................. 127
*Marcela Mayumi Gomes Kitayama*

## Capítulo 12
Transplante renal e hepático: a intervenção psicológica no Hospital Geral ....................... 135
*Rosana Trindade Santos Rodrigues*
*Maria das Graças Saturnino de Lima*
*Sandra Fernandes de Amorim*

## Capítulo 13
A Neuropsicologia no Hospital Geral ................................................................................ 155
*Silvia Faigenbaum Balsimelli*
*Mirella Baise Duque*
*Ana Paula Sabatini de Mello*
*Wilze Laura Bruscato*

## Capítulo 14
A atuação do psicólogo junto a pacientes cirúrgicos com câncer de cabeça e pescoço ...... 167
*Daniela Achette dos Santos*

## Capítulo 15
Intervenção psicológica em ambulatório geral .................................................................. 177
*Nilza Maciel Oliveira*

## Parte III - Outros focos de atuação no Hospital Geral

**Capítulo 16**
Trabalhando com famílias no Hospital Geral .................................................................... 189
*Rosana Trindade Santos Rodrigues*

**Capítulo 17**
Intervenção psicológica na equipe de saúde ...................................................................... 195
*Sandra Fernandes de Amorim*
*Sandra Ribeiro de Almeida Lopes*
*Wilze Laura Bruscato*

## Parte IV - Ensino e pesquisa em Psicologia Hospitalar

**Capítulo 18**
A formação do psicólogo hospitalar ................................................................................... 205
*Wilze Laura Bruscato*
*Rosana Trindade Santos Rodrigues*
*Sandra Ribeiro de Almeida Lopes*

**Capítulo 19**
Produção de conhecimento em Psicologia Hospitalar ..................................................... 213
*Wilze Laura Bruscato*
*Carmen Benedetti*

## Parte V - Considerações Finais

**Capítulo 20**
Considerações finais ............................................................................................................. 239
*Wilze Laura Bruscato*
*Carmen Neves Benedetti*
*Sandra Ribeiro de Almeida Lopes*

Autores ................................................................................................................................... 245

# AGRADECIMENTOS

Nos últimos anos, com a evolução do pensamento na área da saúde, a Psicologia Hospitalar tornou-se prática comum e reconhecida nos hospitais brasileiros e, a cada dia que passa, o psicólogo tem seu trabalho cada vez mais valorizado pelos profissionais que atuam no Hospital Geral, pelos pacientes que procuram tratamento e por seus familiares. Mas este percurso não foi fácil. Ao contrário, exigiu do psicólogo a capacidade de se desprender de um modelo clínico arraigado ao consultório e de se adaptar a uma Instituição mais acostumada ao discurso médico, fazendo-se aceitar por suas competências e conquistando seu espaço, ao mesmo tempo em que exigia, dos outros profissionais, que tradicionalmente exerciam suas atividades nos hospitais, flexibilidade e abertura para o discurso psicológico.

Na Irmandade da Santa Casa de Misericórdia de São Paulo não foi diferente. Esta é uma Instituição única, tradicional, que tem, como virtude fundamental, o exercício da caridade, na sua missão de misericórdia. É a mais antiga Instituição Assistencial e Hospitalar em funcionamento na cidade de São Paulo, tendo conseguido sobreviver, apesar de dificuldades de toda ordem, por mais de quatro séculos, inalterada em sua estrutura e finalidades, sem contudo deixar de acompanhar o desenvolvimento técnico e científico da área da saúde.

Assim é que, aos 444 anos, a Santa Casa de São Paulo conta, há 12, com o Serviço de Psicologia Hospitalar. E é a prática da Psicologia Hospitalar nesta Instituição, que vamos relatar neste livro que temos o prazer de apresentar. Ele foi produzido, desde sua concepção até sua redação, com liberdade intelectual e independência e sem que tivéssemos a pretensão de esgotar o assunto. Na realidade, pensamos a Psicologia Hospitalar como um assunto não apenas instigante, mas inesgotável. Registrando nosso sincero agradecimento a todos, Administração Superior, Superintendência, Diretorias, Chefias de Clínicas/Unidades/Serviços, colegas das equipes multiprofissionais, pacientes e familiares, que colaboraram para que esta obra se tornasse possível e nossa profunda gratidão à esta Casa centenária que, abrindo-nos suas portas, permitiu-nos desenvolver nosso trabalho, sempre com consideração, apoio e estima, deixamos aqui, estas *novas páginas em uma tão antiga história...*

*As Organizadoras*

# Apresentação

Apresentar o livro *A prática da Psicologia Hospitalar na Santa Casa de São Paulo: novas páginas em uma antiga história*, organizado pelas colegas Wilze Laura Bruscato, Carmen Benedetti e Sandra Ribeiro de Almeida Lopes, é um enorme prazer.

Tenho estado nos Conselhos de Psicologia desde 1997 e, nesse tempo, tem sido visível o enorme desenvolvimento da área de Psicologia Hospitalar. São congressos de excelente qualidade; entidades que se desenvolvem e envolvem cada vez um número maior de psicólogos; são competências profissionais que vão surgindo da prática cotidiana, aceitando o desafio que a realidade coloca para nossos saberes e fazeres; são cursos, pesquisas e publicações.

Este livro é uma contribuição que nasce do trabalho na Irmandade da Santa Casa de Misericórdia de São Paulo, de uma equipe extremamente qualificada e dedicada. A diversidade de experiências apresentadas mostra a amplitude do trabalho e a contribuição destas psicólogas para o desenvolvimento da área.

O livro é veículo de circulação de idéias, talvez dos mais eficientes. O livro, que ora se apresenta é, assim, um compromisso com a divulgação da experiência destas profissionais. Divulgar experiências, é colocá-las acessíveis a todos, para que possam debatê-las e aperfeiçoar suas práticas.

A Psicologia, desde os anos 70, abandonou sua timidez e aceitou o desafio de construir, na prática, um compromisso com a sociedade brasileira. Os anos 80 trouxeram para o mercado muitos profissionais que se inseriram em diferentes espaços de trabalho e, dali, estão dando sua contribuição para esta tarefa. As psicólogas da Santa Casa de São Paulo expuseram em um livro todo o resultado desta empreitada.

São 12 anos de trabalho sério, compromissado, qualificado e ético que servem como roteiro para a exposição das práticas e reflexões. Não poderia ter resultado em outra coisa que não um excelente livro.

Agora, a tarefa de dar continuidade à reflexão está dividida com os leitores. Fazer um bom uso desta publicação é contribuir no desenvolvimento da Psicologia e em especial da Psicologia Hospitalar.

Estão de parabéns as autoras/psicólogas da Santa Casa de São Paulo; está de parabéns a Psicologia por saber, com seriedade e compromisso, construir seu futuro; estão presenteados os psicólogos que se dedicam ou querem se dedicar à Psicologia Hospitalar.

Desejo bom proveito deste trabalho a todos, com a certeza de que, ao assumir a direção de uma entidade como o Conselho Federal de Psicologia, buscando contribuir para o desenvolvimento da Psicologia como ciência e profissão, tenho como parceiros os autores e os leitores deste livro.

*Ana Mercês Bahia Bock*
Psicóloga, professora na PUCSP e
presidente do Conselho Federal de Psicologia –
CFP, gestões 1997/2001 e 2004/2007.

# Prefácio

Acompanhei, desde o início, como Diretor Clínico dos Hospitais da Irmandade da Santa Casa de Misericórdia de São Paulo, com muito interesse e entusiasmo, a instalação e a evolução do Serviço de Psicologia Hospitalar. As páginas que se seguem foram inspiradas e nasceram, como resultado da vivência e da experiência das autoras, neste grande Hospital Geral. Representam notável contribuição à especialidade e é com a maior satisfação e orgulho que prefacio este precioso livro *A prática da Psicologia Hospitalar na Santa Casa de São Paulo: novas páginas em uma antiga história*.

É uma obra didática, científica e exemplo de organização e funcionamento de uma unidade de Psicologia Hospitalar num Hospital Geral. Tem amplo alcance profissional, abrangendo temas fundamentais, em profundidade e qualidade. Conceitua e apresenta com muita precisão a especialidade da Psicologia Hospitalar, analisa suas diferenças com a Psicologia Clínica, revelando suas características e complexidades. Suas páginas evidenciam o excelente desempenho assistencial e acadêmico destas profissionais autoras, junto aos doentes e suas famílias, aos médicos, às equipes da área de saúde e aos que buscam aprendizado, especialização ou aperfeiçoamento, além de expor seu empenho, curiosidade científica e inquietação na condução de projetos de pesquisa.

Congratulo-me com as organizadoras e autoras deste livro e manifesto minha mais elevada e sincera admiração às psicólogas Profa. Dra. Wilze Laura Bruscato, Carmen Benedetti, Sandra Ribeiro de Almeida Lopes, Adriana Aparecida Fregonese, Adriana Haberkorn, Ana Paula Sabatini de Mello, Daniela Achette dos Santos, Juliana Haddad David, Marcela Mayumi Gomes Kitayama, Maria das Graças Saturnino de Lima, Mirella Baise Duque, Nilza Maciel Oliveira, Rosana Trindade Santos Rodrigues, Sandra Fernandes de Amorim, Silvia Faigenbaum Balsimelli e Valéria Wojciechowski, que projetam e dignificam a Psicologia Hospitalar, publicando este magnífico livro. Parabéns!

*José Mandia Netto*
Ex-Diretor Clínico dos Hospitais da
Irmandade da Santa Casa de
Misericórdia de São Paulo.
Chefe de Clínica da Santa Casa de São Paulo.
Professor Adjunto da Faculdade de
Ciências Médicas da Santa Casa de São Paulo.

# Parte I

## Introdução

# Capítulo 1

# A psicologia no Hospital da Misericórdia: um modelo de atuação

Wilze Laura Bruscato

*Nosso saber é saber escutar, acolher, decifrar, para resgatar o sujeito do vazio da dor e da redução ao corpo.*

Autor desconhecido

## Introdução

A Ordem das Santas Casas de Misericórdia foi instituída em Portugal, em 1498, pela rainha Leonor de Lancastre, tendo como principal objetivo a prática de obras de caridade em quatro grandes áreas: tratar os enfermos, patrocinar os presos, socorrer os necessitados e amparar os órfãos. Ela é – ao lado da Igreja Católica, da Coroa Britânica e da Casa Imperial do Japão – uma das mais antigas instituições vivas no mundo.

No Brasil, a primeira Santa Casa foi fundada por Brás Cubas, no ano de 1543, na Capitania de São Vicente, hoje Santa Casa de Santos. A Confraria da Misericórdia de São Paulo dos Campos de Piratininga foi criada por volta de 1560 e esteve alojada sucessivamente no Pátio do Colégio, nos Largos da Glória e da Misericórdia (Carneiro, 1986). Hoje, o Hospital Central da Irmandade da Santa Casa de Misericórdia de São Paulo localiza-se no Bairro de Santa Cecília, antiga Chácara do Arouche.

Do ponto de vista jurídico, a **Irmandade da Santa Casa de Misericórdia de São Paulo** é uma entidade privada e filantrópica, composta por nove unidades hospitalares, tendo o Hospital Central, a tradicional Santa Casa, como referência. É um dos maiores complexos para assistência à saúde do país, com uma produção assistencial que a torna o maior prestador de serviços ao Sistema Único de Saúde – SUS, realizando, em termos sociais, uma atividade de valor inestimável.

Ao contrário do que freqüentemente se supõe, não é uma instituição governamental e tampouco uma ordem religiosa. Esse equívoco se dá pelo fato de sua origem remontar a um tempo em que os hospitais eram erigidos na vizinhança dos mosteiros e templos, sob inspiração e direção religiosa, numa evolução conjunta da fé e da Medicina (motivo este pelo qual, até o século XX, sempre encontramos, nos países católicos, uma capela nas dependências dos hospitais). Não há dúvida de que o cristianismo impulsionou novos horizontes aos serviços de assistência. Os Hospitais Gerais, que eram destinados não somente aos enfermos, mas também aos inválidos, órfãos, pobres e peregrinos, são praticamente uma invenção cristã (a palavra *hospital* vem da raiz latina *hospitalis*, que quer dizer *hóspedes*).

Na Idade Média, começam a ser fundadas, pela comunidade, através de suas elites, instituições de caridade, movidas por inspirações corporativas ou obedecendo a ditames que escapam ao controle da Igreja. Assim, reis, príncipes e nobres também iniciam a implantação de hospitais, tendo as ordens religiosas como coadjuvantes de sua iniciativa e não mais como matrizes da ação. E foi esse processo de inclusão de leigos, de *irmãos*, na ação de caridade de assistência à saúde, realizado pela cristã Coroa Portuguesa, o responsável pelo surgimento das "irmandades", que passaram a exercer sua ação caritativa de acordo com as "obras de misericórdia". Irmandades da Misericórdia são as pessoas que se associam para viverem a prática da caridade cristã (Carneiro, 1986).

Atualmente, a direção da Irmandade da Santa Casa de Misericórdia de São Paulo é exercida pela Mesa Administrativa, composta por 50 Irmãos Mesários e um Poder Executivo, a Provedoria, que tem, como autoridade máxima, o Irmão-Provedor. Essa Administração Superior não é remunerada e também não distribui, sob nenhuma forma, o lucro, que deve, obrigatoriamente, ser investido na própria Instituição. A administração profissional é exercida pela Superintendência, pelas Diretorias Clínica e Técnica e demais Diretorias Corporativas, que implementam metas e controles ordenados e aprovados pela Provedoria (Forte, 2003).

Na classificação hospitalar e no convênio com o SUS, os hospitais da Irmandade estão classificados como "universitários de pesquisa", uma vez que acolhem a Faculdade de Ciências Médicas da Santa Casa de São Paulo, na qual se realizam, atualmente, três cursos: Medicina, Enfermagem e Fonoaudiologia. Isso supõe que, além da *função essencial e prioritária da assistência*, a Irmandade necessariamente se coloca como formadora de recursos humanos para a área da saúde. E essa priorização da assistência, com elevado sentido humanista, nunca, contudo, relevando a ciência, é a característica fundamental do profissional da Instituição.

Assim, de acordo com o Regimento dessa Instituição e junto dos demais órgãos dessa Irmandade, o **Serviço de Psicologia Hospitalar** tem por finalidade o desenvolvimento de atividades assistenciais, de ensino e investigação científica e a contribuição para o aperfeiçoamento dos padrões profissionais, éticos e científicos da Psicologia da Saúde.

Os notáveis avanços da Medicina nas últimas décadas, marcados pela alta sofisticação das técnicas de diagnóstico e de tratamento, possibilitaram uma inegável melhoria da qualidade de vida do doente e contribuíram para modificar a relação do homem com seu corpo e com sua vida. Apesar disso, o hospital ainda é uma instituição marcada por situações extremas, por sofrimento, por dor e pela luta constante entre vida e morte e, no adoecimento, se potencializam angústias, medos, inseguranças, raivas, revoltas, não só para doentes e familiares, mas também para o próprio profissional da saúde, sempre preparado para a cura, mas em constante tensão diante da morte.

Para lidar com essa dimensão cognitiva/afetiva/emocional, a Psicologia Hospitalar é a especialidade da Psicologia que disponibiliza para doentes, familiares e profissionais da equipe de saúde, o saber psicológico. Assim, diante do acelerado processo de desenvolvimento tecnológico da área da saúde, quando a doença passa a ser objeto de reconhecido saber científico, a Psicologia Hospitalar vem a resgatar a singularidade do paciente, suas emoções, crenças e valores.

A história da Psicologia Hospitalar remonta a 1818, quando, no Hospital McLean, de Waverly, no Estado americano de Massachusetts, formou-se a primeira equipe multiprofissional que incluía o psicólogo.

No Brasil, na década de 30, as condições psicológicas passam a ser consideradas como fatores intervenientes no adoecimento. São fundados, em São Paulo, os primeiros Serviços de Higiene Mental, como propostas alternativas à internação psiquiátrica, e o psicólogo inaugura, inicialmente junto à Psiquiatria, seu exercício profissional na instituição de saúde. Em 1954, como resultado de um movimento mais consistente para regulamentar a participação da Psicologia na área da saúde, Mathilde Neder instala, num Hospital Geral, o primeiro Serviço de Psicologia Hospitalar, no Hospital das Clínicas da Faculdade de Medicina da Universidade de São Paulo (Botega, 2002; De Marco, 2003).

Atualmente, tramita no Senado Federal, o Projeto de Lei n.º 77/2003, que torna obrigatória a presença do psicólogo hospitalar nos serviços de saúde pública e privada, no sentido de *"promover o alívio do sofrimento do enfermo"* (CRP, 2003). Mas, mesmo antes da elaboração desse Projeto, o Ministério da Saúde já havia, através das Portarias n.º 2042/1996, 3407/1998 e 3432/1998, formalizado a inclusão do psicólogo nas Unidades de Terapia Intensiva, nos atendimentos a gestantes de alto risco e nas equipes de transplantes de órgãos (MS, 2004; CREMESP, 2004).

Na Santa Casa de São Paulo, o Serviço de Psicologia Hospitalar se define enquanto prestador de serviços psicodiagnósticos, de orientação e psicoterapêuticos para diferentes Departamentos ou mesmo para outros Serviços dessa Irmandade. Foi criado em fevereiro de 1992, em paralelo à crescente valorização do aspecto psicológico como fator interveniente em diversas situações de rotina em enfermarias e ambulatórios médicos. Ao longo destes anos, várias reformulações foram feitas, quer obedecendo a mudanças internas da Instituição, que levaram a selecionar e priorizar atendimentos que estivessem de acordo com as novas possibilidades e demandas, quer como decorrência de estudos científicos dos distúrbios psicológicos que ocorrem nas populações assistidas em hospitais gerais, que apontam para técnicas de intervenção mais eficazes.

Dessa forma, em sintonia com as mudanças sociais, econômicas, tecnológicas, políticas e culturais e mobilizando-se para obter mais informações, para conhecer e explorar todo o potencial de crescimento e ampliação dos serviços que o profissional da Psicologia pode prestar nessa Instituição, a equipe tem-se preocupado continuamente com a busca de aprimoramento e de maior capacitação teórico-prática, no que diz respeito às competências, habilidades e conhecimentos para o atendimento psicológico de pacientes, familiares e equipes, nas diferentes situações dessa Instituição da saúde.

A produção de conhecimento é outro aspecto bastante valorizado por esse Serviço. Através da investigação científica, os psicólogos, os especializandos e os alunos graduandos que aqui realizam seu estágio, estão cotidianamente buscando achados consistentes e significantes que, ao mesmo tempo que baseiam suas práticas clínicas, estabelecem parâmetros de atuação para a Psicologia Hospitalar. Dentro dessa perspectiva, o Serviço tem intensificado o intercâmbio com outras Instituições que trabalhem com a Psicologia da Saúde, tanto nacionais como internacionais.

O Serviço tem ainda uma atenção especial ao ensino, um pensamento de cunho didático, no sentido de formar multiplicadores desse modelo praticado, de atuação da Psicologia no Hospital Geral.

De acordo com essas diretrizes e, tendo sempre como foco primordial a ***promoção da saúde***, o Serviço tem por meta objetivos bastante diversificados.

## Objetivos

- Desenvolver atividades assistenciais, de ensino e investigação científica
- Contribuir para o aperfeiçoamento dos padrões profissionais, éticos e científicos da Psicologia da Saúde
- Desenvolver um modelo de atuação abrangente, associado à prática de outros profissionais, num sistema multiprofissional integrado, refletindo criticamente a respeito da prática realizada
- Prestar serviços psicodiagnósticos, de orientação e psicoterapêuticos para diferentes Departamentos ou para outros Serviços da Irmandade
- Identificar e analisar as necessidades de natureza psicológica dos pacientes encaminhados ao Serviço, avaliando as suas condições psicológicas nos seus aspectos emocionais, intelectuais, cognitivos, seu comportamento, sua personalidade, suas capacidades e limitações
- Prestar assistência psicológica ao paciente e familiares nos aspectos envolvidos na ativação, manutenção ou piora dos sintomas ou na repercussão emocional que a situação clínica possa ter causado
- Elaborar, com base na literatura científica, programas adequados de intervenção eficaz e eficiente, adequados às necessidades do paciente e às características da população alvo
- Auxiliar a equipe no manejo do paciente, esclarecendo-a sobre as condições psicológicas do mesmo e sobre os aspectos psicológicos envolvidos na situação
- Realizar trabalhos interventivos e preventivos, junto às equipes multiprofissionais e grupos profissionais
- Elaborar e realizar cursos de especialização em Psicologia Hospitalar, com a finalidade de formar multiplicadores desse modelo de atuação
- Despertar o interesse pela formulação de questões de investigação no campo da Psicologia da Saúde, vinculando-as a decisões metodológicas e à elaboração de projetos de trabalho condizentes com as necessidades dos pacientes e da Instituição
- Produzir conhecimento, realizando pesquisas relacionadas à Psicologia Hospitalar
- Elaborar, participar e divulgar eventos relacionados à prática da Psicologia Hospitalar nessa instituição
- Buscar, sobretudo, através de todas as atividades realizadas, elevar e dignificar sempre mais o nome da nossa Instituição.

Obedecendo a essas propostas, esse serviço se organizou em setores que atendam e cumpram essas diversas funções.

## Organização e funcionamento

Contando hoje com um quadro aprovado, mas nem sempre completo, de 18 profissionais (uma chefia e 17 psicólogos, que aparecem no **Anexo 1**), estes se distribuem nos seguintes setores:

### Setor de Consultoria – Enfermarias

Este setor contempla a atuação do profissional da Psicologia na avaliação e acompanhamento psicológico de pacientes e familiares das diferentes enfermarias do hospital, tanto de adultos como infantil, a partir de solicitação de pedidos de consulta formulados pela equipe de saúde.

No *sistema de consultoria*, que será amplamente abordado no capítulo 5, o profissional da Psicologia avalia, indica e/ou realiza um tratamento para o paciente que está sob os cuidados de outros profissionais. A presença do profissional da Psicologia é episódica, respondendo a uma solicitação específica de algum desses profissionais. Assim, numa breve incursão em outro serviço/clínica/departamento/unidade, o psicólogo auxilia no diagnóstico, no tratamento, no plano de ação, e fornece orientações ao paciente, aos familiares e aos membros da equipe (Nogueira-Martins & Frenk, 1980; Nogueira-Martins, 1995; Martins e cols., 1995; Nogueira-Martins & Botega, 1998; Botega, 1995; 2002; De Marco, 2003).

No modelo praticado pelo Setor de Consultoria, a ação do psicólogo fica circunscrita ao momento da hospitalização, ou seja, abarca um período específico do processo de adoecimento e tratamento, fato este que implica delimitações evidentes quanto às possibilidades de intervenção psicoterápica. Ainda assim, os casos encaminhados à Consultoria são discutidos pelo menos com a equipe médica e da Enfermagem.

Sabemos, porém, de acordo com inúmeros estudos (Pena, 1990; Fortes e cols., 1995; Botega & Smaira, 2002), que a doença movimenta uma série de processos secundários à enfermidade, criando uma situação à qual o paciente deverá se adaptar. Ela põe em jogo não só mecanismos fisiológicos, mas mobiliza também defesas psicológicas no intuito de enfrentar a ruptura do equilíbrio que é acarretada pela eclosão da doença.

Assim, em alguns casos, como atividade complementar à realizada na enfermaria e para viabilizar o cuidado do paciente no momento posterior à hospitalização, esse atendimento é estendido pela Consultoria Psicológica, dentro de objetivos definidos e critérios delimitados. Quando a necessidade de seguimento ambulatorial se faz presente, o paciente é encaminhado para o ambulatório que acolhe sua enfermidade ou para recursos da comunidade; caso contrário, o psicólogo conclui sua tarefa com as anotações no prontuário.

Os casos que necessitam de uma retaguarda psiquiátrica são encaminhados para a Psiquiatria e discutidos em reuniões semanais com essa equipe.

O Setor de Consultoria tem como essencial a delimitação de objetivos, a definição clara de modalidades de intervenção, o planejamento criterioso das rotinas de atendimento, o levantamento dos dados coletados, além da constante avaliação de resultados.

### Setor de Ligação – Ambulatórios Específicos

Este setor, que será amplamente explorado em diversos capítulos, objetiva uma atenção mais global, integrada, permanente e de qualidade à população assistida, em sintonia com as demandas apresentadas pelas diversas clínicas médicas e de acordo com os princípios gerais que norteiam o conceito de saúde, buscando sempre um equilíbrio entre a demanda e a assistência.

No *sistema de ligação,* o psicólogo está inserido na equipe que cuida do paciente. Tal sistema implica um contato de forma contínua do profissional da Psicologia com um dos diversos serviços/clínicas/departamentos/unidades do Hospital Geral. Neste caso, o psicólogo é um membro efetivo das equipes daqueles locais, atendendo seus pacientes, participando de reuniões clínicas e lidando com aspectos da relação estabelecida entre equipes, pacientes e famílias (Nogueira-Martins & Frenk, 1980; Nogueira-Martins, 1995; Martins e cols., 1995; Nogueira-Martins & Botega, 1998; Botega, 1995; 2002; De Marco, 2003).

Os atendimentos são prestados individualmente ou em grupo, tanto ao paciente como aos familiares, e seguem programas específicos em parceria com as especialidades médicas. Esses atendimentos têm um caráter informativo, profilático e terapêutico e freqüentemente contam com a participação de outros profissionais da área da saúde.

A **tabela 1** traz relacionados todos os locais de atividades assistenciais do Setor de Ligação no ano de 2004.

Tabela 1: *Locais de atividades assistenciais do Setor de Ligação no ano de 2004*

## LOCAIS DE ATIVIDADE ASSISTENCIAL

| |
|---|
| Unidades de Terapia Intensiva (UTI) e Semi-Intensiva |
| Ambulatório Geral |
| Ambulatório de Psicoterapia para as Famílias |
| Nefrologia |
| Transplante Renal |
| Transplante de Pâncreas |
| Cirurgia da Obesidade Mórbida |
| Adolescentes Obesos |
| Clínica de Terapia da Dor e Medicina Paliativa |
| Clínica da Adolescência |
| Adolescente Gestante |
| Doenças Intestinais |
| Doenças Pancreáticas |
| Transplante de Fígado |
| Transplante de Intestino |
| Serviço de Reabilitação Física Adulto |
| Pediatria (Diversos ambulatótios) |
| Fibrose Cística |
| Genética Médica |
| Ambulatório de Down |
| Bexiga Neurogênica |
| Transplante Renal Infantil |
| Neuropediatria |
| Serviço de Reabilitação Física Infantil |
| Fisiatria Infantil (Ortopedia) |
| Transplante Cardíaco |
| Transplante Pulmonar |
| Cardiopatias Diversas |
| Doenças Pulmonares |
| Tabagismo |
| Cirurgia de Cabeça e Pescoço |
| Cirurgia Buco-Maxilo Facial |
| Implante Coclear |
| Neurologia Geral |
| Neuropsicologia (Diversas Clínicas) |
| Neurocirurgia |
| Distúrbios do Comportamento (Demências) |
| Distúrbios do Sono |
| Epilepsia |
| Esclerose Múltipla (EM) |
| Esclerose Lateral Amiotrófica (ELA) |
| Transplante de Medula Óssea (TMO) |
| Hemofilia |
| Adolescentes Lúpicas |
| Ginecologia e Obstetrícia (Diversos ambulatótios) |
| Ortopedia |

## Setor de Cursos e Estágios

Este setor, que será contemplado com um capítulo à parte (capítulo 18), inclui todas as atividades ligadas a ensino e à propagação do modelo de assistência aqui praticado, tendo merecido, após alguns anos de implantação, a aprovação do Programa de Aprimoramento Profissional da Fundação do Desenvolvimento Administrativo – FUNDAP para o fornecimento de Bolsas de Estudo.

Sempre buscando uma qualidade de atuação, de forma a receber a aprovação dos órgãos da categoria, o Curso oferecido pelo Serviço foi reconhecido como oficial para a formação de especialistas, no ano de 2003.

Esse credenciamento do Curso de Especialização em Psicologia Hospitalar fez com que a Santa Casa, através de seu Serviço de Psicologia, fosse reconhecida pelos Conselho Regional de Psicologia – CRP e Conselho Federal de Psicologia – CFP, como *Núcleo Formador em Psicologia Hospitalar* e *Prestadora de Serviços de Psicologia à Comunidade com Fins Sociais*.

O Setor de Cursos e Estágios inclui todas aquelas atividades ligadas a ensino, quais sejam:

- Cursos de Especialização
- Cursos de Extensão Universitária
- Estágios curriculares de Instituições de Ensino que tenham assinado o "Acordo de Cooperação" com a Santa Casa
- Visitas programadas de outras Instituições de Ensino
- Supervisões técnicas e de campo
- Reuniões clínicas
- *Journal clubs.*

## Setor de Pesquisa e Atividades Interdisciplinares

Este setor, cujas atividades serão pormenorizadamente descritas no capítulo 19, tem participação nas reuniões periódicas e análise de projetos da Comissão Científica e do Comitê de Ética e sistematiza o desenvolvimento de pesquisas no campo da Psicologia no Hospital Geral. Ele, através de sua Comissão Científica, pratica e atende às normas metodológicas científicas e contempla os requisitos éticos de acordo com a Resolução 196/96 do Conselho Nacional da Saúde, responsabilizando-se por orientar os pesquisadores da Psicologia, metodológica e eticamente, para que os projetos sejam adequadamente encaminhados ao Comitê de Ética em Pesquisa da Irmandade.

Além disso, os alunos do Curso de Especialização em Psicologia Hospitalar e os alunos estagiários de outras Instituições de Ensino, através desse Setor, são engajados em atividades de pesquisa de pequeno porte, como, por exemplo, levantamento de dados, caracterização da população atendida, elaboração de protocolos de pesquisa, abertura de banco de dados.

Incluem-se nesse setor:

- Pesquisas desenvolvidas pelos próprios profissionais do Serviço de Psicologia Hospitalar
- Pesquisas desenvolvidas por outros profissionais da Santa Casa, não psicólogos, que necessitem da contribuição do psicólogo para psicometria e psicodiagnóstico
- Pesquisas desenvolvidas na Santa Casa por psicólogos de outras Instituições
- Pesquisas desenvolvidas pelos alunos dos Cursos de Especialização em Psicologia Hospitalar
- Pesquisas desenvolvidas por alunos graduandos de outras Instituições de Ensino, que tenham assinado o "Acordo de Cooperação" com a Santa Casa e que queiram realizar aqui seu Trabalho de Conclusão de Curso – TCC.

Esse setor ainda tem como tarefa desenvolver e supervisionar projetos interdisciplinares, que incluam a Psicologia, na área da Prevenção, Assistência e Ensino em Saúde e Projetos de Intervenção com Equipes Multiprofissionais.

Também é da responsabilidade desse setor a promoção de atividades de conhecimento e integração intra-hospitalar, especialmente no que se refere às contribuições possíveis da Psicologia à prática dos demais profissionais, incluindo a seleção de temas pertinentes para a organização de palestras sobre a Psicologia Hospitalar e a indicação e acompanhamento de palestrantes da Psicologia para eventos da Santa Casa.

### Setor de Eventos Científicos e Educação Continuada

Este setor organiza e promove congressos, simpósios e afins, voltados para psicólogos ou estudantes de Psicologia, versando sobre temas diversificados, através de um enfoque clínico e atual, objetivando fornecer subsídios para a inserção dos mesmos no Hospital Geral. Aborda, nesses eventos, o cotidiano do psicólogo no campo hospitalar, possibilitando o conhecimento das diversas formas de atuação em enfermarias e ambulatórios e aproximando o profissional do ambiente hospitalar. Esses eventos também pretendem instrumentalizar o profissional, para processos seletivos de Cursos de Especialização em Psicologia Hospitalar e viabilizar o acesso a produções científicas atualizadas.

Comprometidos que somos com a assistência, o ensino e a pesquisa, temos, como dever primordial, nossa constante capacitação profissional, o aprendizado contínuo e crítico e a contribuição para a produção de conhecimento. Assim, este Setor também propicia a oportunidade de supervisões de reciclagem com o objetivo de aprimoramento dos próprios profissionais do Serviço. É ainda da responsabilidade deste Setor o apoio à produção científica e à atualização, através do estímulo para a participação em cursos, eventos da área e publicações.

## Dados epidemiológicos e produção do ano de 2003

Vários são os estudos nacionais que estimaram a prevalência de distúrbios psicológicos nos Hospitais Gerais. De um modo geral, os dados gerados por esses estudos aproximam-se dos encontrados na literatura internacional (Mayou & Hawton, 1986; Lloyd, 1991; Botega & Smaira, 2002; Bruscato & Amorim, 2003).

Os autores referem que entre um terço e metade das pessoas atendidas ambulatorialmente por um clínico no Hospital Geral apresentam dificuldades emocionais (Brown e cols., 1988) e cerca de 60% dos pacientes internados apresentam algum tipo de distúrbio psicológico, que pode ser um problema crônico, uma manifestação decorrente do quadro clínico de base ou, ainda, reações à doença aguda, de seu tratamento e da hospitalização (Martins e cols., 1995; Botega & Smaira, 2002).

Tradicionalmente, segundo a literatura (Fortes e cols., 1995; Coelho & Bruscato, 2003), a população encaminhada aos Serviços de Psicologia dos Hospitais Gerais caracteriza-se majoritariamente como feminina, entre 20 e 45 anos (64%), com predominância de quadros ansiosos e depressivos (58%), com alta incidência de queixas orgânicas inespecíficas, sendo que esses transtornos depressivos e ansiosos em pacientes internados por doenças físicas levam ao aumento do tempo de permanência no hospital.

Além dos quadros de ansiedade e depressão, algumas outras características apresentadas pelos pacientes parecem ser mais facilmente reconhecidas pela equipe, como traços conversivos e hipocondríacos, ao contrário dos problemas somatoformes, que geralmente passam despercebidos, uma vez que a maior parte dos pacientes acometidos por problemas emocionais não reconhecidos apresenta-se ao médico com queixas corporais (Botega & Smaira, 2002).

Na Santa Casa de São Paulo, os pacientes com distúrbios ansiosos, depressivos e de ajustamento constituem a parcela numericamente mais significativa dos casos atendidos no Setor de Consultoria do Serviço de Psicologia Hospitalar (Amorim & Lopes, 2003; Coelho & Bruscato, 2003).

Alguns autores referem maior ocorrência desses distúrbios psicológicos associados a doenças orgânicas em países subdesenvolvidos e nas classes menos privilegiadas culturalmente, nas quais a própria pobreza de vocabulário favoreceria a expressão de sofrimento emocional através de sensações corporais, pela dificuldade dos indivíduos de expressar, através de um pensamento simbólico plenamente desenvolvido, conflitos mais íntimos, sentimentos e impulsos. O psicólogo exerce essa função de "decodificador", fazendo a ponte entre o somático e o psíquico (Fortes e cols., 1995).

A maioria dos estudos citados, como vimos, são de prevalência e se referem *aos diagnósticos mais freqüentemente atendidos* por esses Serviços, independente de onde se originou o pedido. Poucos são os dados específicos da literatura da área que se referem a *que especialidades geram mais encaminhamentos* de consulta para os Serviços de Psicologia.

Quanto ao local de origem do pedido, a demanda de atendimento psicológico em um Hospital Geral, oriunda das enfermarias ou dos diversos ambulatórios de especialidades, pode ser vista genericamente na literatura como originando-se na sua grande maioria da *Clínica Médica*, destacando-se também a *Cardiologia*, a *Clínica da Dor*, que representa um grande desafio à obrigação primária da atuação do médico – aliviar o sofrimento (Fortes, 2002), a *Dermatologia*, a *Reumatologia*, a *Ginecologia*, a *Pediatria* e quadros de *AIDS* e *câncer*. Aqueles pacientes das *Clinicas Neurológicas* também demandam atendimento psicológico, pela necessidade do uso de métodos especializados de investigação neuropsicológica (Fortes e cols., 1995). Alguns estudos enfatizam a importância da assistência psicológica nas questões ligadas às *cirurgias* (Benedetti, 2003), aos *transplantes* (Garcia & Zimmerman, 2002) e ao paciente na *Unidade de Terapia Intensiva – UTI* (Zimmerman & Bertuol, 2002).

No caso dos transplantes, conforme a evolução técnica foi ocorrendo, com o evidente aumento das taxas de sobrevida, abriram-se as portas para as pesquisas acerca da qualidade de vida desses doentes e surgiu a necessidade de se observarem os aspectos psicológicos e psicossociais dos pacientes transplantados e seus familiares (House & Thompson, 1988).

Quanto à questão da Unidade de Terapia Intensiva, considera-se que ela é, em si, um fator precipitante de problemas psicológicos. O paciente internado na UTI, além de apresentar um quadro clínico grave, está submetido à dor, ao sofrimento, à solidão e ao medo da morte. Além disso, a UTI é um ambiente gerador de estresse contínuo para o médico e sua equipe. Para os familiares, ela é, sem dúvida, uma das maiores fontes de ansiedade, pela sensação de impotência, pela vulnerabilidade a que o paciente fica submetido e pelo grande número de informantes (médicos, residentes, plantonistas, enfermeiros, auxiliares de Enfermagem).

Na Santa Casa de São Paulo, as especialidades que mais geraram pedidos de consulta, no ano de 2003, ao Setor de Consultoria do Serviço de Psicologia Hospitalar, são apresentadas na **Tabela 2**. Destes pedidos, 85% são feitos pela equipe médica e 12% pela equipe de Enfermagem (Coelho & Bruscato, 2003).

Tabela 2: *Total de pedidos de consulta dos vários departamentos/clínicas ao Setor de Consultoria no ano de 2003*

| ESPECIALIDADES | N.º DE PEDIDOS | PORCENTAGEM |
|---|---|---|
| Depto. de Pediatria e Puericultura | 175 | 32,3% |
| Depto. de Ortopedia e Traumatologia – DOT | 131 | 24,2% |
| Depto. de Medicina – DM (geral) | 92 | 17% |
| Depto. de Cirurgia – DC | 62 | 11,5% |
| Depto. de Obstetrícia e Ginecologia – DOGI | 24 | 4,4% |
| Unidade de Pulmão e Coração – UPCOR | 17 | 3,1% |
| Unidade de Terapia Intensiva – UTI Infantil | 15 | 2,8% |
| Pronto Socorro – PS | 3 | 0,5% |
| Depto. de Otorrinolaringologia | 2 | 0,4% |
| Depto. de Saúde Mental – PQ | 2 | 0,4% |
| Depto. de Oftalmologia | 1 | 0,2% |
| Sem dados do local de origem | 17 | 3,1% |
| TOTAL | 541 | 100% |

O censo acima considera apenas aquelas especialidades que são efetivamente cobertas pela Consultoria. As demais têm seus atendimentos computados pelo Setor de Ligação.

Os atendimentos decorrentes desses pedidos de consulta e aqueles feitos nos diversos ambulatórios e UTI somaram **11502** no ano de 2003. (O total geral de atendimentos de 2002 foi de **10086**). Segue, na **Tabela 3**, para melhor visualização do total geral de atendimentos (enfermarias, ambulatórios e UTI), a estatística do Serviço de Psicologia Hospitalar desse período.

Tabela 3: *Estatística de atendimentos do ano de 2003*

| MÊS | JAN | FEV | MAR | ABR | MAI | JUN | JUL | AGO | SET | OUT | NOV | DEZ | TOTAL |
|---|---|---|---|---|---|---|---|---|---|---|---|---|---|
| **AMBULATÓRIOS** | 486 | 435 | 657 | 657 | 744 | 667 | 625 | 558 | 712 | 818 | 687 | 438 | 7452 |
| **ENFERMARIAS** | 122 | 121 | 291 | 291 | 281 | 279 | 263 | 193 | 235 | 248 | 185 | 167 | 2647 |
| **UTI** | 140 | 111 | 112 | 112 | 153 | 124 | 144 | 120 | 85 | 116 | 116 | 65 | 1403 |
| **TOTAL** | 748 | 667 | 1060 | 1060 | 1178 | 1070 | 1032 | 871 | 1032 | 1182 | 988 | 670 | 11502 |

## Considerações finais

A evolução do conhecimento, o progresso da ciência, os avanços da Medicina e o desenvolvimento de tecnologias cada vez mais sofisticadas têm revelado possibilidades antes inimagináveis na área da saúde e impulsionado consideravelmente a ampliação do potencial diagnóstico, do tratamento e das modalidades de intervenção.

Ainda assim, a experiência da doença é um dos maiores desafios enfrentados pelo homem. Tanto a sofisticação da tecnologia dos modernos hospitais como os múltiplos tratamentos e procedimentos que os pacientes experimentam, favorecem reações orgânicas e psicológicas que demandam avaliação e tratamento psicológico.

A Psicologia, intimamente relacionada com o conceito de saúde – definido pela Organização Mundial da Saúde como o bem-estar físico, mental e social (OMS, 2002) – chega recentemente nesse cenário hospitalar, delimitando seu campo de atuação, formulando sua contribuição teórica efetiva e dando a conhecer as formas de incorporação do fato psicológico ao biológico e ao social.

É essa articulação entre o saber psicológico especificamente voltado às questões da saúde/doença e a prática psicológica no hospital que será o objeto das reflexões empreendidas neste livro. Ele reproduz e condensa nossa experiência no Serviço de Psicologia Hospitalar da Santa Casa de São Paulo, no momento em que esse domínio se configura como uma especialidade.

A importância dessa esfera de atuação, com seu campo próprio de conhecimento, está traduzida e concretizada na recente decisão do Conselho Federal de Psicologia de nomeá-la formalmente uma especialidade, denominada de Psicologia Hospitalar. De acordo com as orientações disponibilizadas por esse Conselho em seu *site* (CFP, 2003), o psicólogo especialista em Psicologia Hospitalar atua em instituições de nível secundário e terciário de atenção à saúde, tendo como principal tarefa a avaliação e o acompanhamento de intercorrências psíquicas dos pacientes em relação à doença e ao processo de internação, que estão ou serão submetidos a procedimentos médicos, visando basicamente à promoção e/ou recuperação da saúde física e mental. Promove, ainda, intervenções voltadas à relação entre os profissionais da saúde e entre paciente, familiares e equipe. Faz isso por meio de uma diversidade de modalidades de intervenção: atendimento terapêutico individual, grupos psicoterapêuticos, grupos de profilaxia, pronto atendimento, atendimento familiar, interconsultas, psicodiagnóstico e avaliação diagnóstica específica para finalidades clínicas e/ou cirúrgicas.

Falar da Psicologia Hospitalar como novo campo de saber parece ser, à primeira vista, uma temeridade, porque, na realidade, os aspectos psicológicos da saúde/doença vêm sendo discutidos desde longa data. Mas, anteriormente, o âmbito de atuação da Psicologia na área da saúde se resumia a duas dimensões principais: ou as atividades tradicionais da Psicologia Clínica, exercidas de forma autônoma, nos consultórios particulares, sem inserção no contexto dos serviços de saúde, ou aquelas atuações, subordinadas aos paradigmas da Psiquiatria, exercidas em hospitais e ambulatórios de Saúde Mental (Spink, 2003).

A Psicologia Hospitalar, inicialmente, não possuía um modelo assistencial para ser posto em prática e nem mesmo uma demanda já definida. Como conseqüência, houve uma certa confusão de papéis e muitos psicólogos adotaram, no hospital, o modelo clínico de atendimento em consultório, acreditando que o exercício da Psicologia no Hospital Geral seria a simples transferência do modelo já estabelecido, para outro local (Romano, 1999).

Embora transpondo as técnicas psicológicas de uma esfera para outra, a contínua participação no trabalho conjunto com médicos e outros profissionais da saúde, num contexto de Hospital Geral, foi-nos permitindo abandonar o enfoque centrado no indivíduo da Psicologia Clínica tradicional e adaptar, aperfeiçoar e criar técnicas hospitalares de diagnóstico e intervenção, trazendo mudanças na forma de inserção dos psicólogos na saúde, abrindo novas perspectivas de atuação e introduzindo transformações qualitativas na prática, que, por sua vez, solicitou novas construções teóricas. É desse ponto de vista que afirmamos que estamos diante da emergência de um novo campo do saber e da urgência na produção de conhecimento.

Assim, a denominação Psicologia Hospitalar não mais se refere a um *local* de atuação, mas a um *campo* de conhecimento, que vem sendo definido e dimensionado, inserindo, cada vez mais, o psicólogo na atividade de profissional da saúde. Para tanto, ele precisa ter um preparo consistente, precisa ser prático, assertivo e objetivo ao tratar do subjetivo, sob pena de não conseguir se fazer entender adequadamente e prejudicar a comunicação com os pacientes e com os colegas de outras áreas. Tem que buscar resultados, sem deixar de lado questões técnicas e teóricas, mas também sem ficar limitadamente preso a elas de forma estreita e rígida.

O paciente veio para o hospital buscar ajuda para lidar com os problemas atuais ligados à doença. Ainda que seus padrões defeituosos de percepção, de sentimento e comportamento estejam enraizados na sua origem passada, eles são sustentados por forças atuais, presentes e, dessa forma, é isso o que tem que ser visto e cuidado em princípio. Assim, o enfoque do trabalho precisa ser direto e dar ênfase à realidade presente. Claro que o significado dos eventos atuais está largamente influenciado pelas experiências passadas. Mas, o trabalho com indivíduos hospitalizados deve contribuir para estabelecer uma qualidade experiencial dos significados de sua condição atual de enfermo, mais do que revelar significados dos quais o indivíduo não está consciente.

O Serviço de Psicologia Hospitalar da Santa Casa de São Paulo tem sido um dos principais condutores da prática, da educação e da pesquisa nessa área já há mais de uma década. O psicólogo hospitalar, em nossa Instituição, tem uma função clínica, social, institucional e educacional, através de uma assistência psicológica regulada pela urgência e flexibilidade e que inclui, como clientela, não só o paciente, mas seus familiares e a equipe multiprofissional.

Temos o privilégio de pertencer a uma Instituição centenária que, mesmo enfrentando toda ordem de dificuldades ao longo dos anos, permitiu a construção e a manutenção de um espaço de trabalho psicológico de alto nível, sempre reconhecendo a importância da prática profissional da Psicologia para a saúde e que, incessantemente, respeita, apóia e estimula nossas atividades, nossa produção e nossas conquistas.

O saber acumulado em nossa prática, derivado do questionamento da nossa experiência na aplicação das técnicas psicológicas no âmbito hospitalar e a necessidade de contextualizar essa prática criaram as condições necessárias e determinaram o surgimento deste nosso livro.

Elaborado pela equipe de psicólogos hospitalares da Santa Casa, ele oferece uma visão da atividade do Serviço tal como ela é praticada na rotina hospitalar. Cada capítulo destaca as principais questões que os psicólogos encontram em suas clínicas e como as administram, e contém informações, comentários, indagações e considerações que serão úteis como base, tanto para estudantes que queiram se especializar nessa área, como para colegas que queiram ampliar seu referencial.

Acreditamos que o fato de tornar pública nossa experiência abre novas frentes de reflexão e aprofunda a discussão, o que, esperamos, venha a ser de grande utilidade para fazer crescer a produção de conhecimentos.

Deixamos, para finalizar, parte de uma mensagem de autor desconhecido, que revela muito de nosso trabalho em Psicologia Hospitalar:

*Quando uma pessoa doente pode chorar.*
*Quando esta pessoa com dor pode ter medos.*
*Quando ela pode fazer todas as perguntas.*
*Quando ela tenta entender os procedimentos.*
*Quando ela é prevenida e preparada para os efeitos colaterais dos tratamentos.*
*Quando ela percebe que pode ser parte ativa do processo de cura.*
*Quando ela aprende o que é "qualidade de vida".*
*Quando ela descobre os benefícios que a doença pode ter-lhe trazido.*
*Quando ela passa a ser um indivíduo e não apenas mais um "caso".*
*Quando ela pode rever seus valores.*
*Quando ela pode estabelecer novos objetivos.*
*Quando ela cria novos canais para se expressar.*
*Quando ela pode utilizar melhor seus recursos internos.*
*Quando ela vive o momento do adoecimento como uma oportunidade de se livrar da alienação quanto a si mesma.*
*Quando ela descobre o sentido da 'boa-morte'.*
*Quando ela sabe que, mesmo que algo lhe aconteça, sua família poderá ser amparada emocionalmente.*
*Quando ela pode falar e ouvir sobre o medo de morrer...*

*Certamente essa pessoa está sendo acompanhada por um psicólogo hospitalar...*

## Referências bibliográficas

AMORIM, S. F. & LOPES, S. R. A. – Caracterização dos Pedidos de Consulta para o Setor de Consultoria Psicológica da Santa Casa de São Paulo. *Livro de Resumos do XXI Congresso Brasileiro de Psiquiatria*: 428, 2003.

BENEDETTI, C. – *De Obeso a Magro*. Vetor. São Paulo, 2003.

BOTEGA, N. J. (Org.) – *Serviços de Saúde Mental no Hospital Geral*. Papirus. São Paulo, 1995.

BOTEGA, N. J. (Org.) – *Prática Psiquiátrica no Hospital Geral: Interconsulta e Emergência*. Artmed. São Paulo, 2002.

BOTEGA, N. J. & SMAIRA, S. I. – Morbidade Psiquiátrica no Hospital Geral. In: Botega, N. J. (Org.), *Prática Psiquiátrica no Hospital Geral: Interconsulta e Emergência*. Artmed. São Paulo, 2002.

BROWN, R. M. A.; STRATHDEE, G; CRISTIE-BROWN, J. R. W. & ROBINSON, P. H. – A Comparison of Referrals to Primary-Care and Hospital Out-Patients Clinics. *British Journal of Psychiatry*, 153: 168-173, 1988.

BRUSCATO, W. L. & AMORIM, S. F. – A Demanda pela Psicologia no Hospital Geral: Dados da Literatura e Dados da Santa Casa de São Paulo. *Livro de Resumos do XXI Congresso Brasileiro de Psiquiatria*: 133, 2003.

CARNEIRO, G. – *O Poder da Misericórdia: A Santa Casa na História de São Paulo*. Press Grafic. São Paulo, 1986.

COELHO, P. F. & BRUSCATO, W. L. – *Levantamento dos Pedidos de Interconsulta Psicológica da Santa Casa de São Paulo: Um Estudo Retrospectivo-Descritivo*. Trabalho de Graduação Interdisciplinar – TGI. Apresentado à Faculdade de Psicologia da Universidade Presbiteriana Mackenzie, São Paulo, 2003.

CONSELHO FEDERAL DE PSICOLOGIA – CFP. – *Resolução CFP n.º 014/00, que Institui o Título Profissional de Especialista em Psicologia e Dispõe sobre Normas e Procedimentos para seu Registro*. Disponível em http://www.psicologia-online.org.br, 2003.

CONSELHO REGIONAL DE MEDICINA DO ESTADO DE SÃO PAULO - CREMESP – *Portaria n.º 3424 de 12/02/1998*. Disponível em: http://www.cremesp.com.br, 2004.

CONSELHO REGIONAL DE PSICOLOGIA – CRP – Progresso na Saúde inclui Psicologia Hospitalar. *Jornal de Psicologia*, 137: 04-05, 2003.

DE MARCO, M. A. (Org.) – *A Face Humana da Medicina: Do Modelo Biomédico ao Modelo Biopsicossocial*. Casa do Psicólogo. São Paulo, 2003.

FORTE, A. C. – A Santa Casa de São Paulo e seus Hospitais. *Aconteceu*, Informes Especiais. Edição comemorativa do 40º aniversário da FCMSCSP: 4-8, 2003.

FORTES, S. L. – O Paciente com Dor. In: Botega, N. J. (Org.), *Prática Psiquiátrica no Hospital Geral: Interconsulta e Emergência*. Artmed. São Paulo, 2002.

FORTES, S. L.; PEREIRA, M. E. C.; BOTEGA, N. J. – Ambulatório de Saúde Mental. In: BOTEGA, N. J. (Org.), *Serviços de Saúde Mental no Hospital Geral*. Papirus. São Paulo, 1995.

GARCIA JR., C. & ZIMMERMAN, P. R. – Falência e Transplante de Órgãos. In: Botega, N. J. (Org.), *Prática Psiquiátrica no Hospital Geral: Interconsulta e Emergência*. Artmed. São Paulo, 2002.

HOUSE, M. R. & THOMPSON, T. L. – Psychiatric Aspects of Organ Transplantation. *Journal of American Medical Association*, 260: 535-539, 1988.

LLOYD, G. – *Textbook of General Hospital Psychiatry*. Churchill Livingstone. London, 1991.

MARTINS, L. A. N.; BOTEGA, N. J. & CELERI, E. H. R. V. – Interconsulta Psiquiátrica. In: Botega, N. J. (Org.), *Serviços de Saúde Mental no Hospital Geral*. Papirus. São Paulo, 1995.

MAYOU, R. & HAWTON, K. – Psychiatric Disorder in the General Hospital. *British Journal of Psychiatry*, 149: 172-190, 1986.

MINISTÉRIO DA SAÚDE - MS – *Portaria n.º 2042 de 11/10/1996*. Disponível em: http://www.abct.org.br/docs/portaria, 2004.

MINISTÉRIO DA SAÚDE - MS – *Portaria n.º 3407*. Disponível em: http://www.dtr2001.saude.gov.br, 2004.

NOGUEIRA-MARTINS, L. A. & FREENK, B. – Atuação do Profissional de Saúde Mental no Hospital Geral: a Interconsulta Médico-Psicológica. *Boletim de Psiquiatria*, 13: 30-37, 1980.

NOGUEIRA-MARTINS, L. A. – Os Beneficiários da Interconsulta Psiquiátrica. *Boletim de Psiquiatria*, 28 (1): 22-23, 1995.

NOGUEIRA-MARTINS, L. A. & BOTEGA, N. J. – Interconsulta Psiquiátrica no Brasil: Desenvolvimentos Recentes. *Revista ABP-APAL*, 20 (3): 105-111, 1998.

ORGANIZAÇÃO MUNDIAL DA SAÚDE (1948) – *Definição de Saúde*. Disponível em: http://www.who.int/about/definition, 2002.

PENNA, T. – Formação do Interconsultor. Abordagem Psicodinâmica. In: Miguel Filho, E. C. e cols. (Ed.), *Interconsulta Psiquiátrica no Brasil*. Astúrias. São Paulo, 1990.

ROMANO, B. W. – *Princípios para a Prática Clínica em Hospitais*. Casa do Psicólogo. São Paulo, 1999.

SPINK, M. J. P. – *Psicologia Social e Saúde*. Vozes. Petrópolis, 2003.

ZIMMERMAN, P. R. & BERTUOL, C. S. – O Paciente na UTI. In: Botega, N. J. (Org.), *Prática Psiquiátrica no Hospital Geral: Interconsulta e Emergência*. Artmed. São Paulo, 2002.


Anexo 1: *Quadro de distribuição dos psicólogos nos Departamentos/Clínicas (2004)*

# IRMANDADE DA SANTA CASA DE MISERICÓRDIA DE SÃO PAULO
# SERVIÇO DE PSICOLOGIA HOSPITALAR

| Psicólogos | Locais de Atividade Assistencial | Atividades Acadêmicas/Outras |
|---|---|---|
| Adriana Aparecida Fregonese | Pediatria: Genética Médica/ Ambulatório de Down/ Alergia/ Dermatologia/ Hepatologia/ Reumatologia/ Cardiologia/ Bexiga Neurogênica/ | Aula/Supervisão de alunos Supervisão de estagiários de outras Instituições |
| Adriana Haberkorn | Unidade de Terapia Intensiva - UTI Unidade de Terapia Semi-Intensiva | Aula/Supervisão de alunos Supervisão de estagiários de outras Instituições |
| Ana Paula Sabatini de Mello | Neuropsicologia adulto (Diversas Clínicas) Neurologia Geral Neurocirurgia Distúrbios do Comportamento (Demências) Distúrbios do Sono Epilepsia | Aula/Supervisão de alunos Supervisão de estagiários de outras Instituições |
| Carmen Benedetti | Cirurgia da Obesidade Mórbida Adolescentes Obesos Cirurgia Buco-Maxilo Facial | Aula/Supervisão de alunos Coordenação do Setor de Eventos Científicos e Educação Continuada Supervisão de estagiários de outras Instituições |
| Daniela Achette dos Santos | Cirurgia de Cabeça e Pescoço Implante Coclear Ginecologia e Obstetrícia: Oncologia/ Mastologia/ Quimioterapia | Aula/Supervisão de alunos Supervisão de estagiários de outras Instituições |
| Juliana Haddad David | Unidade de Pulmão e Coração - UPCOR: Tabagismo/ Transplante Cardíaco/ Transplante Pulmonar/ Cardiopatias Diversas/ Doenças Pulmonares/ Ambulatório de Estresse/ Ambulatório de Hipertensão | Aula/Supervisão de alunos Supervisão de estagiários de outras Instituições |

| | | |
|---|---|---|
| Marcela Mayumi Gomes Kitayama | Ortopedia (Adulto)<br>Grupo de Terapia da Dor e Medicina Paliativa<br>Doenças Intestinais | Aula/Supervisão de alunos<br>Comitê de Ética em Pesquisa<br>Coordenação do Setor de Pesquisa e Atividades Interdisciplinares<br>Supervisão de estagiários de outras Instituições |
| Maria das Graças Saturnino de Lima | Pediatria:<br>Hematologia/<br>Endocrinologia/<br>Pneumologia/<br>Gastroenterologia/<br>Nefrologia/<br>Fibrose Cística<br>Transplante Renal Infantil<br>Consultoria Infantil (Enfermarias)<br>Pronto Socorro Infantil | Aula/Supervisão de alunos<br>Comitê de Morte Materna e Fetal<br>Grupo de Trabalho de Humanização Hospitalar<br>Supervisão de estagiários de outras Instituições |
| Mirella Baise Duque | Neuropsicologia Infantil (Diversas Clínicas)<br>Neuropediatria<br>Serviço de Reabilitação Física (Infantil)<br>Fisiatria (Ortopedia – Infantil) | Aula/Supervisão de alunos<br>Supervisão de estagiários de outras Instituições |
| Nilza Maciel Oliveira | Ambulatório Geral de Adultos<br>Hematologia<br>Hemofilia<br>Transplante de Medula Óssea (TMO)<br>Adolescentes Lúpicas (Vasculite) | Aula/Supervisão de alunos<br>Supervisão de estagiários de outras Instituições |
| Rosana Trindade Santos Rodrigues | Transplante de Fígado<br>Transplante de Intestino<br>Ambulatório de Psicoterapia para as Famílias | Aula/Supervisão de alunos<br>Coordenação do Setor de Cursos e Estágios<br>Comissão de Transplante de Órgãos<br>Grupo de Trabalho de Humanização Hospitalar<br>Supervisão de estagiários de outras Instituições |
| Sandra Fernandes de Amorim | Nefrologia<br>Transplante Renal<br>Transplante de Pâncreas<br>Consultoria Adultos (Enfermarias)<br>Pronto Socorro Adultos | Aula/Supervisão de alunos<br>Coordenação do Setor de Consultoria<br>Projetos de Intervenção nas Equipes de Saúde<br>Supervisão de estagiários de outras Instituições |
| Sandra Ribeiro de Almeida Lopes | Adolescentes Geral<br>Adolescentes Gestantes<br>Obstetrícia e Ginecologia:<br>Patologia Obstétrica/<br>Infertilidade Conjugal | Aula/Supervisão alunos<br>Coordenação do Setor de Ambulatórios<br>Supervisão de estagiários de outras Instituições |
| Silvia Faigenbaum Balsimelli | Esclerose Múltipla (EM)<br>Esclerose Lateral Amiotrófica (ELA) | Aula/Supervisão alunos<br>Supervisão de estagiários de outras Instituições |
| Valéria Wojciechowski | Serviço de Reabilitação Física (Adulto):<br>Lesão Medular/<br>Amputação/<br>Artrose/<br>Artrite/<br>Acidente Vascular Cerebral (AVC)/<br>Traumatismo Crânio-Encefálico (TCE)/<br>Fibromialgia/<br>Doenças Degenerativas e Inflamatórias/<br>Doenças Neuromusculares | Aula/Supervisão alunos<br>Supervisão de estagiários de outras Instituições |
| Wilze Laura Bruscato | Chefe do Serviço de Psicologia Hospitalar | |

CAPÍTULO

2

# O TRABALHO EM EQUIPE MULTIPROFISSIONAL NA SAÚDE

Wilze Laura Bruscato
Marcela Mayumi Gomes Kitayama
Adriana Aparecida Fregonese
Juliana Haddad David

## Introdução

Quando a Organização Mundial da Saúde, baseada nos avanços da pesquisa psicológica, médica e fisiológica, define saúde como *"um estado de completo bem-estar físico, mental e social e não meramente a ausência de doença ou enfermidade"* (OMS, 2002), surge uma nova maneira de pensar sobre saúde e doença, que implica uma complexidade maior dos conhecimentos.

Essa nova conceituação, em sua amplitude, exigiu um processo de especialização, a definição de novas áreas de atuação, o aparecimento de vários grupos de profissionais e a criação de um **Modelo Biopsicossocial** de atenção (Engel, 1960, 1977, 1980, 1987), que vê a saúde e a doença como produtos de uma combinação de fatores que inclui características biológicas, fatores comportamentais, fatores psicológicos e condições sociais (APA, 2002).

Nesse processo de transição, observamos que, ainda hoje, as Instituições, os profissionais da saúde e mesmo a clientela mantêm internalizado o Modelo Biomédico, que está calcado nos princípios de causalidade linear, análise e generalização, tendo, como foco, o corpo, a doença, a lesão. Apesar disso, é inegável o impacto do Modelo Biopsicossocial.

Ao longo do século XX, o desenvolvimento desse modelo permitiu uma nova organização dos profissionais da saúde, que evoluiu, de um sistema tradicional centrado no médico e que visava à cura da doença, para um modelo de "time" que inclui diferentes categorias profissionais, cada uma com conhecimento, habilidades técnicas e perspectivas distintas, e que têm, como objetivo, a promoção da saúde.

Mais de uma dezena de categorias profissionais têm hoje posição definida na divisão do trabalho na área da saúde – assistentes sociais, biomédicos, enfermeiros, farmacêuticos, fisioterapeutas, fonoaudiólogos, médicos, nutricionistas, odontólogos, psicólogos e terapeutas ocupacionais – e vêm elaborando suas identidades no cotidiano das Instituições de Saúde (Durand, 1985; Spink, 1985; Peduzzi, 1998). Mas, as ocupações da área da saúde não podem constituir um simples aglomerado de ofícios diversos. Elas têm que se organizar como um conjunto interdependente de especialidades, já que o espaço em que exercemos nossa profissão da área da saúde é o *todo* do mundo dos homens.

Para Moniz (2003), Equipe Multiprofissional de Saúde define-se como uma associação de pessoal da saúde, de formação diversa, justificada por possuir um fim último, a saber, responsabilizar-se pela saúde global de um indivíduo e de sua comunidade.

Esse enfoque global do paciente pressupõe não apenas a somatória das diversas práticas, mas sua integração através da construção coletiva de um saber mais amplo e próprio de uma equipe multiprofissional, que discuta a possibilidade de articulação da atuação dos diversos profissionais da saúde, de modo a superar a fragmentação resultante da compartimentalização do conhecimento em disciplinas estanques (Durand, 1985).

Trabalhar em equipe multiprofissional não significa, para nós, buscar uma síntese de saberes ou uma identidade teórica, mas criar a possibilidade de um diálogo entre profissões vizinhas que, em muitos momentos, possuem temáticas comuns, mas que mantêm a especificidade do seu saber. Assim, para qualquer formação de equipe, há a necessidade de uma adequada definição das identidades profissionais (Almeida, 2000).

Não há consenso entre os autores sobre que denominação mais específica dar a essa equipe multiprofissional. Alguns a denominam de *multidisciplinar*, outros se referem a ela como *interdisciplinar* (Japiassu, 1976; Nina, 1995; Hyer & Mariano, 1999; Long & Wilson, 2001). Para o momento, evitaremos essa distinção terminológica, à qual voltaremos mais adiante.

A multiprofissionalidade é entendida, por nós, como a ocorrência de atividades realizadas entre profissionais de múltiplas especializações dentro de uma pretendida harmonia e complementaridade num determinado ambiente de trabalho (Turato, 2003). Pensamos a multiprofissionalidade como um "conjunto" de ações, não como atos isolados. Praticamos, assim, "atos de saúde", não atos médicos, atos psicológicos, atos fisioterapêuticos e assim por diante. Para tanto, uma equipe multiprofissional implica duas dimensões do trabalho, indissociáveis: a *articulação* das ações e a *interação* dos profissionais (Peduzzi, 1998):

a) **Articulação das ações:** supõe a integração de processos de trabalhos distintos, considerando as conexões e interfaces existentes entre as intervenções técnicas peculiares de cada área profissional, flexibilizando as fronteiras entre as mesmas, mas com a preservação das respectivas especificidades e diferenças técnicas, trabalhando, assim, numa conjugação de especificidade e flexibilidade. Há a centralização das ações na obtenção de resultados, na atenção integral às necessidades de saúde da clientela. Por exemplo, a avaliação pré-cirúrgica de um paciente poderá ser realizada através do cruzamento dos dados obtidos por diversos profissionais. Nessa situação, o prognóstico pode depender da condição clínica (sob a perspectiva dos médicos clínico, cirurgião ou anestesista), do estado emocional, da motivação e dos recursos de enfrentamento (avaliados pelo psicólogo), das condições socioeconômicas necessárias à manutenção do tratamento (observadas pelo assistente social) e assim por diante.

b) **Interação dos profissionais:** as inter-relações e o vínculo entre os integrantes da equipe potencializam a realização da tarefa (não é um objetivo em si, porque não se trata de um grupo terapêutico e, sim, de uma equipe, que utiliza a interação como meio de trabalho). Os integrantes colocam-se de acordo quanto a um projeto comum, quanto ao que dizem e quanto aos valores pressupostos. Para tanto, a comunicação entre os profissionais faz parte do exercício cotidiano do trabalho.

Assim, entendemos um trabalho multiprofissional como disciplinas interagindo entre si, desde uma simples comunicação de idéias até a integração real de conceitos, terminologia, metodologia e procedimentos. É dentro desse espectro que os diversos referenciais teóricos (Japiassu, 1976; Nina, 1995; Hyer & Mariano, 1999; Long & Wilson, 2001) propõem uma distinção entre dois tipos de equipe multiprofissional: a *equipe multiprofissional multidisciplinar* e a *equipe multiprofissional interdisciplinar*. De qualquer forma, na área da saúde, sejam multidisciplinares ou interdisciplinares, as equipes são tão diversas quanto os hospitais nos quais elas atuam e variam muito em seu nível de formalidade.

## Tipos de equipe multiprofissional

### Equipe Multiprofissional Multidisciplinar

O trabalho multiprofissional é multidisciplinar quando envolver profissionais que se ocupam, dentro de seu preparo técnico, de elaborar uma parte de um grande trabalho, mesmo sem estarem imbuídos da preocupação de integração de diferentes concepções para uma grande unidade do saber humano. Japiassu (1976) define a multidisciplinaridade como uma associação de disciplinas que abordam um mesmo objeto a partir de distintos pontos de vista. A multidisciplinaridade é, então, entendida como uma simples justaposição de disciplinas, visando objetivos múltiplos, sem interagir quanto a seus métodos e conceitos. Ou seja, a equipe permite uma bem vinda cooperação multidisciplinar, mas não se ocupa em empreender uma coordenação supradisciplinar unificadora.

Dessa forma, numa equipe multidisciplinar da saúde, os profissionais avaliam o paciente de forma independente e implementam seus planos de tratamento como uma "camada adicional" de serviços. Nela, ocorre uma agregação sucessiva ou concomitante de recursos de várias disciplinas para uma determinada tarefa, sem um verdadeiro trabalho coordenado de equipe e sem uma identidade grupal. A solução do problema exige apenas informações tomadas de empréstimo de duas ou mais áreas ou setores do conhecimento, e as disciplinas que contribuíram para a solução da questão não foram modificadas ou enriquecidas.

Assim, por exemplo, num serviço assistencial à saúde, seja ambulatorial ou de enfermaria, os especialistas trabalham integrados organizacionalmente, mas não sistematizam programas conjuntos e não envidam esforços no sentido de unir entre si seus conceitos teóricos e seus métodos de abordagem para benefícios globais satisfatórios a determinada clientela. Nessa equipe, os profissionais praticam atividades distintas, mas que ocupam o mesmo espaço físico e institucional. Nela, a decisão é tomada em geral pelo médico e levada a efeito por outros profissionais. É chamada uma *equipe burocrática*, que se define pela mera comunicação de idéias.

### Equipe Multiprofissional Interdisciplinar

Já o trabalho realizado em equipes interdisciplinares utiliza técnicas metodológicas, esquemas conceituais e de análises de diferentes ramos do saber com a finalidade de integração. Essa equipe busca uma superação de fronteiras disciplinares, com a construção de uma linguagem interdisciplinar consensualmente construída entre os integrantes. Cada membro amplia seus referencias específicos e desenvolve ação colaborativa com os demais (Japiassu, 1976; Nina, 1995).

Logo, numa equipe interdisciplinar da saúde, a avaliação e o planejamento do tratamento são feitos em colaboração, de forma interdependente, complementar e coordenada. Mas não se trata de uma "fusão" dos diferentes campos do conhecimento. São observadas as relações entre os campos do saber, sem negligenciar as especialidades, ou seja, todos os profissionais envolvidos atuam ampliando seu referencial e agindo em colaboração com os demais, mas têm identidade profissional e domínio de uma técnica específica.

Assim, o fato de o médico, o fisioterapeuta ou o fonoaudiólogo reconhecerem e valorizarem a importância de fatores psicológicos no processo de adoecimento poderá, em muito, favorecer a adoção, por parte deles, de uma postura compreensiva diante dos problemas afetivo-emocionais do paciente e o acolhimento das intervenções psicológicas, como padronizar que determinada cirurgia não será realizada sem o devido preparo psicológico. Mas, não os autoriza a realizar um psicodiagnóstico ou atividades psicoterapêuticas. Do mesmo modo que o psicólogo, mesmo reconhecendo eventuais déficits motores em determinado paciente, não realizará sessões de Fisioterapia.

Cria-se uma equipe com identidade própria e percepção de pertinência ao grupo, no qual a tomada de decisão, idealmente, é conjunta. A rigor, numa equipe interdisciplinar, há rotatividade de "papéis" em reuniões grupais, podendo qualquer membro assumir a tarefa de líder, propiciando uma comunicação rica e diversificada. As trocas de conhecimentos incorporam os resultados de várias especialidades, havendo, nessa integração, a geração de um novo saber, o que caracteriza esse time como uma *equipe criativa*.

## Fatores intervenientes no trabalho em equipe

Um trabalho em equipe exige, de profissionais com formações disciplinares, paradigmas de pensamento profissional e abordagens metodológicas diferentes e até conflitantes, o desenvolvimento de ações integradas (Nina, 1995). Em princípio, tais interações não encontram subsídios nas diversas formações acadêmicas, de tal forma que os profissionais da saúde não chegam instrumentalizados para a atuação integrada com os demais. Além disso, algumas categorias profissionais ainda apresentam insuficiência na sua formação educacional, fazendo com que o desempenho dos integrantes do grupo seja muito desigual em qualidade.

Num Hospital Geral, ao lado do desconhecimento dos benefícios advindos da prática integrada das diversas áreas da saúde, o ideal do trabalho solidário em equipe muitas vezes é substituído por uma organização de trabalho que promove a competição entre as especialidades e o corporativismo, gerando situações de conflito (Almeida, 2000).

Além disso, muitas outras dificuldades se fazem presentes na constituição de Equipes Multiprofissionais. Um modelo de multiprofissionalidade também requer que os profissionais envolvidos possam se questionar quanto às intervenções técnicas que executam, para colocar-se de acordo quanto às ações específicas necessárias para o trabalho comum. Pode haver dificuldade para alguns profissionais se ajustarem a uma abordagem de equipe, na qual a opinião majoritária, a unanimidade ou o consenso são tidos como métodos mais apropriados de tomada de decisões. Além disso, a categoria médica, pelo reconhecimento social do saber cultivado nas escolas médicas e pela responsabilidade civil e penal dos médicos quanto ao resultado final das práticas em saúde, desfruta de uma situação dominante, o que também dificulta a formação de um grupo não hierárquico com troca de papéis.

Muitas vezes, também, a utilização que os profissionais fazem de uma linguagem própria cria uma barreira lingüística que dificulta a comunicação, impedindo a compreensão e o estabelecimento de uma relação de cooperação.

Podemos dizer que um sistema "novo" é fonte de ameaça e ansiedade, criando resistências, descrença e desestímulo, favorecendo de modo defensivo, maior vinculação dos profissionais aos seus grupos de origem/referência, fonte de sua identidade profissional (Durant, 1985; Nina, 1995; Peduzzi, 1998).

Essas ansiedades que emergem no trabalho de equipe também prejudicam o funcionamento mental, inibindo os impulsos de aprendizagem de novas experiências e interferindo na configuração mental do novo grupo de trabalho, condições estas que se fazem necessárias para a instalação e manutenção da interdisciplinariedade. Só com a diminuição dessas ansiedades os profissionais poderão sentir menos necessidade de utilizar seu saber apenas como defesa e, de fato, compartilhar conhecimento (Nina, 1995).

Além disso, pensar a instalação de equipes multiprofissionais no Hospital Geral exige, necessariamente, a reflexão sobre a situação do sistema público de saúde vigente no país, sua organização, as possibilidades de acesso da população aos serviços, as condições institucionais nas quais se dá o trabalho dos profissionais, as peculiaridades das unidades hospitalares onde a assistência é oferecida, as características sociais da população atendida, enfim, o conhecimento e a articulação de todos os fatores envolvidos no processo saúde-doença.

Tomemos como ilustração o caso de um paciente adulto, hospitalizado a contragosto, com importante quadro anoréxico e que se mostrava extremamente ansioso numa enfermaria em que havia grande freqüência de óbitos. Tais acontecimentos eram fonte de significativa angústia, que agravava ainda mais seu estado emocional e aumentava a solicitação por alta hospitalar. Nesse caso, dentre outras intervenções, uma orientação da Psicologia poderia ser a de transferir o paciente para outra enfermaria, poupando-o de estressores que estavam além de sua atual capacidade de suporte. O atendimento desse pedido estaria condicionado à devida comunicação da importância dessa conduta para o bem-estar do paciente, à valorização dessa opinião pelos outros profissionais envolvidos, à existência de leitos vagos em outra unidade, ao grau de autonomia do responsável imediato pelo paciente e assim por diante...

Considerando todos os aspectos salientados até agora, podemos esquematizar os fatores que influenciam a formação de equipes multiprofissionais, dividindo-os em cinco grupos principais:

1) **Fatores extra-hospitalares:**
   - políticas de saúde
   - política salarial
   - mercado de trabalho

2) **Fatores intra-hospitalares:**
   - política de cargos e salários
   - situação econômico-financeira da Instituição
   - condições ambientais de trabalho nos diversos clínicas/unidades/serviços

3) **Fatores relativos ao trabalho:**
   - tipo de atribuições de cada membro
   - nível de exigência das tarefas que competem a cada um
   - desgaste que a atividade impõe

4) **Fatores relativos ao grupo:**
   - profissionais integrantes
   - tipo de integração pretendida
   - grau de motivação dos profissionais
   - grau de envolvimento de cada um nas tarefas propostas
   - grau de maturidade profissional

5) **Fatores relativos ao indivíduo:**
   - conteúdo cultural
   - conteúdo afetivo/emocional predisponente aos relacionamentos
   - repertório comportamental disponível para uma adequada adaptação
   - facilidade para o relacionamento interpessoal que propicie trabalho em grupo.

As relações entre os participantes de um "time" multiprofissional são, como vimos, por natureza, desiguais. Cada membro tem deveres específicos baseados na provisão dos cuidados preconizados pela sua profissão, nos objetivos da sua prática e nas suas habilidades individuais. Então, não é apenas possível, mas esperado, que os membros de uma equipe discordem algumas vezes. Mas nunca é aceitável que esses desacordos tomem a feição de desrespeito pessoal e/ou profissional (Van Norman, 2002). O que pensamos ser uma condição fundamental para o exercício multiprofissional é que cada membro da equipe tenha a obrigação ética de tratar aos demais de uma maneira respeitosa. As discordâncias podem ser administradas adequadamente, dando, até mesmo, origem a um maior amadurecimento da equipe. Mas o reconhecimento mútuo é uma característica profissional obrigatória.

Além disso, para que seja possível uma sólida construção de equipe e atuações favoráveis, por parte de todos os envolvidos, a literatura destaca outros pré-requisitos que se fazem necessários na postura dos profissionais (Durant, 1995; Nina, 1985; Peduzzi, 1998; Almeida, 2000):

- Disposição não só para encarar o desafio que representa a formação de uma equipe, como também para provocar tal desafio
- Conhecimento e reconhecimento, por todos os membros do grupo, dos diferentes campos de competência
- Resgate da identidade profissional na relação funcional com a tarefa grupal
- Consideração da prática dos demais como interdependente e complementar

- Não sobrevalorização de um discurso que reafirme a hegemonia de um saber em relação ao outro
- Ampliação do referencial específico
- Colaboração complementar entre todos os profissionais
- Manutenção de um diálogo contínuo: tomar a comunicação como dimensão intrínseca do trabalho
- Conduta profissional adequada
- Constante aprimoramento técnico de todos os profissionais
- Desenvolvimento de habilidades interpessoais
- Desenvolvimento de sentimento de pertinência ao grupo
- Aprendizagem com a tarefa compartilhada
- Geração de um paradigma grupal propício à resolução de problemas

Diante de todos os obstáculos relacionados à atuação multiprofissional, cabe ressaltar que o esforço para atingirmos esse tipo de configuração propícia ao trabalho em saúde justifica-se pela certeza de que o mesmo redunda em benefício para o paciente, com maior participação do mesmo no tratamento, bem como em vantagens para os próprios membros da equipe, que podem, numa situação ideal, de fato enriquecerem-se ao compartilhar conhecimento e aliviarem-se ao dividir a responsabilidade por uma tarefa que, embora por vezes gratificante, é, no geral, bastante árdua.

## O psicólogo na equipe multiprofissional

Vivenciamos uma época de intensas modificações nas concepções e nas práticas clínicas da Psicologia, que trazem uma mudança radical no exercício destas. Tais modificações, a preocupação com o contexto social e a adoção de referenciais teóricos novos, levam a um delineamento do conhecimento que requer uma prática profissional bastante diferente da que anteriormente era desenvolvida.

A Psicologia Hospitalar, tendo como arena de atuação o complicado meio de campo entre a esfera individual e da saúde, tem, necessariamente, pela própria constituição de seu objeto de estudo, suas fronteiras permeáveis às contribuições de uma variedade de outras disciplinas afins. Tanto quanto qualquer disciplina da área da saúde, ela necessita de interdisciplinariedade, o que consiste em fazê-la se interpenetrar com as demais, buscando sempre uma visão global do paciente, que afaste a fragmentação do saber.

Por outro lado, a atual legislação vigente no país colabora para a inserção dos psicólogos nas equipes de prestação de serviços em saúde, através do Projeto de Lei n.º 77/2003, em tramitação no Congresso, que torna obrigatória a presença do psicólogo hospitalar em todos os serviços de saúde pública e privada e que já recebeu parecer favorável da Comissão de Constituição e Justiça e da Comissão de Assuntos Sociais do Senado Federal (SF, 2004).

Também o reconhecimento formalizado da atuação do psicólogo nas equipes multiprofissionais das Unidades de Terapia Intensiva e nos atendimentos a gestantes de alto risco ocorreu com a inclusão, pelo Ministério da Saúde, em todo o Sistema Único de Saúde - SUS, da Portaria n.º 3432/1998 (CREMESP, 2004). Além desses dispositivos legais, duas outras portarias exigem a presença do psicólogo nas equipes de transplantes: a Portaria n.º 2042/1996, que diz respeito ao transplante e terapia renal, e a Portaria n.º 3407/1998, que expande essa exigência para todos os demais transplantes (MS, 2004).

O fato de o psicólogo pertencer a uma equipe tem repercussões diretas na sua atuação, seja nos limites da mesma, seja no vínculo que ele estabelece com o paciente ou com os colegas de outras categorias profissionais. Com o paciente, seu trabalho é bastante específico, atuando de forma situacional, no sentido não só da resolução de conflitos, mas também da promoção da saúde. Mas, na equipe, o psicólogo tem ainda a função de redirecionar o olhar dos demais profissionais para a individualidade de cada paciente, e para os aspectos subjetivos envolvidos no adoecer, ou seja, favorecer o reconhecimento dos aspectos psicológicos presentes na doença ou na relação com a equipe de saúde, colaborando, assim, para a humanização do atendimento. Nesse sentido, cabe cuidar para que o psicólogo não adote uma postura onipotente, de sobrevalorização do saber psicológico.

Além disso, o psicólogo, ao integrar a equipe de saúde, deve favorecer o funcionamento grupal, facilitando, quando necessário, a comunicação interna. Com isso, estará criando possibilidades de vínculos na interação entre os membros do grupo e na relação do paciente e familiares com a equipe como um todo. Nesse sentido, sua presença estará representando suporte psicológico tanto para a equipe, como para os pacientes.

Pode, ainda, realizar uma análise da dinâmica multiprofissional, proporcionando, através dela, reflexões entre os membros, sobre os papéis de cada um frente ao paciente, à família do paciente e aos demais colegas do grupo, e, também, sobre o seu próprio papel como parte integrante da equipe, sempre no sentido de um favorecimento da saúde de todos os envolvidos.

Cabe ressaltar que a inserção do psicólogo em uma equipe multiprofissional de uma Instituição tem repercussões éticas importantes, principalmente quando o profissional ainda não possui segurança quanto ao seu desempenho e ao seu papel, o que dificulta seu posicionamento quanto aos limites e alcances de seu trabalho. Ele terá, como desafio, a articulação entre o atendimento às demandas da equipe e a preservação da atenção às necessidades do paciente.

## O psicólogo nas equipes multiprofissionais da Santa Casa

Nosso trabalho na Santa Casa de São Paulo ocorre necessariamente junto a equipes multiprofissionais. É nesse contexto que estamos inseridos – adentrando as áreas afins, ao mesmo tempo em que fazemos nossas fronteiras permeáveis às contribuições de uma variedade de outras disciplinas – buscando complementaridade, sempre num incessante processo contra a fragmentação do saber e centralizando nossas ações, junto com os demais profissionais, na atenção integral às necessidades de saúde da nossa clientela.

Atuamos sempre como parte de um trabalho grande e complexo, quer estejamos engajados naquelas equipes que estão integradas apenas organizacionalmente e marcadas por um serviço que ocupa o mesmo espaço físico e institucional, quer pertençamos àquelas nas quais os diversos especialistas atuam conjuntamente, sistematizam programas unificados e estão imbuídos da preocupação de integração de diferentes concepções para uma grande unidade do saber humano.

Entendemos a manutenção de um diálogo contínuo entre os profissionais envolvidos no cuidado do paciente como uma dimensão intrínseca do nosso trabalho. A comunicação é, assim, parte do nosso exercício cotidiano, a fim de que, na confluência de diferentes saberes, projetos comuns possam ser efetivados ou, quando necessário, reformulados.

A qualidade dessa comunicação costuma estar em direta associação com o tipo de "contrato" estabelecido com as equipes de saúde. Dentro de um modelo de ligação, integramos o trabalho de determinada especialidade médica e mantemos um vínculo mais estreito e particularizado com a equipe. Sob o aspecto prático, tal proximidade costuma facilitar a discussão de situações cotidianas inerentes ao trabalho dessa equipe e abre espaço para atuações conjuntas, como, por exemplo, atendimentos em grupos multiprofissionais (como nos exemplos dos capítulos 7, 8, 10 e 12).

Em contrapartida, quando o contrato segue o modelo de consultoria, a integração multiprofissional é dificultada, uma vez que a fragmentação e a rotatividade da equipe muitas vezes chegam até a inviabilizar o contato com quem requisitou nossa avaliação ou intervenção. Em situações de atendimento psicológico, dentro desse modelo de consultoria, essa é uma realidade particularmente constante, conforme podemos constatar em nosso cotidiano de trabalho.

Encontramos muitas dificuldades, barreiras e resistências na integração. Algumas equipes solicitam o nosso trabalho, mas, de fato, não o incluem no seu parecer final. Além disso, nem sempre as equipes têm claro nosso papel e nossas reais possibilidades de atuação. Por vezes, nos atribuem um papel de resolutividade que é incongruente ou que vai além de nossa função. Compete a nós, em variadas ocasiões, aclarar ou desmistificar certas concepções equivocadas sobre nosso trabalho.

Assim, temos uma clara noção de que o trabalho em equipes multiprofissionais, verdadeiramente produtivo, que resulte da discussão amadurecida de situações variadas, algumas delas conflitivas, embora seja oportuno e desejável, nem sempre é facilmente efetivado em nosso cotidiano, permanecendo como um desafio, como um terreno a ser, a cada dia, perseverantemente, conquistado. Na realidade, nossa visão é a de uma construção permanente, como rotina. O trabalho numa equipe multiprofissional nunca está "pronto". Ele se constitui justamente na sua dinâmica. Para tanto, damos o melhor de nós. Não só de vez em quando. Sempre, dia após dia.

Ilustrando nossa determinação e nosso empenho em conseguir efetivar a integração de nossas atividades àquelas dos demais profissionais que compartilham conosco a difícil tarefa de assistir na doença, no sofrimento e na dor, terminamos com um texto, cuja autoria desconhecemos, que nos foi presenteado por um grupo de alunos do Curso de Graduação em Enfermagem da Faculdade de Ciências Médicas da Santa Casa de São Paulo, dias após assistirem uma aula sobre o *"Trabalho em Equipe Multiprofissional na Saúde"*, gesto este que nos demonstrou que tínhamos conseguimos "dar o recado".

## Nossas diferenças

*Contam que numa carpintaria houve, certa vez, uma estranha assembléia, uma reunião das ferramentas para acertar suas diferenças.*

*O martelo era o presidente. Logo no início foi pedida sua renúncia, pois fazia muito barulho e passava todo o tempo golpeando. O martelo aceitou renunciar desde que o parafuso fosse expulso.*

*O problema do parafuso era que ele dava muitas voltas para conseguir algo. Diante do ataque, o parafuso concordou, mas, por sua vez, pediu a expulsão da lixa. Ela era muito áspera no tratamento com os demais, entrando sempre em atrito.*

*A lixa acatou, mas com a condição de que se expulsasse o metro, que sempre avaliava os outros segundo sua própria medida, como se fosse o único perfeito.*

*Nesse momento, entrou o carpinteiro, juntou o material e iniciou o seu trabalho. Utilizou o martelo, a lixa, o metro e o parafuso e, então, a rústica madeira se converteu num fino móvel.*

*(...) As ferramentas então perceberam que o martelo era forte, o parafuso unia, a lixa alisava a aspereza e o metro era preciso e exato.*

*Sentiram-se como uma equipe, capaz de produzir um móvel de qualidade.*

## Referências bibliográficas

ALMEIDA, E. C. – O Psicólogo no Hospital Geral. *Psicologia, Ciência e Profissão*, 3: 24-27, 2000.

AMERICAN PSYCHOLOGICAL ASSOCIATION - APA – *What a Health Psychologist Does and How to Become One*. Disponível em: http://www.health-psych.org, 2002.

CONSELHO REGIONAL DE MEDICINA DO ESTADO DE SÃO PAULO - CREMESP – *Portaria n.º 3424 de 12/02/1998*. Disponível em: http://www.cremesp.com.br, 2004.

DURAND. J. C. – Profissões de Saúde em São Paulo: Expansão e Concorrência entre 1968 e 1983. *Cadernos FUNDAP*, 5 (10): 04-23, 1985.

ENGEL, G. L. – A Unified Concept of Health and Disease. *Perspectives of Biological Medicine*, 3: 459-485, 1960.

ENGEL, G. L. – The Need for a New Medical Model: A Challenge for Biomedicine. *Science*, 196: 129-136, 1977.

ENGEL, G. L. – The Clinical Application of the Biopsychosocial Model. *American Journal of Psychiatry*, 137 (5): 535-544, 1980.

ENGEL, G. L. – The Biopsychosocial Model and the Education of Health Professionals. *Annual New Yorker Academy of Science*, 310: 169-181,1987.

HYER, K. & MARIANO, C. – Interdisciplinary Collaboration for Elder Care. In: Mariano, C.; Gould, E.; Mezey, M. & Fulmer, T. (Eds.), *Best Nursing Practices in Care For Older Adults*. John A. Hartford Foundation, Inc. New York, 1999.

JAPIASSU, H. – *Interdisciplinariedade e Patologia do Saber*. Imago. Rio de Janeiro, 1976.

LONG, D. M. & WILSON, N. L. – *Houston Geriatric Interdisciplinary Team Training Curriculum*. Baylor College of Medicine's Huffington Center of Aging. Houston, 2001.

MINISTÉRIO DA SAÚDE – MS – *Portaria n.º 2042 de 11/10/1996*. Disponível em: http://www.abct.org.br/docs/portaria, 2004.

MINISTÉRIO DA SAÚDE – MS – *Portaria n.º 3407*. Disponível em: http://www.dtr2001.saude.gov.br, 2004.

MONIZ, A. L. F. – *Interações Sociais em Equipe de Saúde*. Disponível em: http://www.psisaude.hpg.ig.com.br, 2003.

NINA, M. D. – A Equipe de Trabalho Interdisciplinar no Âmbito Hospitalar. In: Oliveira, M. F. P. & Ismael, S. M. C., *Rumos da Psicologia Hospitalar em Cardiologia*. Papirus. São Paulo, 1995.

ORGANIZAÇÃO MUNDIAL DA SAÚDE – OMS (1948) – *Definição de Saúde*. Disponível em: http://www.who.int/about/definition, 2002.

PEDUZZI, M. – *Equipe Multiprofissional de Saúde: A Interface entre Trabalho e Interação*. Tese de Doutorado. Faculdade de Ciências Médicas, Universidade Estadual de Campinas – UNICAMP. Campinas, 1998.

SENADO FEDERAL – SF – *Projeto de Lei Suplementar 77/2003 de 25/03/2003*. Disponível em: http://www.legis.senado.gov.br, 2004.

SPINK, M. J. P. – Regulamentação das Profissões de Saúde: O Espaço de Cada Um. *Cadernos FUNDAP*, 5 (10): 24-43, 1985.

TURATO, E. R. – *Tratado da Metodologia da Pesquisa Clínico-Qualitativa*. Vozes. São Paulo, 2003.

VAN NORMAN, G. – *Interdisciplinary Team Issues: Ethical Topic in Medicine*. Disponível em: http://eduserv.hscer.washington.edu/bioethics/topic/team, 2002.

# Capítulo 3

# O cotidiano do psicólogo no Hospital Geral

Wilze Laura Bruscato
Sandra Fernandes de Amorim
Adriana Haberkorn
Daniela Achette dos Santos

**Cotidiano**: do latim, *quotidianu*, significando *a cada dia, dia após dia*. É o que se sucede ou se pratica todos os dias. O conceito de cotidiano diz respeito ao tempo, tanto ao tempo de curta duração (a cada dia) como ao de longa duração (dia após dia). Não é um mero sistema de repetições. É o estável, o que acontece sem parecer importante. As grandes ações cotidianas são as que fazem a História do presente, de sucessivos presentes, do presente contínuo. O cotidiano não está fora da história, mas é a verdadeira essência do acontecer histórico (Martins, 1998; Heller, 1999). A vida cotidiana é o lugar do reconhecimento das ações como instrumentos que mobilizam a vida de cada um e de todos. É no pequeno mundo de todos os dias que estão o tempo e o espaço da eficácia das nossas atividades, da organização do nosso trabalho e daquilo que faz a força da nossa atuação.

Assim, a cada dia, todos os dias, por muitos anos, temos tido a oportunidade de construir a nossa história, de levar a Psicologia e representar nosso Serviço para o restante do hospital, todas as vezes que alguém solicita por um atendimento psicológico. Este capítulo – que se reporta apenas às atividades assistenciais, não abordando a atuação em ensino e em pesquisa, também amplamente contemplada no nosso dia a dia – consiste de informações especializadas e técnicas sobre alguns passos que seguimos nesta nossa jornada diária, sobre algumas das dificuldades que encontramos e como as administramos e sobre outras questões gerais de interesse do profissional que queira conhecer o cotidiano do psicólogo em um Hospital Geral.

Em capítulos subseqüentes, aspectos específicos da atuação em enfermarias, unidades e ambulatórios especializados serão mais detalhadamente descritos, considerando as particularidades do cotidiano de nosso trabalho em cada um desses locais.

## A inserção do psicólogo no Hospital Geral e o contexto de atuação

A entrada do psicólogo no hospital é marcada por importantes peculiaridades, a começar pelo vínculo com a Instituição, que possui uma história e uma filosofia de trabalho que lhe é própria e que a distingue de quaisquer outras. Em certas instituições hospitalares, existe uma franca vocação assistencial. Em outras, sobretudo em hospitais-escola, as atividades de ensino e de pesquisa são também valorizadas. Por conseqüência, conhecer a história e a ideologia da Instituição na qual atuamos é um aspecto essencial a ser considerado, pois serve como parâmetro inicial a respeito do campo de trabalho existente e do que se pretende do nosso trabalho.

Como o cuidado diário de um paciente freqüentemente envolve a solução de problemas que vão além do escopo de apenas um provedor, nossa atuação em hospitais necessariamente ocorre junto a equipes multiprofissionais, o que pressupõe a interação de diferentes profissionais e sua integração através da realização de um trabalho coletivo abrangente, dentro de um modelo biopsicossocial de atenção, conforme foi visto no capítulo 2. Assim, é nesse contexto, próprio de uma equipe multiprofissional, que estamos inseridos.

A triangulação psicólogo-instituição-paciente, que se estabelece desde o nosso ingresso, se faz presente em diversas situações do cotidiano da equipe da Psicologia: na forma como equacionamos nosso plano de atuação com as demandas do paciente e com as expectativas e condições que a Instituição de Saúde oferece, na maneira como manejamos situações próprias ao âmbito hospitalar (o contato com a morte, a dor e o sofrimento), na forma como concebemos e lidamos com o trabalho junto a outras categorias profissionais.

Outra questão que consideramos relevante diz respeito ao fato de o psicólogo hospitalar manter um vínculo funcional com a Instituição, seja fazendo parte do corpo de funcionários, na qualidade de membro efetivo, seja temporariamente, na qualidade de estagiário ou aluno. Ao sermos integrados ao hospital, passamos a agregar uma "identidade institucional", por assim dizer, à nossa identidade profissional, fato este que pode representar uma facilidade ou uma dificuldade em nosso cotidiano. Citamos, como exemplo, o uso de vestimentas específicas (aventais, jalecos) ou de paramentação especial, situação à qual nós, assim como os demais membros da equipe, devemos nos adaptar. A utilização de aventais próprios, máscaras, luvas e/ou touca de cabelo, vestes bastante distintas daquelas às quais estamos acostumados, pode causar desconforto, sensação de descaracterização e até distanciamento do paciente. Se, por um lado, essas vestimentas favorecem a nossa imediata identificação como membro integrante da equipe de saúde – além de garantir maior grau de assepsia no contato junto aos doentes – em alguns casos pode repercutir de modo negativo, quando interfere no grau de confiança de alguns pacientes em relação à nossa função e trabalho, posto que podemos ser identificados como mais um representante da Instituição de Saúde com a qual nem sempre o indivíduo mantém uma ligação satisfatória.

Em atendimentos realizados junto a pacientes pediátricos essa é uma possibilidade especialmente comum. Nem sempre a criança consegue distinguir com clareza quem são os profissionais de saúde que a abordam, pois grande parte destes se trajam "de branco", dificultando a identificação imediata do psicólogo (que pode ser encarado como "mais um" que vem realizar procedimentos invasivos ou que proporcionam dor). A identificação de tal situação exige de nós atenção e habilidade para que a real função do psicólogo na instituição hospitalar seja esclarecida ou desmistificada continuamente junto à clientela atendida.

## A solicitação de atendimento psicológico

Em nossa instituição, o pedido inicial de consulta ocorre conforme as seguintes rotinas:

1. *Para atendimento ambulatorial:* através de um formulário padronizado (pedido de consulta) é requisitada avaliação ou intervenção psicológica por algum membro da equipe na qual a Psicologia atua em modelo de ligação. O paciente é orientado a agendar sua consulta em local específico no ambulatório do hospital ou no Serviço de Psicologia.

2. *Para atendimento em enfermarias nas quais há um psicólogo atuante em sistema de ligação:* os pedidos de consulta são feitos diretamente para os psicólogos responsáveis.
3. *Para atendimento na UTI:* o psicólogo atende a boa parcela dos pacientes como rotina.
4. *Para atendimento em enfermarias dentro do modelo de consultoria:* o formulário "pedido de consulta", que é preenchido por algum profissional da equipe (médicos, residentes, enfermeiros, auxiliares de enfermagem, assistentes sociais...), é entregue no Serviço de Psicologia para posterior atendimento na respectiva unidade de internação.

É facultada, ao paciente hospitalizado ou aos seus familiares, a requisição espontânea de atendimento psicológico. Quando possível, solicitamos que algum membro das equipes de saúde formalize esse pedido por escrito. No caso da Unidade de Terapia Intensiva e em enfermarias que contam com equipes de psicólogas em sistema de ligação, tais pedidos são feitos diretamente para a profissional responsável.

O formulário no qual o atendimento psicológico é solicitado traz, em geral, uma indicação de qual é a queixa e pode incluir alguma indicação de demanda emergencial. Algumas vezes, fazemos contato imediato com o paciente para avaliar a natureza da situação, providenciar um parecer preliminar no prontuário e indicar que estaremos dando seguimento ao caso nos próximos dias.

É relevante e pertinente procurarmos o profissional requisitante do pedido de consulta para obtermos detalhes mais pormenorizados do caso. Essa conduta, que foi por nós incorporada ao longo do trabalho em enfermarias, sempre que possível precede o atendimento ao paciente. O contato com o requisitante do pedido visa a atender à necessidade de maior esclarecimento sobre as razões que levaram esse profissional a solicitar nossa intervenção. É igualmente muito útil no sentido de elucidar se existe alguma informação adicional sobre o paciente ou, ainda, se existe um motivo "latente" (dificuldades de manejo, grande mobilização emocional do profissional ou da equipe diante do caso), além do que foi descrito no pedido "manifesto". Por fim, é um meio de viabilizar o estreitamento do vínculo com a equipe ou com o profissional requisitante, de modo a garantir ao máximo sua implicação no processo de atendimento das demandas emocionais do paciente e, de alguma maneira, viabilizar uma co-responsabilidade pelo pedido. Idealmente, esse contato seria feito antes e após nosso atendimento; no entanto, isso muitas vezes não é possível.

De forma realista, sabemos que, em boa parte das vezes, é pouco provável encontrar o solicitante do pedido na enfermaria, no exato momento em que estivermos na unidade de internação. Quando isso ocorre, procuramos por outra pessoa da mesma equipe, buscamos dados colaterais sobre o paciente junto à Enfermagem, a outros profissionais que estejam disponíveis no momento, ou no próprio prontuário. Os contatos com as equipes resultam, por vezes, na prestação de informações bastante relevantes (por exemplo, o paciente pode ser eventualmente descrito no pedido de consulta como uma pessoa "indócil", "de difícil contato", ao passo que a enfermeira ou a fisioterapeuta não compartilham essa impressão ou, então, o paciente é considerado "deprimido", mas alguns membros da equipe observam que isso só ocorreu depois de determinado evento durante a hospitalização).

Os dados que circulam "informalmente" na enfermaria muitas vezes são tão valiosos quanto os dados que constam em prontuário. Por esse motivo, nossa experiência vem demonstrando a importância de estarmos a par, tanto quanto possível, dessas informações.

Assim, em enfermarias, após tomarmos conhecimento do pedido e de quem o solicitou, vamos ao encontro do paciente.

Para que possamos entender o contexto em que o paciente atendido está inserido e para agirmos de acordo com as normas e rotinas do local, é de grande importância conhecermos as características da enfermaria em que realizamos o atendimento. Conhecer a unidade de internação pressupõe conhecermos a equipe que a integra, o ambiente físico (aparelhos, local de prontuários etc.), as rotinas (horário de banho, de refeições, de visitas, de procedimentos), o perfil dos pacientes (adultos, crianças, recém-nascidos, cirúrgicos, clínicos), as doenças atendidas, a ocorrência e periodicidade de reuniões de discussão clínica, os horários das visitas médicas e a necessidade de paramentação especial no contato com o doente. Dentre outros benefícios, esse conhecimento facilita a conciliação das atividades do local com a abordagem psicológica a ser empreendida, viabilizando que esta se dê em momento mais propício.

Acreditamos que é sempre interessante continuar ouvindo os profissionais responsáveis pelo paciente ao longo do atendimento psicológico, pois eles geralmente podem nos oferecer uma gama de informações que complementarão nosso diagnóstico. Do mesmo modo, podemos informá-los a respeito das causas que levam o paciente ou a família a reagir de determinada maneira. Com essa finalidade, buscamos a oportunidade de falar com os diferentes profissionais que estão em contato com o caso. Dependendo da situação, achamos apropriado perguntar sobre o prognóstico do paciente, cirurgia e alta planejadas, medicamentos em uso e se o paciente sabe que o psicólogo foi chamado.

A solicitação de atendimento em ambulatórios, em geral, é formulada pelas equipes com as quais o psicólogo atua em sistema de ligação. As demandas costumam ser bastante heterogêneas, no que concerne à população-alvo (crianças, adolescentes, adultos e idosos), à problemática emocional identificada (dificuldades de adesão ao tratamento ou de adaptação à doença ou tratamento, quadros ansiosos, depressivos, transtornos de personalidade, dentre outras questões) ou ao tipo de solicitação dirigida ao psicólogo (psicodiagnóstico, avaliação pré ou pós-cirúrgica, intervenção psicológica, auxílio especializado para pacientes portadores de doenças específicas).

A particularidade de cada clientela fica clara na avaliação psicológica segundo protocolos psicológicos especialmente elaborados por nós e que visam a sistematizar a coleta de dados e a formulação de uma hipótese psicodinâmica relativa a cada caso atendido. Falaremos sobre alguns desses protocolos em capítulos subseqüentes, ao serem abordados os diferentes trabalhos desenvolvidos por nossa equipe dentro do modelo de ligação. Esses casos ambulatoriais são discutidos com a equipe responsável, em contatos informais e nas reuniões clínicas de cada especialidade.

## A leitura do prontuário

Alguns psicólogos têm por costume ler previamente o prontuário do hospital, sempre que possível, antes de ver o paciente. Outros preferem, de início, obter poucas informações (doença atual, tempo de internação etc.) para depois analisarem o prontuário. Essa revisão pode ser parcial ou completa, consumir muito ou pouco tempo, dependendo da questão médica envolvida. Nessa tarefa, podemos nos deparar com algumas dificuldades como por exemplo, terminologias específicas, siglas de doenças, exames desconhecidos ou caligrafias pouco legíveis.

Embora saibamos não ser compulsório um profundo conhecimento de algumas situações e termos mais comuns da área médica pelo psicólogo, a leitura do prontuário permite que tenhamos acesso a dados mais genéricos sobre a evolução do paciente, do ponto de vista médico e comportamental. Através do prontuário, ficamos sabendo em que circunstância ocorreu a hospitalização (emergencial ou programada), qual o tipo de patologia apresentada pelo paciente (aguda ou crônica), qual o histórico do tratamento (em fase inicial ou já de longo curso) ou se o paciente apresenta algum padrão de conduta que foi identificado pela equipe (muito passivo, queixoso, reivindicador, confuso, agressivo) no transcurso de sua internação hospitalar.

Por meio do prontuário, é possível, ainda, a coleta de alguns dados objetivos do paciente (número de registro hospitalar, telefone ou endereço para eventual contato com os familiares ao longo da internação ou com próprio paciente, após sua alta), bem como a obtenção de informações sobre um eventual acompanhamento psicológico que tenha sido feito anteriormente ou que esteja ainda em andamento, evitando-se, nesse último caso, duplicidade de atendimentos por diferentes profissionais.

A revisão do prontuário é uma atividade que requer a capacidade de organização necessária à obtenção de um resultado inteligível e funcional. Algumas pessoas começam com as anotações sobre o diagnóstico e o prognóstico, ao passo que outras olham primeiro para as queixas nas anotações de admissão e, outras ainda, irão olhar inicialmente os dados mais recentes de tratamentos, observações da Enfermagem ou a prescrição de medicamentos. Às vezes, existem anotações ou até um resumo completo de outro profissional, o que muito nos auxilia na abordagem da situação. Depois do atendimento, temos uma idéia mais acurada de qual das informações é, para nós, a mais relevante.

## A anotação no prontuário

No primeiro atendimento é feita uma avaliação inicial com a finalidade de obtermos informações essenciais para a elaboração de nosso parecer. Este, então, é registrado no prontuário, incluindo as recomendações de manejo do paciente. Porém, existem circunstâncias nas quais não dispomos de dados suficientes para um relatório mais completo, particularmente quando a condição clínica ou o quadro álgico interferem significativamente no contato com o paciente. De qualquer forma, uma anotação deve ser feita no prontuário em qualquer contato com o paciente, ou com seu acompanhante, até mesmo quando a entrevista é encerrada por algum motivo extrínseco ao atendimento ou quando pretendemos dar prosseguimento à investigação, uma vez que esta é, inclusive, uma das vias de comunicação da equipe de Psicologia com os demais profissionais.

Um cuidado especial é tomado no que concerne às evoluções em prontuários que, especificamente em situação de enfermaria, são continuamente acessados por diversos profissionais. Anotações concisas, mas ao mesmo tempo abrangentes, sobre o andamento de um acompanhamento psicológico, privilegiando informações que sirvam como instrumento de orientação para o manejo mais otimizado do paciente pela equipe, ao mesmo tempo em que o preservem de uma exposição excessiva sobre alguns temas tratados no atendimento psicológico, vêm sendo uma medida oportuna. O treino da forma e do conteúdo dos registros em prontuários é, sem dúvida e sem exageros, conforme constatamos habitualmente, uma "arte", na qual elementos variados, tais como a seleção de dados mais relevantes, o respeito pelo sigilo e a necessidade de oferta de informações para a equipe necessitam ser ponderados constantemente.

A prática no registro em prontuários vem nos mostrando a importância de selecionarmos criteriosamente certos termos utilizados, sobretudo aqueles que têm um forte potencial de "patologizar" e estigmatizar o paciente. Expressões tais como "histeria", "mania", "psicopatia", têm uma acepção popular que em muito se distingue de seu significado técnico. Portanto, ao nos referirmos, por exemplo, a um paciente com traços histriônicos, é preferível descrever certas características que lhe são inerentes (sugestionabilidade, puerilidade etc.), traçando um paralelo entre esses atributos e as possíveis conseqüências disso no curso do tratamento realizado, a restringirmo-nos à descrição pura e simples de seu diagnóstico.

Em situação de ambulatório, em geral, os registros poderão se dar mais espaçadamente ou, em diversos casos, quando ocorre a conclusão da avaliação psicológica que resulta em um parecer sobre o estado emocional do paciente para o qual se requisitou atendimento. Contudo, de forma análoga ao que foi dito sobre os atendimentos em enfermaria, procura-se privilegiar os dados que sirvam como subsídio para a equipe no que tange ao manejo do paciente, ao longo de seu tratamento.

Devemos estar cientes de que, como participantes ativos nos tratamentos do paciente, somos co-responsáveis pelo conteúdo do prontuário. Sendo ele um documento legal, tornam-se fundamentais a clareza, a objetividade e a veracidade de nossas informações, aliadas à criteriosa seleção de dados a serem registrados mais ou menos detalhadamente.

## A abordagem do paciente

Numa situação ideal, o paciente internado foi informado sobre a avaliação psicológica pelo médico responsável pelo seu tratamento ou pelo profissional que solicitou o atendimento psicológico e, portanto, não ficará surpreso quando o abordarmos. Infelizmente, esse nem sempre é o caso.

O início da avaliação é sempre precedido pela apresentação do psicólogo ao paciente (nome e função) e pela prestação de informações sobre quais os motivos do atendimento. Esses esclarecimentos são essenciais para garantirmos o início de um bom relacionamento com o paciente, esclarecendo dúvidas (não é incomum que o paciente desconheça qual é a nossa função em um hospital) e desmistificando certos "tabus" (de que o psicólogo foi requisitado pela equipe exclusivamente para lhe dar uma notícia "ruim" ou porque esteja "louco").

É importante lembrarmos que, no contexto hospitalar de enfermaria, somos nós que vamos ao encontro do paciente e não o contrário, como ocorre no ambulatório. Portanto, podemos chegar em um momento não propício para o atendimento, como por exemplo, hora do banho, do curativo, do exame. Nesses casos, optamos por nova abordagem em momento posterior. Se o paciente está em horário de visita, a inclusão da família no atendimento (medida muito útil em casos nos quais se pretende coletar dados colaterais ou observar o tipo de interação entre a família e o paciente) ou a opção pela abordagem individual em momento posterior à visita, são opções a serem consideradas, dependendo da demanda do caso.

Durante os atendimentos poderemos ser surpreendidos com solicitações do paciente que merecem cautela de nossa parte para que não prejudiquemos a evolução de seu estado clínico. É comum, por exemplo, o doente, mesmo consciente da impossibilidade, nos solicitar um copo de água estando com proibição de tomá-la, pedir comida e estar em jejum para algum procedimento, solicitar para que a inclinação da cama seja ajustada sem ter permissão médica para isso. Se tais pedidos forem recorrentes, é importante considerar a existência de um sentido "latente" nessas solicitações: pacientes com dificuldades de adesão ao tratamento podem tentar "burlar" as recomendações médicas, ao mesmo tempo em que buscam a cumplicidade do psicólogo mediante solicitações inapropriadas. Outros pacientes, demasiadamente dependentes ou manipuladores, fazem sucessivos pedidos ao psicólogo, os quais geralmente são sintônicos ao seu funcionamento psicológico. Antes de tomarmos qualquer conduta em relação a essas solicitações, devemos consultar o médico ou o enfermeiro responsável para que nos orientem adequadamente.

Não há uma maneira única de conduzir uma entrevista no ambiente hospitalar. Nossa abordagem varia conforme as circunstâncias. A prática indica que o bom senso deve prevalecer no tocante ao esclarecimento dos motivos da solicitação de atendimento psicológico, junto ao paciente. Por vezes é possível que se reproduza integralmente o teor do pedido de consulta (ex.: "fui chamado porque a equipe que o acompanha tem achado que a senhora parece triste, desanimada..."). Em outros casos, quando o solicitante descreve o paciente de uma maneira que, se abertamente dita, em nada favoreceria um contato mais produtivo (ex.: "paciente apresentando delírios", "paciente hostil com a equipe", "paciente com quadro de somatização, sem quaisquer achados clínicos"), o esclarecimento do motivo da consulta é atenuado ou descrito de uma maneira mais genérica (ex.: "a equipe tem estado preocupada com o senhor, com seu estado emocional e por isso solicitou que eu o atendesse"; "seu médico me falou algo sobre a sua situação, mas eu gostaria de ouvir de você").

Quando lidando com pacientes confusos ou psicóticos, a abordagem inicial também deverá ser mudada. Precisamos ser breves e diretos na medida em que seu nível de atenção pode não permitir uma entrevista completa e nem mesmo um *rapport*.

Uma situação que comumente poderá interferir no atendimento é a do paciente que está com muita dor. A dor prevalece sobre tudo. Isso significa que, quando o paciente está obviamente com dor, é melhor voltarmos nossa atenção para a natureza da dor, local, duração e intensidade e tentar entender o que causa melhora ou piora. Nosso interesse e preocupação nessa área irão permitir que prossigamos com o atendimento focalizando as questões intrapsíquicas que, supomos, estejam correlacionadas ao quadro álgico.

Geralmente, a utilização de perguntas abertas, seguidas de outras, mais específicas, se mostra funcional. Tenhamos em mente que será útil abordar primeiramente a problemática clínica ou cirúrgica apresentada pelo paciente, mas, na maioria dos casos, não há necessidade de desenvolver meticulosamente cada sintoma médico, porque isso já foi feito pelo profissional competente. Ademais, nossa área de interesse incide na abordagem do significado subjetivo da condição médica apresentada pelo paciente e, para tanto, é mais indicado averiguar qual seu grau de compreensão e qual o impacto emocional das informações que lhe vêm sendo prestadas.

A investigação de aspectos emocionais, prioritariamente, nem sempre se mostra a estratégia mais indicada, já que o paciente não veio ao hospital para esse tipo de tratamento e está certamente muito mais preocupado com a disfunção orgânica que o acometeu. Idealmente, nossas "pontes" para questões cognitivas, afetivas, emocionais e de comportamento serão nossas observações e as associações do paciente, que permitirão que as assinalemos quando o paciente as trouxer ou quando voltarmos a elas num outro momento.

Além da avaliação da questão que foi objeto da solicitação de nossa intervenção e da compreensão da demanda mais emergente do paciente, existem aspectos sobre os quais devemos buscar obter algumas informações adicionais. Determinadas patologias trazem implicações específicas na saúde e na qualidade de vida dos pacientes que delas são portadores. Assim, é interessante que se averigúe, por exemplo, se um diabético tem tido adesão à restrição de açúcar em sua dieta, se um hipertenso observa piora em seu nível pressórico quando se encontra em situação de tensão emocional ou se uma pessoa recém acidentada associa o episódio traumático a algum fato específico de sua vida que talvez tenha precedido ou precipitado o acidente.

Também procedemos a uma breve avaliação das funções psíquicas e suas alterações e levantamos hipóteses diagnósticas que nos indiquem a necessidade ou não do atendimento especializado da Psiquiatria.

Não é insólito que o paciente fique incomodado por ter que ser avaliado por um psicólogo. Geralmente explicamos que lidamos com pacientes fisicamente doentes, mas que algumas questões emocionais poderão estar influenciando o curso de sua doença e que esperamos compreender o que ocorre, para podermos auxiliá-lo, se houver demanda nesse sentido e desejo de ajuda pelo paciente.

Se o paciente não deseja falar com o psicólogo, devemos avaliar sua situação clínica e emocional momentânea para determinar qual a conduta mais adequada. Dizer simplesmente que gostaríamos de conversar, mas que ele não precisa dizer nada que não queira compartilhar pode, em alguns casos, vencer essa resistência. Se a questão psicológica não é urgente (por exemplo, avaliação de uma longa depressão não suicida) não há necessidade de persistir. Retornamos em outra oportunidade para nova tentativa de contato.

O paciente pode ou não concordar com o nosso retorno num outro momento. Porém, se a situação representar uma emergência (por exemplo, idéias de suicídio, uma privação de álcool com risco de vida ou recusa cabal do tratamento por depressão), comunicamos o fato à equipe e buscamos novas estratégias de abordagem.

Em todo caso, quando há resistência total do paciente ou quando estamos limitados para fazer uma avaliação conveniente, o encerramento do atendimento será registrado no prontuário, sendo isso notificado à equipe o mais breve possível.

É possível que um membro da família esteja acompanhando o paciente na consulta ambulatorial ou ao lado do leito quando formos atendê-lo. Os familiares muitas vezes estão ansiosos para falar, o que entendemos como apropriado à situação de ansiedade que estão vivendo. Além disso, o paciente pode indicar que gostaria que a família ou acompanhante estivessem presentes durante o atendimento. De qualquer forma, precisamos de, pelo menos, algum tempo em particular com ele, para permitir que questões sensíveis ou embaraçosas sejam mais livremente expostas. Assim, quando necessário, indicamos que gostaríamos de conversar com o paciente a sós e que esta é a nossa maneira habitual de atuação. Depois de realizarmos o atendimento individual, poderemos pedir permissão ao paciente para conversar com a família e, dependendo das circunstâncias, efetuamos o atendimento conjunto com o paciente e o familiar.

É claro que, em muitas situações, o membro da família saberá de todos os detalhes do caso. Quando isso ocorrer, procuramos averiguar suas impressões, sentimentos e opiniões acerca do adoecimento do familiar enfermo e ouvir sua opinião sobre o que está acontecendo com o paciente.

Dificilmente encontraremos nas enfermarias um local adequado e reservado para o atendimento de familiares ou acompanhantes. Assim, este poderá ocorrer no corredor, em uma sala improvisada, à beira ou próximo do leito. Por uma questão de facilidade de acesso para a família, procuramos priorizar o atendimento em momento próximo ao horário de visitas.

Em esquema ambulatorial, o paciente é atendido em consultas sucessivas, cuja periodicidade e metodologia (atendimentos individuais, em grupo ou familiar) são definidas pelo próprio psicólogo. Em geral, existe um espaço físico mais apropriado para o atendimento, fator este bastante facilitador no que se refere à condução dos atendimentos e no resguardo do sigilo dos assuntos tratados.

Diferentemente das enfermarias e da Unidade de Terapia Intensiva, em ambulatório, na maior parte das vezes, o paciente está ciente de que passará por um atendimento especializado com o psicólogo, pois esta necessidade lhe foi esclarecida pelo profissional requisitante ou, se isso não ocorreu, o paciente porta consigo um pedido formal, por escrito, no qual a avaliação psicológica foi indicada e sobre a qual, em princípio, tem conhecimento.

Sendo assim, instaura-se no contexto ambulatorial situação diversa do que ocorre em ambiente de enfermarias, na medida em que é facultado ao paciente não hospitalizado a vinda ou não à consulta com o psicólogo. Ou seja, a existência do desejo de ajuda pelo paciente pode ser, em contexto ambulatorial, mais fielmente observado.

Ainda assim, vale ressaltar a existência de situações de exceção, como nos casos em que o atendimento psicológico ambulatorial é postulado para o paciente como procedimento compulsório, pelo profissional requisitante. Protocolos de avaliação para certos tipos de cirurgias incluem a avaliação psicológica como conduta necessária, sem a qual o paciente não poderá realizar determinado tratamento clínico ou cirúrgico em condições ideais.

Nesses casos, a abordagem do paciente deverá ser especialmente cuidadosa, requerendo grande habilidade do psicólogo, uma vez que o indivíduo, por vezes, comparece ao atendimento visivelmente contrariado ("eu só vim aqui porque o médico mandou", "só marquei consulta porque se eu não viesse não seria liberado para a cirurgia"). Além disso, em tais casos, é comum o paciente, concebendo que o parecer psicológico possa representar um fator de restrição ou mesmo de contra-indicação de determinado procedimento médico, sonegue informações preciosas que, no seu entender, poderiam "reprová-lo" para o tratamento proposto.

O esclarecimento dos pressupostos e da função da avaliação psicológica em determinado tratamento é questão de abordagem obrigatória, se pretendermos garantir a implicação do paciente no atendimento. O investimento no "vínculo" com o psicólogo é, talvez, a primeira e mais importante tarefa que devemos levar a cabo em tais casos. Da qualidade desse *rapport* dependerão muitas das ações empreendidas junto ao paciente, ao longo de seu tratamento.

## Ética profissional e sigilo

Uma questão preponderante da Psicologia no trabalho em equipes multiprofissionais diz respeito ao sigilo que protege todo o conhecimento obtido pelo psicólogo no exercício da sua atividade profissional. Como o trabalho multiprofissional supõe a ação do psicólogo vinculada à dos outros profissionais das equipes, fornecemos, de acordo com o Art. 23º do Código de Ética Profissional do Psicólogo (CRP, 1997), os resultados das avaliações psicológicas e as informações necessárias ao esclarecimento das questões que determinaram nossa intervenção, e os orientamos sobre os resultados obtidos, uma vez que esses dados visam a promover medidas em benefício do paciente. Além disso, podemos tratar dessas questões confidenciais dentro da equipe, porque cada um dos profissionais envolvidos está obrigado ao sigilo por Código de Ética próprio da categoria, bem como da própria Instituição.

A quebra do sigilo é admitida quando, de acordo com o Art. 27º, envolver fato delituoso e a gravidade de suas conseqüências, para o próprio paciente ou para terceiros, cria, para o psicólogo, o imperativo de consciência de denunciá-lo, como por exemplo, no caso de violência doméstica, negligência e maus tratos.

## Considerações finais

Ao abordarmos o cotidiano do psicólogo em uma instituição hospitalar, sabíamos, de antemão, que esta era uma tarefa bastante complexa, uma vez que, em um único capítulo, seria praticamente impossível descrever toda a riqueza de situações e de condutas adotadas em nossa rotina de trabalho.

Portanto, é necessário ressaltar aqui que o presente capítulo pretendeu abarcar somente uma parte das vivências mais corriqueiras de nosso dia a dia. Ainda que exista uma multiplicidade de experiências cuja descrição mais minuciosa é inviável, destacamos alguns aspectos comuns ao cotidiano de toda a equipe do Serviço de Psicologia, em enfermarias ou em ambulatórios e unidades especializadas.

O trabalho do psicólogo em hospital é sempre, por regra, algo que demanda uma habilidade considerável para o manejo de situações diversas, que vão muito além do âmbito assistencial. Conforme mencionado no início deste capítulo, ao ingressar na instituição hospitalar, o psicólogo agrega uma "identidade institucional" à sua identidade profissional, além de passar a conviver estreitamente com equipes multiprofissionais. Portanto, nosso cotidiano necessariamente deve também contemplar o manejo de uma série de circunstâncias nas quais a Instituição é, por assim dizer, a protagonista de nossas ações, seja em uma rotineira discussão de caso clínico que auxilie na tomada de decisões, seja na implantação de determinado projeto que atenda a certas necessidades institucionais.

O estabelecimento de condutas que norteiam nossa atuação, como descrito neste capítulo, foi algo inevitável, ao longo de nossa história como Serviço e resulta de um conjunto de ações práticas que se consolidaram. Entretanto, a diversidade e o insólito são também partes integrantes de rotina de uma Instituição de Saúde e, em decorrência disso, as regras e condutas existentes necessitam ser continuamente avaliadas em sua efetividade.

Novas situações sempre se apresentam, pedindo de nós versatilidade e flexibilidade constantes. Considerar essa realidade significa evitar ao máximo a banalização e a acomodação das ações empreendidas em nosso cotidiano.

Complexo e multifacetado, o trabalho do psicólogo no hospital é, por vezes, dispendioso emocionalmente, mas também muito gratificante. Demanda investimento constante no aprimoramento pessoal e profissional, desenvolvimento da atenção, da sensibilidade e da capacidade para lidar com as situações de forma criativa e eficaz.

## Referências bibliográficas

CONSELHO REGIONAL DE PSICOLOGIA 6ª REGIÃO – CRP06 – *Manual do CRP-06*. Código de Ética Profissional do Psicólogo. São Paulo, 1997.

HELLER, A. – *O Cotidiano e a História.* Paz e Terra. São Paulo, 1999.

MARTINS, J. S. – O Senso Comum e a Vida Cotidiana. *Tempo Social – Revista de Sociologia da Universidade de São Paulo*, 10(1):1-8, 1998.

CAPÍTULO
4

# AVALIAÇÃO PSICOLÓGICA NO HOSPITAL GERAL

Sandra Ribeiro de Almeida Lopes
Sandra Fernandes de Amorim

## Introdução

A avaliação psicológica é uma atribuição exclusiva do psicólogo, conforme definição da lei que regulamentou a profissão no Brasil em 1962 (CRP, 1997). Compete a esse profissional responder pela identificação, descrição e explicação a respeito do funcionamento humano, independentemente da utilização de procedimentos ou instrumentos (Wechsler & Guzzo, 1999).

A avaliação é uma tarefa complexa e exige do profissional uma preparação especial para o exercício desta função. Não há como imaginar o trabalho do psicólogo sem antes existir uma investigação, baseada em referenciais teóricos e metodológicos, que norteiem a compreensão de determinado fenômeno psíquico e o planejamento da intervenção.

Atualmente, a avaliação psicológica vem sendo tema de exaustivos debates em encontros e congressos de Psicologia, com a finalidade de redefinir, partindo do contexto atual, seus princípios, fundamentos, critérios, bem como a formação de profissionais e a orientação de sua prática.

Os testes psicológicos também estão sendo submetidos a uma ampla avaliação pelos órgãos responsáveis, o que certamente contribuirá para a atualização dos instrumentos utilizados e de seus critérios de padronização e de interpretação (CFP, 2004). Acreditamos que, com isso, haverá maior incentivo para a criação e desenvolvimento de novos recursos de avaliação psicológica e o incremento de pesquisas na área.

No âmbito institucional, em especial no ambiente hospitalar, a avaliação psicológica é uma tarefa imprescindível na prática do profissional. É a partir desse instrumental que argumentaremos nosso parecer a respeito de determinado caso, que sustentaremos nossas condutas ou que encontraremos subsídios para amparar nossas decisões e considerações diante da equipe multiprofissional e da Instituição, especialmente quando há opiniões divergentes.

De um modo geral, a importância da avaliação é viabilizar a formulação de um diagnóstico psicológico, não no sentido de estabelecer um "rótulo", mas no intuito de compreender dinamicamente o significado da doença na vida do paciente. É importante entender como o paciente adoeceu, quão enfermo ele se encontra e como a doença lhe serve. A partir desse entendimento, poderemos construir conclusões lógicas sobre como as mudanças poderiam afetar a sua enfermidade (Gabbard, 1998). E só então decidiremos a respeito da terapêutica mais apropriada para o caso.

O paciente que chega até nós, em geral, já passou anteriormente por outros atendimentos. Seu estado pode já ter se agravado e seu grau de ansiedade aumentado. Vem ao hospital depositando confiança nos profissionais e trazendo inúmeras expectativas quanto à resolução de seus problemas. Não espera ser atendido por muito tempo e, em muitos casos, nem tem como vir às consultas com regularidade, devido a problemas de ordem física ou mesmo financeira. Para esse paciente, a metodologia de avaliação (se faremos um psicodiagnóstico "clássico", com ou sem testes psicológicos, ou se faremos apenas uma única entrevista, ou, ainda, se o que lhe ofereceremos é uma psicoterapia de suporte, de apoio ou de crise, individual ou grupal), é questão de importância menor. Em grande parte dos casos, o que importa é a possibilidade de ser ouvido e acolhido em sua dor e seu sofrimento.

Por isso, nossa postura inicial, muitas vezes, recai na atitude de nos mostrarmos disponíveis para a escuta. Segundo Lopez (1997), os casos em que o paciente pode expressar seu sofrimento já provê alívio ou tranqüilidade que poderá levar a alguma clareza com relação à situação vivida, propiciando uma abertura para a avaliação de novas alternativas, criando assim condições para possíveis modificações.

## Avaliação psicológica de pacientes ambulatoriais

O ambulatório caracteriza-se pelo atendimento sistemático de pacientes com fins de diagnóstico e tratamento. Suas ações devem estar voltadas para a promoção, prevenção e recuperação da saúde e a reabilitação física, e são dirigidas ao indivíduo, à família e ao meio, quando constatada a não necessidade de internação (Romano,1999).

A população assistida pelos ambulatórios de um Hospital Geral é bastante heterogênea no que concerne à faixa etária, condição sócio-econômico-cultural, tipo e grau da patologia, histórico de doenças/tratamentos e necessidades. A Santa Casa de São Paulo, por ser um hospital-escola, recebe pacientes de todas as regiões do país, em geral casos que, por sua complexidade, exigem recursos diagnósticos e terapêuticos mais sofisticados.

Dessa forma, os motivos pelos quais o paciente chega até o psicólogo também são bastante diversificados e a atenção que lhe será dispensada dependerá basicamente do tipo de vinculação deste ao ambulatório.

Identificamos como motivos mais freqüentes de encaminhamentos para avaliação:

a) *Avaliação de rotina* – ocorre nos ambulatórios que incluem a avaliação psicológica na rotina de atendimento de pacientes candidatos a determinado procedimento cirúrgico. A partir de um protocolo especialmente elaborado para essa finalidade e baseada em critérios claros e definidos, a equipe requisita o parecer de profissionais das diferentes áreas de saúde que contribuirão com informações relacionadas à indicação ou à contra-indicação para a cirurgia em questão. Citamos, como exemplo, as especialidades médicas que atendem candidatos a transplante ou à cirurgia de obesidade mórbida.

b) *Preparo psicológico* – freqüentemente ocorre em situações nas quais o paciente deverá submeter-se a determinados procedimentos, alguns invasivos, agressivos e, por vezes, mutilantes e que, por isso, presumivelmente geram ansiedade ou outras repercussões emocionais negativas. O paciente necessitará de uma avaliação que leve em conta seu nível de conhecimento a respeito do procedimento, sua personalidade, seus medos, fantasias e expectativas, sendo devidamente orientado, informado e acompanhado nesse processo de preparo pelo Serviço de Psicologia Hospitalar.

c) *Auxílio quanto à definição de diagnóstico* – esse tipo de avaliação, em primeira instância, atende às necessidades da equipe médica, no sentido de excluir hipóteses diagnósticas a partir de um parecer psicológico. Na Clínica de Genética Médica, por exemplo, tal tipo de encaminhamento é bastante freqüente, já que determinadas síndromes incorrem em deficiência mental em graus variados ou transtornos comportamentais. Num segundo momento, a avaliação pode contribuir trazendo informações e orientações de que o paciente ou seus familiares ainda não dispunham.

d) *Dificuldades de adesão ao tratamento* – corresponde à solicitação de avaliação para aqueles pacientes que se recusam a seguir as orientações médicas, que não realizam o tratamento de maneira sistemática e que, por isso mesmo, não atingem o grau de recuperação esperada. Os motivos que levam o paciente a apresentar esse tipo de atitude, sejam eles conscientes ou não, serão investigados ao longo do processo de avaliação psicológica.

e) *Suporte emocional* – em geral são encaminhamentos que ocorrem em caráter emergencial, quando o paciente recebe o diagnóstico de uma doença grave e apresenta um estado de descompensação emocional durante a consulta médica. O médico, sensibilizado pela situação, o encaminha imediatamente para avaliação e atendimento psicológico.

De modo geral, podemos dizer que o profissional que atua em ambulatório de um Hospital Geral deve estabelecer critérios bem definidos para avaliação e realização de acompanhamento psicológico, critérios esses que levem em conta a necessidade do paciente e a abrangência do serviço oferecido, bem como a capacidade real de atendimento do profissional, a existência de espaço físico adequado e limites de tempo e freqüência dos encontros, para garantir que a avaliação psicológica seja adequada e o acompanhamento possa ser revisto enquanto processo e resultados.

A existência de disfunções psicológicas e comportamentais deflagradas por diferentes quadros clínicos ou cirúrgicos é notória e amplamente documentada na literatura. Em decorrência disso, o princípio maior que norteia a inclusão de um paciente para seguimento ambulatorial em nossa Instituição é a interface dos aspectos emocionais com os de natureza orgânica.

É comum, entretanto, recebermos nos ambulatórios pacientes encaminhados pelos médicos com queixas difusas, sem diagnóstico médico, com transtornos psiquiátricos como queixa principal, crianças encaminhadas de escolas por problemas de aprendizagem sem nenhuma sintomatologia orgânica, dinâmicas familiares conturbadas sem referência a qualquer doença física implicada, desempregados depressivos, entre outros. São situações que, inegavelmente, demandam um atendimento psicológico especializado, mas que não atendem aos pressupostos de trabalho da Psicologia Hospitalar, e que por isso, após criteriosa triagem, são encaminhados para recursos da comunidade.

Devemos admitir que a tarefa de encaminhar um paciente ou seu familiar para serviços públicos na área de saúde mental é uma missão um tanto quanto difícil, seja pela escassez de recursos, seja pela falta de vagas ou pela regionalização, fatores que dificultam o acesso a esses serviços para a maioria da população. Também sabemos que não podemos permitir que um hospital de nível terciário tome para si a responsabilidade de reparar falhas do sistema de saúde ou de educação, sob o risco de se tornar um serviço "inchado", além de não conseguir atender satisfatoriamente à demanda que lhe compete.

Considerando as possibilidades e limitações da atuação do psicólogo em uma instituição hospitalar de grande porte como a nossa, faz-se necessária a reflexão constante sobre os critérios de inclusão e de exclusão de pacientes no programa de assistência que pode ser efetivamente disponibilizado por nós. Definir, com o máximo de precisão, o que é desejável e possível de ser absorvido por um serviço psicológico ambulatorial, com parâmetros claros de indicação, é a tarefa primordial do profissional que avalia. Também é essencial a definição da forma (avaliação individual, familiar ou grupal) e do propósito (preventivo, interventivo ou reabilitacional) de acordo com o qual esse trabalho se efetivará.

Os familiares podem ser também incluídos em qualquer etapa do processo de avaliação, tal como ocorre rotineiramente nos ambulatórios que atendem crianças e adolescentes.

Na verdade, o leque de possibilidades é ilimitado e seria tarefa impossível tentar enumerá-las todas neste capítulo. Vale lembrar que as especificidades das avaliações realizadas nos diferentes ambulatórios de Psicologia de nossa Instituição serão melhor descritas em capítulos subseqüentes deste livro.

## Rotinas do Trabalho de Avaliação no Ambulatório

1) Espaço físico:

Cada ambulatório de Psicologia está ligado a uma especialidade médica que ocupa um espaço físico determinado. Em geral, são salas pequenas e altamente disputadas. Em decorrência do tipo de avaliação que realizamos e do caráter de nosso trabalho, utilizamos uma sala para atendimento individual, em média por trinta minutos para cada paciente. Isso, para nós, psicólogos, parece óbvio, porém não o é para a Instituição como um todo, já que os médicos atendem, por vezes, dois, três ou mais pacientes simultaneamente na mesma sala, estando sujeitos a todo tipo de interrupção.

2) Preenchimento de fichas:

Dentro da rotina ambulatorial, temos como tarefa o preenchimento de fichas padronizadas, emitidas eletronicamente, que contêm informações sobre data, hora, tipo de atendimento, diagnóstico pela Classificação Internacional de Doenças, CID-10 (OMS, 1993) e conduta/procedimento utilizado junto ao paciente. Seu preenchimento deve ser correto, uma vez que essa ficha é a garantia de recebimento de pagamento por parte do Sistema Único de Saúde pelo serviço prestado. Tem ainda a função de contabilizar a produtividade de cada serviço, através de uma estatística realizada ao final de cada mês.

3) Registro dos dados:

A maioria dos pacientes encaminhados para os ambulatórios de Psicologia vêm para avaliação psicológica com um pedido de consulta por escrito feito pelo seu médico. Temos como rotina responder a esse pedido tão logo tenhamos um parecer a respeito do caso. As informações decorrentes da avaliação devem ser concisas, objetivas, claras e principalmente elucidativas no que concerne às questões levantadas pelo solicitante. O pedido já respondido será anexado ao prontuário do paciente e poderá ser acessado por todos os demais profissionais. Estando o paciente em acompanhamento psicológico, as evoluções devem ser registradas no prontuário sistematicamente.

4) Prontuário específico da Psicologia:

É imprescindível que o psicólogo tenha à sua disposição um arquivo em seu Serviço onde possa guardar todo material correspondente à avaliação e ao seu atendimento com o paciente. Em primeiro lugar, essa medida atende à necessidade de garantir a confidencialidade dos dados e, em segundo lugar, permite o acesso às informações relativas ao histórico do atendimento psicológico. Caso o paciente tenha alta e, por qualquer motivo, retorne posteriormente e o psicólogo que o atendeu não esteja mais na Instituição, o colega que assumir o caso certamente terá necessidade de conhecer o trabalho desenvolvido anteriormente.

5) Tempo de duração da avaliação:

O contexto ambulatorial, em certa medida, facilita o trabalho do psicólogo, quando comparado ao da enfermaria. Nele, dispomos de uma sala que garante o mínimo de privacidade, o paciente comparece às consultas em um horário previamente agendado, temos uma proximidade maior com a equipe que o assiste e, assim, podemos dirimir nossas dúvidas imediatamente. Além disso, o contexto ambulatorial se aproxima muito do modelo de atuação realizado em consultórios, com o qual temos maior familiaridade em nossa formação acadêmica. Assim sendo, podemos planejar nosso trabalho de avaliação com maior precisão, dispondo de um tempo compatível com a demanda do caso e da indicação terapêutica.

A elaboração de um parecer que contemple a investigação de todos os aspectos necessários raramente se dá através de um único encontro, sendo necessária a programação de entrevistas seqüenciais com os pacientes, familiares ou ambos. É importante que a avaliação seja realizada com o máximo de urgência, para que as condutas sejam tomadas também com certa brevidade. Nos casos em que os pacientes serão encaminhados para recursos da comunidade, não devemos prolongar esse processo, para não criarmos uma expectativa desnecessária de tratamento na Instituição, nem reforçar um vínculo que será rompido em conseqüência do encaminhamento para outro serviço.

É oportuno lembrar que, no dia a dia do trabalho ambulatorial, a avaliação e a intervenção, em muitos casos se mesclam, não sendo possível definir claramente os limites de cada uma.

6) Diretrizes gerais de avaliação psicológica em ambulatórios:

A avaliação inicial empreendida pelo psicólogo em seu ambulatório deve, em linhas gerais, contemplar os seguintes itens descritos no **Quadro 1**:

Quadro 1: *Diretrizes de avaliação psicológica em ambulatórios*

- Dados de identificação do paciente.
- Clínica que encaminhou o paciente e motivo.
- Quadro clínico.
- Queixa do paciente.
- Histórico de doenças e tratamentos.
- Repercussões emocionais.
- Grau de informações a respeito da doença e tratamento.
- Antecedentes psiquiátricos.
- História pessoal.
- História familiar.
- Rede de apoio social.
- Compreensão psicodinâmica (conflitos, defesas, recursos emocionais e cognitivos).
- Hipótese diagnóstica.
- Grau de motivação para mudanças e para o ingresso em psicoterapia, se houver indicação.
- Conduta(s).
- Resumo de discussões com a equipe.
- Caso siga em acompanhamento psicológico: Resumo das evoluções/Finalização do caso (alta/encaminhamento/abandono).

7) A Utilização de protocolos psicológicos no hospital:

As atividades de avaliação psicológica, sobretudo dentro do sistema de ligação, usualmente implicam o contato mais estreito com uma clientela homogênea, seja no que se refere ao tipo de problemática orgânica apresentada pelos pacientes, seja no que concerne à faixa etária predominantemente atendida em determinada especialidade.

Com isso, inevitavelmente o psicólogo acaba por se familiarizar com um determinado segmento dos pacientes da Instituição e com algumas de suas vivências e características mais corriqueiras, no âmbito emocional.

A implementação de protocolos voltados para uma clientela específica passa a ser, a partir de certo momento, um meio eficaz na sistematização dos dados obtidos nas avaliações realizadas pelo psicólogo.

Os protocolos psicológicos podem atender a diferentes propósitos:

a) **Clínico** – auxiliando na condução da avaliação, segundo determinados parâmetros ou diretrizes que são de especial interesse do psicólogo averiguar. Em uma clínica que atende pacientes portadores de patologias crônicas, por exemplo, pode ser oportuno investigar qual a repercussão de uma doença de curso prolongado na qualidade de vida do indivíduo e de seus familiares e qual o grau de adesão ao tratamento a longo prazo. Em outra clínica que atende crianças acometidas por doenças que implicam prejuízos funcionais de maior alcance, talvez seja indicada a avaliação sistemática de eventuais desajustes na vida escolar e social.

Achados psicodiagnósticos recorrentes – cuja identificação é notoriamente facilitada através da análise comparada dos protocolos aplicados em um número expressivo de pacientes – podem subsidiar a elaboração de programas de assistência psicológica especialmente voltados para as demandas constatadas. Assim, se em certa clientela foi detectada uma elevada incidência de dificuldades de inserção social decorrentes da doença, poderemos formular um plano de ação psicoterápica que contemple a abordagem dessa questão.

O protocolo que considera o registro do acompanhamento do paciente ao longo de diferentes etapas de sua doença ou tratamento é igualmente muito útil no planejamento de estratégias individualizadas para determinado paciente. Citamos como exemplo o indivíduo que em uma avaliação pré-cirúrgica demonstrou forte tendência para o desenvolvimento de reações ansiosas diante de situações eliciadoras de estresse. De posse desse dado, o psicólogo pode cogitar que seja indicado o acompanhamento mais sistemático do paciente quando este ingressar na unidade de internação para realizar a cirurgia programada.

b) **Institucional** – o uso de formulários padronizados pela Psicologia, facilita a identificação do material nos prontuários (cujo conteúdo nem sempre está devidamente organizado, dificultando a pronta localização de documentos). Porém, mais do que uma questão meramente logística, o acesso ao protocolo psicológico facilita a compreensão, pelos profissionais de saúde, do processo de coleta de dados e dos indicadores emocionais que subsidiaram nosso parecer sobre determinado paciente. Secundariamente, acreditamos que o uso de protocolos seja um meio eficaz de veicular e valorizar nosso trabalho junto à Instituição.

c) **Pesquisa** – a sistematização possibilita que, com brevidade e maior grau de precisão, seja realizado o levantamento de dados acerca de uma população específica sobre a qual se pretende estudar de forma mais aprofundada. Torna possível, também, a troca de informações entre instituições que atendem a mesma clientela.

## Testes Psicológicos no Processo de Avaliação Ambulatorial

O uso de testes psicológicos, quando bem indicado, pode servir como meio auxiliar na investigação de aspectos específicos do universo psicológico do indivíduo, contribuindo para a atribuição de um caráter mais técnico, objetivo e científico ao exame realizado. A elaboração de parecer ou laudo psicológico é uma solicitação freqüente, derivada de necessidades internas da Instituição ou externas a ela, e exige do profissional discernimento, objetividade e pragmatismo.

Lançar mão de protocolos no processo de avaliação, como vimos, é sempre uma estratégia válida, uma vez que esses auxiliam a coleta e sistematização das informações, seja para fins terapêuticos ou de pesquisa. No entanto, observamos que os dados obtidos por meio desses protocolos nem sempre refletem a dimensão das questões psicológicas do paciente. Para tanto, propomos a associação desse recurso com testes, como instrumentos de investigação objetiva, inclusive de conteúdos subjetivos ou de nível inconsciente.

A utilização de testes psicológicos no contexto hospitalar tem ainda sua importância na medida em que facilita a elaboração de parecer, por meio de informações valiosas quanto à dinâmica e à estrutura de personalidade num curto espaço de tempo, se comparado a outras técnicas psicológicas. Além disso, em relação à equipe, observa-se maior reconhecimento quando a avaliação apóia-se na objetividade de seus resultados (Almeida, 1995).

Assim, dependendo do propósito da avaliação, nos valemos de testes de inteligência, de funções cognitivas, psicomotores, neuropsicológicos, ou projetivos de personalidade, sempre de acordo com as resoluções do Sistema de Avaliação de Testes Psicológicos – SATEPSI (CFP, 2004). Destes últimos, utilizamos mais freqüentemente a técnica do "Desenho-História" (Trinca, 1986), em ambulatórios pediátricos, e o Teste de Apercepção Temática - TAT (Murray, 1995) e o House-Tree-Person - HTP (Buck, 2003), em ambulatórios de transplantes.

Em nossa experiência, o uso de testes como estratégia de avaliação complementar a protocolos e entrevistas diagnósticas vem se mostrando bastante funcional, não apenas na coleta de dados no processo de investigação, mas como um meio facilitador na comunicação com o paciente.

A associação desses dois recursos tem trazido resultados bastante satisfatórios em nossa prática, como, por exemplo, no Ambulatório de Adolescentes Gestantes (que veremos em detalhes no capítulo 7).

As jovens gestantes, quando chegam ao ambulatório, passam inicialmente por uma triagem médica, seguida por outra psicológica, que tem por finalidade eleger as adolescentes que, além do atendimento grupal, também poderão se beneficiar com o atendimento individual. Nossa triagem investiga o impacto emocional da gestação para a paciente, as repercussões na família, a relação da gestante com o pai da criança e com seus pais, cuidados com a saúde de um modo geral e, em especial, com o corpo, situação ocupacional, rede de apoio social e, por fim, dinâmica emocional e recursos egóicos. Num primeiro momento, realizamos uma entrevista aberta e, em seguida, direcionamos as perguntas para o preenchimento do protocolo que versa sobre essas questões.

As respostas obtidas por meio do protocolo, em geral, são breves, defensivas, refletindo pouco envolvimento emocional. Então, acrescentamos à entrevista de triagem a aplicação da prancha 7MF do Teste de Apercepção Temática - TAT (Murray, 1995), que tem, por tema central, a representação da maternidade, buscando ampliar nosso entendimento com os resultados obtidos.

A título de ilustração, citamos dois exemplos:

Paciente 1:

Dados: 17 anos, 4º mês de gestação. Diz que se sentiu surpresa, não esperava que a gravidez pudesse ocorrer. Temeu a reação da mãe que, a princípio, foi negativa, porém agora com maior grau de aceitação. O namorado ficou feliz com a notícia e pretende ajudar no que for possível, mesmo que ambos não estejam mais juntos. Fala da gestação com certa indiferença, acredita que tudo vai dar certo, porém não inclui o bebê em seus planos.

**Resposta ao TAT:** *"É uma jovem bem criança, parece bem infantil ainda, não tem experiência nenhuma. Está com um recém-nascido e a mãe está prestando atenção na criança, conversando com a filha, lendo um livro. A mãe está dando bastante atenção para ela (filha), é mãe solteira, está sem o parceiro. Ela não segura o bebê com amor, parece uma criança rejeitada. A menina não está dando atenção para o filho dela, ela não queria. Ela acaba se revoltando e deixando para a mãe cuidar da criança para ela poder viver a vida dela, porque é muito jovem e quer curtir mais um pouco."*

Paciente 2:

Dados: 15 anos, 3º mês de gestação. Diz que ficou triste com a notícia, pensou em aborto, mas o namorado a fez mudar de idéia. A mãe reagiu negativamente, porém agora já aborda a questão com mais serenidade. Considera a gravidez algo difícil, de muita responsabilidade e teme não ser capaz de lidar com o desafio.

**Resposta ao TAT:** *"Uma jovem grávida, acho que a mãe dela está conversando e explicando algo sobre o bebê, a menina parece estar feliz e a avó também. A jovem ficou grávida, a vida deve ter mudado muito, passado por muitas transformações ruins no começo e melhores no final. A mãe deve estar aconselhando como deve se cuidar de um bebê e como será a vida depois. A vida da menina é transformada, a vida vai ficar difícil, mas nada impossível se ela tiver a ajuda dos pais. A mãe deseja que ela seja feliz com a criança, que cuide direito. A menina segura uma criança que sente alegria de vir ao mundo, ela está feliz."*

## Avaliação psicológica de pacientes hospitalizados

Antes de abordarmos mais detalhadamente aspectos relativos à avaliação psicológica em enfermarias, julgamos ser necessário caracterizar o universo de pacientes que é por nós atendido nas unidades de internação.

Nossa casuística engloba pacientes que se submetem a acompanhamento de caráter clínico ou cirúrgico, em processo diagnóstico ou de tratamento com fins terapêuticos. A hospitalização tanto pode se dar em caráter emergencial quanto ser previamente programada. As patologias orgânicas apresentadas pelos pacientes são bastante diversificadas, sendo difícil uma caracterização mais precisa nesse aspecto.

As reinternações hospitalares são comuns, uma vez que boa parte de nossa clientela é portadora de quadros que demandam intervenções clínicas e cirúrgicas de maior complexidade e certos tipos de procedimentos para os quais a internação é obrigatória.

No Serviço de Psicologia Hospitalar da Santa Casa de São Paulo, a avaliação de pacientes em regime de internação pauta-se em dois modelos distintos de atuação:

1) *Pacientes vinculados a especialidades médicas junto às quais o Serviço de Psicologia atua em **sistema de ligação**:* nesse caso, a clientela é avaliada segundo um protocolo psicológico que, em grande parte dos casos, tem seu começo antes da internação do paciente e que pode prosseguir após a alta hospitalar. Citamos como exemplo os indivíduos para os quais estão indicados certos tipos de cirurgias eletivas (transplantes, cirurgia oncológica de cabeça e pescoço, obesidade mórbida), cuja avaliação psicológica de rotina é iniciada em regime ambulatorial, conforme descrito anteriormente neste capítulo, tendo seu seguimento no período de hospitalização do paciente.

2) *Pacientes vinculados a especialidades médicas junto às quais o Serviço de Psicologia atua em **sistema de consultoria**:* nesse caso, boa parcela da clientela agrega pessoas que têm no atendimento prestado em enfermarias o primeiro contato com nosso Serviço. Havendo demanda para seguimento psicológico após a alta hospitalar, o paciente ingressa no Ambulatório do Setor de Consultoria ou em outros ambulatórios do Serviço de Psicologia da Santa Casa ou, ainda, pode ser encaminhado para recursos externos em saúde mental (Unidades Básicas de Saúde, Ambulatórios de Saúde Mental, Clínicas Psicológicas vinculadas a Instituições de Ensino).

Neste capítulo, ao tratarmos das avaliações efetuadas em enfermarias, nos reportaremos especialmente àquelas realizadas pelo Setor de Consultoria Psicológica. As avaliações realizadas em unidades de internação que contam com psicólogos atuantes em sistema de ligação serão focalizadas em alguns dos capítulos subseqüentes deste livro.

Também aqui não serão abordadas questões relativas à avaliação de pacientes internados em unidades pediátricas, tema este que será tratado no capítulo 6, dada a especificidade desse tipo de avaliação.

### Diretrizes de Avaliação de Pacientes Hospitalizados

Ao propor um plano de avaliação psicológica voltada para determinada clientela em enfermarias de um Hospital Geral, o psicólogo pode se basear em diferentes formas de "contrato", a saber:

*1) Atendimento integral da clientela* – esta modalidade de atuação, viável em unidades de internação de menor porte ou junto a especialidades médicas que atendem um número limitado de indivíduos, possibilita que seja efetuada uma triagem de todos os pacientes, tendo em vista a seleção, pelo psicólogo, dos casos que apresentam demanda de assistência psicológica durante o período de hospitalização.

*2) Atendimento parcial da clientela, segundo critérios de seleção estabelecidos pelo próprio psicólogo* – útil em unidades de internação de médio ou grande porte, este tipo de contrato resulta na seleção de determinada parcela dos indivíduos hospitalizados para os quais o psicólogo julga ser prioritário o atendimento. Baseado em um conhecimento prévio da clientela total da enfermaria em questão e de suas demandas emocionais mais corriqueiras, bem como no que é referido na literatura especializada em saúde mental, o psicólogo pode estabelecer, por exemplo, que em uma enfermaria de Ortopedia, todos os pacientes portadores de quadros de lesão medular pós-trauma passarão por entrevistas de triagem psicológica, uma vez que tais indivíduos muito costumeiramente apresentam algum tipo de disfunção emocional decorrente de seu diagnóstico e tratamento. A seleção dos pacientes avaliados rotineiramente pela Psicologia pode ocorrer em comum acordo com a equipe de saúde da enfermaria.

*3) Atendimento parcial da clientela, segundo critérios de seleção estabelecidos pela equipe, exclusivamente:* freqüente em grandes enfermarias, com um volume grande e muito heterogêneo de pacientes, este contrato prevê que a equipe de saúde da unidade de internação solicite assistência psicológica para alguns pacientes em particular, segundo parâmetros por ela estabelecidos. Esse é o modelo seguido pelo Setor de Consultoria em nossa Instituição e sobre o qual falaremos mais especificamente.

A avaliação psicológica efetuada pela Consultoria em enfermarias parte, necessariamente, de um pedido de consulta por escrito que é formulado pelas equipes de saúde, sendo facultada a qualquer categoria profissional essa solicitação. Todos os atendimentos prestados pelo Setor são registrados no prontuário hospitalar do paciente, até sua conclusão.

A avaliação pretende, mediante diferentes estratégias (entrevistas com o paciente ou com seus familiares, testes psicológicos ou escalas, coleta de dados junto à equipe de saúde), possibilitar a obtenção de dados que sirvam como elementos que fundamentem uma hipótese diagnóstica a respeito da situação descrita no pedido de consulta, considerando quatro diretrizes descritas no **Quadro 2:**

Quadro 2: *Diretrizes de avaliação psicológica em enfermarias*

- Condição psíquica atual do paciente.
- Correlação entre o estado psíquico atual e sua situação médica.
- Condição emocional prévia (estrutura e dinâmica de personalidade).
- Situação psicossocial e ambiental

O tempo disponível para a avaliação do paciente internado costuma ser limitado, em grande parte dos casos atendidos pelo Setor de Consultoria, em face da muito freqüente brevidade do período de internação que inviabiliza um número de atendimentos mais extenso.

De maneira ideal – considerando a existência de condições altamente favoráveis (paciente muito orientado, colaborativo e motivado para a assistência psicológica, atendimentos realizados a contento, sem intercorrências e dentro do que foi programado pelo profissional) – a avaliação psicológica engloba os indicadores descritos no **Quadro 3**:

Quadro 3: *Indicadores para a avaliação psicológica em enfermarias*

→ Os atendimentos puderam ser realizados conforme o previsto?
Se não, qual o motivo? (o paciente não pôde ou não quis contatar? estava realizando algum procedimento – higienização, exame, medicação – que inviabilizou ou interferiu no atendimento?)

→ Exame das funções psíquicas
consciência; orientação; atenção; memória; sensopercepção; pensamento; afetividade; vontade; humor; recursos cognitivos.

→ Comportamento durante os atendimentos
com contato adequado? em condições de manter conversação produtiva? disposto? ativo? queixoso? desvitalizado? instável? irritável? esclarecido sobre qual a natureza da entrevista e sobre a função do psicólogo?

→ Relação com a doença, hospitalização e tratamento
grau de informações de que dispõe; significado emocional da doença, hospitalização e tratamento; histórico do adoecimento e fatores emocionais correlacionados ao mesmo.

→ Relação com a equipe de saúde
adequada? conflitiva? com características de passividade e dependência? participativa?

→ Relação com a instituição de saúde
grau de satisfação com o tratamento recebido; adaptabilidade ao ambiente e rotinas do hospital.

→ Antecedentes psíquicos pessoais
histórico de eventos psicológicos ou psiquiátricos; estrutura e dinâmica de personalidade; situações conflitivas relevantes; recursos emocionais disponíveis; mecanismos de defesa.

→ Retaguarda de familiares ou outras pessoas emocionalmente significativas
familiares ou amigos prestam auxílio ao paciente? são elementos facilitadores ou não no tratamento realizado?

→ Dificuldades emocionais atualmente constatadas
quanto à doença e ao tratamento? relativas a outras situações de vida?

→ Hipótese(s) psicodinâmica(s)
qual(is)? intensidade e gravidade; quadro emocional está dentro do esperado para a situação ou não?

→ Demanda para avaliação psiquiátrica?
qual? motivo.

→ Demanda para atendimento psicológico na fase de hospitalização?
objetivos; focos eleitos; estratégias cogitadas no planejamento dos atendimentos.

→ Intervenções já realizadas na fase de avaliação
orientação? de natureza suportiva? expressiva? focos abordados; estratégias utilizadas; contato com familiares; contato com a equipe de saúde.

→ Implicações do quadro emocional na forma como o paciente lida com a doença e tratamento atualmente realizado
quais dados podem predizer facilidades e dificuldades do paciente em relação ao adoecimento e ao tratamento? qual o prognóstico emocional?

> → Sugestão de conduta à equipe de saúde
> quanto ao manejo do paciente e familiares; necessidades constatadas na assistência e rotina hospitalares que podem representar benefício, sob o aspecto emocional.

Concluídas as condutas em nível diagnóstico, esperamos obter um parecer que busque esclarecer as questões descritas no **Quadro 4**:

Quadro 4: *Questões a serem consideradas ao término da avaliação psicológica em enfermarias*

> – Existe uma real demanda de atendimento pela equipe de Psicologia? voltada para o paciente? para os familiares?
>
> – A demanda detectada é compatível com o que foi especificado no pedido de consulta formal? Há demanda da equipe implicada na problemática emocional do paciente?
>
> – Qual o estado emocional do paciente ou do familiar, considerando a situação de doença e tratamento? Qual o grau de comprometimento emocional observado na atual situação?
>
> – De que maneira antecedentes psicossociais, pessoais ou familiares, podem estar interferindo no atual estado emocional do paciente?
>
> – Qual a influência das condições ambientais relativas à hospitalização no desencadeamento ou maximização de reações emocionais desadaptativas?
>
> – Há necessidade – como conduta primária ou subsidiária ao acompanhamento psicológico – de avaliação psiquiátrica (adoção de medicação com ação psicoativa)?
>
> – Quais os focos e objetivos a serem contemplados na proposição de condutas, considerado o fato do paciente encontrar-se hospitalizado?

Por fim, consideradas essas questões, condutas distintas podem ser adotadas, segundo o que descrevemos no **Quadro 5**:

Quadro 5: *Condutas propostas ao término da avaliação psicológica em enfermarias*

> – Conclusão do atendimento psicológico na fase de avaliação, quando não fica caracterizada a existência de uma demanda de acompanhamento.
>
> – Orientação ou intervenção junto à equipe de saúde e outras pessoas diretamente vinculadas ao paciente, com proposição de novas formas de manejo.
>
> – Indicação de intervenção psicoterápica durante a fase de internação. O seguimento ambulatorial é avaliado *a posteriori* como possível conduta complementar.
>
> – Solicitação de avaliação de outras equipes (Terapia Ocupacional, Serviço Social etc.), frente a algumas demandas constatadas que são da competência desses serviços.
>
> – Indicação de avaliação/acompanhamento psiquiátrico, pela especificidade do quadro constatado.

## Avaliação Ideal x Avaliação Possível em Enfermarias: Possibilidades e Limitações na Atuação do Psicólogo

No modelo adotado pelo Setor de Consultoria, o psicólogo assume tarefas diversas no que se refere à assistência, estando envolvido diretamente em todos os procedimentos de rotina: recebe a solicitação de consulta, mantém contato com as equipes solicitantes, realiza o parecer diagnóstico, auxilia na proposição de estratégias de manejo do paciente durante o período de hospitalização e conduz o seguimento psicoterápico, se houver indicação para este.

Por estar envolvido com tarefas abrangentes, o psicólogo da equipe da Consultoria depara-se com situações que requerem sólida e abrangente formação profissional.

A atuação em sistema de consultoria pede do psicólogo dinamismo, flexibilidade e senso prático bastante desenvolvidos para a análise e resolução de situações diversificadas que se apresentam costumeiramente em ambiente de enfermaria, além de um alto grau de participação e compromisso com as situações que se apresentam. Pede, igualmente, que este profissional desenvolva habilidade e maturidade para tolerar frustrações que inevitavelmente ocorrem em seu cotidiano, tais como a imprevisibilidade e descontinuidade do acompanhamento do paciente, por razões extrínsecas ao psicólogo (altas hospitalares, piora ou óbito do paciente), o eventual não reconhecimento da natureza e da importância de sua atuação pelas equipes de saúde e a sobrecarga e complexidade das tarefas a serem realizadas. Demanda, em acréscimo, uma habilidade considerável do profissional para o estabelecimento de um rápido, mas sólido, *rapport* com o paciente, a fim de engajá-lo ao máximo no atendimento psicológico proposto.

Considerando certas peculiaridades da assistência em enfermarias (tempo mais breve para a efetivação de atendimentos, risco aumentado de intercorrências e de interrupção na assistência), buscamos privilegiar que as primeiras entrevistas de avaliação se concentrem na investigação das questões descritas no **Quadro 6**:

Quadro 6: *Principais áreas de concentração na avaliação psicológica em enfermarias*

---

- Dificuldades objetivas e subjetivas do paciente em relação à doença, ao tratamento e à hospitalização.
- Problemática emocional mais emergente.
- Mecanismos de enfrentamento utilizados.
- Recursos cognitivos e psicológicos disponíveis para o enfrentamento das dificuldades que se apresentam.
- Rede de apoio existente.

---

Aspectos emocionais ligados à vida pregressa do indivíduo são, em geral, melhor averiguados em atendimentos posteriores e também à medida que o paciente, reconhecendo os benefícios que o atendimento psicológico pode propiciar e, estabelecendo com o profissional uma ligação de maior confiança, é capaz de reportar-se mais abertamente a vivências que lhe foram significativas emocionalmente ao longo de sua vida.

Ressaltamos, entretanto, que nem sempre esse planejamento da avaliação pode ser rigorosamente obedecido. Há casos em que o paciente apresenta, de forma muito evidente, demandas psicológicas anteriores à hospitalização como questões emergentes e que parecem mobilizá-lo mais intensamente. Compete ao psicólogo, nessas situações, equacionar a investigação desses conteúdos com a avaliação relativa ao momento atual do paciente, pois nossa atuação em enfermarias é prioritariamente voltada para a situação de adoecimento, tratamento e hospitalização e para a análise e a busca de soluções nesse contexto.

Tem se mostrado apropriada a busca de um meio termo que fique entre o excessivo aprofundamento da investigação e a superficialidade apressada, que conduz a um parecer conclusivo muito prematuro e pouco substancial.

Na falta de tempo disponível para a avaliação (ex.: quando o paciente está com indicação de alta hospitalar para breve) procuramos nos deter na investigação de aspectos mais imediatos da vivência do indivíduo, aprofundando-os tanto quanto possível. Ao final dessa avaliação, caso seja observada demanda para uma avaliação pormenorizada ou para o acompanhamento psicoterápico mais sistemático, é conduta preferencial que a intervenção psicológica na enfermaria seja voltada para uma abordagem de sensibilização, a fim de que o paciente ingresse em atendimento psicológico em esquema ambulatorial após a alta hospitalar.

Aspecto considerado em nossa prática é que, em uma parcela considerável dos casos, a execução de uma avaliação em enfermarias, a mais completa possível, sofre a interferência direta de variados fatores, tais como a menor disponibilidade ou o estado clínico mais precário do paciente, a falta de condições ambientais para que um contato produtivo possa ocorrer a contento, além de algumas variáveis institucionais (por exemplo, realização emergencial de cirurgias e exames e a premência na realização de certas condutas pela enfermagem, simultaneamente ao atendimento psicológico).

Fatores diretamente ligados ao histórico médico (por exemplo, paciente em pré ou pós-cirúrgico) também são levados em conta, uma vez que, em certas circunstâncias, o atendimento terá de ser antecipado ou postergado.

Eventualmente, o método de avaliação precisa ser adaptado às condições clínicas do paciente, tal como quando o contato verbal se mostra inviável, tornando necessária a tentativa de comunicação por outros meios (gestos, linguagem escrita, leitura labial).

Questão adicional a ser levada em conta no planejamento da avaliação em enfermarias é o perfil do paciente a ser atendido (mais jovem ou mais idoso), pois necessariamente a fase de desenvolvimento em que o indivíduo se encontra é uma importante variável na metodologia da avaliação. A investigação de certos temas específicos e até mesmo a forma de abordagem de pacientes de diferentes faixas etárias se distinguem, em variados aspectos. Certa enfermidade que acomete um paciente jovem e outro mais idoso pode precipitar diferentes significados e repercussões na qualidade de vida de cada um desses indivíduos: para o primeiro, a descoberta de uma patologia de curso progressivo e incapacitante pode desencadear preocupações relativas ao prosseguimento de seus projetos pessoais e à continuidade de sua rotina profissional, predominantemente. Para o segundo, pode despertar mais intensamente receios voltados para a qualidade do suporte familiar que terá, à medida que seu estado físico se deteriore.

Em situações de avaliação psicológica em unidades de internação, procuramos nos valer de versatilidade e flexibilidade, objetivando adequar o propósito da avaliação às circunstâncias que se apresentam em dado momento, mesmo que algumas de nossas expectativas de atuação talvez não sejam idealmente atendidas. A máxima de que é melhor dispor de poucas informações, tentando abordá-las e aprofundá-las da melhor maneira possível, do que se prender a expectativas irreais acerca do que seria uma entrevista realizada em condições ótimas, é princípio constantemente por nós observado.

Aspecto a ser igualmente ressaltado é que dificilmente uma entrevista de avaliação em enfermarias engloba somente a coleta "pura" de dados objetivos. Decorrente da circunstância de doença, tratamento e hospitalização, o paciente bastante freqüentemente se encontra muito mobilizado sob o aspecto emocional, tornando quase que inevitável que algum tipo de intervenção psicológica – mesmo que suportiva – seja realizada simultaneamente à investigação de dados.

A avaliação psicológica em enfermarias deve sempre considerar a possibilidade de reformulação da hipótese psicodiagnóstica inicial, ao longo do atendimento do paciente. A melhora ou piora clínica, a indicação de uma cirurgia não programada, o óbito de um paciente que se encontra no mesmo quarto, são exemplos de algumas circunstâncias que podem precipitar mudanças, por vezes radicais, no estado emocional do indivíduo hospitalizado.

O paciente é, quase na totalidade dos casos, o nosso foco prioritário de abordagem. Contudo, a avaliação também contempla a possibilidade de realização de entrevistas complementares com os familiares ou pessoas agregadas ao paciente (amigos, colegas, empregadores). Essa medida é especialmente oportuna quando o paciente mostra evidentes limitações, circunstanciais ou permanentes, na prestação de alguns dados objetivos que são fundamentais para a melhor compreensão de seu caso, tal como ocorre com pacientes idosos ou com indivíduos com quadros psíquicos de maior gravidade. Tal estratégia também se mostra eficaz para que possam ser obtidas informações acerca da dinâmica familiar e da rede de apoio existente.

A abordagem dos familiares ou de pessoas vinculadas mais significativamente ao paciente é precedida, sempre que possível, pela comunicação dessa conduta ao paciente, no intuito de evitar a formulação de fantasias de "aliança" do psicólogo com essas pessoas, fato este que poderia trazer implicações negativas à continuidade do atendimento individual (sentimentos de desconfiança, sensação de estar sendo desqualificado e a família, valorizada).

A avaliação subsidiária da Psiquiatria, para alguns casos, vem se mostrando um expediente muito oportuno e enriquecedor. Através de reuniões semanais, os casos atendidos conjuntamente pela Psicologia e pela Psiquiatria são discutidos por ambas as equipes, visando à compreensão da condição emocional de alguns pacientes hospitalizados e à proposição de condutas individualizadas, conforme as demandas constatadas.

Ao longo de nossa experiência em enfermarias, tornou-se notória a diversidade de solicitações que são feitas ao psicólogo e de circunstâncias com as quais temos de lidar, algumas delas bastante inusitadas. A experiência do psicólogo consultor é, por re-

gra, sempre multifacetada, estando isso na direta dependência das diferentes situações para as quais nos é requisitada uma avaliação.

Questão essencial dentro do modelo de consultoria diz respeito ao fato de haver, necessariamente, um "filtro" das equipes de saúde na seleção de casos a serem avaliados pela Psicologia. Seguindo parâmetros nem sempre facilmente identificáveis, as equipes indicam alguns pacientes para o atendimento psicológico e outros não.

Este "recorte" efetuado pelas equipes representa, na nossa concepção, uma evidente limitação do modelo de consultoria e traz inúmeras implicações na oferta da assistência psicológica em unidades hospitalares. A principal delas corresponde ao fato de que nem todos os pacientes que necessitariam de uma avaliação e, talvez, de um seguimento mais sistemático pela Psicologia, são prontamente reconhecidos pela equipe. Indivíduos excessivamente passivos ao longo da hospitalização podem ser inadvertidamente identificados como colaborativos e tolerantes, quando, na verdade, podem estar deprimidos ou extremamente atemorizados com o que lhes possa ocorrer sem, contudo, explicitarem essa dificuldade. A contrapartida também é verdadeira: por vezes, o psicólogo é requisitado a avaliar um paciente "severamente deprimido" que, na verdade, pode estar apresentando um quadro reativo absolutamente contextualizado a certas circunstâncias que vem atravessando no hospital, tal como ocorre com o indivíduo que, recentemente submetido a uma amputação, apresenta manifestações emocionais e comportamentais (tristeza, preocupações, choro, inapetência) que podem ser condizentes com o tipo de procedimento médico realizado.

No nosso entender, a solicitação de avaliação em enfermarias para o psicólogo consultor muito amiúde é perpassada por diferentes questões que nem sempre estão correlacionadas diretamente ao indivíduo enfermo, propriamente, e à sua situação emocional.

Ao ser requisitada uma avaliação, o psicólogo consultor não raras vezes se depara com uma "situação-problema" institucional e não com uma "situação clínica", estritamente. Os motivos que levam à solicitação de avaliação psicológica para um paciente muito reivindicador e queixoso, por exemplo, podem se dever muito mais aos conteúdos que esse tipo de indivíduo costuma suscitar na equipe (sentimentos de invasão ou de confronto, impotência diante de eventuais limitações institucionais) do que ao seu estado emocional ou ao seu muito provável sofrimento.

Frente a essa evidência, nossa avaliação tenta contemplar, sempre que possível, a análise do contexto que resultou na solicitação de ajuda da equipe. Temos, então, um "diagnóstico situacional" que busca integrar dados relativos às condições emocionais apresentadas pelo paciente com a compreensão da dinâmica da equipe de saúde em torno dessa pessoa em especial.

Na nossa prática, constatamos que parte das solicitações de avaliação psicológica é pertinente, mas outra parcela não, fato que pede de nós constante atenção. Percebemos que as equipes de saúde – algumas mais, outras menos – são capazes de identificar dificuldades emocionais genuínas, que são da competência do psicólogo investigar de forma mais pormenorizada. Contudo, solicitações improcedentes de avaliação ainda ocorrem, eventualmente. Não compete ao psicólogo, por exemplo, o atendimento de casos nos quais demandas sociais se apresentam como questão exclusiva (paciente "morador de rua", "que apresenta dificuldades financeiras para levar adiante o tratamento") e que podem ser encaminhados ao Serviço Social da Instituição para que um atendimento mais adequado seja efetivado.

Citam-se ainda como situações de difícil manejo em nosso cotidiano: "convencer" pacientes em situação de risco iminente de alta a pedido ou evasão da enfermaria sobre a necessidade de permanecerem internados, avaliar pacientes que estão com alta hospitalar programada e para os quais se solicita uma avaliação psicológica mais aprofundada em um número insuficiente de atendimentos, intervir em aspectos mais estruturais da personalidade do indivíduo, informar diagnóstico médico ou prognóstico desfavorável ou "conversar" com o paciente para "fazer-lhe companhia" ou porque este se encontra "muito sozinho" (o diálogo com o paciente é "método" e não "objetivo" do trabalho do psicólogo, concepção esta ainda presente, infelizmente, para alguns profissionais da área hospitalar).

Mesma atenção é observada nos casos em que são solicitados determinados tipos de intervenção que não correspondem ou que extrapolam a função e as possibilidades de atuação do psicólogo em unidades de internação, tais como realizar um psicodiagnóstico formal, com uso de bateria de testes ou escalas mais complexas, cuja aplicação é inapropriada em *setting* de enfermarias. Destacamos, porém, que o uso de certos testes psicológicos e escalas, em unidades de internação, desde que criteriosamente selecionados, pode representar uma estratégia de avaliação bastante interessante em alguns casos nos quais a coleta de dados através de entrevistas se mostra insuficiente ou dificultosa.

Em todos esses casos, vem se evidenciando a importância de que o psicólogo tenha claro quais são suas atribuições, possibilidades e limitações, esclarecendo-as devidamente, seja através do relatório em prontuário, seja junto à equipe requisitante, sempre que possível. Tal medida contribui para que concepções equivocadas acerca do nosso papel – "o psicólogo pode saber e resolver tudo" ou, ao contrário, "já que o psicólogo não atendeu às nossas expectativas, pouco ou nada pode resolver" – sejam criadas ou fomentadas, fato este que, como bem se sabe na prática, gera nas equipes expectativas irreais e mágicas de intervenção em relação ao nosso trabalho.

Nesse sentido, julgamos ser fundamental que o psicólogo conduza a avaliação em enfermarias segundo um propósito clínico, consideradas as demandas do paciente, mas também didático, levando-se em conta a necessidade de instrumentalizar as equipes de saúde. A discussão produtiva de determinado caso pode repercutir para a equipe em um manejo mais seguro de outros pacientes que apresentem dificuldades emocionais similares e viabiliza a formulação de pedidos de consulta psicológica que, de fato, sejam compatíveis com nossas possibilidades de atuação.

# Referências bibliográficas

ALMEIDA, S. R. – Alcances e Limites do Uso de Testes Psicológicos no Hospital Geral. In: Oliveira, M. F. P & Ismael, S. M. C., *Rumos da Psicologia Hospitalar em Cardiologia*. Papirus. São Paulo, 1995.

BUCK, J. N. (1948) – *HTP: Casa-Árvore-Pessoa. Técnica Projetiva de Desenho: Manual e Guia de Interpretação.* Vetor. São Paulo, 2003.

CONSELHO FEDERAL DE PSICOLOGIA - CONSELHOS REGIONAIS DE PSICOLOGIA – *Testes Psicológicos: Sistema de Avaliação de Testes Psicológicos – SATEPSI. Suplemento Especial.* Brasília, 2004.

CONSELHO REGIONAL DE PSICOLOGIA 6ª REGIÃO – CRP06 – *Manual do CRP-06*. Código de Ética Profissional do Psicólogo. São Paulo, 1997.

GABBARD, G. O. – *Psiquiatria Psicodinâmica Baseada no DSM-IV*. Artmed. Porto Alegre, 1998.

LOPEZ, S. A. – Intervenção Breve em Instituição. In: Segre, C. D., *Psicoterapia Breve*. Lemos. São Paulo, 1997.

MURRAY, H. A. (1937) – *Teste de Apercepção Temática - TAT*. Casa do Psicólogo. São Paulo, 1995.

ORGANIZAÇÃO MUNDIAL DA SAÚDE – *Classificação Estatística Internacional de Doenças e Problemas Relacionados de Saúde. Cap. V: Classificação de Transtornos Mentais e de Comportamento da CID 10 – Descrições Clínicas e Diretrizes Diagnósticas.* Artes Médicas. Porto Alegre, 1993.

ROMANO, B. W – *Princípios para a Prática Clínica do Psicólogo no Hospital*. Casa do Psicólogo. São Paulo, 1999.

TRINCA, W. – *Procedimento do Desenho-Estória*. EPU. São Paulo, 1986.

WECHSLER, S. M. & GUZZO, R. S. L. (Orgs.) – *Avaliação Psicológica: Perspectiva Internacional*. Casa do Psicólogo. São Paulo, 1999.

# Capítulo 5

# Intervenção psicológica no Hospital Geral

Sandra Fernandes de Amorim

A intervenção psicológica no âmbito hospitalar é tema ainda bastante rico em possibilidades de discussão, a começar por duas questões primordiais: 1) a atuação do psicólogo em hospitais e ambulatórios, voltados para o tratamento de pacientes portadores de doenças físicas, corresponde a um campo específico de trabalho ou equivale somente à transposição do modelo da Psicologia Clínica para um ambiente diverso do *setting* de atuação desse profissional, mais tradicionalmente? 2) qual o real alcance das intervenções psicológicas empreendidas no contexto hospitalar?

Longe de nos afastarmos dessas e de outras questões controversas – que no decorrer deste capítulo serão contempladas, em certa medida – objetivamos aqui abordar alguns aspectos que consideramos pontuais no atendimento de pacientes no hospital, baseando-nos em nossa experiência, seja segundo o sistema de "consultoria", atendendo a pacientes internados em enfermarias diversas, a pedido das equipes de saúde, seja segundo o sistema de "ligação", no qual o psicólogo é membro integrante de uma equipe multiprofissional especializada no atendimento de clientelas específicas.

A elaboração de qualquer programa de assistência ao paciente portador de uma patologia orgânica – aguda, crônica ou terminal – parte da proposição de que o processo de adoecimento corresponde, muito freqüentemente, a um momento de crise e de ruptura na história do indivíduo, com variadas repercussões em sua condição psicossocial.

Segundo Balint (1975), o início da doença marca o início de um movimento com uma série de processos secundários à enfermidade, criando uma situação vital específica, à qual o paciente deverá se adaptar. A doença põe em jogo não só mecanismos fisiológicos que tendem a restabelecer a homeostase, como, do ponto de vista psíquico, mobiliza defesas psicológicas no intuito de enfrentar a ruptura do equilíbrio que é acarretada por seu surgimento.

Eksterman (1994), por sua vez, complementa afirmando que a forma como a enfermidade é vivenciada é sempre um acontecimento singular, uma experiência pessoal, que é inerente à história de cada um, ao seu modo de se conduzir, de viver e de se relacionar com as demais pessoas. Para esse autor, é o indivíduo que atribuirá à doença, e às vicissitudes dela conseqüentes, um sentido particular que só pode ser compreendido dentro do conjunto de sua história.

Ao longo de nossa experiência, constatamos que são variadas as possibilidades de intervenção psicológica no âmbito hospitalar, estando estas na direta dependência de uma série de fatores que incluem: a clientela e as demandas a serem atendidas, o contexto institucional no qual a ação terapêutica será empreendida, a orientação teórica e técnica do psicólogo e os objetivos pretendidos na intervenção.

Procuraremos, no presente capítulo, destacar algumas modalidades de intervenção mais habitualmente utilizados em nossa instituição, sem, no entanto, pretender esgotar todas as possibilidades de trabalho existentes.

## Atendimento a pacientes hospitalizados, segundo o sistema de consultoria

A clientela das enfermarias de um Hospital Geral de grande porte costuma ser bastante diversificada no que se refere à caracterização dos pacientes, ao(s) fator(es) precipitante(s) da internação, ao tipo de patologia, à conduta médica cogitada para cada caso e ao tempo previsto de hospitalização.

Aspecto comum a todos esses indivíduos é que o binômio doença-hospitalização é muito comumente desencadeador de quadros reativos de desadaptação emocional. Não por acaso, a incidência das chamadas "reações de ajustamento", caracterizadas por sintomas variados precipitados essencialmente pela situação de doença – ansiedade, tristeza, preocupações recorrentes, receios diversos – é bastante significativa em ambiente de enfermaria, segundo diferentes autores (Botega, 2002; Saraway e cols., 1991).

Unidades de internação são, incontestavelmente, um campo potencial de atuação do psicólogo, conforme extensamente percebido em nosso cotidiano. Tal fato, porém, não exclui a necessidade de que um plano de intervenção seja elaborado cuidadosa e solidamente, de modo a garantir a relevância e a especificidade que a intervenção do psicólogo pode assumir no cotidiano das enfermarias do Hospital Geral.

Em nossa rotina, constatamos que a formulação de um plano psicoterápico interventivo em ambiente de enfermaria, qualquer que seja, deve levar em conta, necessariamente, o estabelecimento de uma hipótese psicodinâmica inicial, na qual a elaboração e execução de determinada ação psicoterápica se ancore. A formulação dessa hipótese psicodinâmica depende, por sua vez, de variados fatores, tais como: a existência de condições adequadas para que uma avaliação, a mais completa possível, possa ocorrer a contento – aspecto este que nem sempre pode ser idealmente efetuado em uma situação de enfermaria, como bem se sabe – a habilidade do psicólogo para conduzir a avaliação e extrair dela os dados, de fato, mais significativos, e o grau de colaboração e de motivação do paciente e de outras fontes na prestação de informações que lhes são solicitadas.

A existência de uma hipótese psicodinâmica, ainda que parcial e passível de mudanças posteriores, fundamenta muito mais substancialmente as intervenções psicológicas que se seguirão. Dentre outros benefícios adicionais, caracteriza a distinção entre as chamadas "ações de efeito psicoterápico" e as "intervenções psicoterápicas", conforme destacado por Penna (1997). Para essa autora, as primeiras não dependem de uma avaliação diagnóstica e são geralmente intuitivas. Consistem de esclarecimentos, informações, reasseguramentos e manifestações de empatia pela pessoa do doente, em vez de apenas um interesse pela sua doença. Familiares, amigos e profissionais de outras categorias que trabalham no hospital muitas vezes o fazem sem uma intenção terapêutica. Essas ações resultam em benefício no alívio de sintomas como a ansiedade e o medo, ou prestam informações que desfazem fantasias prejudiciais e erros de compreensão ou distorções. Em contrapartida, as "intervenções psicoterápicas" são próprias à atuação do psicólogo que as utiliza considerando um certo propósito e finalidade específicos junto a determinado paciente.

Assim, no caso de um paciente que se mostra extremamente vulnerável emocionalmente diante da perspectiva de realização de uma cirurgia de alta complexidade, por exemplo, nossa intervenção preferencial poderá se dar no sentido de fortalecer recursos egóicos disponíveis, não porque o senso comum indique que essa é a melhor forma de suporte emocional, mas porque para esse tipo de paciente e frente à cirurgia a que se submeterá talvez seja mais indicado, mesmo que momentaneamente, o investimento na busca de mecanismos adaptativos que viabilizem melhor enfrentamento da situação.

Em nossa prática, a intervenção psicológica em enfermarias leva também em conta um aspecto de crucial importância que é a muito freqüente imprevisibilidade do atendimento. Não é incomum que o psicólogo se surpreenda (e se frustre) com a alta hospitalar precoce de um paciente que vinha acompanhando ou com uma piora clínica tão severa que inviabiliza, temporária ou definitivamente, a continuidade de um atendimento que se mostrava até então produtivo. Também não é de todo improvável que, em virtude de limitações circunstanciais apresentadas pelo paciente, seus familiares sejam eleitos como foco da atuação psicoterápica, em dado momento.

Em vista dessa imprevisibilidade, o planejamento da intervenção terapêutica considera, necessariamente, a brevidade e as intercorrências que o atendimento pode vir a apresentar, em boa parte dos casos por nós acompanhados.

Conforme sublinhado por Figueiró (1997), devido à natureza temporalmente limitada dos episódios de doença aguda, a orientação do terapeuta tem de ser, por necessidade, breve. A psicoterapia, porém, não deve seguir todas as especificidades e orientações definidas para as psicoterapias dinâmicas breves. Destaca o autor que raramente um paciente no *setting* hospitalar seria capaz de participar de psicoterapia formal devido a variadas limitações logísticas. Derivado disso, a versatilidade da psicoterapia determina que a intervenção terapêutica recairá em algo tão simples como uma consulta, até, no máximo, em uma psicoterapia breve formal. Conclui o autor que o conhecimento e a experiência no uso modificado das diferentes modalidades psicoterápicas são parte essencial no arsenal do profissional de saúde mental no contexto hospitalar.

Penna (citada por Figueiredo, Giglio & Botega, 2002) complementa afirmando que, ainda que se considerem as técnicas de psicoterapias breves, de crise, de emergência, estas, necessariamente, têm de ser adequadas e modificadas para o Hospital Geral. É indicado o uso de técnicas mais rápidas, mais diretivas, de duração curta, com metas mais definidas e estratégias específicas, como no caso em que certas defesas, por estarem protegendo a integridade fragilizada do *self*, são consideradas adaptativas e não passíveis de interpretação.

Assim sendo, os tipos de psicoterapia que mais se adequam às necessidades de boa parcela dos pacientes hospitalizados são, no nosso entender, as "intervenções em crises", conforme descrito por Aguiar (1998), e as "psicoterapias de apoio", nos moldes do descrito por Cordioli, Wagner & Cechin (1998). Ambas correspondem ao grupo das chamadas "terapias suportivas" e apresentam aplicabilidade em um amplo leque de situações clínicas, incluindo aquelas que envolvem indivíduos com bom nível de funcionamento prévio e que estejam atravessando crises agudas de qualquer natureza, como luto, doença física grave ou doenças crônicas incapacitantes.

Valorizar a abordagem de aspectos mais pontuais da experiência subjetiva do indivíduo diante da doença, tratamento e hospitalização, não significa, em absoluto, destituir de importância outros aspectos da vida pregressa do paciente. Tais antecedentes, aliás, em muitos casos se associam bastante diretamente à maneira como o indivíduo vem lidando com a situação atual ou podem ser entendidos como fatores francamente precipitantes do adoecimento ou da hospitalização. Como ilustração, citamos o caso de um paciente transplantado renal que, obsessivamente ocupado em anotar dados relativos à sua evolução clínica no pós-operatório, relatou mais adiante sua sempre constante preocupação em "controlar" de forma meticulosa tudo o que lhe dizia respeito, como algo que lhe era peculiar em seu modo habitual de agir. Outro paciente, vítima de atropelamento com múltiplas fraturas, referiu utilizar bebidas alcoólicas abusivamente há muitos anos, razão pela qual, com freqüência, se envolvia em situações nas quais se machucava, às vezes severamente, tal qual o ocorrido pouco antes da mais recente internação.

Outra modalidade de intervenção que se consolidou em nossa experiência é a chamada "consulta terapêutica", adaptada dos pressupostos de Winnicott.

A consulta terapêutica, originalmente utilizada na prática clínica com crianças, vem sendo um expediente interessante também na prática com pacientes adultos, sobretudo quando não há garantias de que o atendimento psicológico se prolongará mais extensamente. Segundo Winnicott (1984), tal modalidade de intervenção, que ocasionalmente pode redundar em um ou mais encontros, significa a plena utilização da consulta para obter dela o melhor aproveitamento possível, em termos de resultados terapêuticos.

Em nossa prática, o planejamento de ações psicológicas eficazes em enfermarias leva em conta, idealmente, a participação direta e contínua da equipe multidisciplinar e, quando indicado, de outras pessoas agregadas ao paciente, tais como seus familiares. A troca constante de impressões e informações com a equipe e os familiares do indivíduo enfermo (resguardados, obviamente, a privacidade e o sigilo dos atendimentos, tanto quanto possível), bem como a sugestão, pelo psicólogo, de formas de manejo mais eficientes do paciente, são tão importantes quanto a intervenção psicoterápica individualizada, potencializando os efeitos desta. Não por acaso, em nosso cotidiano, constatamos que uma boa parcela das situações de desestabilização emocional no transcurso da hospitalização se resolve a partir de medidas aparentemente simples, tais como a proposição de um contato mais contínuo da equipe de saúde com o paciente ou a mudança de certas condições ambientais que se mostram demasiadamente aversivas e que, em função disso, provocam respostas comportamentais desadaptativas durante a internação.

Mencionamos, como ilustração, o caso de um paciente sobre o qual foi referida uma suposta falta de colaboração com o tratamento medicamentoso durante sua internação atual. Ao ser indagado sobre os motivos de sua recusa em tomar os remédios, relatou que, até aquela data, após extensa investigação clínica, não sabia qual seu diagnóstico definitivo e que, portanto, não aceitaria quaisquer medicamentos. Mediante novas orientações que lhe foram prestadas por um membro da equipe médica, conforme nossa sugestão, o paciente pôde dirimir suas principais dúvidas, passando a aceitar, desde então, os remédios prescritos, sem restrições.

Em outra situação, recebemos um pedido de consulta, para uma paciente que apresentava quadro de insônia e irritabilidade constantes, de possível etiologia emocional, no entender da equipe. Durante a avaliação, a paciente em questão confirmou a presença desses sintomas, acrescentando que há dias não conseguia dormir à noite por receio de sofrer agressão por parte de outra paciente, vizinha de leito. Segundo o que se pôde apurar, a paciente por ela mencionada de fato vinha apresentando condutas inadequadas junto às demais, chegando a ameaçar as pessoas de morte quando se contrariava, o que ocorria com certa freqüência. Foram tentadas variadas formas de manejo da situação, as quais se mostraram infrutíferas, pois a segunda paciente – que demonstrava fortes indícios de personalidade de tipo psicopático – era refratária a qualquer tipo de intervenção. Por fim, esgotadas todas as possibilidades, optou-se por uma medida mais extrema, havendo sua remoção para um quarto com leito único. Tal conduta resultou em melhora substancial dos sintomas apresentados pela primeira paciente. Solucionada a problemática mais emergente, pôde-se proceder a nova avaliação e a posterior indicação de acompanhamento psicoterápico, desta vez com foco diverso do que foi constatado no início.

Em ambos os casos, a inclusão da equipe das respectivas enfermarias na discussão e na tomada de decisões foi fundamental.

Além do propósito clínico, a participação direta e conjunta da equipe de saúde na planificação de ações interventivas vem se mostrando um fator facilitador para que dois aspectos relevantes sejam contemplados: 1) a integração da prática do psicólogo à rotina de trabalho dos demais membros da equipe multiprofissional, viabilizando a criação de uma "cultura" na qual aspectos emocionais passam a ser compreendidos como diretamente intervenientes nos rumos de um tratamento clínico ou cirúrgico; 2) o devido esclarecimento sobre as reais demandas emocionais presentes no paciente, nem sempre percebidas com clareza pela equipe e que resultam em solicitações "truncadas" de avaliação e acompanhamento formuladas para o psicólogo. Citamos, como exemplo, os pedidos de consulta nos quais a demanda de intervenção é, na verdade – ainda que isso não seja manifestamente expresso – relativa à equipe, tal como pode ocorrer com pacientes cujo diagnóstico e prognóstico clínico são altamente desfavoráveis e que, por isso, confrontam o ideal de "cura" da equipe, podendo deflagrar em seus integrantes sentimentos de impotência profissional. Outro exemplo refere-se à solicitação de atendimento psicológico para pacientes que não colaboram com o tratamento, a despeito de todos os esforços empreendidos ou, ainda, para aqueles que se apresentam demasiadamente queixosos e solicitantes de atenção, gerando sobrecarga emocional para a equipe de saúde.

Aspecto adicional que consideramos relevante na prática em enfermarias diz respeito à criação e manutenção, pelo psicólogo, de um espaço propício para que a ação psicoterápica possa se efetivar de modo produtivo. Em virtude do paciente se encontrar, muitas vezes, restrito ao leito e, em geral, em enfermarias coletivas, as intervenções realizadas pela equipe de Psicologia comumente são presenciadas por outros pacientes e por membros da equipe, podendo, por essa razão, sofrer a interferência direta dessa variável.

Esse *setting* de atendimento, tão peculiar ao ambiente hospitalar, pede de nós bom senso e habilidade técnica no sentido de garantir que o paciente e o terapeuta sintam-se preservados, o máximo possível, de fatores ambientais que poderiam prejudicar o bom rendimento da intervenção. À semelhança da imagem de uma "bolha" imaginária na qual psicólogo e paciente estão momentaneamente inseridos e "protegidos" – sob o aspecto prático, mas também simbólico – dos efeitos de diferentes condições adversas (curiosidade dos demais pacientes circundantes, ruídos, interferências derivadas da atuação de médicos e do corpo de profissionais de saúde na enfermaria), firmou-se, em nossa prática, a utilização de um recurso de abordagem traduzido por estratégias simples, à primeira vista, tais como a busca de maior proximidade do paciente durante o atendimento, a manutenção do contato verbal em tom de voz que facilite o sigilo, o estabelecimento de um clima constante de interesse particularizado e empatia, medidas estas que visam ao estreitamento do campo de interação entre psicólogo e paciente.

De forma sintética, apresentamos no **Quadro 1** algumas diretrizes que são por nós consideradas no planejamento de uma intervenção psicológica em enfermarias.

Quadro 1: *Diretrizes para o planejamento de intervenções psicoterápicas em enfermarias*

- Estabelecer uma hipótese psicodinâmica básica, de preferência, ou uma suposição razoável sobre o significado do sintoma ou da queixa que motivou a requisição para o atendimento – no caso de solicitação de intervenção pela equipe de saúde.
- Determinar a(s) área(s) de conflito primordial(is) a ser(em) abordada(s) e adequar a intervenção nesse sentido, concentrando todo o esforço terapêutico em temas centrais mais específicos.
- Identificar padrões desadaptativos de conduta que estejam associados à forma como o indivíduo lida com a doença, no momento, procurando abordá-los prioritariamente.
- Sem desconsiderar aspectos psicodinâmicos ligados à história de vida pregressa do indivíduo, dar ênfase também a situações-problema mais emergentes relativas especificamente ao curso da doença/tratamento. Dessa forma, propicia-se a criação de um vínculo terapêutico que seria impossível de ser atingido rapidamente se fosse ignorada a situação excepcional (hospitalização) em que o paciente se encontra.
- Reforçar a capacidade do indivíduo de lidar com o estresse emocional evocado pela circunstância de doença/hospitalização, valendo-se da busca de soluções adaptativas mais eficazes.
- Sensibilizar o paciente para a necessidade de seguimento psicoterápico quando este for ponderado como estratégia oportuna à melhoria de seu estado emocional ou ao atendimento de outros temas de potencial abordagem terapêutica, de modo mais aprofundado.

Valer-se de um enfoque diretivo, estratégico e que respeite as demandas mais emergentes do paciente significa considerar algo que, no nosso entender, é fundamental na prática em enfermarias de Hospital Geral: parece-nos mais produtiva a abordagem de um foco de atuação mais restrito, talvez até demasiadamente modesto, como objetivo prioritário da intervenção, do que empreender um acompanhamento psicoterápico no qual se tenha por meta explorar conteúdos psicológicos amplos e de caráter mais regressivo, cuja abordagem, já se supõe de antemão, não se esgotará em um número reduzido de atendimentos. Em nossa experiência, uma parcela considerável de atendimentos em enfermarias resulta em intervenções bastante breves, por vezes circunscritas a um número reduzido de encontros, mas que, se bem conduzidos, revertem em benefícios notórios para o estado emocional do paciente.

Ainda que seja evidente que um grande contingente de pacientes se beneficie de ações mais emergentes e pontuais, voltadas para a situação de crise que costuma ser precipitada no período de hospitalização, ressaltamos a existência de uma classe de pacientes que evidenciam apresentar uma estrutura emocional mais comprometida e cuja abordagem preferencial em muito extrapola as possibilidades e o alcance de ações de cunho mais suportivo. Destacamos, como exemplo, os indivíduos que apresentam quadros de somatização recorrentes, transtornos de personalidade mais severos e outras modalidades de comorbidades. Nesses casos, nossa conduta reside em detectar qual o foco ideal de abordagem no período de hospitalização, delimitando claramente o alcance pretendido nas intervenções a serem realizadas, sem perder de vista que esses pacientes, idealmente, se beneficiarão de um programa de assistência psicológica de duração mais prolongada e com objetivos mais amplos.

Em alguns desses casos, nos quais se mostra imperiosa a continuidade do atendimento psicológico iniciado no âmbito das enfermarias, o Setor de Consultoria Psicológica oferece a possibilidade de seguimento do acompanhamento psicoterápico em esquema ambulatorial, após cuidadosa triagem dos casos atendidos. O encaminhamento de uma parcela dos pacientes para recursos da comunidade (serviços de saúde mental, clínicas-escola de Psicologia) é também ponderado como conduta possível, conforme as necessidades detectadas.

## Atendimento a pacientes em contexto ambulatorial e em unidades médicas especializadas, segundo o sistema de ligação

As possibilidades de atuação psicoterápica em ambulatórios e em unidades especializadas de nossa instituição se distinguem, em variados aspectos, do que ocorre comumente no contexto das enfermarias.

Contrariamente ao que acontece quando o profissional atua segundo o sistema de consultoria, em geral o psicólogo que desenvolve trabalhos em esquema ambulatorial, em sistema de ligação, mantém um vínculo consistente e contínuo com uma clientela mais definida e homogênea, bem como com as equipes.

No tocante ao planejamento e implementação de projetos de intervenção psicoterápica, a atuação em ambulatórios e unidades especializadas apresenta inúmeras vantagens, na nossa prática, sendo a principal a garantia de um acompanhamento mais integrado do paciente em diferentes estágios de sua doença e tratamento, em nível preventivo, interventivo e reabilitacional, conforme o caso.

O contato freqüente com a equipe de saúde é notoriamente facilitado, tornando a discussão de condutas e a planificação de estratégias conjuntas de abordagem algo mais tangível.

Contudo, é importante destacar que, de forma análoga ao que foi exposto em relação às possibilidades de atuação psicoterápica em enfermarias, percebemos que é fundamental que qualquer plano de atuação seja precedido por um consolidado conhecimento das demandas apresentadas pelos pacientes, bem como das reais possibilidades de atuação que podem ser oferecidas. Somente a partir dessa avaliação inicial (e das reavaliações posteriores que se tornarem necessárias), objetivos, métodos e estratégias de trabalho claramente definidos são por nós adotados, visando ao atendimento da clientela em questão, da forma mais otimizada possível.

Sem esse planejamento cuidadoso, o psicólogo corre o risco de, ao tentar absorver indiscriminadamente todas as potenciais demandas de atendimento, não conseguir atender a nenhuma de forma adequada. Cioso de resolutividade, o profissional mais desavisado acolhe todas ou grande parte das solicitações de intervenção que lhe são feitas pelas equipes de saúde e, sem um plano mais consolidado de atuação, rapidamente se sobrecarrega de atribuições, especialmente as de natureza assistencial. Por vezes, estende indefinidamente seus atendimentos, pautando-se na idéia de que não esgotou todas as possibilidades terapêuticas de seus pacientes. Deixa de perceber que certas demandas emocionais, dada sua abrangência e complexidade, poderiam ser melhor acolhidas em outro contexto.

O contrário também pode ocorrer: o excesso de restrições na clientela a ser atendida resulta no empobrecimento de nossas possibilidades de atuação. A inclusão estrita de pacientes que se "encaixam" em determinados protocolos e a exclusão dos demais é situação a ser evitada, sob o risco de se criar um serviço "artificial" que não atenda às reais demandas da clientela que nos procura.

O leque de possibilidades de atuação psicológica em ambulatórios, em geral, costuma ser algo mais amplo, comparativamente ao que ocorre no contexto de enfermarias. Inclui as intervenções prévias e posteriores a determinados procedimentos (ex.: cirurgias especializadas), a implantação de programas com ênfase na abordagem da qualidade de vida de determinados segmentos de pacientes acometidos por doenças físicas, as ações de cunho psicossocial voltadas para pacientes portadores de doenças específicas, dentre outras. Em contexto ambulatorial torna-se mais factível a noção de "processo", do ponto de vista psicoterapêutico, no qual diferentes demandas emocionais podem ser atendidas ao longo do histórico do tratamento médico realizado por um mesmo paciente.

Por diversos motivos, clínicos e também institucionais, a utilização de técnicas psicológicas grupais tende a ser cada vez mais difundida no contexto de ambulatórios e unidades especializadas em nosso cotidiano de trabalho, em consonância com o que é sublinhado por diferentes autores (Contel, 2002; Mello Filho, 2002; Zimmerman, 1998) ao tratarem das inequívocas vantagens da intervenção em grupo junto a diversos segmentos de pacientes usuários dos serviços do Hospital Geral.

A eleição de modalidades psicoterápicas de vocação mais breve, ou que viabilizem que os esforços terapêuticos se concentrem prioritariamente em torno da situação de doença e tratamento, vem sendo estratégia também oportuna na abordagem de pacientes ambulatoriais.

A descrição das diferentes modalidades de atuação da equipe de Psicologia em ambulatórios especializados será abordada mais detalhadamente em capítulos subseqüentes.

## Psicoterapia no Hospital Geral: um modelo específico de atuação

No início deste capítulo, partimos de duas questões que muito comumente se fazem presentes no planejamento e na implementação de quaisquer modalidades psicológicas interventivas realizadas em Hospital Geral: é procedente considerar que a prática psicoterápica em contexto hospitalar representa uma derivação direta de preceitos teóricos e técnicos da Psicologia Clínica? Quais os objetivos e resultados esperados nas ações psicoterápicas empreendidas pelo psicólogo hospitalar?

Tomando por base nossa prática no cotidiano institucional, constatamos que as intervenções psicoterápicas em Hospital Geral ora se assemelham, ora se distinguem da prática do psicólogo clínico, em variados aspectos.

Questão primordial em atendimentos realizados em ambiente hospitalar é o fato de que, quase na totalidade das vezes, o paciente é encaminhado para acompanhamento psicoterápico concomitante ao tratamento médico por solicitação de outras pessoas, em geral membros das equipes de saúde que identificam uma demanda emocional. Ou seja, nem sempre o indivíduo enfermo reconhece a necessidade ou deseja, ele mesmo, o atendimento psicoterápico, condição esta habitualmente presente na prática do psicólogo clínico em consultórios.

Por conseqüência, uma das tarefas do psicólogo hospitalar, ao início de qualquer ação interventiva, muito freqüentemente se volta para o esclarecimento e a sensibilização do indivíduo sobre a natureza e a importância da assistência psicológica simultânea ao tratamento médico. O estabelecimento de uma "prontidão psicoterápica", por assim dizer, junto ao paciente, acaba por ser, em grande parte dos casos, o primeiro foco de abordagem, de modo a garantir a implicação e adesão do indivíduo ao seguimento psicológico que lhe é proposto.

Em ambiente hospitalar, a eleição de focos de abordagem que levem em conta variáveis como os efeitos de determinada doença ou tratamento na esfera emocional e na qualidade de vida do indivíduo é, inevitavelmente, uma questão *a priori*, fato esse que também marca uma importante distinção do modelo clínico convencional, no qual a problemática emocional trazida pelo cliente é voltada, de modo mais costumeiro, para outros temas não diretamente vinculados a disfunções em sua saúde física.

No contexto ambulatorial e em unidades médicas especializadas, quando atuamos segundo o sistema de ligação, temos os maiores pontos de aproximação com a prática clínica tradicional. A possibilidade de realização de uma avaliação sistemática e pormenorizada que precede a execução de um plano de ação psicoterápica que melhor atenda às demandas emocionais do paciente, a existência de um contexto de atendimento mais freqüentemente preservado de interferências ambientais e a possibilidade de planificação do número e da periodicidade de encontros que atinjam mais satisfatoriamente os propósitos da intervenção, são alguns exemplos dessa semelhança com o modelo clínico convencional.

Entretanto, em contexto de enfermarias, sobretudo quando o psicólogo atua segundo o sistema de consultoria, é que se verificam as mais importantes distinções da Psicologia Clínica, na nossa concepção. A quase que total imprevisibilidade no ritmo e duração do atendimento psicoterápico é exemplo patente dessa diferença. Citam-se, como exemplos, as interrupções abruptas do atendimento ao paciente para realização de algum procedimento médico ou de enfermagem, a alta hospitalar não notificada ao psicólogo com antecedência e que inviabiliza o encerramento do atendimento em condições mais razoáveis, ou a piora clínica, ou mesmo o óbito do paciente em meio ao seu acompanhamento.

Com freqüência, o rumo dos atendimentos psicoterápicos em enfermarias mantém estreita ligação com o tempo e o histórico da hospitalização do indivíduo. Tal fato representa, no nosso entender, outra franca distinção de quaisquer dos modelos psicoterápicos existentes – mesmo a Psicoterapia Breve, bastante comumente reportada pelos psicólogos como o modelo de trabalho adotado em hospitais – os quais pressupõem a existência de um mínimo de condições logísticas para que as ações de cunho psicoterápico possam se efetivar de forma ideal, segundo determinado modelo teórico-técnico.

Boa parte das intervenções psicológicas realizadas em enfermarias, em especial, subvertem muito amiúde a noção do que seria o atendimento psicológico "ideal" (o atendimento de "cinqüenta minutos", em condições ambientais totalmente controladas, junto a um paciente com razoável grau de *insight* e bastante mobilizado para a abordagem de aspectos emocionais relativos ao seu adoecimento), gerando para alguns profissionais uma sensação de descompasso entre sua formação clínica e a multiplicidade de demandas em sua prática hospitalar com as quais tem de lidar.

Nosso cotidiano de trabalho institucional vem apontando para a evidência de que deve haver um constante equacionamento e adaptação das necessidades da clientela a ser atendida com as diretrizes teóricas e técnicas do profissional. Essa necessidade de relativização entre o que é desejável – na ótica do psicólogo – e o que é possível – consideradas as peculiaridades do paciente – é uma realidade especialmente presente em instituições tais quais a nossa, onde é notório que o aproveitamento da intervenção psicoterápica pelo paciente é perpassada por inúmeros fatores, tais como o extrato sócio-econômico-cultural-religioso do qual provém o indivíduo, a concepção que tem de sua doença e a clareza sobre o papel e os objetivos de trabalho do psicólogo, ao longo de seu atendimento na instituição médica.

Em variados momentos, no transcurso de uma intervenção psicoterápica, nos deparamos com a necessidade de adaptar conceitos e terminologias de âmbito psicológico ao repertório do paciente, evitando ao máximo o uso de jargões e abstrações demasiadamente complexas. A título de ilustração, citamos uma situação, na fase inicial do acompanhamento psicoterápico, em que se procurou averiguar a existência de um presumido quadro depressivo junto a certo paciente que era portador de uma moléstia crônica. O indivíduo em questão, sempre muito acanhado e simplório, expressava-se laconicamente, pouco olhando a psicóloga enquanto falava. Ao ser diretamente indagado se se sentia "deprimido", pareceu não compreender o que lhe foi perguntado. Por fim, ao optar-se pelo uso de uma linguagem que supostamente lhe era mais familiar, foi questionado se ultimamente vinha se sentindo "meio jururu", expressão regional que se aproxima bastante da idéia de entristecimento. O paciente pareceu, desta vez, entender perfeitamente a indagação que lhe foi feita.

Boa parte de nossa clientela beneficia-se de intervenções mais pontuais e objetivas, voltadas para aspectos emergentes de seu convívio com determinada doença e tratamento médico. Tal fato não representa, em absoluto, atribuir ao atendimento psicoterápico empreendido em Hospital Geral, como regra, o trato estrito e superficial de questões manifestas da experiência do indivíduo enfermo, em detrimento de possíveis conteúdos latentes que poderiam ser melhor aprofundados. Prova disso é a evidência de que muitos de nossos clientes em acompanhamento psicoterápico apresentam uma rica compreensão sobre o significado emocional de determinada patologia que os acometeu, o que nos leva a considerá-los – valendo-nos de um comentário corrente, em tom de brincadeira, em nosso cotidiano de supervisões em consultoria – pacientes de "divã" que, por acaso, encontram-se em um hospital.

A clientela bastante heterogênea, seja em enfermarias ou em ambulatórios, é também questão interveniente no planejamento e na execução de ações de natureza psicoterápica em Hospital Geral. Com freqüência, o seguimento rigoroso de preceitos de seleção de pacientes para ingresso em determinada modalidade terapêutica nem sempre se torna possível. A premência de assistência psicoterápica especializada voltada para o grande número de pacientes que nos são encaminhados, muitas vezes se impõe à observância estrita de critérios de inclusão e exclusão inerentes às modalidades psicoterápicas mais tradicionais, tornando imperiosa a utilização adaptada dessas abordagens, conforme destacado anteriormente.

O manejo de certas situações, tais como as faltas do paciente ao longo do acompanhamento psicoterápico ambulatorial que, em muitas ocasiões, são determinadas mais por razões econômicas do que psicodinâmicas, propriamente, é exemplo patente dessa necessidade de relativização. Considerar, de forma apriorística, que o paciente não compareceu a uma consulta agendada porque apresenta algum tipo de "resistência" ao atendimento psicológico é deixar de levar em conta que, para muitos de nossos clientes, a carência de recursos financeiros é um importante determinante no que se refere à possibilidade de seguimento de seu tratamento.

Na mesma linha, é essencial levar em conta que uma eventual descontinuidade do atendimento psicológico em Hospital Geral não raramente é determinada pelas intercorrências médicas do paciente. Hospitalizações, recaídas clínicas ou mudanças nos rumos do tratamento médico eventualmente conduzem à necessidade de reformulação do contrato psicoterápico, incluindo sua interrupção temporária ou mesmo a mudança do local dos atendimentos. O acompanhamento psicológico que se iniciou em ambulatório pode ter sua continuidade em enfermaria e vice-versa, de acordo com as circunstâncias que se apresentam em dado momento.

Outra importante distinção da prática interventiva em Hospital Geral, comparada à prática clínica tradicional, é o constante contato do psicólogo hospitalar com aspectos concretos da experiência do paciente enfermo que, em variadas situações, se justapõem ao significado subjetivo que o indivíduo tem dessa vivência. Como ilustração, citamos o caso de um paciente diabético que, durante o acompanhamento psicoterápico, reiterava insistentemente sua adesão às recomendações médicas no que se referia à dieta que lhe fora prescrita, dado que não encontrava respaldo nas informações prestadas pelos familiares que, em entrevista complementar, afirmaram ser o paciente um contumaz consumidor de alimentos proibidos. Em outra situação, o paciente, em avaliação realizada em enfermaria, disse estar aceitando plenamente a hospitalização para realização de uma cirurgia, ao passo que, em seu prontuário, encontrava-se anotado, por diferentes profissionais, que estava muito ansioso, com dificuldades para dormir e para se alimentar, desde seu ingresso no hospital.

Tendo isso em vista, firmou-se em nossa prática a importância de que a ação psicoterápica leve em conta, prioritariamente, o que é relatado pelo paciente e sua experiência subjetiva diante da doença, mas também as informações colaterais que provêm de outras pessoas (familiares, profissionais de saúde) a ele vinculadas, procurando-se correlacionar tais dados, sempre que isso se tornar necessário.

Em ambiente hospitalar, constantemente nos deparamos com experiências concretas de dor, sofrimento e morte. O trato psicoterápico dessas questões, na nossa concepção, em muito extrapola a abordagem do significado simbólico dessas experiências para o paciente – aspecto enfatizado em boa parte das abordagens psicoterápicas de vocação clínica – uma vez que, quando o indivíduo enfermo nos fala acerca de seu medo de morrer ou de seu desconforto frente a certa doença ou tratamento, efetivamente pode estar se reportando a algo que lhe é próximo e que representa uma real ameaça ao seu bem estar físico e emocional.

Por fim, é importante destacar que, qualquer que seja a modalidade de intervenção adotada em enfermarias e ambulatórios, consolidou-se em nossa prática a noção de que o paciente deve sempre ser o "protagonista" da ação terapêutica e que todos os esforços devem ser empreendidos de modo a atender essa finalidade, a despeito da multiplicidade de fatores que, de variadas maneiras, se imbricam na intervenção do psicólogo no contexto hospitalar. Essa é, possivelmente, a mais importante semelhança entre o modelo clínico e o hospitalar, ainda que existam marcantes distinções entre ambos, na nossa concepção.

# Referências bibliográficas

AGUIAR, R. W. – Intervenções em Crises. In: Cordioli, A. V. (Org.). *Psicoterapias – Abordagens Atuais*. Artmed. Porto Alegre, 1998.

BALINT, M. – *O Médico, seu Paciente e a Doença*. Atheneu. São Paulo, 1975.

BOTEGA, N. J. – Interconsulta Psiquiátrica: Natureza e Fatores de Encaminhamento. In: Botega, N. J. (Org.), *Prática Psiquiátrica no Hospital Geral: Interconsulta e Emergência*. Artmed. Porto Alegre, 2002.

CONTEL, J. O. B. – Trabalhando com Grupos no Hospital Geral: Teoria e Prática. In: Botega, N. J. (Org), *Prática Psiquiátrica no Hospital Geral: Interconsulta e Emergência*. Artmed. Porto Alegre, 2002.

CORDIOLI, A. V.; WAGNER, C. J. P. & CECHIN, E. M. – Psicoterapia de Apoio. In: Cordioli, A. V. (Org.), *Psicoterapias – Abordagens Atuais*. Artmed. Porto Alegre, 1998.

EKSTERMAN, A. – Abordagem Psicodinâmica dos Sintomas Somáticos. *Revista Brasileira de Psicanálise*, 1(28): 9-24, 1984.

FIGUEIREDO, J. H.; GIGLIO, J. S. & BOTEGA, N. J. – Tratamentos Psicológicos: Psicoterapia de Apoio, Relaxamento, Meditação. In: Botega, N. J. (Org), *Prática Psiquiátrica no Hospital Geral: Interconsulta e Emergência*. Artmed. Porto Alegre, 2002.

FIGUEIRÓ, J. A. B. – A Psicoterapia no Contexto da Interconsulta Psiquiátrica em Hospital Geral. *Psiquiatria Hoje – Boletim da Associação Brasileira de Psiquiatria*, 2, 1997.

MELLO FILHO, J. – Atendimento a Pacientes em Grupo. In: Botega, N. J. (Org). *Prática Psiquiátrica no Hospital Geral: Interconsulta e Emergência*. Artmed. Porto Alegre, 2002.

PENNA, T. M. P. – Psicoterapia no Hospital Geral. *Cadernos IPUB*, 6, 1997.

SARAWAY, S. M.; STEINBERG, M. D.; WEINSCHEL, B.; POLLACK, S. & ALOVIS, N. – Psychological Comorbidity and Length of Stay in the General Hospital. *American Journal of Psychiatry*, 148(3): 324-9, 1991.

WINNICOTT, D. W. – *Consultas Terapêuticas em Psiquiatria Infantil*. Imago. Rio de Janeiro, 1984.

ZIMERMAN, D. E. – Psicoterapias de Grupo. In: Cordioli, A. V. (Org.), *Psicoterapias – Abordagens Atuais*. Artmed. Porto Alegre, 1998.

# Parte II

## Atendimento psicológico nas especialidades

# Capítulo 6

# Atendimento psicológico da criança no ambiente hospitalar

Maria das Graças Saturnino de Lima

O presente capítulo propõe a discussão de assuntos relacionados ao atendimento psicológico infantil no contexto hospitalar. Para tanto, apresentaremos inicialmente as considerações teóricas específicas. Posteriormente, abordaremos aspectos intervencionistas baseados na experiência clínica. Como não poderia deixar de ser, dada a importância que o tema suscita, um tópico foi destinado para apontar as demandas peculiares daqueles casos com suspeitas de maus tratos dirigidos à criança.

O adoecimento e a hospitalização infantil provocam experiências emocionais intensas e complexas. A doença faz surgir na vida da criança um novo contexto, que exige a mobilização de recursos internos para a adaptação necessária à situação imposta pela condição do adoecimento. Novas relações se estabelecem, e o médico e o hospital passam a fazer parte desse novo contexto (Ajuriaguerra, 1976).

O processo de adoecimento e hospitalização ativa, na criança, manifestações psíquicas regressivas. O ambiente hospitalar freqüentemente representa para ela algo ameaçador e agressivo. Pessoas estranhas à convivência, equipamentos sofisticados, alarmes, máscaras, sondas e agulhas incrementam fantasias de ataque. Os procedimentos hospitalares podem ser sentidos como punição, ou ainda como ameaça de aniquilamento ou retaliação. Como resultado, angústias primitivas são evocadas e mecanismos defensivos primários intensificados (Trinca, 1987).

A situação de doença provoca na criança modificações na vivência de seu estado corporal. O estado somático, em geral alarmante, contribui para incrementar as sensações desagradáveis vivenciadas. Para Sarti (1988), a criança hospitalizada tem duas fontes de ansiedade. Uma delas é externa, diretamente relacionada com os fatos concretos e reais advindos do ambiente hospitalar. A outra é interna, decorrente dos estados de angústia ou ansiedade provocados pela própria doença ou pela idéia que a criança tem desta.

O afastamento do círculo social de origem, bem como as interferências nos processos evolutivos da criança que naturalmente levariam a conquistas autônomas, como atividades lúdicas e de aprendizagem, representam perdas significativas para o psiquismo infantil. (Conforme citado por Trinca, 1987) Anna Freud menciona que: *"a perda de habilidades, quando ocasionada por recorrências médicas, representa uma perda equivalente no controle do ego, um retrocesso em direção a níveis do desenvolvimento infantil mais precoces e mais passivos"* (p. 32).

Contudo, os efeitos conseqüentes ao adoecimento/hospitalização estão relacionados com algumas variáveis, tais como: caráter agudo, crônico ou progressivo da doença; natureza da patologia; local de tratamento (domiciliar, ambulatorial ou internação); duração (fator temporalidade) e impacto do tratamento. Dentre os fatores subjetivos, podemos destacar: fase do desenvolvimento cognitivo e psicossexual em que a criança se encontra; características de personalidade; processos psicopatológicos anteriores; qualidade do vínculo estabelecido com os pais e familiares; qualidade do suporte ambiental com o qual a criança pode contar e grau de informações de que a criança dispõe (Trinca, 1987).

Uma atenção especial deve ser dada ao aspecto da comunicação com a criança doente. Muitas vezes, a equipe médica isola a criança, subestimando sua participação e compreensão dos fatos, conversando apenas com os pais. Estes, por sua vez, freqüentemente colocam-se como cúmplices da equipe, acreditando que estão protegendo o filho, se o pouparem das informações. É comum pais e médicos discutirem o caso, conversarem sobre a doença, definindo condutas sem se aperceberem que a criança está presente e atenta.

Os esclarecimentos pertinentes aos fatos que estão ocorrendo são de extrema importância para a criança. Ela tem o direito de acompanhar o que se passa com ela, de acordo com seu nível de maturidade e com suas possibilidades de compreensão. Cabe aos adultos encontrar palavras esclarecedoras, simples e adequadas, que sejam condizentes com as capacidades de entendimento da criança. As informações possibilitam que o paciente pediátrico organize sua vida emocional, mobilizando os recursos internos necessários para o enfrentamento da situação. O aspecto desconhecido do adoecimento favorece o incremento do sofrimento psíquico, uma vez que as fantasias ameaçadoras tomam o lugar das lacunas deixadas pela falta de esclarecimento. Para Trinca (1987), a criança pequena, principalmente a que tem menos de seis anos de idade, tem uma vida de fantasia intensa, através da qual ela interpreta os acontecimentos externos.

Contudo, isso não significa que a criança que sabe dos fatos está pronta psicologicamente para o enfrentamento dos acontecimentos. A informação por si só não soluciona todas as dificuldades, porém é um recurso importante para favorecer uma adaptação de boa qualidade. As variáveis já citadas continuam interferindo e, além disso, a compreensão intelectual não determina a compreensão em nível emocional. Os aspectos mais profundos do psiquismo, independente das condições cognitivas, revelam medos, angústias e fantasias claramente observáveis nos atendimentos psicológicos.

Vale ressaltar que a qualidade da comunicação estabelecida com a criança está diretamente relacionada com a condição interna dos pais em administrar as questões que tangem a situação de doença. Os pais, além de se sentirem em certa medida culpados pelo adoecimento do filho, também se sentem freqüentemente impotentes e frágeis no papel de protetores que idealizam, o que leva ao prejuízo na sua capacidade de oferecer continência emocional para a criança. Dificuldades de elaboração psíquica e de manejo pragmático da situação são comumente vivenciadas pelos pais, podendo levar a um aumento do nível de ansiedade, que se transmite à criança de forma negativa.

Tanto a criança quanto seus pais devem ser encorajados a expressar suas emoções durante o período de internação. A adaptação pretendida não é a obtenção da conformidade e da passividade extremas, mas sim a de ter reações normais de alegria, de medo, como riso, choro, nos diferentes momentos da hospitalização.

A presença dos pais no hospital é um fator que acrescenta aspectos emocionais a serem manejados pelo psicólogo. Porém, a criança se beneficia desse contato durante o período de hospitalização, o que justifica a importância da superação das dificuldades surgidas nessa situação. Segundo Schmitz (1995), não se têm mais dúvidas sobre os efeitos negativos ou mórbidos exercidos nas crianças separadas ou com acesso limitado a seus pais, fomentando a tensão emocional e a frustração de pais e filhos.

O Estatuto da Criança e do Adolescente, ao tratar dos Direitos Fundamentais, no Capítulo 1, Artigo 12 (ECA, 1990), garante o direito de acompanhamento familiar em tempo integral à criança/adolescente internado. A questão legal é subseqüente ao lançamento da campanha "Mãe Participante", impulsionada pela Sociedade de Pediatria de São Paulo, em 1988 (Hartmann & Gasquez, 1997).

O reconhecimento da importância do vínculo afetivo criança-família faz com que haja um redimensionamento da atenção prestada pelos serviços hospitalares, que são levados a adotar estratégias que ampliem e qualifiquem a intervenção assistencial de maneira geral. Dessa forma, torna-se fundamental o preparo da equipe hospitalar para oferecer suporte adequado à díade criança-família. Além da técnica, a postura empática e a boa capacidade de flexibilização são requisitos importantes para uma atuação eficaz.

Freqüentemente, o grupo de acompanhantes encontrado em uma enfermaria pediátrica é composto, em sua maior parte, por mães. Provavelmente, questões socioculturais fazem com que as mães assumam os cuidados de seus filhos também durante o período de internação.

O ambiente de enfermaria pediátrica, de forma especial, traz à tona intensa demanda de ordem psicológica e subjetiva. Para dar apenas alguns exemplos, podemos citar crianças chorando com medo de serem submetidas a procedimentos médicos e da equipe de enfermagem; crianças agitadas e ansiosas, ao lado de crianças apáticas e depressivas. Mães transtornadas questionando a equipe hospitalar e mães resignadas, passivas ou totalmente submetidas às regras em geral. Mães envolvidas nos cuidados com seus filhos e mães ausentes. Mães que, apesar de presentes, estão muito distantes das necessidades de seus filhos. Médicos e enfermeiros relatando suas dificuldades em lidar com determinada criança ou mãe. E as questões de manejo nas situações difíceis: como falar para as crianças do quarto sobre a piora clínica do colega que foi transferido para a UTI? Como oferecer apoio à criança que ficou alterada porque presenciou a intercorrência com o paciente vizinho? Como acalmar a mãe que acabou de receber a confirmação do resultado da biópsia que identificou o câncer que acomete seu filho? E quando acontece um óbito no andar? Todos sabem do ocorrido, mas evitam falar sobre isso!

Tais questões são freqüentes porque a Clínica Pediátrica apresenta peculiaridades que não são observadas nas clínicas que acompanham pacientes adultos em um hospital. A criança está em desenvolvimento sob várias óticas (física, mental, social). Portanto, apresenta um aparato psíquico ainda imaturo para lidar com as adversidades vividas em um contexto de adoecimento e internação. Por outro lado, os familiares e acompanhantes também ficam vulneráveis emocionalmente ao testemunhar as limitações e o sofrimento impostos ao próprio filho e demais crianças.

Muitas vezes ouvimos relatos das mães que não são compatíveis com aquilo que podemos observar claramente. Por exemplo, mães que, ao serem questionadas pelo médico sobre como a criança tem passado, referem uma série de sintomas (febre, dores, inapetência) que indicariam um prejuízo clínico. No entanto, ao exame clínico, a criança parece estar bem. Esse descompasso pode ser reflexo de algo subjacente àquilo que temos como dados objetivos. Em Pediatria, o médico lida sempre com uma amálgama, uma mistura de sujeitos distintos que formam um todo, pois é a mãe quem fala de seu filho. Surge um novo território que, a rigor, não pertence nem à mãe, nem à criança, mas ao conjunto por elas formado, entregue à competência da "escuta" médica (Brun, 1996).

A prática clínica tem nos mostrado que há uma cobrança implícita pela perfeição materna. Muitas vezes, há um desencontro entre o que a equipe hospitalar espera da mãe e o que esta mãe realmente está em condições de oferecer. Com freqüência, há uma expectativa de que a mãe permaneça constantemente como acompanhante, acate as orientações médicas e de enfermagem, mostre-se "estável emocionalmente", atuando de forma resignada como co-responsável nos cuidados prestados à criança.

Para ilustrar como isso acontece, segue uma passagem de um atendimento realizado: um paciente de aproximadamente dois anos de idade, com quadro de pneumonia, permanecia durante muito tempo sozinho no período de internação. Isso motivou a equipe médica a realizar o pedido de consulta para avaliação psicológica do caso, pois a ausência da mãe suscitava questionamentos quanto à sua postura. Durante entrevista com a psicóloga, a mãe relatou morar com seus outros dois filhos na favela de Heliópolis, uma das maiores da Grande São Paulo. Essa senhora tinha que se adequar aos horários de entrada e saída da favela, horários estes que eram controlados por traficantes. Como o percurso até o hospital demorava mais de duas horas, as visitas ao filho internado tinham que ser muito bem planejadas dentro de tal esquema. Fazia questão de dormir no barraco com seus outros filhos, pois entendia que estes precisavam dela à noite, uma vez que aquele que estava no hospital estava protegido.

Isso nos demonstra o quão importante é integrar as intervenções de forma que a equipe hospitalar como um todo possa ampliar seu foco e vislumbrar tanto os aspectos objetivos como os subjetivos envolvidos nas situações. As intervenções em ambiente de enfermaria pediátrica, em grande parte, apontam para aspectos relacionais entre a tríade paciente-família-equipe.

Na Santa Casa de São Paulo as unidades pediátricas são distribuídas da seguinte forma: Pronto Socorro, Retaguarda, Enfermarias, Cirurgia e Unidade de Terapia Semi-Intensiva em um único prédio. Unidade Neonatal, Ortopedia e Traumatologia e Unidade de Terapia Intensiva ficam em três outros diferentes espaços.

Realizamos os atendimentos psicológicos via Consultoria Infantil, que são atendimentos derivados de pedidos feitos pela equipe médica a partir da observância de algum aspecto que indique demanda psicológica, tanto para a criança quanto para a família. Por exemplo: não colaboração com o tratamento, alterações de comportamento ou de humor, seguimento após situações traumáticas (acidentes), acompanhamento em pré e pós-operatório (cirurgias mutiladoras), acompanhamento após confirmação de diagnósticos graves ou prognósticos reservados etc. Além dos casos com suspeita de maus-tratos que serão discutidos a seguir.

À parte dos atendimentos via Consultoria, também realizamos o Grupo de Mães/Acompanhantes como uma estratégia de intervenção mais abrangente. A realização do grupo tem se mostrado eficaz no sentido de promover um espaço de continência para as angústias das mães/acompanhantes durante o período de internação, facilitando a discussão de assuntos e elaboração de conteúdos comuns a todos em ambiente de enfermaria. Além disso, o grupo também permite a identificação de casos que exigem acompanhamento individualizado.

Também são realizados atendimentos psicológicos de caráter ambulatorial. Freqüentemente, os encaminhamentos para o ambulatório são feitos pelas equipes médicas das especialidades, ou a partir da Consultoria Infantil, quando é detectada a necessidade de seguimento após a alta hospitalar. No ambulatório, são atendidos os casos que apresentam queixa psicológica associada com a questão orgânica.

## Os casos com suspeitas de maus-tratos

O Hospital Geral constitui importante porta de entrada para as crianças que são vítimas de maus-tratos. Crianças que trazem, no próprio corpo, as conseqüências negativas de ausência de cuidados ou mesmo de agressão diretamente dirigida e que chegam ao hospital demandando atendimento e cuidados específicos.

Referimo-nos aos casos de desnutrição e limitações físicas decorrentes, casos de crianças gravemente doentes sem a devida atenção da família para o tratamento, crianças vítimas de acidentes mal explicados (queimaduras, quedas), crianças com quadro de intoxicação exógena, crianças com quadro de fraturas por espancamento, crianças portando doenças sexualmente transmissíveis, crianças vítimas de abuso sexual, crianças moradoras de rua etc.

De acordo com Kaplan (1995), a violência doméstica é definida como uma violência interpessoal, que se caracteriza por ato ou omissão contra crianças e adolescentes, praticado por pais, parentes ou responsáveis, que abusam de seu poder causando danos às vítimas, com conseqüências físicas, psíquicas, sociais e legais. Pode ser caracterizada por agressões (físicas e/ou psíquicas), jogos sexuais, depreciações, ausência de cuidados etc. e, em alguns casos, tem, como resultante, a morte. Do ponto de vista conceitual, os tipos de violência doméstica são categorizados em violência física, sexual, psicológica, negligência e violência fatal.

Um subtipo de violência física comumente encontrado em Pediatria é a *Síndrome de Münchausen por Procuração*. Trata-se de uma entidade psiquiátrica de difícil identificação, descrita por Meadow em 1977 (Lewis, 1995). Atualmente, consta no *Manual Diagnóstico e Estatístico de Transtornos Mentais,* DSM-IV-TR (APA, 2002), dentro da classificação dos Transtornos Factícios, cuja característica essencial é a produção intencional ou fingida de sinais e sintomas somáticos ou psicológicos, decorrente de uma necessidade psicológica de assumir o papel de doente. O julgamento de que um sintoma é intencionalmente produzido é feito por evidências diretas e pela exclusão de quaisquer outras causas. O portador desse quadro, que em geral é do sexo feminino, apresenta extenso conhecimento da terminologia médica e das rotinas hospitalares. A história da "doença" é sempre apresentada de forma dramática, mas vaga e inconsistente, com farta produção de mentiras. Daí o nome *Síndrome de Münchausen*, que tem origem na fábula do Barão de Münchausen, tido como um impostor mentiroso pelas pessoas de sua época (Trajber e cols., 1996).

A Síndrome de Münchausen *por Procuração*, consiste numa condição na qual uma pessoa persistentemente cria sintomas de doença em nome de outra, fazendo, desse modo, com que esta seja considerada doente. Em casos que envolvem crianças, são freqüentemente suas mães que "fabricam" as doenças. É como se a criança tivesse dado à mãe, ou a outro adulto, a "procuração" para tratar do assunto em seu nome. Nos casos menos graves, as mães apenas relatam sintomas falsos e o dano físico à criança é o que resulta das investigações médicas, muitas vezes invasivas, e conseqüentes internações, realizadas na tentativa de diagnosticar a doença. No outro extremo, estão os casos nos quais as mães causam danos físicos graves ou até mesmo a morte dos filhos, na busca continuada de fazê-los parecer doentes (Forsyth, 1995).

Os sintomas físicos "apresentados" pela criança, como, por exemplo, febre, diarréia, sangramentos, dores, dentre outros, quando não são apenas relatados pela mãe ou responsável, podem ser realmente produzidos através da manipulação de sinais e sintomas, como adicionar sangue na urina da criança, ou levar à ingestão de anticoagulantes para produzir hematúria – causando a alteração do resultado dos exames laboratoriais para convencer a equipe médica – manipular o termômetro para criar ilusão de febre ou produzir abscessos pela injeção subcutânea de saliva. Podemos observar ainda a produção de sinais orgânicos através da administração de medicamentos ou substâncias que causam manifestações diversas, como convulsões, sonolência etc. (SBP, 2002).

As características observadas na prática clínica com os atendimentos nos casos de *Münchausen* vêm ao encontro dos dados descritos na literatura (Trajber & cols, 1996). Freqüentemente, a mãe é a perpetradora dos sintomas, mostrando-se sempre muito cuidadosa e exageradamente dedicada ao filho. Recusa separações da criança, apresentando relacionamento simbiótico com a mesma. Apresenta comportamento manipulador ou sedutor para com a equipe médica, solicitando e sugerindo procedimentos médicos, invasivos ou não, como forma de manifestar o interesse em concluir um diagnóstico, muitas vezes passando por diversos serviços de saúde. A literatura ainda refere que este indivíduo que trata assim a criança traz, na sua história pessoal, vivências de abuso ou rejeição, ou mesmo o fato de ter sido vítima dessa síndrome no seu ambiente familiar pregresso. Assim, o perpetrador assume, através da criança, o papel de doente, satisfazendo às suas próprias necessidades psicopatológicas.

Os casos que envolvem qualquer tipo de violência doméstica tanto ressaltam a importância da atenção dos profissionais do âmbito hospitalar para o fenômeno da vitimização infantil, como delegam a eles um papel importante na identificação do mesmo, assim como no seu tratamento e prevenção.

O atendimento às vítimas de maus-tratos ainda se encontra pouco estruturado no nosso país, sendo insuficiente para a demanda que chega aos serviços de saúde. Além disso, a falta de normas técnicas e rotinas de orientação dos profissionais da saúde diante dessa questão contribui para as dificuldades de diagnosticar, registrar e notificar os casos (SBP, 2002).

De acordo com a observância dos preceitos legais contidos na Lei Federal 8.069/90, o Estatuto da Criança e do Adolescente (ECA, 1990), os profissionais da saúde são obrigados a notificar os casos de maus-tratos cometidos contra crianças e adolescentes, mesmo quando há somente a suspeita de vitimização (desde que fundamentada através da anamnese e exame físico, assim como avaliação social e psicológica).

Para que esse preceito legal seja cumprido, é preciso sensibilizar e conscientizar os profissionais para o problema, fornecer maior conhecimento sobre o tipo de atendimento a ser dado às vítimas desses agravos, disponibilizar informação e capacitação para o diagnóstico e para a intervenção, promover medidas preventivas e aperfeiçoar o sistema de informação sobre o perfil de morbi-mortalidade por violência (SBP, 2002).

A suspeita e identificação dos casos de vitimização de crianças e adolescentes é um desafio e a subnotificação dos casos ainda faz parte da realidade. Gonçalves & Ferreira (2002) colocam que alguns tipos de violência não apresentam manifestações clínicas claras e objetivas, que permitam o reconhecimento da violência no primeiro momento. Muitas vezes, indicativos subjacentes surgem somente durante a internação ou acompanhamento ambulatorial, quando o contato com o paciente e com a família se torna mais próximo. Esses indícios podem vir da forma de relação que os pais estabelecem com a criança (contato agressivo, abandono, falta de interesse), de alguma questão clínica posteriormente clarificada (o motivo da internação é uma pneumonia, mas o exame de raios X indica uma fratura consolidada), ou mesmo do relato de ocorrências pela criança ou algum membro da família. Por isso, é imprescindível a avaliação multiprofissional.

O trabalho do psicólogo, nesses casos, é fazer uma avaliação o mais ampla possível, que possa identificar aspectos psicodinâmicos da criança e da família, alterações de comportamento da criança, associadas a seqüelas psicológicas, antecedentes psicológicos familiares, qualidade das relações afetivas intra-familiares. É importante observarmos o grau de coerência do discurso dos pais, e ainda o modo como as informações são transmitidas por diferentes membros da família. A anamnese ocupa lugar relevante no esclarecimento dos casos, não apenas pelo relato da ocorrência do mau-tratamento, como também pela percepção de sintomas sugestivos de que a criança possa estar sendo vitimizada.

Durante a avaliação, a comunicação com a equipe médica e com o Serviço Social são fundamentais, pois, ao final da mesma, as especialidades envolvidas deverão produzir relatórios resultantes da própria avaliação, que serão encaminhados em um único processo para os órgãos competentes.

Muitas vezes, a passagem desses casos pelo hospital constitui valioso momento de intervenção, pois é nessa situação que pode acontecer a quebra do silêncio, freqüentemente mantido pelas famílias que incluem a violência em suas dinâmicas. A possibilidade de proteção percebida pela criança vitimizada pode trazer resignificações importantes para sua vida a partir das devidas intervenções. O alerta, para a família, de que algo não vai bem pode ser o começo da quebra do ciclo de violência.

Não podemos deixar de mencionar sobre o quão impactante é atender casos dessa natureza. É fundamental que o profissional tenha preparo interno para distanciar-se emocionalmente da situação, sem perder o compromisso e a ética no manejo do caso. Isso consiste em não fazer julgamentos das pessoas envolvidas na agressão e oferecer a ajuda possível para todos, vítima e agressor, valorizando o sofrimento dos envolvidos.

É importante ressaltar que não cabe ao hospital a tarefa de investigar o caso ou fornecer provas dos maus-tratos que identifiquem o agressor, ficando a cargo dos órgãos competentes a definição das providências a serem tomadas e ações a serem realizadas (Nathanson, 1977). Contudo, é papel importantíssimo do hospital proceder a uma boa avaliação multiprofissional dos casos com suspeitas de maus-tratos e notificá-los. Os profissionais envolvidos não devem ter preocupação quanto à quebra de sigilo profissional nesses casos, pois todos os preceitos legais oferecem as devidas garantias no que tange ao exercício da profissão (SBP, 2002). A prioridade é resguardar os direitos básicos da criança e do adolescente, contribuindo, assim, para uma prática social ética, justa e humana.

## Referências bibliográficas

AJURIAGUERRA, J. – *Manual de Psiquiatria Infantil.* Atheneu. São Paulo, 1976.

AMERICAN PSYCHIATRIC ASSOCIATION – APA – *Manual Diagnóstico e Estatístico de Transtornos Mentais, 4ª Edição*, Texto Revisado (DSM-IV-TR). Artmed. Porto Alegre, 2002.

BRUN, D. – *A Criança Dada por Morta.* Casa do Psicólogo. São Paulo, 1996.

ESTATUTO DA CRIANÇA E DO ADOLESCENTE – ECA – *Lei 8069/90, Direito da Criança e do Adolescente.* Constituição Federal. Brasil, 1990.

FORSYTH, B.W.C. – Síndrome de Munchausen por Procuração. In: LEWIS, M. (Org.), *Tratado de Psiquiatria da Infância e Adolecência.* Artes Médicas, Porto Alegre, 1995.

GONÇALVES, H. S. & FERREIRA, A. L. – A Notificação da Violência Intra-Familiar contra Crianças e Adolescentes por Profissionais de Saúde. *Cadernos de Saúde Pública*, 18 (1): 315-319, 2002.

HARTMANN, J. B. e GASQUEZ, A. H. – Grupo de Mães e ou Acompanhantes no Sistema de Internação Conjunta na Unidade Pediátrica do Hospital Universitário Regional de Maringá. *Revista de Psicologia Hospitalar*, 7 (1): 35-46, 1997.

KAPLAN, S. J. – Abuso Físico e Negligência. In: Lewis, M. (Org.) *Tratado de Psiquiatria da Infância e Adolescência.* Artes Médicas. Porto Alegre, 1995.

LEWIS. M. – *Tratado de Psiquiatria da Infância e Adolescência.* Artes Médicas. Porto Alegre, 1995.

NATHANSON, M. – A Hospitalização de Crianças Vítimas de Abusos Sexuais. In: Gabel, M. (Org.), *Crianças Vítimas de Abuso Sexual.* Summus. São Paulo, 1997.

SARTI, M. H. C. – *A Criança Hospitalizada: Contribuição do Desenho da Figura Humana para Avaliação do seu Estado Emocional.* Dissertação de Mestrado, Universidade de São Paulo, São Paulo, 1988.

SCHMITZ, E. M. – *A Enfermagem em Pediatria e Puericultura.* Atheneu. São Paulo, 1995.

SOCIEDADE BRASILEIRA DE PEDIATRIA – SBP – *Guia de Atuação Frente a Maus-tratos na Infância e na Adolescência: Orientações para Pediatras e Demais Profissionais da Saúde.* Fiocruz. Rio de Janeiro, 2002.

TRAJBER, Z.; MURAHOVSCHI, J.; CANDIO, S.; CURY, R.; GOMIDE, C.; KLEIN, E. & TOFOLO, V. – Síndrome de Münchausen por Procuração: O Caso da Menina que Sangrava pelo Ouvido. *Jornal de Pediatria*, 72: 35-9, 1996.

TRINCA, A. M. – *A Apreensão de Conteúdos Emocionais de Crianças em Situação Pré-Cirúrgica.* Dissertação de Mestrado, Universidade de São Paulo, São Paulo, 1987.

# Capítulo 7

# As dores do crescer

Sandra Ribeiro de Almeida Lopes
Carmen Benedetti

Neste capítulo apresentaremos o trabalho desenvolvido pelo Serviço de Psicologia Hospitalar na Clínica da Adolescência, do Departamento de Pediatria e Puericultura da Irmandade da Santa Casa de Misericórdia de São Paulo.

A Clínica da Adolescência iniciou suas atividades em 1975, com o objetivo de oferecer aos jovens uma assistência em saúde a partir de uma visão global e diferenciada, que levasse em conta as necessidades e particularidades dessa fase de vida. Contou, logo em sua constituição, com a participação de diferentes profissionais da área, caracterizando-se como um dos trabalhos pioneiros no Brasil, ganhando, a partir de então, importância e representatividade no cenário nacional da saúde do adolescente.

Ao longo deste tempo de existência, algumas mudanças ocorreram no sentido de dinamizar e atualizar os serviços prestados, visando sempre ao benefício do jovem e de seus familiares.

O Serviço de Psicologia Hospitalar sempre esteve presente e atuante nos programas desenvolvidos pela Clínica, nas reuniões multiprofissionais, que ocorrem semanalmente, como também nos projetos de pesquisas e trabalhos científicos.

As atividades ambulatoriais da Psicologia na Clínica da Adolescência estão assim distribuídas: Ambulatório Geral, Ambulatório de Adolescentes Gestantes e Ambulatório de Adolescentes Obesos. Com exceção do primeiro, os outros dois ambulatórios oferecem atendimento grupal e/ou individual conforme indicação do caso, o que será melhor descrito a seguir.

Para entendermos as demandas e as intervenções terapêuticas realizadas, faz-se necessário, inicialmente, caracterizarmos nossa população e o momento de vida em que se encontram.

A adolescência é um processo que ocorre durante o desenvolvimento evolutivo do indivíduo, caracterizando-se por mudanças rápidas, profundas e estruturais, e, de acordo com a Organização Mundial de Saúde (OMS, 1997), compreende a faixa etária entre 10 e 19 anos. "Adolescência" vem do verbo latino *adolescere* (crescer para a maturidade). O termo "puberdade" se refere às transformações biológicas ou corporais, enquanto que "adolescência" diz respeito às mudanças psicossociais.

Segundo Levinsky (1998), são as sociedades que definem os *status* infantil e adulto, ou seja, os critérios que marcam a progressão da adolescência para a vida adulta, embora alguns aspectos possam ser considerados universais, independentemente da cultura ou sociedade à qual o indivíduo pertença.

Verificamos que, nas sociedades atuais, as condições necessárias para o ingresso na vida adulta envolvem aspectos que ampliam as dificuldades e complexidades, tornando essa fase de transição mais prolongada e aparentemente penosa. Podemos observar que a entrada na adolescência vem sendo cada vez mais antecipada e a saída dela cada vez mais protelada.

Stengel (2000) relata que as transformações da adolescência possuem rapidez e dimensão não vistas em nenhum outro momento da vida. Estudos recentes (Wüsthof, 2004) confirmam que, no decorrer da adolescência, o cérebro se modifica tanto ou mais do que nos primeiros meses de vida do bebê. O comportamento imprevisível, de alta irascibilidade e de revoltas dos adolescentes que, até bem pouco tempo atrás, era atribuído exclusivamente à cascata de hormônios sexuais que circula por todo o organismo e influencia até o cérebro, surge também em decorrência dessa profunda transformação na massa encefálica à qual os adolescentes são submetidos. Enquanto esse processo não estiver concluído – o que só ocorre ao redor dos 19-20 anos de idade – prevalecerá a vulnerabilidade do mundo psicológico e o adolescente estará sujeito ao típico e "inexplicável" curto-circuito emocional todas as vezes em que enfrentar situações desconhecidas, opiniões diferentes ou sentimentos novos. De qualquer forma, é esse processo que ilustra as dores do crescer e que abre novos horizontes mentais para os jovens, que lhes permite constituírem-se como indivíduos.

Isso está de acordo com Stengel (2000), que afirma que o processo de construção da identidade se inicia na infância e continua por toda a vida, mas é na adolescência que se desenvolve de forma mais significativa. Essa é uma fase em que os modelos e padrões infantis são questionados e reelaborados, permitindo que o jovem se insira no mundo adulto, o que significa a construção de uma identidade própria que envolve o desenvolvimento afetivo, sexual e profissional.

Aberastury e Knobel (1992) também entendem a adolescência como um processo de desenvolvimento com características bastante específicas, dentre elas, a busca de si mesmo e de identidade. As modificações corporais trazem ao jovem uma sensação de estranheza e incertezas, pois ele não se reconhece mais como criança, mas também ainda não se vê como adulto.

A definição de gênero é outra tarefa à qual o jovem terá que se confrontar em seu processo de desenvolvimento. A experimentação dos papéis femininos e masculinos, por ambos os sexos, com o intuito de descobrir-se, pode envolver diversas vivências, desde a masturbação, até jogos homo e heterossexuais transitórios, que terão importante função na escolha futura de um objeto amoroso e no pleno exercício da sexualidade adulta.

Knobel (2003) nos fala, ainda, das atitudes reivindicatórias de caráter anti-social, a chamada rebeldia juvenil, como uma forma de contestar e modificar os valores da sociedade, exemplos dos quais a história da humanidade está repleta. Outra importante característica que este autor descreve é a constante flutuação de humor e estado de ânimo nessa fase do desenvolvimento. O jovem reage a uma frustração com profundo sentimento de pesar e tristeza e pode, no momento seguinte, frente a uma simples notícia, reagir com alegria e entusiasmo com a mesma intensidade.

Para lidar com todas essas questões, o adolescente vai precisar se valer de recursos psíquicos que variam de acordo com suas características de personalidade, capacidade cognitiva, fatores genéticos e ambientais.

De acordo com Coutinho (2001), as mudanças e vivências da adolescência são fatores estressores que, como tal, podem determinar o surgimento de sintomas psicossomáticos, como produto das mudanças biológicas e angústia produzida por elas. Dito de outra maneira, o jovem acaba expressando seus conflitos pela via somática por ainda não ter domínio de outras formas de manifestação. Essas características tornam o diagnóstico clínico bastante difícil, já que, a todo momento, nos questionamos acerca do tênue limite que separa o que pode ser considerado esperado para essa fase do desenvolvimento do que pode ser considerado patológico, merecendo, então, uma intervenção mais específica.

O luto pelas vivências infantis é um ponto importante desse processo porque ele representa o abandono de antigos valores e relações e a conquista de novos, obrigando o adolescente a sair de uma condição de dependência para uma de aceitação de responsabilidades. Assim, ele deve elaborar o luto pelos pais da infância, o que significa perder o refúgio e a proteção que eles representam. Por outro lado, os pais se confrontam com o próprio envelhecimento e a perspectiva de morte, ao verem seu filho deixando de ser criança e tornando-se adulto. Dessa forma, a mudança de identidade do adolescente vai acarretar também mudanças nas relações com seus pais.

Strinthall (1999) afirma que as integrações familiares sofrem alterações à medida que os adolescentes vão se tornando fisicamente mais maduros, sugerindo que as mudanças físicas podem alterar suas expectativas em relação ao tratamento que irão receber por parte da família. O processo de independência do adolescente implica uma transformação e não uma ruptura ou deterioração das relações familiares.

## Panorama atual da adolescência

O Instituto Brasileiro de Geografia e Estatística – IBGE (2002) e o Fundo das Nações Unidas para a Infância – UNICEF (2002) apontam para uma população de 7 milhões de adolescentes que vivem em famílias cuja renda *per capita* é menor ou igual a meio salário mínimo e que possuem baixa escolaridade. Cerca de 370 mil meninas com idade abaixo de 16 anos trabalham em casas de família, em média, 42 horas por semana, recebendo em torno de 60% do salário mínimo.

Esses órgãos de pesquisa ainda referem que existe uma crescente preocupação dos órgãos públicos, da sociedade e dos centros de atenção ao adolescente com os dados alarmantes de violência nessa etapa da vida. Segundo os dados (IBGE, 2002; UNICEF, 2002), as causas mais freqüentes de morte entre os jovens brasileiros são, em ordem decrescente: acidentes, suicídios e homicídios, que respondem por dois terços de todos os óbitos entre 15 e 24 anos.

O Instituto Paulista de Adolescência – IPA (2001) realizou pesquisa com 1393 jovens de 12 a 20 anos, de ambos os sexos, estudantes da rede pública e privada da região sudeste do Brasil, para conhecer a percepção que esses jovens tinham da morte. O estudo concluiu que um em cada quatro jovens já havia perdido um amigo, um em cada nove já havia perdido mãe, pai ou irmão(ã), uma em cada cinco garotas e um em cada seis rapazes pensava freqüentemente em suicídio, 3,4% das garotas e 2,8% dos rapazes já chegaram a planejar a própria morte e 5% das moças e 1,8% dos rapazes já tentaram uma ou mais vezes o suicídio.

Os fatores desencadeantes para o suicídio na adolescência, descritos na literatura, são: crise de identidade, baixa auto-estima, depressão, crises familiares, falta de apoio no meio familiar, perda de um familiar ou amigo querido, crise disciplinar com os pais/escola, situações de rejeição e humilhação, rompimento de uma relação amorosa, fracasso em alguma atividade valorizada, exposição ao risco, falta de esperança, abuso físico e sexual, uso de drogas, gravidez indesejada e instrumentos disponíveis em casa.

Olhando para a sociedade em que esse jovem está inserido, encontramos inúmeras contradições. Se, por um lado, existe um repúdio à violência, por outro, o jovem é bombardeado por estímulos violentos, seja através de filmes, jornais ou videogames. Estes últimos, em especial, que fazem muito sucesso no meio adolescente, exibem cenas cruéis que, auxiliadas pela tecnologia, tornam-se quase reais.

O grande risco dessa exposição é a banalização da violência. É a mensagem de que a violência é uma solução viável para os problemas e que, por meio de estratégias agressivas e sangrentas, o adolescente pode atingir seus objetivos, sendo ainda, no final, gratificado por elas.

Além disso, a mídia, por sua vez, encarrega-se de oferecer ao público adolescente modelos de identificação, por meio de padrões de beleza, elegância, felicidade e sensualidade, apresentando uma realidade distante da grande maioria de nossos jovens e contribuindo para a criação de um ideal de vida e de relação afetiva muito pouco realista, mas capaz de gerar um estado ainda maior de frustração e desesperança no seu universo vivencial. Os adolescentes se tornam alvo dessa influência por constituírem uma população mais acessível e vulnerável às influências, que está desenvolvendo seu senso crítico e formando sua opinião a respeito das diferentes situações de vida.

Soma-se a isso a escassez dos contatos e a raridade dos diálogos com os pais, que, em diferentes proporções, se sentem perdidos e confusos em seus papéis, num momento em que os referenciais de educação estão mudando, os limites se tornando mais flexíveis e a autoridade muito mais questionada do que outrora.

O que encontramos em nossa clínica é resultado de todas essas variáveis, associadas ainda aos sérios problemas de ordem social e econômica do segmento da sociedade da qual provém nossa população.

## O ambulatório geral da adolescência

O Ambulatório Geral da Psicologia para o atendimento de adolescentes está vinculado à Clínica da Adolescência do Departamento de Pediatria e Puericultura da Santa Casa de São Paulo, que é composta por médicos hebiatras, residentes de Pediatria, assistente social, psicóloga, especializandos e graduandos em Psicologia.

Em linhas gerais, o objetivo do nosso ambulatório é prestar assistência psicológica aos adolescentes usuários do serviço médico-hospitalar da Santa Casa de São Paulo. São atendidos em média 16 pacientes em dois dias da semana, entre retornos e casos novos. Os atendimentos são individuais, com aproximadamente 30 minutos de duração. Numa primeira consulta, o adolescente é atendido juntamente com seus pais ou responsáveis. Nas demais, eles são vistos separadamente. Os encaminhamentos provêm, em sua maioria, da própria Clínica, mas também de outras especialidades médicas do Departamento. No entanto, não é raro recebermos casos em que o pedido de encaminhamento para o psicólogo partiu do próprio jovem ou de seus familiares.

A princípio, é realizada uma avaliação com a finalidade de esclarecer o motivo do encaminhamento, já que nem sempre os motivos da equipe médica são coincidentes com os do paciente e/ou familiares. O atendimento inicial pretende também investigar os sintomas psicológicos apresentados e sua relação com os orgânicos, compreender o funcionamento mental do jovem e o ambiente a que pertence.

Nessa avaliação inicial também verificamos se a necessidade apresentada pelo adolescente será melhor atendida nesse serviço ou em outro recurso da comunidade. Neste caso, será encaminhado, embora a escassez de serviços públicos que disponibilizem atenção para essa clientela torne o encaminhamento bastante difícil. Se permanecer conosco, o paciente pode seguir em Psicoterapia Breve de Apoio e seus familiares, em sessões de orientação a pais/responsáveis.

Para que o jovem permaneça em acompanhamento psicológico neste ambulatório, respeitamos, *a priori*, critérios de indicação e contra-indicação:

– ter entre 10 e 19 anos

– estar em acompanhamento por alguma especialidade médica do Departamento

– apresentar necessidade de avaliação ou tratamento psicológico devido à interferência do estado emocional na adaptação à doença e/ou adesão ao tratamento médico

– apresentar queixas de natureza psicossomática

– manifestar queixas consideradas típicas da crise da adolescência, porém com manifestações emocionais ou comportamentais de intensidade e gravidade preocupantes no que concerne à saúde mental

– referir vivência de situação que demande suporte e cuidados imediatos, como vitimização, em casos de violência física e/ou moral, abuso sexual e tentativas de suicídio

– demonstrar motivação e interesse em realizar acompanhamento psicológico.

Os critérios de exclusão se aplicam aos casos que apresentam transtornos mentais como principal queixa, deficiência mental (de moderada a grave), ou aqueles que necessitam de algum tipo de avaliação e/ou acompanhamento específicos, neuropsicológico ou psicopedagógico. Tais critérios foram estabelecidos em função dos objetivos terapêuticos de nossa proposta, como também das limitações do próprio paciente (condições de comparecer com certa regularidade aos atendimentos, por exemplo) e da própria instituição (espaço físico, número de profissionais, capacidade de atendimento).

Para situar melhor o leitor sobre a demanda que chega até o nosso Serviço, apresentaremos resumidamente os resultados de um levantamento estatístico realizado no período de setembro de 2001 a maio de 2003, que totalizou 174 pacientes acompanhados.

Os motivos que levaram a equipe médica a encaminhar os casos para a Psicologia se referiam em ordem decrescente a: a) dificuldade de adaptação à doença ou ao tratamento, b) apresentação de sintomas sem causa orgânica, c) ansiedade, d) alteração de comportamento, e) alteração de humor com sintomas depressivos, f) problemas relacionados à aprendizagem, g) distúrbio na dinâmica familiar, h) vivência de uma situação de violência ou abuso sexual e i) transtornos alimentares.

Observamos, após avaliação dos casos, que a demanda se aproximava bastante dos motivos dos encaminhamentos:

a) **Transtorno de ajustamento:** Identificado em 47% dos casos assistidos, caracterizado por reações agudas a um estresse ambiental (Lewis,1995), como separação dos pais ou morte de um deles, nascimento ou morte de irmão(ã), doença grave na família, alcoolismo ou uso de drogas por um dos pais, além de problemas no relacionamento familiar decorrentes de dificuldades na administração das crises típicas do período evolutivo. Dos jovens aqui incluídos, 3,3% haviam sido encaminhados como vítimas de abuso ou violência sexual

b) **Sintomas depressivos:** 35,3% dos jovens avaliados apresentavam queixas de desânimo, falta de energia, tristeza, choro, sentimentos de impotência, baixa auto-estima, sendo que 4% destes referiram ideação ou tentativa de suicídio

c) **Necessidade de orientação:** 9,8% dos jovens pediram orientação com relação às mudanças corporais, sexualidade e identidade pessoal

d) **Sintomas psicóticos:** em 4% da amostra foi detectada a presença de alucinação e discurso delirante

e) **Uso abusivo de álcool ou drogas:** detectado em 0,6% da amostra.

Tendo em vista essa diversidade das demandas apresentadas, o tratamento psicológico tem sido individualizado, respeitando as particularidades e necessidades específicas de cada caso. Estimular formas de enfrentamento mais adaptativas, fortalecendo os recursos egóicos, de maneira a melhorar a auto-estima, são algumas das tarefas fundamentais do trabalho terapêutico com os adolescentes. A família também tem sido incluída nesse processo, agindo como elemento de apoio e segurança para o jovem. O trabalho da equipe é integrado e voltado para a saúde global do paciente.

## Ambulatório de adolescentes gestantes

O aumento do número de casos de gravidez na adolescência é uma realidade em nosso país, além de sua ocorrência vir sendo constatada em meninas cada vez mais jovens.

No Brasil, o número de partos vem diminuindo, porém o nascimento de filhos de jovens entre 10 e 19 anos cresce em números absolutos e relativos. Os estudos ainda afirmam que o número de recém-nascidos de mães adolescentes, em 1999, corresponde, em todo Brasil, a 26,9% dos nascimentos (Sant'Anna & Coates, 2003).

Pesquisas complementares informam que, embora essa ocorrência seja freqüente em todos os níveis sociais, a maior incidência ocorre nas populações de baixa renda, até porque são os dados dessa população que aparecem nas estatísticas dos Serviços de Saúde Pública.

Segundo o Ministério da Saúde, conforme citado por Silva (2001), em torno de um milhão de meninas ficam grávidas no Brasil antes dos vinte anos de idade. E a Organização Mundial de Saúde (1997) considera a gravidez na adolescência como de alto risco, por implicar maior índice de mortalidade no parto e puerpério, maior número de abortos espontâneos, natimortos, mortes perinatais, partos prematuros e recém-nascidos de baixo peso.

De acordo com dados do Ministério da Saúde (1996), 40% dos abortos realizados ocorrem em menores de vinte anos e um terço das mortes decorrentes de aborto ocorrem na faixa etária de 15 a 19 anos.

A questão da reincidência no Brasil de gravidez em jovens é da ordem de 30% no período de um ano do pós-parto, o que torna o problema ainda mais preocupante.

As conseqüências sociais implicam geralmente abandono escolar e limitação da formação profissional, dificultando o ingresso no mercado de trabalho e perpetuando o ciclo de dependência e pobreza.

As causas da gravidez na adolescência são múltiplas e decorrem de uma educação precária que se reflete em falta de informação ou informação distorcida, iniciação sexual precoce, relações sexuais sem proteção, influência dos meios de comunicação de massa, conflitos familiares, pobreza ou falta de perspectiva de vida acompanhada por sentimentos de baixa auto-estima.

Do ponto de vista psicológico, a jovem que engravida assume a dupla tarefa: buscar a identidade pessoal e fazê-la por meio da maternidade, o que pode significar tanto um processo de desenvolvimento e integração de sua identidade de mulher, como um aumento da dependência das figuras parentais e/ou do companheiro. Na verdade, a jovem vive uma "crise" dentro de outra "crise" (Kahhale,1997).

Aguirre (1995), a partir de um estudo com quarenta gestantes adolescentes de 12 a 16 anos que freqüentavam o Serviço de Assistência Pública no Estado de São Paulo identificou que, para 90% da população assistida, a gestação era não-intencional e vivida com intensa angústia e fortes bloqueios afetivos, não havendo, por parte das adolescentes, maturidade psíquica para estabelecer um relacionamento de casal ou desenvolver um vínculo saudável com o bebê. De acordo com a autora, a ocorrência da gestação parece derivar de conflitos inconscientes próprios da adolescência normal, convertidos em atuações para evitar etapas dolorosas da transformação de criança em mulher adulta e está ligada a uma problemática de identidade decorrente de um relacionamento ambivalente e/ou simbiótico da adolescente com a própria mãe.

Em estudos sobre a gravidez, Soifer (1980) e Maldonado (1985) apontam os motivos que levam uma mulher a engravidar: identificar-se com a mãe, comprovar a fertilidade, reviver a infância no bebê, presentear o pai com um bebê, rivalizar com outras mulheres, reter o companheiro e necessitar de *status*. Observamos que os três primeiros motivos são os que aparecem com maior freqüência entre as adolescentes do nosso ambulatório.

Podemos pensar que a maternidade na adolescência responde às dúvidas dos jovens no que se refere à fertilidade, ao mesmo tempo criando uma ilusão de independência, já que, em muitos casos, a jovem abdica de seus projetos profissionais para assumir exclusivamente o papel de mãe.

O Ambulatório de Adolescentes Gestantes é parte de um programa de pré-natal multiprofissional de apoio, que oferece à população assistida (gestante e seu parceiro), atendimento individual e grupal. O trabalho em grupo ocorre semanalmente, com duas horas de duração, tendo a participação de profissionais de diferentes áreas: Psicologia, Medicina (Pediatria e Ginecologia/Obstetrícia), Fisioterapia e Serviço Social. Tem como objetivos preparar as jovens para a experiência da maternidade em toda sua totalidade, nos aspectos físico, emocional e social, bem como instrumentalizar os futuros pais para o enfrentamento dos desafios referentes aos papéis de pai e mãe.

Durante as sessões, são discutidos temas específicos – alterações físicas e emocionais da gestação, imagem corporal, os papéis de mãe, pai e avós, a vida após a chegada do bebê, sexualidade e anticoncepção – sempre por meio de técnicas grupais que facilitem a comunicação e a melhor abordagem do assunto. A equipe está presente em todos os encontros, permitindo que dúvidas referentes às especialidades sejam solucionadas no momento em que ocorrem.

O trabalho grupal permite que essas jovens troquem experiências, sentimentos e conhecimentos, para visualizar novas formas de enfrentar os desafios, reconhecendo seus potenciais e suas necessidades de maneira a se sentirem mais fortalecidas e seguras.

O atendimento psicológico individual se dá inicialmente mediante uma entrevista de triagem, realizada assim que as jovens ingressam no ambulatório. Tem como finalidade verificar o impacto emocional da gestação e o estado emocional geral, além de identificar os recursos egóicos disponíveis para o enfrentamento dos desafios, as condições psicossociais e a rede de apoio social.

Esses dados são obtidos por meio de um protocolo especificamente elaborado para essa finalidade, que é complementado com resultados da Prancha 7MF do Teste de Apercepção Temática – TAT (Murray, 1995), um teste psicológico de caráter projetivo (vide capítulo 4). Com base nesses dados, a jovem é acompanhada apenas no grupo ou pode necessitar de acompanhamento psicológico individual. Nossa experiência tem demonstrado que 23,8% das jovens que procuram o pré-natal necessitam de atendimento psicológico individual.

Acompanhar essas jovens ao longo de todo processo gestacional, presenciar suas decisões, seus dilemas, suas dificuldades, procurando ajudá-las a se organizar e se estruturar melhor diante de tantas demandas, nos leva freqüentemente a pensar nos motivos conscientes ou não dessa escolha, e nas mudanças significativas que acabam sendo promovidas em suas vidas, em um momento já tão repleto de transformações.

Muitas adolescentes não desejam a gravidez, por se perceberem imaturas, por acreditarem que suas vidas passarão por sérias modificações e que terão responsabilidades para as quais não estão preparadas. Algumas já romperam o relacionamento com o parceiro, outras já abandonaram os estudos e não desenvolvem nenhuma atividade ocupacional, nem contam com planos para o futuro. Muitas delas enfrentam sérios problemas de ordem financeira, o que acaba contribuindo para torná-las ainda mais dependentes dos pais, inseguras e frágeis.

Observamos jovens com quadro depressivo e ideação suicida, confirmando estudos já realizados (Freitas & Botega, 2002), com planos explícitos ou não de abandonar seus bebês, e ainda "avós-mães" que resolvem assumir a responsabilidade pelos cuidados do recém-nascido, retirando de suas filhas a possibilidade de desenvolverem o papel de mãe.

Claro que, felizmente, podemos também acompanhar jovens que se beneficiam com a experiência, que amadurecem, que se tornam mães cuidadosas e responsáveis por elas próprias e por seus filhos, jovens que fazem planos de vida nos quais a maternidade, juntamente com os estudos, o trabalho e a vida afetiva, se harmonizam e passam a ser suas maiores prioridades.

De qualquer forma, a prevenção da gravidez continua sendo uma questão a ser discutida. Sabemos que, atualmente, uma das grandes preocupações do Ministério da Saúde diz respeito à reincidência da gravidez na adolescência, que, segundo esse mesmo órgão, vem aumentando. Para isso, se faz necessário pensar em políticas de educação e prevenção mais abrangentes, quando comparadas às já desenvolvidas nas escolas, que têm um caráter meramente informativo.

Considerando, então, a complexidade dos processos envolvidos na gestação da adolescente, tenha ela algum comprometimento clínico ou não, o atendimento de saúde deve priorizar a abordagem multiprofissional visando a uma assistência mais integrada e global, aliada ao encaminhamento de pesquisas que acrescentem novos conhecimentos a essa prática.

## Ambulatório de adolescentes obesos

Perder um corpo infantil e habitar um novo corpo é uma das múltiplas tarefas do adolescente, mas nem por isso pouco importante e fácil. O que acontece quando esse corpo é carregado de estigma, vítima de depreciações e comentários jocosos? Em pesquisa realizada com adultos submetidos a cirurgia da obesidade, Benedetti (2001) encontrou em seus entrevistados a percepção de que a obesidade na adolescência é uma experiência carregada de sofrimento.

A obesidade é uma doença crônica caracterizada pelo excesso de gordura corporal e muito comum entre adolescentes (Faulhaber, 2001). Seu tratamento é considerado difícil pela maioria dos estudiosos, e as razões para que seja entendido assim não decorrem apenas do fato de ser a obesidade uma doença complexa, mas também de ser a adolescência uma fase do desenvolvimento com características peculiares, como já explicamos no começo deste capítulo.

O Ambulatório de Adolescentes Obesos da Santa Casa de São Paulo funciona desde 1999, mas a atuação psicológica, no formato que será descrito neste capítulo, acontece desde 2001. Os pacientes, uma vez inscritos, percorrem um trajeto padrão: passam primeiramente pela consulta médica, depois são avaliados e orientados pela nutricionista e, por fim, são encaminhados para atendimento psicológico. Além disso, recorrem freqüentemente ao Serviço Social com a finalidade de obter informações sobre centros esportivos e cursos profissionalizantes gratuitos. Os pacientes são acompanhados individualmente até que a equipe determine seu encaminhamento para atendimento grupal, conforme será descrito mais adiante. A proposta deste capítulo é descrever como se processa o atendimento psicológico realizado no Ambulatório de Adolescentes Obesos e ainda caracterizar a participação do psicólogo nos atendimentos grupais.

A avaliação psicológica é realizada com vistas a detectar os fatores que impedem ou dificultam o emagrecimento do adolescente. Aparentemente, trata-se de um objetivo muito simples, porém, conforme aponta a teoria e corrobora a prática, a obesidade é uma doença multideterminada – contribuindo para seu desenvolvimento e manutenção fatores genéticos, endócrinos, dietéticos, psicológicos, culturais e socioeconômicos – e a detecção do grau de influência dos fatores ditos psicológicos em uma determinada pessoa é sempre muito difícil.

A avaliação psicológica é realizada em média em três sessões e a entrevista semi-estruturada é o instrumento de eleição. As famílias são incluídas nesse processo e são investigados aspectos concernentes à psicodinâmica do paciente, histórico da obesidade, hábitos alimentares e relação com a comida, interferências da obesidade no cotidiano, funcionamento familiar, mas, também, se o adolescente se considera obeso e quer emagrecer, ou se esta é uma imposição da família. Terminada a avaliação psicológica, os jovens e, muitas vezes, toda a sua família são acompanhados em psicoterapia.

Os dados obtidos das avaliações são inúmeros, mas podemos dizer que algumas situações, pela freqüência com que se apresentam, merecem menção neste capítulo. Uma delas é a manifestação da obesidade como forma de postergação da entrada do jovem no mundo adulto. Pais que têm dificuldades em permitir o crescimento dos filhos – ou porque não agüentam sentir que os estão perdendo ou porque o casamento está sustentado no cuidado dos filhos – podem estimular a obesidade como forma de mantê-los sob suas asas. Isso porque, como sabemos, a obesidade é um estigma que dificulta a inserção social e, portanto, o jovem obeso muitas vezes tem dificuldades em fazer amigos e ser aceito em turmas de colégio. Ocorre, assim, uma somatória de forças no sentido de adiar o ingresso do filho no mundo adulto: o estigma empurra o jovem para o seio familiar e a família não empreende esforços contrários e até estimula esse mecanismo.

Encontramos, assim, no ambulatório, jovens infantilizados, cujas atividades de lazer são desempenhadas quase que exclusivamente com os pais. Trata-se de um fenômeno interessante porque, muito embora a família traga o adolescente ao ambulatório e compareça assiduamente às consultas, no ambiente doméstico pouco colabora para que o filho emagreça.

Para não nos alongarmos, citaremos apenas mais dois exemplos bastante comuns: o primeiro é aquele em que o comer demasiado é uma forma de protesto do adolescente, uma forma de mostrar à família, que se empenha em controlar sua alimentação, que ele já é autônomo e não admite ser controlado por ninguém. Um rapaz de quinze anos afirmou gostar de comer bastante e mastigar de boca aberta (de forma a fazer barulho) quando a mãe estava por perto. A mãe dominadora, que não admitia ser contrariada em suas decisões e ainda escolhia as roupas que o jovem vestia, ficava extremamente irritada com o barulho da mastigação do filho. Mas ele continuava mastigando de forma a irritá-la e só parava quando ela batia nele.

Por fim, um último exemplo e talvez o mais freqüente: o da identidade familiar obesa. São situações em que toda a família é obesa e qualquer esforço do adolescente em iniciar uma dieta é boicotado e entendido como uma traição. Um rapaz de catorze anos, que pesava 128 quilos, cujo pai era um delegado de polícia extremamente obeso, contou que, quando afixou na geladeira o papel que lhe havia sido entregue pela nutricionista, contendo o regime alimentar que ele deveria seguir durante a semana, o pai esbravejou: *"nossa família sempre foi gorda: eu sou gordo, seu avô era gordo e seu bisavô também e ninguém foi menos feliz por causa disso!"*. Logo após, o paciente abandonou o tratamento.

Evidentemente que não são todas as famílias que deixam de colaborar ou se contrapõem ao emagrecimento do adolescente. Alguns pais manifestam sincera vontade de contribuir com o tratamento porque entendem que a obesidade prejudica a saúde de seus filhos e os faz sofrer. Prontificam-se a modificar os padrões alimentares da família, disponibilizar os escassos recursos para colocar o filho em uma academia de ginástica e assim por diante. No entanto, usualmente, carecem de informações adequadas ou não conseguem manejar situações cotidianas, como, por exemplo, lidar com o filho que come escondido.

Concomitantemente ao atendimento individual, o adolescente e sua família também são acompanhados em grupo no nosso ambulatório. O grupo de adolescentes obesos ocorre mensalmente e em sessões de duas horas de duração. Cada uma dessas sessões é coordenada por um membro diferente da equipe multiprofissional. A nós, psicólogas, cabe a coordenação da primeira sessão (em que uma atividade de integração grupal é proposta) e mais uma ao longo do ano. Embora haja uma variedade grande de profissionais que coordenam o grupo, qualquer que seja a atividade desenvolvida, o objetivo é sempre o mesmo: estimular o emagrecimento mediante a mudança de hábitos, sejam eles alimentares ou de atividade física. Assim, nutricionistas falam sobre cardápios e estimulam os jovens a desenvolver uma alimentação adequada do ponto de vista nutricional e ao mesmo tempo apetecível, fisiatras demonstram a importância dos exercícios físicos, e a intervenção psicológica procura localizar e dissolver fatores que possam dificultar a perda de peso.

A idéia de estruturar o grupo de familiares partiu da constatação de que, se não é impossível, é pelo menos muito difícil tratar adolescentes obesos sem uma intervenção direta sobre a família. Embora pareça óbvia essa colocação, o que vemos muitas vezes é a insistência em intervenções sobre o paciente individual, ficando negligenciados os cuidados com a família. Nossa experiência informa, por exemplo, que a quase totalidade das famílias destina a um dos membros do sub-sistema parental a responsabilidade sobre as compras e preparo de alimentos. Além disso, na população atendida na Santa Casa, é freqüente que os adolescentes façam pelo menos duas das refeições em casa e, embora a alimentação feita nas escolas seja de extrema importância - e trabalhos têm sido feitos no Brasil para que ela seja de qualidade nutricional superior e previna a obesidade (Viuniski, 2003) - não há dúvida de que muitos adolescentes passam boa parte do período em que não estão na escola na frente da televisão, comendo um pacote de bolachas e bebendo refrigerante.

O grupo de familiares ocorre no mesmo dia e horário daquele que freqüentam os adolescentes, porém em local diferente. É coordenado pela psicóloga da equipe e objetiva fornecer informações e motivar a alteração de comportamentos inadequados ao tratamento da obesidade, mas, muitas vezes, arraigados aos costumes familiares.

Hábitos alimentares, assim como tantos outros, são construídos ao longo da história do indivíduo, na sua relação com família, e alterá-los é sempre uma tarefa custosa. Sobretudo naquelas famílias em que apenas um dos filhos é obeso, privar os magros de um bolo gostoso ou um pudim depois do jantar é algo considerado pelos familiares como, no mínimo, injusto. Além disso, a prática de exercícios físicos normalmente fica restrita ao ambiente escolar e a literatura é enfática em afirmar a contribuição prestada pela atividade física no tratamento da obesidade (Pollock & Wilmore, 1993; Guedes, 1998).

Embora não seja possível explanar mais longamente sobre o conteúdo do atendimento grupal, gostaríamos de concluir dizendo que nossa experiência no Ambulatório de Adolescentes Obesos vem demonstrando, ao longo destes últimos anos, que essa modalidade de atendimento mostra resultados bastante significativos, quando comparados ao acompanhamento individual. Não há dúvida de que a obesidade é uma doença difícil de ser tratada, sobretudo quando incide na adolescência, mas nem por isso devemos desistir de fazê-lo. Valorizar pequenas perdas ponderais, motivar o paciente para o tratamento e estabelecer cardápios viáveis, condizentes com seu gosto pessoal, são aspectos que não podem de forma alguma ser negligenciados quando queremos estimular a perda de peso.

## Referências bibliográficas

ABERASTRURY, A. & KNOBEL, M. – *A Adolescência Normal*. Artes Médicas. Porto Alegre, 1992.

AGUIRRE, A. M. – *Aspectos Psicodinâmicos de Adolescentes Grávidas – Entrevistas Clínicas e Rorschach no Contexto Hospitalar*. Tese de Doutorado. Instituto de Psicologia da Universidade de São Paulo. São Paulo, 1995.

BENEDETTI, C. – *Obesidade e Emagrecimento: um Estudo com Obesos Mórbidos Submetidos a Gastroplastia*. Dissertação de Mestrado. Pontifícia Universidade Católica de São Paulo. São Paulo, 2001.

COUTINHO, M. F. G. – Doenças Psicossomáticas In: Coutinho, M. F. G. & Barros, R., *Adolescência: Uma Abordagem Prática*. Atheneu. São Paulo, 2001.

FAULHABER, M. C. – Obesidade. In: Assumpção Jr., F. B. & Kuczynski, E., *Adolescência Normal e Patológica*. Lemos. São Paulo, 1998.

FREITAS, G. V. S. & BOTEGA, N. J. – Gravidez na Adolescência: Prevalência de Depressão, Ansiedade e Ideação Suicida. *Revista da Associação Médica Brasileira*, 48 (3): 245-249, 2002.

FUNDO DAS NAÇÕES UNIDAS PARA A INFÂNCIA – UNICEF – Disponível em: http://www.unicef.org.br, 2002.

GUEDES, D. P. – *Controle do Peso Corporal, Atividade Física e Nutrição*. Midiograf. Londrina, 1998.

INSTITUTO BRASILEIRO DE GEOGRAFIA E ESTATÍSTICA – IBGE – Disponível em: http://www.ibge.gov.br, 2002.

INSTITUTO PAULISTA DE ADOLESCÊNCIA - IPA – Disponível em: http://www.adolec.org/E/comite.htm, 2001.

KAHHALE, E. M. P. – Mecanismos Psíquicos da Grávida Adolescente. In: Zugaib, M.; Tedesco, J. A. & Quayle, J., *Obstetrícia Psicossomática*. Atheneu. São Paulo, 1997.

KNOBEL, M. – Visão Psicológica da Adolescência Normal. In: Coates, V.; Beznos, G. W; & Françoso, L. A., *Medicina do Adolescente*. Sarvier. São Paulo, 2003.

LEWIS, M. – *Tratado de Psiquiatria da Infância e Adolescência*. Artes Médicas. Porto Alegre, 1995.

LEVINSKY, D. L. – *Adolescência – Reflexões Psicanalíticas*. Casa do Psicólogo. São Paulo, 1998.

MALDONADO, M. T. – *Psicologia da Gravidez*. Vozes. Petrópolis, 1985.

MINISTÉRIO DA SAÚDE – MS – Disponível em: www.portal.saude.gov.br/saude, 1996.

MURRAY, H. A. (1937) – *Teste de Apercepção Temática – TAT*. Casa do Psicólogo. São Paulo, 1995.

ORGANIZAÇÃO MUNDIAL DE SAÚDE – OMS – Disponível em: www.who.int/en, 1997.

POLLOCK, M. L. & WILMORE, J. H. – *Exercícios na Saúde e na Doença: Avaliação e Prescrição para Prevenção e Reabilitação*. Médica e Científica. Rio de Janeiro, 1993.

SANT'ANNA, M. J. C. & COATES, V. – Gravidez na Adolescência: Visão do Hebiatra. In: Coates, V.; Beznos, G. W. & Françoso, L. A., *Medicina do Adolescente*. Sarvier. São Paulo, 2003.

SILVA, J. L. P. – A Gravidez na Adolescência: Uma Visão Multidisciplinar. In: Saito, M. I. & Silva, L. E. V., *Adolescência - Prevenção e Risco*. Atheneu. São Paulo, 2001.

SOIFER, R. – *Psicologia da Gravidez, Parto e Puerpério*. Artes Médicas. Porto Alegre, 1980.

STENGEL, M. – Adolescência: Uma Perspectiva Psicossocial. *Psicologia em Revista*, 1 (10): 44-52, 2000.

STRINTHALL, N. A. – *Psicologia do Adolescente – Uma Abordagem Desenvolvimentista*. Fundação Calouste Gulbenkian. Lisboa, 1999.

VIUNISKI, N. – Projeto Escola Saudável: A ABESO Aposta Nessa Idéia. *Revista da Associação Brasileira Para o Estudo da Obesidade,* IV (16): 5-7, 2003.

WÜSTHOF, R. – *A Revolução dos Hormônios*. Disponível em http://www.veja.com.br, 2004.

# Capítulo 8

# Atuação psicológica na UTI

Adriana Haberkorn

Freqüentemente, somos questionados por colegas de trabalho e pela população em geral a respeito do trabalho do psicólogo em Unidade de Terapia Intensiva (UTI): o que tem um psicólogo para fazer na UTI? Os pacientes são todos terminais ou estão em coma? Como então atua o psicólogo nesse local? Atende famílias ou pacientes? Como trabalhar em um ambiente como esse?

Podemos considerar que a atuação do psicólogo hospitalar em Unidades de Terapia Intensiva é de certa forma recente, se comparamos aos outros profissionais que atuam nesse local, como, por exemplo, médicos e enfermeiros. Essa é uma das variáveis que contribui para o desconhecimento a respeito do assunto.

Além disso, grande parte da literatura da área aborda o estado emocional do paciente nessa Unidade, o sofrimento de sua família e o trabalho da equipe multiprofissional, mas raros são os estudos mais específicos sobre a atuação do psicólogo. Este capítulo objetiva ampliar o conhecimento sobre a atuação da Psicologia Hospitalar, apresentando aspectos da prática junto ao paciente, à família e à equipe na UTI da Santa Casa de São Paulo.

É importante ressaltar que abordaremos apenas os aspectos referentes à UTI Adulto. Os pacientes das UTIs Pediátrica e Neonatal requerem alguns cuidados distintos e específicos que não serão contemplados neste capítulo.

## Caracterização da UTI da Santa Casa

A Unidade de Terapia Intensiva é um recurso hospitalar destinado ao tratamento de enfermidades graves. O paciente gravemente enfermo é considerado especial pela sua condição física e psicológica e por toda a demanda de cuidados que necessita e que lhe são fornecidos.

A UTI, como é conhecida nos dias de hoje, surgiu nos Estados Unidos na década de 50 e se espalhou pela Europa nos anos 60. No Brasil, começou a ser implantada a partir de 1970 em hospitais privados do Rio de Janeiro e de São Paulo. Atualmente, é um recurso disponível em quase todos os hospitais de grande porte.

Segundo Chiavone & Sens (2003), nos últimos anos, pudemos observar um aumento da demanda de pacientes para UTIs, devido ao avanço tecnológico no diagnóstico e tratamento de inúmeras doenças, ao aumento da expectativa de vida da população geral e à sobrevida de pacientes com doenças outrora letais.

O Serviço de Terapia Intensiva da Santa Casa de São Paulo teve início em 1972. Atualmente conta com uma equipe multiprofissional composta por: médicos (chefe, diarista, plantonista, residente e interno), enfermeiros, fisioterapeutas, psicólogos, assistente social, nutricionistas, fonoaudiólogos, terapeutas ocupacionais, administrador, analistas clínicos e equipe de apoio (secretários, auxiliares de limpeza e de serviços gerais).

A população atendida é de idosos, adultos e adultos jovens com doenças variadas. Sua capacidade atual é de 25 leitos. Cada paciente ocupa um quarto individual, que dispõe de janela, relógio, painel para afixar fotografias e recados de parentes e amigos, além de objetos pessoais (televisão, rádio, fontes de leitura, óculos, prótese dentária, utensílios de higiene pessoal etc.) e equipamentos terapêuticos e de monitoração próprios da UTI.

Existem dois horários de visitas e, em cada um, é permitida a entrada de dois acompanhantes por vez. No entanto, há flexibilidade de horário e possibilidade de permanência contínua de familiar, conforme necessidade do doente. No primeiro horário é fornecido o boletim médico, no qual constam as informações diárias sobre o estado clínico do paciente e sobre as condutas terapêuticas necessárias.

A inserção da Psicologia nessa Unidade deu-se em 1992 e, desde então, passou por algumas modificações até chegar ao presente modelo de atuação, em vigor há dois anos. O trabalho do psicólogo nessa Unidade teve como alicerce o fato de que o doente deve ser compreendido como produto da integração de fatores biológicos, psicológicos, comportamentais e sociais e, portanto, para que se tenha melhora do seu estado clínico, é fundamental o cuidado de todos os aspectos envolvidos.

Foi também atribuída ao psicólogo a participação ativa no processo de humanização da UTI, o que significa, para nós, particularizar e individualizar o atendimento, além de resgatar os princípios éticos (Romano, 1999). Gomes e Santos (1996) acrescentam que humanização não é apenas mudança do espaço físico, mas também no comportamento e nas atitudes frente ao paciente e seus familiares, além do cuidado junto à equipe.

A contribuição do trabalho do psicólogo também se justifica pela "urgência psicológica" em que o paciente e sua família muitas vezes se encontram e pelo suporte a ser oferecido à equipe multiprofissional.

A internação na UTI é considerada um dos momentos mais críticos e amedrontadores no processo de hospitalização, por ser a UTI geralmente representada, em nossa sociedade, como um local assustador, fonte contínua de angústias, incertezas e medos, um lugar ao qual se vai para morrer.

Com a finalidade de apresentarmos a prática psicológica nesse contexto, organizamos o capítulo da seguinte maneira: atuação junto ao paciente, junto à família, junto à equipe e considerações finais.

## Atuação junto ao paciente

### a) Pacientes contatuantes com a realidade, com disponibilidade ou não de comunicação verbal

Contatuantes são os pacientes que estão acordados, lúcidos, com nível de consciência e contato com o meio preservados, que podem ter saído da sedação ou revertido do estado de coma.

Com esses pacientes realizamos uma entrevista inicial que visa, principalmente, a avaliar o seu estado emocional, sua compreensão a respeito da doença e dos tratamentos realizados, a presença de mecanismos de enfrentamento diante da situação, a relação com sua doença, o vínculo com a equipe que o assiste, a relação com a UTI e a rede de apoio familiar ou social.

No primeiro encontro também costumamos passar informações a respeito das rotinas da unidade, função dos aparelhos e dos fios conectados ao corpo e equipamentos presentes no quarto, com o objetivo de desmistificar o ambiente e proporcionar segurança ao doente.

É também de grande importância avaliarmos possíveis alterações das funções psíquicas, tais como: déficit de memória, redução da capacidade de atenção, rebaixamento do nível de consciência; distúrbio da orientação, da sensopercepção, da afetividade, da vontade e da organização do pensamento. Essa avaliação se justifica pelo fato de a UTI ser considerada fator precipitante de problemas psicológicos e psiquiátricos, uma vez que, nela, o paciente pode ficar exposto, durante um longo tempo, a um ambiente estressante, com iluminação artificial constante, restrição do campo visual, movimentação contínua da equipe, estimulação sonora dos aparelhos, privação de sono e outros (Zimmermann & Bertuol, 2002).

O transtorno mental mais freqüentemente encontrado em Unidades de Terapia Intensiva (clínicas ou cirúrgicas) é o *Delirium*, compreendido como uma perturbação da cognição, acompanhada de uma desordem concomitante fundamental da consciência, que não se deve a uma demência preexistente ou em evolução. Outras funções psíquicas podem apresentar-se alteradas. Além da redução da clareza da consciência sobre o ambiente, pode haver também comprometimento da memória, que se deve a uma capacidade reduzida de manter e direcionar a atenção, desorientação, perturbação da linguagem e da sensopercepção, com a presença de ilusões ou alucinações. O *Delirium* se desenvolve em um curto período de tempo, de horas a dias e freqüentemente é acompanhado por perturbação psicomotora, estando também associado a uma perturbação do ciclo sono-vigília. O paciente fica sujeito a rápidas e imprevisíveis mudanças de um estado emocional a outro. O estado de *Delirium* tende a flutuar no decorrer do dia: durante a manhã, o paciente pode estar coerente e cooperativo, mas, à tarde, desconecta os equipamentos intravenosos a ele ligados e insiste em que vai sair do leito e voltar para casa para uma festa familiar (Laranjeiras, 1996; Piva, 1997; APA, 2002).

Quaisquer que sejam as manifestações psíquicas, elas podem ser de etiologia multifatorial (orgânica, emocional, farmacológica). Assim, é fundamental que busquemos informações completas junto à equipe médica sobre o diagnóstico e o tratamento prescrito, para que possamos conduzir nossa intervenção adequadamente.

Durante o processo de avaliação, conforme necessidade e indicação, podemos também complementar o diagnóstico com algum teste psicológico ou aplicação de escalas padrão.

As condições físicas (dor, náusea, sede, contenção no leito, posição incômoda, tubo endotraqueal e outras) e ambientais (ruídos dos aparelhos, movimentação excessiva de pessoas etc.) nas quais se encontra o paciente, no momento do atendimento, devem ser consideradas interferências relevantes na elaboração do parecer psicológico final.

Após o diagnóstico inicial, verificamos a existência de demanda de atendimento psicológico e a necessidade de avaliação psiquiátrica complementar. Há, por exemplo, demanda para atendimento psicológico para aqueles pacientes que se apresentam ansiosos, deprimidos, com agitação psicomotora, agressivos, amedrontados, chorosos, pouco colaborativos com os procedimentos, desorientados, com ideação suicida e em situação de terminalidade (sem prognóstico clínico).

Conforme avaliação da equipe médica a respeito dos sintomas apresentados pelo doente, é associado ao tratamento clínico o uso de psicotrópicos, como, por exemplo, os tranqüilizantes (Bennun, 2001), o que é feito a partir do encaminhamento para a Psiquiatria.

Caso seja constatada a necessidade do acompanhamento psicoterápico, realizamos atendimentos individuais, no leito, abordando prioritariamente aspectos referentes à doença, ao tratamento e à hospitalização. A freqüência dos encontros varia de acordo com a necessidade de cada paciente, sendo alguns realizados duas vezes por dia, outros uma vez ao dia, outros em dias alternados.

Nossa atuação objetiva acolher, dar sentido e amenizar, de forma terapêutica, os sentimentos, as fantasias e as dificuldades provindas dessa situação estressante, para permitir o alívio das angústias e a melhora da qualidade da permanência na UTI. Além disso, a doença pode trazer mudanças profundas na vida do indivíduo que têm de ser elaboradas para que a adaptação psicossocial seja otimizada.

Diante de pacientes terminais, devemos estabelecer um diferencial no atendimento, focando a atuação para o acolhimento das emoções provenientes da possibilidade iminente da morte, da ansiedade pela possibilidade da separação (de pessoas queridas, de situações, de lugares), da dor física e da dor psíquica. Além disso, quando possível, fazemos junto ao doente uma reflexão a respeito dos pontos principais de sua história de vida, como, por exemplo, projetos realizados e não realizados, vínculos afetivos estabelecidos e representação a respeito da morte. Com isso, pretendemos oferecer, mediante um atendimento humanizado, auxílio no enfrentamento da situação atual.

É freqüente, nos casos de pacientes terminais de UTI, o agravamento do quadro clínico, que geralmente requer a introdução de drogas sedativas por período indefinido, que pode se estender até o momento do óbito. Devido ao fato de essas drogas rebaixarem o nível de consciência, o foco do atendimento psicológico é modificado e a atuação fica limitada, como veremos mais adiante, no atendimento ao paciente sedado.

Com pacientes que não estão possibilitados de falar (traqueostomizados ou intubados), utilizamos como recurso de comunicação a escrita, a leitura labial ou a laringe eletrônica. Ao facilitar a comunicação, procuramos diminuir a ansiedade pela impossibilidade de verbalizar e também facilitar a expressão de suas dificuldades frente ao momento de crise.

De um modo geral, os momentos iniciais do paciente consciente na UTI são marcados por manifestações de ansiedade e temor, especialmente pela influência dos procedimentos invasivos, aos quais ele é submetido a todo momento, e que podem levá-lo a uma condição de estresse, com perda de sua capacidade natural de adaptação (Bennun, 1999; McGuire, Basten, Ryan & Galligher, 2000).

Durante os cinco primeiros dias de internação, esperamos uma variação dos níveis de ansiedade. Há pacientes que apresentam quadro de agitação psicomotora e outros que apresentam regressão, diminuindo sua capacidade de participar do tratamento.

A partir de então (entre o terceiro e o sétimo dia), comumente observamos o gradativo aparecimento da chamada Síndrome da UTI. Esta é compreendia como um estado confusional, reversível, secundário à internação na UTI, que aparece entre 10 e 38% dos pacientes (maior freqüência em cirúrgicos). Geralmente, os sintomas tendem a desaparecer ou diminuir após 48 horas de alta da UTI, podendo persistir por mais tempo em pacientes acometidos por doença grave ou internação conturbada. Quanto maior o estresse, mais tempo os sintomas permanecem (Bennun, 2001).

A Síndrome de UTI é composta, principalmente, por ansiedade, depressão, *delirium*, prejuízo da memória de curto prazo, distúrbios de atenção e concentração, alucinações, fala e pensamento desorganizados (Zimmermann & Bertuol, 2002; Bennun, 2001). Alguns desses sintomas podem ser, em grande parte, amenizados com a humanização do ambiente e do atendimento dado ao paciente. Como exemplo, temos a implantação de janelas, relógios de parede, material de leitura e calendários nos leitos, poltronas, iluminação individualizada, controle da temperatura ambiente, fornecimento de informações claras e compreensíveis (é fundamental garantir sua assimilação) e orientações sobre a realidade (local em que se encontra, dia, mês, hora, visitas, equipe que o assiste), repetindo-as até que sejam assimiladas por completo.

Além dessas medidas, no atendimento psicológico, também devemos identificar e amenizar as dificuldades e os fatores estressores provindos da situação atual. Para isso, muitas vezes recomendamos ações conjuntas com a equipe e com a família. Como exemplo, temos casos de doentes mal informados e ansiosos nos quais é necessário solicitar ao médico explicação mais clara ao paciente sobre seu estado clínico atual. Em outra situação, com um paciente idoso que se mostrava assustado, desorientado e pouco colaborativo com os procedimentos, foi de grande ajuda solicitar a permanência contínua de sua esposa junto ao leito para transmitir segurança e tranqüilidade em relação à UTI.

Segundo Chiavone (2004), flexibilizar horários de visita, possibilitar períodos de acompanhamento familiar, fornecer suporte psicológico e propiciar boa relação médico-paciente são medidas que, com certeza, minimizam muitos dos desconfortos decorrentes de uma internação em UTI.

É válido ressaltar que as reações emocionais de pacientes internados na UTI são únicas e coerentes com a história de vida e com a subjetividade psicológica de cada pessoa, portanto, cada doente terá uma vivência específica do período de internação. Devemos estar atentos a esses diferenciais para oferecermos um atendimento voltado totalmente às necessidades particulares de cada indivíduo.

## b) Pacientes não contatuantes com a realidade devido a estado comatoso

Sanvito & Niculitcheff (1978) definem coma como um estado de inconsciência, geralmente prolongado (horas, semanas ou meses), que não pode ser revertido por estímulos externos comuns, do qual o paciente pode ou não emergir. Um dos critérios utilizados para classificação do coma é segundo o grau de profundidade: grau I ou estupor, grau II ou coma superficial, grau III ou coma profundo e grau IV ou coma *dépassé* (Sanvito & Pinto, 1978).

Junto aos pacientes em coma grau I e II, realizamos atendimentos que objetivam, mediante um tratamento humanizado, estimular o contato com a realidade, propiciar sentimento de segurança e sensação de existência, orientar sobre rotinas realizadas (por exemplo, procedimentos), conscientizar sobre o esquema corporal e tentar colaborar na reversão do estado atual. Com isso, visamos a auxiliar na melhora do quadro clínico e tentar uma forma de comunicação para que o doente não se sinta só nesse momento crítico de vida.

Os atendimentos são realizados no mínimo uma vez por dia, sendo o mais indicado duas vezes ao dia. Essa segmentação é fundamental para que estabeleçamos um vínculo mais sólido de confiança e proximidade com o paciente.

O último órgão do sentido que é afetado no paciente comatoso é a audição (Bennum, 2001). Dessa forma, um dos instrumentos principais de trabalho do psicólogo é a fala, que é utilizada para passar orientações de tempo e espaço, dia da semana e do mês, hora, local em que se encontra, tempo de internação, informações sobre o ambiente, aparelhos a ele conectados, membros da equipe que o assiste e visitas recebidas. É importante referirmos que sabemos que ele pode estar nos ouvindo mas não consegue responder e que, então, buscaremos, com calma, alguma forma de comunicação.

Durante alguns encontros, verificamos se é possível ao paciente responder, intencionalmente, ao comando verbal para movimentar algum membro (dedos do pé ou da mão, pés, piscar olho, apertar a mão etc.). É essencial darmos retornos ao paciente a respeito de qualquer movimento que consiga realizar ou expressão facial que tenha demonstrado.

Vale lembrar que devemos utilizar um tom de voz claro, pronunciar as palavras pausadamente, não exagerar na diversidade de temas e no número de informações passadas por atendimento. Para facilitar a assimilação dos conteúdos, é importante repeti-los durante alguns encontros.

Destacamos que algumas alterações hemodinâmicas (batimentos cardíacos, pressão arterial), presentes no atendimento ou no momento em que o paciente é abordado pela equipe e ou pela família, podem comprovar que ele percebe mesmo o que ocorre ao seu redor. Devemos sempre orientá-los para que toquem e estimulem o paciente positivamente.

É benéfico também comunicarmos à equipe e à família a forma como o paciente está conseguindo contato com o meio, para aprimorar a qualidade de sua relação com o mundo externo e diminuir o sentimento de solidão. Não podemos esperar com ansiedade que esta comunicação ocorra com todos os pacientes e a todo momento, pois é bastante árduo para ele realizar essa tarefa e, vendo-se impossibilitado, poderá sentir-se frustrado ou receoso de piora do seu estado clínico.

Os relatos de alguns pacientes que saíram do estado comatoso e referem lembrar-se de forma clara ou fragmentada dos fatos ocorridos no período do coma, têm nos servido de grande incentivo para realizarmos esse trabalho.

## c) Pacientes não contatuantes com a realidade por sedação

Os atendimentos são voltados prioritariamente para pacientes com grau leve de sedação, constando de orientação de tempo e espaço e informações do ambiente externo, com a finalidade de que, se em algum momento o paciente estiver escutando o que lhe é dito, tenha conhecimento e segurança a respeito do que está sendo feito com ele.

Solicitamos também a participação do familiar nessa tarefa, durante o horário de visita, estimulando-o a falar ao paciente sobre assuntos que lhe tragam conforto e orientação. Com isso, visamos a estimular o paciente, colaborando com sua melhora clínica e a auxiliar a família, fazendo-a sentir-se mais próxima e participante.

Sabemos que as drogas sedativas causam, em sua maioria, amnésia. No entanto, muitos pacientes, após saírem do quadro de sedação, referem lembrar de imagens e sons percebidos durante o tempo em que estiveram sedados. Dessa forma, o trabalho deve ser considerado mais um auxílio na recuperação da saúde.

## Atuação junto à família

Entendemos por família a unidade social proximamente ligada ao paciente, podendo ou não ter laços legais ou de consangüinidade (Lucchese, 2003).

A internação de um membro da família na UTI provoca reações emocionais que precisam ser compreendidas dentro de um contexto de crise. A reação mais encontrada (69,1%) é o quadro de ansiedade (Pochard & cols., 2001). No entanto, outras manifestações são comumente observadas: estresse agudo (redução da atenção no meio, sentimento de solidão, ausência de emoção, amnésia), negação, medo e desespero pela falta de controle da situação (Barnhill, 1997).

Configura-se, a partir da internação nessa Unidade, um processo de alteração do movimento natural da família (Carter & McGoldrick, 1995). Seus membros passam a se confrontar com sofrimento e com a ameaça à vida. A ameaça é real: o equilíbrio e a continuidade são desafiados e a rotina familiar é perturbada (Lucchese, 2003).

A separação do ente querido, a necessidade de informações, a espera do horário de visita, a dificuldade na compreensão dos diagnósticos, o ambiente desconhecido e o constante medo da morte são algumas das situações mais estressantes referidas pelos parentes de pacientes da UTI.

Muitos familiares consideram a UTI um ambiente estressante, sendo que o nível de intensidade do estresse da família varia de acordo com o momento da internação nessa Unidade. Ele tende a ser muito elevado no período da admissão, estável a partir do sexto dia e diminuir consideravelmente próximo ao vigésimo oitavo dia (Mendonça & Warren, 1998; Halm & cols., 1998).

Minimizar as fontes estressoras pode ser um modo de aprimorarmos a qualidade da colaboração dos familiares e, por conseqüência, possibilitarmos melhores condições para o restabelecimento do paciente. Para tanto, devemos acolher os membros envolvidos, proporcionando-lhes confiança e adaptação diante da nova realidade. É preciso ouvir a família a respeito do que sentem e de suas necessidades, além de informá-los sobre como participar positivamente do tratamento.

O cuidado com as famílias é importante, pois suas ansiedades e fantasias podem reverter-se em desconfiança em relação à equipe médica, não participação e insatisfação com o tratamento. A família tem a necessidade de participar, de sentir que colabora de alguma forma e, quando não é adequadamente orientada, participa de modo incorreto. Para exemplificar, lembramos daqueles parentes que, logo ao entrarem no quarto, procuram mínimos detalhes que justifiquem suas insatisfações (o cobertor não está cobrindo todo o ombro direito, a persiana não está bem aberta, demora-se "muito" tempo para desativar o alarme da bomba de infusão). No entanto, quando bem instruídos, os familiares podem exercer um papel benéfico junto ao paciente internado, agindo como tranquilizadores e aplacadores de angústias (Leske, 1998).

Familiares, geralmente, contribuem trazendo informações relevantes para a equipe de saúde por conhecerem as reações habituais do paciente, como, por exemplo, aqueles que nos referiram que o paciente tinha o hábito de dormir ouvindo música, sentir muito frio, ter dificuldade auditiva ou ter tido experiências negativas com outras internações em UTI. Através dessas informações, podemos tomar atitudes que facilitem o convívio e a permanência do paciente em um local desconhecido e assustador. Segundo Lucchesi (2003) bem informados e cuidados, os familiares podem facilitar a comunicação entre paciente e equipe.

Constatamos que uma das formas mais eficazes de aproximar a família da equipe é supri-la de informações a respeito do estado clínico do paciente e do tratamento realizado. Segundo Barnhill (1997), saber o que ocorre com o doente, mesmo sendo algo grave, é menos amedrontador do que não saber.

Na intervenção junto aos familiares, realizamos atendimentos psicológicos breves, com cada família individualmente, focando o momento da hospitalização, a doença e as dificuldades provindas dessa situação. Os encontros podem ocorrer antes ou após o horário de visita, ou serem agendados previamente. Podem estar presentes um ou mais membros da família.

Objetivamos, por meio de nossa atuação, proporcionar aos familiares a possibilidade de reconhecerem os sentimentos envolvidos na crise atual, as perdas ocasionadas e as adaptações necessárias, com a finalidade de auxiliá-los na busca de recursos psicológicos que visem a uma reorganização familiar. Para o enfrentamento da situação é fundamental orientarmos os membros envolvidos sobre como colaborar, de forma positiva, no contato com o paciente e no processo de reabilitação como um todo. Além disso, informar sobre as rotinas da UTI, sobre a equipe multiprofissional e sobre os aparelhos presentes nos leitos de cada paciente ajuda a tornar o ambiente o menos assustador possível.

Diante do diagnóstico de terminalidade, podemos acrescentar a necessidade de um acolhimento psicológico ainda mais específico, no qual estimulamos a família para que mantenha um contato próximo e sincero com o paciente, verificamos se estão bem orientados a respeito das intervenções realizadas e possibilitamos ou mesmo promovemos a oportunidade de exporem suas dificuldades e sentimentos frente à iminência da morte. Quando o paciente encontra-se sedado, nós os estimulamos a otimizarem o momento da visita para expressarem sentimentos que favoreçam o processo de separação e elaboração do provável luto.

De modo geral, os principais indicativos de demanda para atendimento psicológico familiar são situações nas quais os familiares demonstram, por questões psicológicas (ansiedade, medo), dificuldade na compreensão das informações fornecidas, inadequação no horário de visita, problemas surgidos na relação com a equipe, ocorrência do óbito, questões voltadas à doença e à internação e solicitações por parte da equipe ou da própria família.

Em nossa prática, temos notado que, quando bem assistida, a família tem suas preocupações diminuídas e pode trazer contribuições preciosas no processo de recuperação do doente e na tomada de decisões por parte dos membros da equipe multiprofissional. Sendo assim, incluir os familiares como clientes do hospital reverte em benefícios consideráveis a todos: paciente, equipe e família (Lucchesi, 2003).

## Atuação junto à equipe

A equipe multiprofissional da UTI está exposta, em maior ou menor grau, a uma carga muito grande de cobranças e pressões provindas de familiares, pacientes e dela própria. Seus membros devem estar bem preparados, a qualquer momento, para lidar com inúmeras exigências e questionamentos relativos, por exemplo, à terminalidade, à morte, à ineficácia do tratamento, à alteração de prognóstico, a reações emocionais de pacientes e familiares etc. Como aspecto intensificador dessas questões, temos o fato de que os membros da equipe, muitas vezes, não se permitem olhar para sua condição de seres humanos, sua vulnerabilidade, e aceitar sua própria mortalidade. A identificação com algum paciente ou família, o sofrimento psíquico e o estresse, muitas vezes não são reconhecidos como possibilidades para as partes envolvidas.

O psicólogo pode exercer um papel relevante no controle de algumas dessas situações, sendo um facilitador da comunicação entre equipe/paciente/família e contribuindo por meio de seu trabalho efetivo diário.

A atuação psicológica junto à equipe multiprofissional está, primeiramente, voltada para a participação em discussões clínicas e reuniões multiprofissionais com o objetivo de compartilhar e fornecer dados a respeito da dinâmica do paciente e de sua família e, assim, colaborar na completude do diagnóstico e na decisão de condutas. Dessa forma, a equipe passa a ter uma compreensão mais ampla do paciente e dos familiares envolvidos, o que favorece o entendimento de certas manifestações e comportamentos que prejudicam a evolução do caso. Por exemplo, tivemos pacientes que recusavam a alimentação por não comerem determinados alimentos ou por não suportarem evacuar no leito, outros que não dormiam temendo morrer e ninguém notar ou, ainda, senhoras que ficavam constrangidas por não quererem profissionais do sexo masculino lhe dando banho. O psicólogo pode comunicar essas questões para a equipe para que esta possa conduzi-las de modo sensato e, assim, adequar sua atuação junto ao paciente.

Por fim, também é bastante importante avaliarmos com a equipe a concessão da permanência prolongada do familiar fora do horário de visita, após constatação do benefício desta, além de indicarmos a pessoa mais adequada para desempenhar essa função. Esse fato objetiva, pela aproximação, o alívio da intensa angústia vivida pelo paciente e pelo familiar. Essa experiência tem se mostrado bastante positiva à medida que os familiares e os pacientes envolvidos têm apresentado menos problemas de interação e confiança junto à equipe.

## Considerações finais

Poucas experiências na vida nos forçam tanto a conhecer nossa vulnerabilidade e nossos limites, nos tiram tanto do controle de nossas próprias vidas ou da vida de quem nós amamos, como uma internação na UTI.

Esperamos que este capítulo tenha conseguido demonstrar que há muito que o psicólogo possa fazer em uma UTI e o quanto sua atuação contribui de forma a tornar suportável essa imensurável experiência de vida. Muito ainda temos para avançar com relação a essa prática; no entanto, podemos nos considerar vitoriosos pelos grandes resultados já obtidos nessa área.

Por fim, não podemos deixar de mencionar que o êxito desse trabalho deve contemplar os cuidados necessários relativos à saúde mental dos próprios profissionais envolvidos, para que estejam preparados para lidar com os estressores e com as múltiplas dificuldades provindas da atuação em Unidades de Terapia Intensiva.

## Referências bibliográficas

AMERICAN PSYCHIATRIC ASSOCIATION – APA – *Manual Diagnóstico e Estatístico de Transtornos Mentais, 4ª Edição*, Texto Revisado (DSM-IV-TR). Artmed. Porto Alegre, 2002.

BENNUM, I. – Intensive Care Units: A Systemic Perspective. *Journal of Family Therapy*, 21: 96-112, 1999.

BENNUM, I. – Intensive Care Unit Syndrome: A Consideration of Psychological Interventions. *British Journal of Medical Psychology*, 74: 369-377, 2001.

BARNHILL, G. L. W. – Understanding Reactions of Patient and Family. In Tavlot, R. W., *Critical Care*. Raven-Publishers. Philadelphia, 1997.

CARTER, B. & McGOLDRICK, M. – *As Mudanças do Ciclo de Vida Familiar: Uma estrutura para a Terapia Familiar*. Artes Médicas. Porto Alegre, 1995.

CHIAVONE, P. A. & SENS, Y. A. S. – Evaluation of Apache II System Among Intensive Care Patients at a Teaching Hospital. *São Paulo Medical Journal*, 121 (2): 53-57, 2003.

CHIAVONE, P. A. – Cuidados Intensivos. In: Piato, S. (Org.), *Urgências em Obstetrícia*. Artes Médicas. São Paulo, 2004.

GOMES, A. M. C. G. & SANTOS, P. A. J. – Humanização em Medicina Intensiva. In: Amaral, J. L. G., *Sedação, Analgesia e Bloqueio Neuromuscular em UTI*. Atheneu. São Paulo, 1997.

HALM, M. A.; TITLER, M. G.; KLEIBER, C.; JOHNSON, S. K.; MONTGOMERY, L. A.; CRAFT, M. J.; BUCKWALTER, K.; NICHOLSON, A. & MEGIVERN, K. – Behavioral Responses of Family Members During Critical Illness. *Clinical Nursing Research*, 2 (4): 414-437, 1998.

LARANJEIRAS, R. – Aspectos Psiquiátricos. In: Amaral, J. L. G., *Sedação, Analgesia e Bloqueio Neuromuscular em UTI*. Atheneu. São Paulo, 1997.

LESKE, J. S. – Intervention to Decrease Family Anxiety. *Critical Care Nursing*, 18 (4): 92-95, 1998.

LUCCHESE, A. C. – *Estudo sobre os Familiares dos Pacientes Internados no Hospital Geral e suas Necessidades*. Tese de Mestrado, Universidade Federal de São Paulo – Escola Paulista de Medicina. São Paulo, 2003.

McGUIRE, B., BASTEN, C., RYAN, C. & GALLIGHER, J. – Intensive Care Unit Syndrome: A Dangerous Misnomer. *Archives of Internal Medicine*, 160: 906-909, 2000.

MENDONÇA, D. & WARREN, N. A. – Perceived and Unmet Needs of Critical Care Family Members. *Critical Care Nuring*, 21 (1), 58-67, 1998.

PIVA, C. – *Delirium* nas Unidades de Terapia Intensiva: Fatores de Risco. In: Fráguas. Jr., R. (Ed.), *Psiquiatria e Psicologia no Hospital Geral: Integrando Especialidades*. Lemos. São Paulo, 1997.

POCCHARD, F.; AZOULAY, E.; CHEVERET, S.; LEMAIRE, F.; HUBERT, F.; CAMOUI, P.; GRASSIN, M. & ZITTOUN, R. – Symptoms of Anxiety and Depression in Family Members of Intensive Care Unit Patients: Ethical Hypothesis Regarding Decision-making Capacity. *Critical Care Medicine*, 29: 1893-1897, 2001.

ROMANO, B. W. – *Princípios para a Prática da Psicologia Clínica em Hospitais*. Casa do Psicólogo. São Paulo, 1999.

SANVITO, L. W. & NICULITCHEFF, G. X. – Aspectos Fisiopatológicos dos Comas. In: Sanvito, L. W. (Org.), *Os Comas na Prática Médica*. Manole. São Paulo, 1978.

SANVITO, L. W. & PINTO, L. R. – Classificação dos Comas. In: Sanvito, L. W. (Org.), *Os Comas na Prática Médica*. Manole. São Paulo, 1978.

ZIMMERMAN, P. R. & BERTUOL, C. S. – O Paciente na UTI. In: Botega, N. J. (Org.) *Prática Psiquiátrica no Hospital Geral: Interconsulta e Emergência*. Artmed. Porto Alegre, 2002.

# Capítulo 9

# Reabilitação física: um caminho para a adaptação psicossocial

Valéria Wojciechowski

## Introdução

O desenvolvimento atual da Medicina, em suas diversas áreas de atuação, possibilita maiores chances de sobrevivência após uma doença grave ou acidente. Mas, em determinados casos, algumas patologias ou fatalidades comprometem a realização ou a conclusão das atividades cotidianas, trazendo limitações que necessitam, na maior parte das vezes, de um tratamento que auxilie na reabilitação física total ou parcial.

O termo *reabilitação física* é utilizado para designar uma modalidade de tratamento que tem como objetivo restaurar, no indivíduo incapacitado, a sua posição de elemento útil à sociedade, procurando obter um *optimum* possível de ajustamento nos diversos setores das suas atividades (Novaes, 1975).

A Santa Casa de São Paulo dispõe de um Serviço de Reabilitação Física que atende pacientes portadores de diferentes patologias que podem gerar **comprometimento** (qualquer perda ou anormalidade temporária ou definitiva de uma função ou estrutura física, fisiológica ou psicológica); **incapacidade** (restrição ou falta de capacidade, decorrente de um comprometimento, de realizar uma atividade dentro da faixa considerada normal para um ser humano) ou **deficiência** (prejuízo que resulta de comprometimento ou incapacidade, que limita ou impede a pessoa de realizar deveres e papéis vistos como normais dentro do seu meio social, para sua idade, sexo e valores sócio-culturais) (Barbotte, Guillemin, Chau & Lorhandicap Group, 2001).

Há diversos graus de limitações, que vão desde pequenas restrições, até aquelas que restringem totalmente a vida de uma pessoa. A população atendida por este Serviço constitui-se de pacientes portadores de enfermidades diversas: artrose, artrite, osteoartrose, paralisia cerebral, fibromialgia, doenças degenerativas (como Esclerose Múltipla e Esclerose Lateral Amiotrófica), além dos que sofreram lesão medular, amputação de membros, acidente vascular cerebral, traumatismo crânio-encefálico, entre outros.

Segundo Godoy (2003), a premissa de que o homem é indivisível é básica para o estabelecimento de um tratamento de reabilitação que contemple igualmente os aspectos físicos, clínicos, emocionais e sociais. Assim, é fundamental, para proporcionar uma assistência global adequada, que esse tratamento seja realizado por uma equipe multiprofissional, com a participação de fisiatras, fisioterapeutas, terapeutas ocupacionais, psicólogos, assistentes sociais e fonoaudiólogos, já que a finalidade dele é promover a adaptação física, psicológica, familiar, social e ocupacional do indivíduo.

Nesse contexto, a Psicologia é inserida como um dos pilares de sustentação para a realização do desenvolvimento possível, tanto físico como emocional e social. O paciente que não estiver equilibrado emocionalmente, provavelmente, terá mais dificuldades em aderir ao tratamento, em atingir os objetivos propostos e, conseqüentemente, não alcançará a reabilitação em seu pleno sentido.

## A Psicologia no Serviço de Reabilitação Física

No que diz respeito às repercussões psicológicas das limitações impostas pela condição física, os pacientes, na maioria das vezes, apresentam desorganização afetivo-emocional acentuada, em geral relacionada à perda da idéia de onipotência. Desde que nascemos somos estimulados, a todo momento, a superar os desafios com perfeição e persistência, ou seremos vistos como incapazes, preguiçosos e acomodados. Conviver com limitações físicas confronta a maioria dos indivíduos com tal situação, uma vez que, ao se tornarem, pelo menos parcialmente, dependentes, a enfermidade os transforma, segundo Gala e Bressi (1997), de "sujeitos de intenções" para "sujeitos de atenção". Essa transformação de papéis é acompanhada de sentimentos de menos valia e baixa auto-estima.

Compreender de que maneira o paciente lida com sua condição física ou enfermidade é, para o profissional que trabalha em reabilitação, de extrema importância. Para o paciente, conseguir adaptação à realidade imposta, elaborando o luto pelas perdas sofridas, é um aspecto fundamental que o auxilia a utilizar seus recursos e a alcançar as metas da reabilitação, que se concentram, no processo de recuperação, em atingir suas potencialidades.

A prática do atendimento psicológico e as discussões de casos relacionados a alguns conceitos teóricos – como luto, adaptação, crise, significado de estar doente – permitiram nossa compreensão dos aspectos psicológicos desses pacientes e facilitaram o pensar sobre a atuação do psicólogo nessa área.

Para a realização dessa tarefa de ajuda ao paciente e à sua família, nesse processo de superação da adversidade e de adaptação à nova situação, são utilizadas empiricamente algumas técnicas e abordagens psicológicas. Contudo, neste capítulo, descreveremos apenas as atividades desenvolvidas pelo Serviço de Psicologia Hospitalar da Santa Casa de São Paulo, desde meados de 2002, época em que foram realizadas algumas modificações no trabalho que vinha sendo desenvolvido em anos anteriores.

Os atendimentos psicológicos são realizados em ambulatório e enfermaria. No ambulatório, as intervenções são tanto individuais quanto em grupo, enquanto que na enfermaria são apenas individuais.

## Modalidades de atuação da Psicologia em ambulatório e enfermaria do Serviço de Reabilitação Física

### Avaliação Psicológica

De praxe, realizamos, inicialmente, a avaliação psicológica do paciente e da família, o que norteia as diversas intervenções a serem propostas e direciona nossas atividades em busca de uma melhor adequação à situação.

As limitações físicas podem representar restrição de ações e de expansão social, já que, na maioria das vezes, afastam o indivíduo das oportunidades normais de realização. Dessa maneira, a avaliação do nível de comprometimento do equilíbrio emocional, do significado que a doença e suas limitações apresentam e do histórico de vida do paciente antes da patologia e/ou deficiência possibilitam uma maior compreensão da dinâmica apresentada.

A avaliação psicológica em reabilitação tem por finalidade compreender como o paciente lida com a patologia, suas repercussões e limitações. As avaliações consistem em:
- Levantamento de dados relevantes do prontuário médico
- Entrevista com o cuidador ou algum familiar
- Compreensão da solicitação de avaliação junto à equipe e levantamento de informações sobre os comportamentos e reações do paciente durante as terapias físicas
- Entrevista e observação do paciente
- Aplicação eventual de testes psicológicos.

De acordo com Godoy (2003), cada paciente lida com suas limitações de modo distinto, mas sentimentos de perda e exclusão são comuns e, dependendo da natureza da enfermidade, do prolongamento da situação, do afastamento social e da imobilidade física, há reações psicológicas que podem variar desde o inconformismo até a hostilidade, desencadeando reações de agressividade e de impulsividade reacional, vinculadas à vivência de frustração. Além disso, a situação de limitação física favorece o aparecimento de estados freqüentes de depressão, de insatisfação e de insegurança.

Esses estados emocionais, referidos na literatura, são freqüentemente percebidos nas avaliações que realizamos, durante as quais nos atemos principalmente às conseqüências do processo de adoecimento e de tratamento em reabilitação e aos sentimentos de ansiedade e depressão, que são comuns e parecem refletir as dificuldades em vivenciar o luto e em lidar com as limitações impostas. Esses sintomas são evidenciados em especial quando os pacientes apresentam altos níveis de expectativas quanto à cura e percebem que não a estão alcançando (Wojciechowski, Lopes, Bruscato & Lianza, 2004).

De acordo com Cavalcanti (1994), a adaptação é caracterizada pela reorganização que o indivíduo faz em seu mundo interno e pela estruturação de novas relações com o mundo externo. Então, a partir da compreensão de como o paciente lida com essas situações, podemos propor intervenções que o auxiliem nesse processo de reorganização emocional.

A partir do resultado dessa avaliação, podemos traçar um plano de tratamento psicológico com foco nas principais dificuldades que o paciente apresenta em relação à sua adaptação psicossocial. Também informamos a equipe que assiste o paciente sobre seu funcionamento psicológico e sobre as melhores maneiras de lidar com ele, oferecemos orientação familiar e, na maioria das vezes, intervenção individual ou em grupo para o paciente.

## Intervenção Psicológica Individual

Descreveremos, aqui, algumas intervenções realizadas com o paciente em acompanhamento ambulatorial. A freqüência dos atendimentos é semanal, com duração de 40 minutos.

O objetivo é, principalmente, auxiliar o paciente a desenvolver formas de enfrentamento que proporcionem maiores níveis de satisfação pessoal. Esse processo torna-se fundamental, pois a aceitação da limitação, pelo indivíduo, fará com que ele consiga lidar adequadamente com a realidade, o que diminui seus sintomas de ansiedade e depressão (Wojciechowski e cols., 2004).

Geralmente, são trabalhadas questões relacionadas à negação da deficiência, às expectativas idealizadas quanto à cura e à insegurança frente ao tratamento.

Nesse processo, nossa observação corrobora dados da literatura (Godoy, 2003) de que a negação é um dos mecanismos de defesa mais utilizados. Ela é temporária e tem a função de proteger o indivíduo da situação frustradora. Mas, se essa defesa permanecer ou se intensificar, poderá comprometer o processo de adaptação.

Essa dinâmica é vista com muita clareza em pacientes que sofrem amputação em um dos membros inferiores. Para muitos, é comum, após alguns dias de cirurgia, levantarem-se automaticamente, como se ainda tivessem os dois membros e como se não tivessem passado pela vivência da causa da amputação e da amputação em si. Os resultados são quedas, que podem causar ferimentos, colocando-os duramente em contato com a realidade.

Entretanto, não podemos esquecer que, para esses pacientes, alguns comportamentos podem estar associados a um fenômeno orgânico, a síndrome do membro-fantasma, que é comum após o processo de cirurgia de amputação. O paciente pode ter sensação de dor e algumas vezes percebe o membro como deformado, o que, de certa maneira, faz com que ele "imagine" que o membro não foi amputado. Quando essa síndrome ocorre de maneira intensa, faz-se necessário o encaminhamento à Psiquiatria para eventual introdução de medicação.

Outro aspecto importante a ser trabalhado é o nível de expectativa que os pacientes apresentam no início do tratamento. Se tentam negar suas incapacidades, considerando-as temporárias, certamente fantasiam que o tratamento proporcionará um retorno à condição física anterior à patologia. Se o paciente não conseguir lidar com essa situação adequadamente, elaborando o luto pelas perdas sofridas e adequando o nível de suas expectativas às suas reais possibilidades, a frustração, a desestimulação diante do tratamento e a não adesão a ele farão parte do seu cotidiano.

Essas situações são muito comuns naqueles pacientes que sofreram acidente vascular cerebral ou lesão medular e que, ao iniciarem um tratamento, acreditam que as lesões causadas poderão ser totalmente revertidas. Após algum tempo de tratamento, ao se frustrarem, percebendo que não estão atingindo os objetivos imaginados, tornam-se mais emotivos, choram com mais facilidade, ficam agressivos, hostis, impacientes e deprimidos (Wojciechowski e cols., 2004).

Para que o paciente consiga manter um nível realista de expectativas e comece a lidar de maneira mais adequada com as situações frustrantes, torna-se necessário o acompanhamento da evolução da enfermidade, a avaliação e o assinalamento dos progressos, para que ele tenha um constante estímulo, evitando que fique preso tão somente à idéia de cura ou de uma alta absoluta (Novaes, 1975). Nosso enfoque psicológico propõe algumas alternativas de comportamentos e de ações que os pacientes precisam experimentar para que identifiquem suas reais potencialidades. Para tanto, nós os estimulamos a realizar algumas atividades de seu interesse, mas de maneira diversa, como, por exemplo, fazer sentado o que costumava fazer em pé.

No tratamento de reabilitação física, outro problema comum é a insegurança, pois o paciente precisa aprender a utilizar suas potencialidades de maneira diferente ou descobrir novas alternativas para se mover.

Para exemplificar, vamos imaginar um paciente que sofreu uma amputação de membro inferior e que está reaprendendo a andar com um novo instrumento, a prótese, que necessita, num primeiro momento, ser incorporada ao seu esquema corporal para que o resultado final do treino seja bem sucedido. Nos treinos que o paciente realiza para se acostumar com o uso da prótese, a insegurança e a presença de sintomas ansiosos são constantes, pois ele tem que se adaptar à mudança de um comportamento que era automático para outro que, agora, necessita ser programado e introjetado. Essa vivência não só é desencadeadora de ansiedade, mas, em alguns casos, pode contribuir para que haja depressão. Nessas situações, esses sintomas são esperados, porém precisam ser identificados e tratados, para que não influenciem o tratamento de maneira negativa.

Para Cavalcanti (1994), essa situação propicia um contato mais próximo com a perda sofrida, o que remete o paciente a experimentar, ainda, sentimentos de vergonha e inferioridade, que podem ser expressos por crises de choro, isolamento social e receio quanto às reações dos familiares.

Além dos atendimentos individuais utilizamos, no ambulatório, a técnica de trabalho em grupo, que vem se mostrando altamente eficaz. Esses grupos têm finalidades psicoterapêuticas, de orientação e de fornecimento de informação.

## Possibilidades de trabalho em grupo na reabilitação física

A idéia de trabalhar em grupo surgiu a partir da constatação de que esses pacientes não têm informações adequadas sobre sua patologia e sobre o tratamento, o que, conseqüentemente, favorece interpretações errôneas que podem trazer complicações emocionais e aumenta o índice de não adesão a ele. Além disso, observamos, ainda, que, durante a espera das consultas médicas e dos tratamentos de Fisioterapia e Terapia Ocupacional, os pacientes trocam várias experiências acerca de suas incapacidades e deficiências. A partir daí, pensamos em oferecer um espaço para que esses conteúdos coletivos fossem trabalhados de uma maneira psicoterapêutica.

A intervenção em grupo também possibilita, na troca de experiências, o reconhecimento dos recursos emocionais que cada paciente utiliza para enfrentar a crise vital provocada pela doença ou pelas seqüelas (Contel, 2002).

Spira, citado por Contel (2002), afirma que, trabalhando preferencialmente com grupos homogêneos por patologia, alguns aspectos devem ser privilegiados. São eles: a humanização do ambiente, seja de enfermaria ou ambulatório; o fornecimento de informações seguras e atualizadas sobre a evolução da doença e suas implicações; a discussão de alternativas que possibilitem as alterações no estilo de vida provocadas pela doença orgânica e a contribuição para a adesão ao tratamento médico.

Na nossa atuação na reabilitação, essas premissas são levadas em conta e estabelecemos como objetivos:

a) explorar formas mais adequadas de enfrentar as perdas sofridas

b) estimular a adesão ao tratamento

c) proporcionar alternativas de realização pessoal

d) melhorar a qualidade de vida através de informações e orientações.

Na realização dos grupos, usamos intervenções sugeridas por Mello Filho (2002): clarificações, assinalamentos e confrontações que conduzem os pacientes a refletir sobre sua vivência, produzindo um novo conhecimento. Dessa maneira, o paciente cria uma nova significação com a ajuda do terapeuta, que age como "ambiente facilitador" do desenvolvimento.

No Serviço de Reabilitação, três grupos são realizados: com pacientes portadores de lesão medular, de fibromialgia e com amputados. Todos eles são realizados com a participação de outros profissionais da equipe (médico, fisioterapeuta, assistente social e terapeuta ocupacional) cujo papel no grupo é oferecer orientações específicas de suas áreas, quanto à patologia e ao tratamento. Segundo Car, Pieren, Mion & Georgi (1988), toda a equipe está intimamente ligada à adesão de tratamento do paciente, e seus membros devem atuar em conjunto, diretamente com o cliente, estabelecendo uma relação de ajuda que favoreça a resolução dos problemas, visando à adaptação à nova situação.

Na prática, a abordagem de trabalho em grupo tem se mostrado muito eficaz com esses pacientes, pois proporciona além da troca de experiências, a possibilidade de adaptação às limitações físicas.

A seguir descreveremos o funcionamento, os resultados e algumas dificuldades na realização desses grupos.

### a) Grupo de pacientes portadoras de fibromialgia:

Fibromialgia é uma síndrome, com incidência maior no sexo feminino, que se constitui por um quadro de dor músculo-esquelética generalizada e distúrbio de sono. Devido às incapacidades geradas pelo quadro de dor constante, são freqüentes os sintomas depressivos e ansiosos. Não obstante, as pacientes apresentam intensas dificuldades em respeitar os limites impostos pela dor, ignorando as orientações dadas pela equipe e se excedendo nas atividades cotidianas, o que gera dores ainda mais intensas. Além disso, problemas familiares e de relacionamentos estão presentes.

É um grupo fechado, os participantes são predominantemente mulheres e cada grupo tem, em média, dez pessoas.

Desde a implantação desse tratamento, foram realizados quatro processos terapêuticos de oito sessões cada. A duração de cada encontro é de duas horas, sendo a primeira hora coordenada pelo psicólogo e a segunda, dedicada às orientações dos outros profissionais. A cada semana, há orientações de apenas uma das demais áreas de saúde.

São encaminhados, para esse grupo, pacientes que estão em acompanhamento reabilitacional nesse Serviço, que não apresentam transtornos psiquiátricos, que não têm informações adequadas sobre a patologia e que, emocionalmente, não conseguem lidar funcionalmente com a situação pela qual estão passando.

É realizada uma avaliação psicológica desses pacientes, em que analisamos se há ou não indicação para o trabalho em grupo. Os pacientes que, por algum motivo, não são conduzidos ao grupo, são encaminhados para acompanhamento individualizado. No caso de transtornos mentais, é feito o encaminhamento para o psiquiatra.

Esse modelo de grupo, desde seu início, apresentou resultados positivos quanto às orientações e informações sobre a patologia e o tratamento. Após o término dos grupos, percebemos, através dos relatos, que os pacientes estão mais informados e orientados em como lidar com a patologia e com o tratamento.

Do ponto de vista psicológico, no início dos grupos, os pacientes apresentam acentuada desorganização emocional com sintomas ansiosos e depressivos e severas dificuldades em lidar com as limitações geradas pela fibromialgia. As questões emocionais trabalhadas durante o grupo dizem respeito ao significado da dor em suas vidas e como elas lidam com as limitações que geram conflitos interpessoais e intrapsíquicos.

Em relação a esses aspectos, tem havido diminuição dos sintomas ansiosos e depressivos, o que aumenta a possibilidade de reorganização emocional. Além disso, os pacientes começam a respeitar os limites de seu corpo e há tentativas de reestruturação de suas vidas, com a inclusão de atividades sociais e de lazer, antes inexistentes.

A inclusão de algumas técnicas de grupo possibilita alguns desses resultados, auxiliando na diminuição de comportamentos pouco adaptativos e abrindo caminho para a elaboração da perda sofrida.

Uma das técnicas utilizadas consiste em solicitar aos pacientes que representem graficamente sua saúde. Nessas situações, eles percebem a diferença entre a saúde que idealizam e a saúde que realmente têm. A partir disso, é discutida a aceitação da condição física e a visualização de alternativas de conduta, o que, conseqüentemente, proporciona mudanças para comportamentos favoráveis à reabilitação.

A partir desse trabalho e das técnicas utilizadas, ao final dos grupos, o quadro de dores se apresenta não mais como o centro de suas vidas, mas como uma patologia que necessita de cuidados especiais.

## b) Grupo de pacientes portadores de lesão medular:

Este grupo é realizado com os pacientes paraplégicos e tetraplégicos. A maior parte dos casos de lesão medular desses pacientes é decorrente de lesões traumáticas por acidentes automobilísticos, ferimento por arma de fogo e quedas.

No início, tentamos aplicar, para esses pacientes, o mesmo formato do grupo de fibromialgia. Entretanto, a proximidade de horário com os tratamentos da Fisioterapia e da Terapia Ocupacional causava faltas e desistências, mas aqueles pacientes que compareciam referiam benefícios no sentido de adequar suas expectativas às suas condições físicas.

Foi reavaliado o número de sessões oferecidas a esses pacientes e o tempo que tínhamos para lidar com as suas grandes dificuldades de adaptação. Começamos a pensar em novas alternativas de atuação e, há pouco, optamos por oferecer aos pacientes um modelo de grupo aberto, sem número de sessões definido. Nele, os pacientes são convidados a participar semanalmente, com a proposta de dividir suas angústias e dificuldades com outros pacientes. Tentamos auxiliá-los na elaboração do luto, favorecendo reflexões acerca de alternativas de comportamentos que favoreçam a adaptação.

Sempre que necessário, membros da equipe multiprofissional são convidados a dar orientações sobre a lesão medular e seu tratamento.

Com essa reestruturação, os pacientes estão comparecendo aos grupos e estão valorizando esse espaço tanto quanto percebem a importância dos atendimentos de Fisioterapia e de Terapia Ocupacional. Além disso, a idéia de oferecer um grupo aberto está sendo favorável, pois os pacientes se apresentam sempre muito receptivos e acolhedores com os novos membros. Nesse grupo, todos os pacientes podem participar, independentemente do tempo e da gravidade da lesão, e há uma troca de experiências muito significativa, o que contribui para o processo de reabilitação.

Alguns pacientes comparecem a todos os encontros, enquanto que outros apresentam freqüência irregular. Entretanto, todos se mostram muito ativos no decorrer do grupo, relatando suas experiências e referindo a importância desse trabalho.

De maneira geral, esses pacientes apresentam expectativas de cura tão intensas que chegam a comprometer emocionalmente sua vida, seu tratamento e a dinâmica familiar. Nesses casos, o grupo proporciona maior compreensão da patologia, do tratamento e de suas limitações, os quais ainda são, em parte, desconhecidos. No grupo, os pacientes tentam adequar o nível de expectativa em relação ao tratamento, o que possibilita o início da elaboração do luto das perdas sofridas. Além disso, a troca de experiências abre o caminho para novas formas de satisfação pessoal, através de trabalhos alternativos (como pintar e escrever) e de maior socialização.

Durante os encontros, os pacientes relatam que as grandes dificuldades de locomoção e de acesso a alguns lugares geram intensas barreiras para atividades que proporcionam o lazer. Todavia, muitas vezes esses argumentos são utilizados como uma defesa do paciente contra os olhares e curiosidade das pessoas. Essa situação pode ser tão insuportável que, para esses pacientes, o isolamento social é a melhor saída.

Outro ponto relevante nas discussões do grupo é o sentimento de dependência, pois esses pacientes necessitam de um cuidador em tempo integral, em virtude de suas severas limitações físicas. Quanto maior o grau de dependência, mais intenso é o sofrimento.

Sabemos que a adaptação a condições extremas como essas é difícil e dolorosa. Nossa proposta é ajudar o paciente a lidar com elas da melhor forma possível. Pretendemos dar continuidade a esse modelo de grupo, sempre atentos às readaptações necessárias.

### c) Grupo de pacientes amputados:

Esse grupo passou pelas mesmas reestruturações do grupo de pacientes portadores de lesão medular. Após avaliação do trabalho que vinha sendo realizado, pudemos aprimorar nosso exercício profissional e também oferecer melhor assistência aos pacientes.

O grupo se constitui, em média, com 5 a 6 pacientes e tem encontros semanais. Quando os pacientes não têm informações adequadas acerca do tratamento, solicitamos a um membro da equipe multiprofissional que participe do grupo com a finalidade de sanar as dúvidas.

Durante esse tratamento, fica evidente a ansiedade em colocar rapidamente a prótese e voltar a andar, o que pode indicar uma dificuldade em entrar em contato com a realidade.

Trabalhamos a necessidade de elaborar a perda sofrida e de reconstruir a imagem corporal, uma vez que isso repercute no auto-conceito do sujeito. Vemos como de importância fundamental que essa reconstrução seja numa direção positiva. Se o auto-conceito do indivíduo se voltar para os valores estigmatizantes e preconceituosos, isso pode dar origem a baixa auto-estima, tristeza e, em alguns casos, depressão. Nesse sentido, *"a reintegração corporal implica não apenas a incorporação da prótese à imagem corporal, mas a possibilidade de o paciente amputado aceitar-se com a prótese ou sem ela"* (De Benedetto, Forgione & Alves, 2002, p. 87).

Outro ponto relevante que permeia as discussões nesse grupo está relacionado à dificuldade em respeitar os limites impostos pela perda do membro. Alguns pacientes insistem em realizar atividades que colocam em risco seu corpo e sua saúde e resistem em pedir ou aceitar ajuda para entrar e sair de alguns ambientes com degraus e para as transferências da cadeira de roda para a cama, por exemplo. Essas resistências aumentam consideravelmente a chance de uma queda e de complicações maiores. Durante o processo terapêutico, essas situações são apontadas, propiciando, assim, que sentimentos de onipotência e de angústia relacionados à dependência sejam expressos.

Algumas questões que dizem respeito à família também são discutidas, pois, muitas vezes, o paciente se sente incomodado com atitudes de superproteção ou, ao contrário, de abandono.

As análises preliminares dessa modalidade de atuação indicam que os pacientes estão se beneficiando e estão demonstrando atitudes e comportamentos mais adequados diante da amputação e de suas consequências.

## A Psicologia na enfermaria do Serviço de Reabilitação Física

Os pacientes que são internados nesse Serviço necessitam reabilitar funções específicas, e a internação funciona como uma reabilitação intensiva. Embora sejam casos considerados graves, apresentam boa evolução física. Esses pacientes permanecem internados por no máximo duas semanas e, durante esse período, são submetidos a sessões de Fisioterapia e Terapia Ocupacional diariamente. O acompanhamento psicológico é realizado de duas a três vezes por semana.

A Psicologia colabora avaliando de que maneira o paciente reage diante da internação e como ele e a família estão lidando com as limitações. Geralmente, os pacientes não apresentam desorganização emocional em relação à hospitalização, pois conhecem os objetivos propostos pela equipe e percebem uma considerável melhora física nesse período. Entretanto, para aqueles que apresentam dificuldades em lidar com as limitações impostas pela doença ou fatalidade, é oferecido um suporte terapêutico. Além disso, é realizada uma avaliação da família e, quando necessário, fornecemos orientação e encaminhamento para psicoterapia em outros locais.

Quando o paciente tem alta hospitalar passa a ser acompanhado em ambulatório por toda a equipe.

## Os participantes do processo de reabilitação

O trabalho realizado em reabilitação envolve, além do paciente, a família e a equipe.

### a) A Família:

A família tem um papel decisivo na aceitação da doença pelo paciente e na sua própria evolução, pois o modo como ela reage e lida com o doente influencia seu comportamento e sua dinâmica (Mello Filho & Antunes, 2000).

Geralmente, o doente e seus familiares não conseguem aceitar as limitações impostas por certas doenças crônicas. No dizer de Botega (2002), *"muitas famílias, no começo da enfermidade, consideram o paciente uma vítima inocente. No entanto, com o passar do tempo podem passar a encará-lo como um peso e um aborrecimento"* (p. 50).

Em nosso cotidiano, nos deparamos, inúmeras vezes, com essa situação, pois as famílias encontram-se despreparadas para lidar com a doença e suas repercussões. Na maioria dos casos, as famílias não conseguem se adaptar aos novos papéis impostos pelas limitações advindas da doença de um de seus membros, o que gera conflitos, em função de cobranças, dependência e incompreensão. Em relatos de famílias é constante a frase: *"ele só não faz o que não é de seu interesse"*.

Nessas situações, o psicólogo necessita intervir de maneira a ajudar a família a compreender que as limitações também trazem, na maior parte das vezes, confusão e instabilidade emocional para todos que, por muitas vezes, não conseguem agir adequadamente. Tanto o paciente quanto a família estão em um processo de luto e de tentativa de adaptação. Os familiares precisam ser informados de que essa reorganização de papéis gera, inicialmente, dificuldades nos relacionamentos, sendo importante maior tolerância.

Por outro lado, algumas famílias assumem comportamentos de superproteção, não deixando o paciente exercitar suas potencialidades, fazendo todos os esforços físicos por ele. Nesses casos, o doente tende a assumir um papel de grande passividade e conformismo.

Dessa maneira, não só os pacientes necessitam reestruturar suas vidas, mas toda a família. O papel do psicólogo hospitalar é orientá-la e ajudá-la a se organizar diante da crise que foi instalada, estimulando-a, inclusive, a buscar informações de toda a equipe.

Devido ao grande número de pacientes que todos os dias chegam ao Serviço de Reabilitação da Santa Casa, não nos é possível realizar um processo de psicoterapia com todas as famílias que necessitam, nem é esse nosso propósito. Para tanto, elas são encaminhadas ou para o Ambulatório de Psicoterapia para as Famílias (capítulo 16) ou para outros serviços. Mas todas elas são avaliadas e orientadas quanto à necessidade da reestruturação de suas vidas. Para maiores esclarecimentos sobre o trabalho com famílias, consultar o capítulo 16.

**b) A Equipe:**

É necessário que todos os profissionais envolvidos no processo de reabilitação estejam atentos tanto às limitações físicas quanto à maneira de acordo com a qual o paciente lida com elas, pois isso os direciona a ajudar o paciente a se adaptar.

É importante que o psicólogo esclareça os profissionais envolvidos sobre as atitudes e sobre os aspectos da dinâmica psicológica dos pacientes e de como isso pode estar comprometendo o tratamento. Dessa maneira, toda a equipe pode estar empenhada em obter resultados mais favoráveis, no sentido de melhorar a adesão ao tratamento e de facilitar o processo de adaptação, o que permite a integração do indivíduo à sociedade e proporciona boa qualidade de vida.

Esse trabalho não é simples, por envolver toda a equipe e as particularidades de cada membro. Sabemos que traços de personalidade podem intervir e influenciar na relação estabelecida entre o profissional e o paciente e, conseqüentemente, prejudicar o desenvolvimento do tratamento.

Em geral, as equipes apresentam grandes dificuldades em lidar com as limitações e as frustrações do paciente e da família, não conseguindo expor os limites do tratamento e da evolução de cada paciente. Isso pode gerar expectativas de melhora rápida e mágica. Mas, no momento da alta do tratamento, quando, de acordo com os critérios estabelecidos pela equipe, o paciente já alcançou o que era esperado para sua condição física, ele fica intensamente frustrado e deprimido, pois, para ele, ainda há muito que fazer. Frente a essa situação, os especialistas, penalizados pela fragilidade do paciente, optam por mantê-lo em tratamento, não percebendo que estão, novamente, gerando mais expectativas irreais.

Essa dificuldade da equipe em expor as limitações do tratamento é resultado do medo de ser julgada pelo paciente e pela família, os quais podem imaginar que os profissionais são ineficientes e incapazes de tratar.

A formação do profissional da saúde baseia-se em curar ou aliviar significativamente os sintomas e as seqüelas. Entretanto, para muitas patologias, isso não é possível. Dessa forma, tanto o paciente quanto a equipe necessitam conviver com essas limitações.

Para que os especialistas envolvidos no processo consigam lidar adequadamente com essa situação, torna-se importante que reconheçam suas próprias frustrações, para que elas não os impeçam de perceber os limites, o sofrimento e as necessidades do paciente. Uma das formas do psicólogo ajudá-los nesse processo é através das discussões de casos, em que é importante pontuar de que maneira eles estão se posicionando frente ao paciente, à patologia e ao tratamento.

Não há um tratamento de reabilitação sem essa articulação. E não podemos exigir do paciente uma integração se a equipe não consegue desenvolvê-la.

## Considerações finais

Neste capítulo, expusemos a dinâmica dos pacientes portadores de limitações físicas do Serviço de Reabilitação da Santa Casa de São Paulo e algumas formas de atuação da Psicologia Hospitalar, dentre as quais temos privilegiado o trabalho em grupo, que vem demonstrando resultados positivos.

Nosso trabalho é realizado com o objetivo de proporcionar a adaptação a uma nova situação de vida que inclui uma enfermidade/deficiência, com vistas a uma melhor qualidade de vida para o paciente e para a família. Mas, levamos sempre em conta que se tratam de patologias graves, que impõem limitações extremas e que a adaptação total é ilusória, até porque, no Brasil, não dispomos ainda de suporte financeiro, social e arquitetônico que possibilite melhores níveis de adaptação e reintegração.

As atividades desenvolvidas ainda requerem reformulações. Temos a preocupação constante de reavaliá-las, não só no sentido de buscar sempre o conhecimento de técnicas e práticas para a atualização profissional - que deve ser realizada constante e independentemente do tempo de atuação em uma determinada área - mas também no sentido de torná-las cada vez mais eficientes e eficazes, ajustadas à nossa população, às características do local de trabalho, às condições da equipe multiprofissional e aos objetivos a serem alcançados.

# Referências bibliográficas

BARBOTTE, E.; GUILLEMIN, F.; CHAU, N. & LORHANDICAP GROUP – Prevalence of Impairments, Disabilities, Handicaps and Quality of Life in the General Population: A Review of Recent Literature. *Bulletin of the World Health Organization*, 79: 1047-1055, 2001.

BOTEGA, N. J. – Reação à Doença e à Hospitalização. In: Botega, N. J. (Org.), *Prática Psiquiátrica no Hospital Geral: Interconsulta e Emergência*. Artmed. São Paulo, 2002.

CAR, H. R.; PIEREN, A. M. G; MION JR., D. & GEORGI D. M. – Crenças de Saúde do Paciente com Hipertensão Arterial. *Revista Paulista de Enfermagem*, 8 (2): 22-25, 1988.

CAVALCANTI, M. C. T. – Adaptação Psicossocial à Amputação de Membros. *Jornal Brasileiro de Psiquiatria*, 43 (2): 71-74, 1994.

CONTEL, J. O. B. – Trabalhando com Grupos no Hospital Geral: Teoria e Prática. In: Botega, N. J. (Org.), *Prática Psiquiátrica no Hospital Geral: Interconsulta e Emergência*. Artmed. São Paulo, 2002.

DE BENEDETTO, K. M.; FORGIONE, M. C. R. & ALVES, V. L. R. – Reintegração Corporal em Pacientes Amputados e a Dor-fantasma. *Acta Fisiátrica*, 9 (2): 85-89, 2002.

GALA, C. & BRESSI, C. – *Psichiatria di Consultazione*. Utet. Milano, 1997.

GODOY, R. F. – Aspectos Psicológicos do Paciente em Reabilitação. *Revista Medicina de Reabilitação,* 22 (2), 2003.

MELLO FILHO, J. & ANTUNES, S. A. – Grupos com Portadores de Doença Pulmonar Obstrutiva Crônica. In: Mello Filho, J. (Org.), *Grupo e Corpo – Psicoterapia de Grupo com Pacientes Somáticos*. Artes Médicas. Porto Alegre, 2000.

MELLO FILHO, J. – Atendimento a Pacientes em Grupo. In: Botega, N. J. (Org.), *Prática Psiquiátrica no Hospital Geral: Interconsulta e Emergência*. Artmed. São Paulo, 2002.

NOVAES, M. H. – *Psicologia Aplicada à Reabilitação*. Imago, Rio de Janeiro, 1975.

WOJCIECHOWSKI, V.; LOPES, S. R. A.; BRUSCATO, W. L. & LIANZA, S. – A Importância da Avaliação do Nível de Expectativa frente à Neurólise Química com Toxina Botulínica em Pacientes Espásticos por AVC. *Revista Medicina de Reabilitação*, 23 (1): 9-11, 2004.

Capítulo
10

# Intervenção psicológica em obesidade mórbida

Carmen Benedetti

A obesidade é uma doença crônica caracterizada pelo excesso de gordura corporal (WHO, 1997). Essa definição, aparentemente simples, traz consigo muito do que um profissional de saúde deve saber sobre a obesidade quando pertence a uma equipe que se propõe a tratá-la.

A análise minuciosa dessa definição nos coloca, em primeiro lugar, diante do fato de que a obesidade não é um estado de espírito e de que o obeso não é uma pessoa que está acima do peso por ser desprovido de autocontrole ou não ter força de vontade para emagrecer. A obesidade é uma doença complexa e, como tal, tem causas e formas de tratamento, algumas bem conhecidas, outras nem tanto. O obeso, por sua vez, é o portador de uma doença nem sempre validada pelo discurso leigo e, portanto, carrega todo o ônus do estigma que a acompanha (tema que será melhor abordado no capítulo 18).

A causa da obesidade não é única. Trata-se de uma doença de origem multifatorial e, quanto a isso, parece haver consenso entre os estudiosos do assunto (Békei, 1984; Paredes & Avendaño, 1986; Kanarek & Marks-Kaufman, 1991; Stepke, 1992; Perri e cols., 1992; Angel e cols., 1994; Storlie, 1994; Stallone & Stunkard, 1994; Kaplan e cols., 1997; Leonhardt e cols., 1999). De fato, a dúvida recai não sobre a constatação de que são vários os fatores responsáveis pela origem da obesidade, mas sim sobre o grau de influência de cada um deles quando se analisa a obesidade de um indivíduo em particular.

Os fatores causais da obesidade estão ligados diretamente à fisiologia, ao comportamento, ao estilo de vida e até mesmo à personalidade. Assim, conforme aparecem na literatura, são associados a: regulação metabólica do gasto energético, tamanho e número das células de gordura, alterações endócrinas, suscetibilidade genética, contexto sociocultural, consumo alimentar e aspectos psicológicos.

No que se refere à forma de tratamento, podemos dizer que, para cada tipo de obesidade, existe uma forma de tratamento mais ajustada, mas, deve ficar claro, conforme nos aponta a definição citada no começo deste capítulo, que estamos falando de uma doença crônica, ou seja, uma doença que não tem cura, contando apenas com formas de tratamento que possibilitam algum controle sobre o sintoma que é o excesso de gordura. De fato, para obesidade, um tratamento será melhor ou pior conforme for sua capacidade de oferecer ao doente maior ou menor controle sobre seu peso, mas a cura da obesidade ainda não é possível. Por via de conseqüência, é importante frisar que qualquer tratamento que se pretenda efetivo não pode apenas produzir perdas de peso significativas, mas precisa, sobretudo, garantir que o peso baixo alcançado se perpetue ao longo do tempo.

As formas de tratamento disponíveis para a obesidade são muitas. Em todas elas, o eixo está no aumento do gasto energético ou na diminuição do aporte calórico para os tecidos – seja mediante regimes alimentares, fármacos ou cirurgias do aparelho digestivo. Embora haja muita controvérsia quando o que está em questão é a escolha da melhor forma de tratamento, não parece haver dúvida de que, quando se trata da obesidade mórbida, o tratamento de eleição é cirúrgico (Adami e cols., 1996; Capella & Capella, 1996; Fettes & Williams, 1997; Balsiger e cols., 1997; Van Gemert e cols., 1998; Kushner, 2000; Naef e cols., 2000; Lang e cols., 2000). Isso porque, nos estágios avançados de obesidade, o tratamento clínico é muito pouco eficiente e, embora algumas vezes seja capaz de promover perdas de peso significativas, raramente garante a manutenção do peso baixo alcançado. O paciente retoma o peso perdido e, na grande maioria das vezes, supera o peso de partida.

A técnica cirúrgica predominantemente utilizada na Santa Casa é conhecida por Capella, em referência ao sobrenome do cirurgião que a desenvolveu. O procedimento consiste na redução da área útil do estômago e restrição do seu esvaziamento pelo emprego de um anel de contenção, que dificulta a ingestão alimentar e facilita o emagrecimento.

A obesidade mórbida recebe esse nome porque sua ocorrência predispõe o indivíduo a outras doenças (morbidades). Com isso, é possível dizer que o obeso mórbido é uma pessoa doente, que precisa de tratamento efetivo em curto prazo porque tem a vida ameaçada pelo excesso de peso e daí a indicação da intervenção cirúrgica. No entanto, a base etiológica da obesidade exige que as demais facetas do fenômeno sejam também abordadas e, por isso, no caso desses pacientes, a literatura confere papel relevante ao suporte psicológico associado à cirurgia, por entender que a tentativa de atuar isoladamente sobre qualquer um dos fatores causais acarreta o risco de inviabilizar os bons resultados da intervenção (Olsson e cols., 1984, Stallone & Stunkard, 1994; Grillo, 1997; Terra, 1997; Benedetti, 2003).

A experiência da Santa Casa de São Paulo corrobora essa impressão. O Ambulatório de Cirurgia da Obesidade conta, desde sua inauguração, em 1998, com a atuação de um psicólogo, mas é importante explicar que o teor do atendimento prestado por esse profissional sofreu sensíveis modificações ao longo de todos esses anos, a ponto de ser possível afirmar, com relativa tranqüilidade, que o papel do psicólogo hoje na equipe multiprofissional é bastante diverso do desempenhado nos primórdios do funcionamento do ambulatório.

A cirurgia da obesidade é um procedimento recente. Sendo assim, não é de surpreender que a qualidade da intervenção dos profissionais que trabalham juntamente com o médico (psicólogos, nutricionistas, fisioterapeutas...) ainda não seja estabelecida de forma consensual. A cada ano, mais e mais profissionais se aliam a cirurgiões para prestar sua contribuição no tratamento da obesidade mórbida, mais pesquisas são produzidas e conceitos, que antes pareciam corretos, hoje são questionados, reavaliados e, por vezes, descartados.

O objetivo deste capítulo não é o arrolamento dos procedimentos adotados pelos psicólogos na atuação com obesos mórbidos. O leitor que estiver interessado em obter mais informação sobre esse tema dispõe de boa literatura. Algumas sugestões estão listadas ao final deste capítulo. A proposta aqui é a de descrevermos uma forma de atuação psicológica que foi criada e vem sendo desenvolvida na Santa Casa de São Paulo que, esperamos, possa ser de alguma utilidade para quem trabalha ou deseja trabalhar com uma doença tão instigante como é a obesidade de grandes proporções.

## Avaliação psicológica do obeso mórbido

A avaliação psicológica de obesos mórbidos candidatos à gastroplastia vem sendo executada desde que o Ambulatório de Cirurgia foi inaugurado e, até hoje, todos os pacientes que foram operados em nosso serviço foram avaliados por um psicólogo treinado. No entanto, se, no início, a avaliação visava prioritariamente a encontrar possíveis indicadores de incapacidade do paciente em passar por uma mudança tão significativa como aquela que a cirurgia impõe, hoje ela é vista como uma importante etapa do tratamento não apenas por essa característica. Na nossa concepção atual, a avaliação do candidato à cirurgia da obesidade é também uma oportunidade de conhecer e estabelecer um vínculo de qualidade com o paciente, porque ele passará por um processo de mudança bastante significativo e, para conseguir se adaptar ao processo e usufruir de seus benefícios, pode precisar de nosso suporte. Entendemos que o estabelecimento de um bom vínculo de continência e confiança entre o profissional psicólogo e o paciente é muito importante para o desenrolar do tratamento, porque é ele que, muitas vezes, determina o retorno do paciente que se vê incapaz de manejar a nova situação a que está sujeito após ter sido submetido à cirurgia.

Atualmente, realizamos, em média, cinco sessões psicodiagnósticas de freqüência semanal. Nelas, são avaliados a psicodinâmica do paciente, recursos egóicos afetivos e cognitivos de enfrentamento, histórico da obesidade e seu significado para o paciente, como se organiza a relação do paciente com a comida, de que maneira seu cotidiano é afetado pela obesidade (prejuízos e ganhos secundários), expectativas em relação ao tratamento e rede social de apoio disponível ao paciente, sobretudo no que se refere à qualidade dessa rede.

A entrevista semidirigida é o instrumento de avaliação predominante, mas testes psicológicos são utilizados quando julgamos necessário. As famílias não são convocadas como rotina, mas, muito freqüentemente, a avaliação do paciente demanda essa convocação.

## Preparo para a cirurgia

A inevitável constatação do fato de que o paciente dispor de recursos para passar pelo tratamento não implicava que ele estivesse pronto para passar por ele, exigiu, logo de início, o desenvolvimento de estratégias de preparo. Informar bem o paciente sobre o tratamento a que ele seria submetido era uma evidente necessidade e, para atender a essa exigência, começamos a realizar – à semelhança do que outros serviços já faziam – reuniões gerais em que o médico fazia uma pequena explanação sobre questões referentes à obesidade e ao procedimento cirúrgico e posteriormente, pacientes já operados davam depoimentos acerca de sua experiência com o tratamento e respondiam perguntas dos espectadores. Essas reuniões gerais, muito importantes no sentido de fornecer informações básicas sobre o tratamento para o público leigo, ainda hoje são realizadas na Santa Casa e, apesar de atualmente serem coordenadas pela equipe multiprofissional, ainda respeitam a configuração inicial e mantêm-se fiéis ao seu objetivo de fornecer informações realistas a respeito do tratamento e descaracterizar a cirurgia da obesidade como um milagre capaz de transformar um gordo infeliz em um magro repleto de alegria e felicidade.

Embora essas reuniões gerais fossem consideradas importantes desde que começaram a ser realizadas, sempre houve um certo incômodo diante da percepção de que paciente informado não significa necessariamente paciente preparado. O preparo é um processo muito mais complexo, que envolve outras questões – sobretudo quando se consideram as mudanças radicais que serão operadas no corpo e nos hábitos alimentares do paciente para que o tratamento seja bem sucedido.

Várias tentativas de preparo foram feitas ao longo de um ano, umas melhores, outras piores, até que chegamos ao que chamamos de *Programa de Preparo para a Gastroplastia – PPG*. A partir de sua criação, todos os pacientes que foram operados na Santa Casa passaram pelo PPG.

O PPG é um programa que recebe pacientes já avaliados pela equipe multiprofissional e considerados potencialmente capazes para passar pelo procedimento cirúrgico. Ele é um programa desenvolvido com pacientes agrupados e é coordenado pela psicóloga e pelas nutricionistas da equipe. No seu formato atual, são realizados em média seis encontros semanais de três horas cada, sendo as duas primeiras horas coordenadas pela psicóloga e a terceira hora, pela nutricionista (neste capítulo, descreveremos apenas o trabalho desenvolvido pela psicóloga).

Além disso, o PPG é programado para estar ajustado à rotina hospitalar, o que significa que, ao ingressar no programa, o paciente tem uma previsão quase precisa da data em que ocorrerá sua cirurgia pelo menos dois meses antes de ela ser realizada. Isso porque o PPG tem duração pré-determinada e é realizado com um número exato de participantes: como na Santa Casa são realizadas duas cirurgias por semana, em seis semanas serão operadas doze pessoas. O PPG é, assim, organizado para preparar doze pessoas a cada seis semanas, de tal forma que, no exato período de seis semanas em que os doze elementos do grupo são operados, um outro grupo de doze pessoas é preparado. Conhecendo a data em que será realizada sua cirurgia, o paciente pode organizar sua vida com antecedência: preparar sua família, determinar quem irá desempenhar seu papel nas atividades rotineiras da casa ou do trabalho, delegar o cuidado de seus filhos a alguém de sua confiança no período de convalescença e assim por diante.

O objetivo geral do PPG é, como o próprio nome diz, o de preparar o paciente para a cirurgia da obesidade e isso é feito estimulando-o a ser um agente de seu tratamento. Esta última colocação poderá ser mais bem explicada após algumas considerações acerca das características do obeso que, em geral, procura uma instituição hospitalar, no nosso caso a Santa Casa, para tratar sua obesidade.

Quando um obeso mórbido chega à clínica médica ou à instituição hospitalar à procura da cirurgia de redução do estômago, traz consigo uma história de sucessivos fracassos em tentativas de perder peso, nas quais ele já terá recorrido a regimes, de inspiração médica ou não, a diversos medicamentos e, por vezes, até a simpatias de variadas ordens. Sempre que tenha ocorrido alguma perda de peso, esses pacientes relatam a frustração decorrente da recuperação do peso perdido, freqüentemente seguida por superação do peso inicial. Essas pessoas conhecem o poder calórico dos alimentos, sabem quais fazem engordar mais e quais menos, estão a par dos medicamentos disponíveis e da importância dos exercícios físicos. Conhecem também as causas da obesidade e arriscam justificativas sobre a origem da sua. Com um discurso queixoso, relatam ainda as implicações da doença em sua vida, mostrando de que maneira seu cotidiano é afetado por ela. As histórias são inúmeras e versam basicamente sobre a insatisfação com o próprio corpo, a dificuldade para enfrentar o preconceito social de que são vítimas e a incapacidade de desempenhar atividades rotineiras, como andar de ônibus sem "entalar na catraca", dirigir, subir escadas sem ter de parar seguidas vezes para respirar, realizar procedimentos básicos de higiene sem a ajuda de terceiros e andar na rua sem ser alvo de chacotas. Para esses pacientes, o emagrecimento é visto como a única possibilidade de viver melhor, e a cirurgia, o meio viável de alcançá-lo, de tal forma que não é de se estranhar que entreguem sua sorte à equipe, imaginando que seu tratamento é da responsabilidade exclusiva desses profissionais, entregando-se passivamente aos seus cuidados.

O endeusamento da equipe, em especial do cirurgião, é um fenômeno comum e facilmente explicável se considerarmos todo esse histórico de tentativas mal sucedidas. Além disso, fantasias irrealistas acerca do procedimento são bastante freqüentes, sobretudo naqueles pacientes em que à obesidade é atribuída toda ordem de fracassos que tiveram na vida: escolar, profissional, afetivo e assim por diante. A função do PPG, nesses casos, é bom que se esclareça, não é de maneira alguma eliminar essas expectativas. Entendemos que as expectativas, cujo teor muitas vezes amedronta a equipe, são muito importantes e que sem elas não há força para a mudança. O PPG trabalha, entretanto, no sentido de redimensioná-las, ou seja, de colocar sua realização não como conseqüência direta da cirurgia, mas sim na dependência de mudanças externas e internas que serão operadas por ele na sua relação com o mundo que o cerca.

São várias as atividades desenvolvidas pelo PPG e, infelizmente, o formato deste capítulo não permite explorá-las em profundidade. Em linhas gerais, podemos dizer que o conteúdo dessas atividades versa basicamente sobre a importância do paciente ser co-responsável pelo seu tratamento, já que a cirurgia por si só não garante emagrecimento e qualidade de vida melhor. Conforme afirmam Yale e Weiler (1991): *"Os pacientes submetidos a gastroplastia devem usar a operação para perder peso"* (p. 13), devendo, assim, tomá-la como um instrumento, porque a insistência em uma alimentação volumosa ou rica em calorias pode prejudicar ou inviabilizar o emagrecimento.

Dos seis dias do programa, os quatro primeiros são realizados apenas com os candidatos à cirurgia e os dois últimos incluem convidados: familiares e amigos. Nos dias em que apenas os pacientes participam, são realizadas dinâmicas e vivências e são oferecidas informações sobre todo o tratamento. Na primeira sessão, em que estão presentes familiares e amigos, fornecemos informações, esclarecemos dúvidas e fazemos uma pequena explanação sobre como o paciente, frequentemente vivencia o primeiro ano após a cirurgia – segundo dados obtidos em pesquisa realizada pela autora (Benedetti, 2001). Na segunda sessão com familiares e amigos (que é também a última sessão do grupo), um paciente operado é convidado a dar depoimento e o grupo o entrevista. Embora o grupo tenha liberdade na confecção das perguntas, a coordenação é feita pela psicóloga, que procura estimular perguntas sobre processos e não apenas sobre questões pontuais. Assim, se alguém perguntasse ao operado: "você consegue tomar coca-cola?", após ter sido dada a resposta, a psicóloga lhe faria, por exemplo, uma outra questão: "como se sente (ou o que faz) quando não consegue ingerir algo de que gosta muito?". Se para a primeira pergunta a resposta se restringiria a sim ou não, para a segunda um repertório maior de informações seria oferecido.

O conteúdo do PPG é basicamente imutável, havendo modificações apenas pela necessidade imperativa de um grupo específico. Um exemplo dessa situação é a de um grupo que ocorreu logo após a morte de um paciente do grupo anterior. Embora a temática "risco da cirurgia" seja explorada rotineiramente no programa, nesse grupo ela foi particularmente aprofundada, ocupando mais tempo e dedicação do que de costume.

Independentemente do veículo utilizado, o objetivo é sempre o de estimular a mobilização de recursos do paciente para que ele possa ser ativo no seu tratamento, comprometendo-se com ele. Para tanto, as atividades visam basicamente a:

- ✓ Informar o paciente sobre o tratamento
- ✓ Eliminar crenças distorcidas sobre a cirurgia e o emagrecimento
- ✓ Aumentar a autopercepção sobre os hábitos alimentares e sobre as reais expectativas de emagrecimento
- ✓ Aumentar a rede social de apoio
- ✓ Estabelecer vínculo de continência e confiança: entre os elementos do grupo e entre o grupo e a equipe
- ✓ Permitir troca de informações
- ✓ Promover emagrecimento (com o objetivo de diminuir o risco cirúrgico).

Os resultados obtidos com o PPG têm sido bastante satisfatórios. Em pesquisa realizada com pacientes que passaram pelo grupo, foi-nos possível avaliar sua importância e confirmar a necessidade de sua execução.

## ACOMPANHAMENTO PÓS-OPERATÓRIO

O acompanhamento psicológico de pacientes submetidos a gastroplastia tem duração indeterminada e ocorre ou por encaminhamento da equipe de saúde ou por solicitação do próprio paciente. Com isso, queremos dizer que, embora o suporte pós-operatório esteja disponível para todos aqueles que sentirem necessidade, ao contrário do PPG, ele não é obrigatório.

Atualmente realizamos no ambulatório, basicamente, duas classes de seguimento psicológico após a cirurgia da obesidade: individual e grupal; porém, em situações específicas, a família e o casal são também acompanhados.

O acompanhamento individual ocorre em regime de psicoterapia de orientação psicodramática, no qual as sessões são realizadas com freqüência semanal. O grupo, por sua vez, ocorre quinzenalmente e cada encontro tem duração de duas horas.

Assim como o PPG, a organização do grupo pós-operatório foi fruto de inúmeras experiências de ensaio e erro, sendo que a forma como é executado atualmente foi, sem dúvida, a que deu melhores resultados e garantiu maior adesão por parte dos pacientes. Trata-se de um grupo homogêneo, aberto, no qual os pacientes enfrentam uma situação comum: a adaptação ao pós-operatório da cirurgia da obesidade e é justamente a dificuldade no processamento desta adaptação que os traz para o grupo.

Alcançar emagrecimento e auferir os benefícios de um corpo mais magro exigem do paciente capacidade de mudança. Qualquer situação de mudança faz surgir o medo da perda e o medo do desconhecido (Berstein, 1989). Com esses pacientes, não é diferente: o medo de perder o que já têm (marcos referenciais prévios, benefícios secundários do sintoma, adaptações passivas à enfermidade etc.) e o temor frente ao desconhecido (a obesidade, embora sofrida, era pelo menos conhecida) impõem o conhecido mecanismo de resistência à mudança. Como exemplo, temos o caso de uma paciente que, ao emagrecer, continuava usando a mesma roupa que vestia quando obesa por imaginar que usando roupas justas que a fizessem atraente poderia atrair homens e isso poderia ameaçar seu casamento. Um outro exemplo de resistência à mudança (e este é bastante comum) é a tentativa, muitas vezes bem sucedida, de manter uma alimentação volumosa e calórica com a finalidade de retornar ao corpo gordo e conhecido.

São vários os sintomas que aparecem como conteúdo das sessões grupais. Infelizmente, o formato deste capítulo não permite exploração mais aprofundada do tema. No entanto, pode-se dizer que as atividades desenvolvidas dentro do grupo visam basicamente a oferecer suporte às mudanças necessárias ao tratamento mediante fortalecimento egóico, elevação da auto-estima e da autoconfiança.

## CONSIDERAÇÕES FINAIS

O papel do psicólogo em uma equipe multiprofissional é tema que foi abordado no capítulo 2 deste livro. As especificidades no trabalho no Ambulatório de Cirurgia da Obesidade, no entanto, permitem algumas considerações.

Quando um cirurgião convida um psicólogo para trabalhar em sua equipe, com freqüência, ele considera que esse profissional é capaz de prevenir insucessos no tratamento de seus pacientes. O cirurgião está errado em pensar assim e mais errado estará o psicólogo se ocupar esse lugar valorizado. Se não resistir a essa tentação, o psicólogo poderá cair em uma armadilha que prejudicará o seu desempenho com o paciente e com a equipe a qual pertence. O psicólogo pode e deve participar das decisões a respeito do paciente, deve expor seu ponto de vista porque tem cabedal para isso, mas não pode ocupar o lugar privilegiado de detentor do saber e ser o único responsável pela decisão final a respeito dos procedimentos a serem adotados pela equipe. Adiamentos da cirurgia para que se consiga um paciente melhor preparado ou mais equilibrado do ponto de vista emocional são atitudes possíveis, que devem ser consideradas sempre que o psicólogo julgar necessário. No entanto, a aplicação dessas alternativas não pode perder de vista que a obesidade mórbida é uma doença grave, que pode levar a morte e, portanto, uma decisão unilateral pode ser catastrófica. Esperamos que este capítulo tenha conseguido passar a idéia de que o trabalho do psicólogo com obesos mórbidos não consiste apenas em submetê-los a avaliações para triagem entre os que podem e os que não podem ser operados, por risco de insucesso, mas sim em acompanhar esses pacientes em sua trajetória, oferecendo preparo e sustentação para que lhes seja possível ter uma vida melhor, mais próxima do que esperam para si.

## Referências bibliográficas

ADAMI, G.; GANDOLFO, P.; MENEGHELLI, A. & SCOPINARO, N. – Food and Weight – Related Attitudes in Obese Persons: a Longitudinal Study over Two Years Following Biliopancreatic Diversion. *Journal of Psychosomatic Research*, 41 (1): 31-38, 1996.

ANGEL, L. A.; RUIZ, C.; CARO, L. E. & VERGARA, N. – Obesidad, una Enfermedad Compleja. *Revista Colombiana de Gastroenterologia*, 9 (3): 118-126, 1994.

BALSIGER, B. M.; LEON, E. L. & SARR, M. G. – Surgical Treatment of Obesity: Who is an Appropriate Candidate? *Mayo Clinic Procedures*, 72: 551-558, 1997.

BÉKEI, M. – *Transtornos Psicossomáticos en la Niñez y la Adolescencia*. Nueva Visión. Buenos Aires, 1984.

BENEDETTI, C. – *Obesidade e Emagrecimento: um Estudo com Obesos Mórbidos submetidos a Gastroplastia*. Dissertação de Mestrado. Pontifícia Universidade Católica de São Paulo. São Paulo, 2001.

BENEDETTI, C. – *De Obeso a Magro: a Trajetória Psicológica*. Vetor. São Paulo, 2003.

BERSTEIN, M. – Contribuições de Pichón-Rivière à Psicoterapia de Grupo. In: Osório, L. C., *Grupoterapia Hoje*. Artes Médicas. Porto Alegre, 1989.

CAPELLA, J. F. & CAPELLA, R. F. – The Weight Reduction Operation of Choice: Vertical Banded Gastroplasty or Gastric Bypass? *American Journal of Surgery*, 171: 74-79, 1996.

FETTES, P. & WILLIAMS, D. E. – Assessment and Treatment of Morbid Obesity. In: Thompson, J. K. – *Body Image, Eating Disorders, and Obesity: an Integrative Guide for Assessment and Treatment*. American Psychological Association. Washington, 1997.

GRILO, C. M. – Treatment of Obesity: an Integrative Model. In: Thompson, J. K., *Body Image, Eating Disorders, and Obesity: an Integrative Guide for Assessment and Treatment*. American Psychological Association. Washington, 1997.

KANAREK, R. B. & MARKS-KAUFMAN, R. – *Nutrition and Behavior: New Perspectives*. Avi. New York, 1991.

KAPLAN, H. I.; SADOCK, B. & GREBB, J. A. – *Compêndio de Psiquiatria: Ciências do Comportamento e Psiquiatria Clínica*. Artes Médicas. Porto Alegre, 1997.

KUSHNER, R. – Managing the Obese Patient after Bariatric Surgery: A Case Report of Severe Malnutrition and Review of the Literature. *Journal of Parenter Enteral Nutrition*, 24 (2): 126-32, 2000.

LANG, T.; HAUSER, R.; SCHLUMPF, R.; KLAGHOFER, R. & BUDDERBERG, C. –Psychological Comorbidity and Quality of Life of Patients with Morbid Obesity and Requesting Gastric Banding. *Schweis Medical Wochenschr*, 130 (20): 739-748, 2000.

LEONHARDT, M.; HRUPKA, B. & LANGHANS, W. – New Approaches in the Pharmacological Treatment of Obesity. *Z Ernahrungswiss*, 38 (1): 1-13, 1999.

NAEF, M.; SADOWSKI, C.; DE MARCO, D.; SABBIONI, M.; BALSIGER, B.; LAEDERACH, K.; BURGI, U. & BUCHIER, M. W. – Mason Vertical Gastroplasty in Treatment of Morbid Obesity. *Chirurgical*, 71 (4): 448-455, 2000.

OLSSON, S. A.; RYDÉN, O.; DANIELSSON, A. & NILSSON-EHLE, P. – Weight Reduction after Gastroplasty: the Predictive Value of Surgical, Metabolic, and Psychological Variables. *International Journal of Obesity*, 8: 245-258, 1984.

PAREDES, F. F. & AVENDAÑO, E. S. – Obesidad en la Niñez y Adolescencia: Factores de Riesgo. *Boletim Médico Hospital Infantil Mexicano*, 43 (1): 53-56, 1986.

PERRI, M. G.; NEZU, A. M. & VIEGENER, B. J. – *Improving the Long-term Management of Obesity: Theory, Research and Clinical Guidelines*. John Wiley & Sons. Canada, 1992.

STALLONE, D. D. & STUNKARD, A. – Obesity. In: Frazer, A.; Molinoff, P. B. & Winokur, A., *Biological Bases of Brain Function and Disease*. Raven Press. New York, 1994.

STEPKE, F. L. – Obesidad y Conduta Alimentaria: Aspectos Diagnósticos y Psicométricos. *Acta Psiquiátrica y Psicológica de la América Latina*, 32 (2): 113-118, 1992.

STORLIE, J. – Psychological Factors Related to Eating and Activity Behaviors. In: Storlie, J. & Jordan, H. A., *Evaluation and Treatment of Obesity*. Life Enhancement. Illinois, 1994.

TERRA, J. L. – Le Point de Vue du Psychiatre sur le Traitement de l'Obésité Morbide par Gastroplastie. *Annual Chirurgie*, 51(2): 177-182, 1997.

VAN GEMERT, W. G; SEVEREIJNS, R. M.; GREVE, J. W. M.; GROENMAN, N. & SOETERS, P. B. – Psychological Functioning of Morbidly Obese Patients after Surgical Treatment. *International Journal of Obesity*, 22: 393-398, 1998.

WORLD HEALTH ORGANIZATION - WHO – Obesity: Preventing and Managing the Global Epidemic. *WHO Consultation on Obesity*. Geneva, 1997.

YALE, C. & WEILLER, S. – Weight control after vertical banded gastroplasty for morbid obesity. *American Jornal of Surgery*, 162(1): 13,18, 1991.

## Capítulo 11

# O DESAFIO DA DOR SEM FIM: REFLEXÕES SOBRE A INTERVENÇÃO PSICOLÓGICA JUNTO A PESSOAS PORTADORAS DE DOR CRÔNICA

Marcela Mayumi Gomes Kitayama

A maioria de nós já sentiu dor algum dia. Por diferentes razões, com intensidade, duração e conseqüências variadas, todos, com exceção das pessoas portadoras de insensibilidade congênita, já tiveram essa experiência.

Atualmente, são cada vez mais freqüentes as situações em que a dor crônica é a principal queixa na procura por instituições de saúde (Teixeira & Pimenta, 2001).

Imediatamente associada a sofrimento e desprazer, a dor tem uma importante função em nossa sobrevivência: a de sinalizar que nosso organismo está sendo lesado, ameaçado. É a partir da dor que podemos nos proteger, seja retirando o braço de uma chama para evitar a queimadura grave, seja buscando ajuda médica para diagnóstico e tratamento de doenças que poderiam ser fatais.

Contudo, a dor crônica é aquela que permanece mesmo após a cura da lesão, ou se prolonga por estar associada a processos patológicos crônicos. Nesse caso, a dor não é funcional e pode ser considerada, ela própria, uma doença particular. Carvalho (1999[a]) compara a dor crônica à campainha que continua tocando mesmo após o convidado ter entrado na casa, feito a visita e ido embora.

A presença permanente ou intermitente de dor, de duração prolongada, pode acarretar prejuízos significativos à capacidade física de uma pessoa, alterando o sono, a vida sexual e o humor. Há repercussões nas relações familiares, na capacidade laborativa e nas atividades de lazer, que deixam de ser gratificantes. São comuns a baixa auto-estima, sentimentos de inutilidade e reações emocionais depressivas ou ansiosas. Tratamentos inadequados e alto consumo de medicações configuram-se como fonte de desconforto adicional (Loduca, 1999; Pimenta, 2001; Fortes, 2002).

Cabe ressaltar que, apesar das atividades descritas, existem terapêuticas eficazes na avaliação, tratamento e controle da dor, que oferecem benefícios significativos ao bem estar global dos indivíduos.

A *International Association for the Study of Pain* – IASP (1979), conceitua dor como: *"Experiência sensitiva e emocional desagradável associada ou relacionada a lesão real ou potencial dos tecidos. Cada indivíduo aprende a utilizar esse termo através de suas experiências anteriores".*

Embora pouco específica, essa conceituação é importante por considerar o caráter individual e subjetivo da dor, bem como a interação entre fatores sensoriais, afetivos, cognitivos, comportamentais, sociais e culturais na determinação, interpretação e expressão da dor.

O caráter individual evidencia-se na variação do limiar de tolerância à dor, que corresponde à menor intensidade do estímulo doloroso em que o desconforto passa a ser percebido como não mais suportável. Muitos estudos comprovam que, diante de um mesmo estímulo álgico, pessoas de culturas diferentes apresentam reações variadas (Fortes, 2001).

Assim, as experiências e o aprendizado são fundamentais na construção do significado atribuído à dor e, conseqüentemente, no modo de lidar com ela. Presente desde os primeiros momentos de vida do feto, a dor da criança tende a suscitar no adulto comportamentos de cuidado, atenção e proteção, caracterizando respostas positivas do ambiente. Por outro lado, pode apresentar-se em contextos negativos de castigo, punição e expiação de culpa, observados tanto no mundo infantil, quanto em alguns contextos religiosos. Desse modo, o poder da bagagem cultural evidencia-se nas variações individuais de tolerância à dor (Pimenta & Portnoi, 1999).

Assim, a interpretação da dor sofre influência de fatores socioeconômicos, pensamentos, dinâmicas familiares, estratégias de enfrentamento e compensações. A variedade na expressão das queixas álgicas está relacionada com a natureza da lesão causal, com a idade, estado mental, repercussões físicas, psíquicas e sociais da dor, fatores ambientais, culturais e ritmo biológico dos indivíduos (Teixeira & Pimenta, 2001).

Buscando explicar toda essa interação do ponto de vista fisiológico, Melzack & Wall, em 1965, criaram a Teoria da Comporta (*Gate Control*). Embora descobertas posteriores tenham evidenciado alguns equívocos nesse modelo, sua estrutura explicativa mantém-se reconhecida ainda hoje.

De acordo com essa teoria, o processo álgico envolveria o Sistema Nervoso Periférico, a Medula Espinhal e o Sistema Nervoso Central (córtex). Desse modo, o estímulo nóxico (doloroso) concorreria com estímulos táteis e térmicos durante sua transmissão pelas fibras nervosas até a medula espinhal e seriam conduzidos para o cérebro onde, então, esses estímulos seriam reconhecidos como dor.

Ainda na medula espinhal, os impulsos periféricos sofreriam a interferência de fenômenos corticais e afetivos, conhecidos como estímulos descendentes, e que poderiam ser excitatórios ou supressores e, assim, atuariam como uma comporta, "que deixa passar mais ou menos dor".

A via descendente seria ativada por:

a) estímulos nóxicos (a própria dor)

b) impulsos sensoriais não-nóxicos do sistema sensitivo-discriminativo (tato e temperatura)

c) estímulos advindos dos órgãos dos sentidos (cheiro, imagens, sons)

d) *pensamento e afeto.*

Estes últimos abrangem o conceito pessoal de dor, o contexto no qual esta se manifesta, experiências passadas e as crenças sobre as possibilidades de controle álgico, bem como o estado emocional de ansiedade ou depressão, dentre outros. A soma de todos esses impulsos modularia o estímulo inicial, resultando não só na percepção, mas na interpretação da dor como mais ou menos intensa (Pimenta, 2001).

Diante da complexidade do fenômeno doloroso, o tratamento específico e multiprofissional é considerado fundamental. Por essa razão, surgiram as Clínicas de Dor, nas quais, juntamente com outros especialistas, o psicólogo tem importante papel na oferta de melhor qualidade de vida e menor sofrimento aos pacientes e familiares (Loduca, 1999).

Este capítulo tem, como objetivos, oferecer conhecimentos teóricos introdutórios a respeito da dor crônica, com ênfase na compreensão psicológica desse fenômeno e refletir sobre a especificidade e postura terapêutica na prática assistencial com base nas atividades desenvolvidas no Ambulatório de Psicologia do Grupo de Terapia da Dor e Medicina Paliativa do Serviço de Reabilitação da Irmandade da Santa Casa de Misericórdia de São Paulo.

# O Grupo de Terapia da Dor e o Ambulatório de Psicologia

O Grupo de Terapia da Dor e Medicina Paliativa do Serviço de Reabilitação foi criado em 1984, caracterizando-se pelo atendimento a portadores de neoplasia em tratamento e fora de possibilidades terapêuticas, bem como a portadores de dores crônicas benignas (não-neoplásicas). Atualmente é composto por médicos (anestesistas e cirurgião), enfermeira, assistente social e psicóloga, além de residentes (Fisiatria, Reumatologia, Geriatria), estagiários e alunos de graduação integrantes da Liga de Dor. O Serviço de Psicologia foi inserido nesse grupo no ano de 1992. Contudo, neste capítulo relatamos nossa experiência, iniciada em 2002.

A população assistida é constituída majoritariamente por adultos do sexo feminino, com diagnósticos de dor de origem músculo-esquelética, de origem nervosa periférica e de origem oncológica. Dessa clientela, a maior parte dos encaminhamentos realizados à Psicologia relaciona-se aos diagnósticos de síndrome fibromiálgica e síndrome dolorosa miofascial.

Nessas duas síndromes, estão presentes: fadiga, alteração do sono, depressão e ansiedade; aumento da dor durante o estresse, tensão emocional e exercícios extenuantes; redução da dor com calor ou exercícios leves. Ambas as síndromes são caracterizadas por dor músculo-esquelética, generalizada na fibromialgia e localizada na dor miofascial. Contudo, enquanto a dor miofascial pode ser diagnosticada através de exames, a fibromialgia tem a particularidade de que exames, tanto laboratoriais como neurológico e articular, são normais, sendo o seu diagnóstico feito por exclusão (Kaziyama, Yeng & Teixeira, 2001).

## Compreensão psicológica

Como vimos, as lesões que ocasionam um quadro álgico nem sempre são identificadas ou constatadas em exames físicos ou clínicos. Isso faz com que a avaliação ou reconhecimento da dor sejam muito dependentes do relato e do comportamento do paciente, da intensidade e qualidade que ele atribui à sua dor.

Assim, a dor possui um caráter privado, na medida em que é uma experiência particular do próprio sofredor que pode ou não expressá-la, e um caráter público, quando a dor privada é expressa e, então, conhecida por outros (Helman, 2003). Considerando que os conceitos de saúde, doença e tratamento estão associados ao sistema de valores e crenças individuais e grupais (Camargo Jr, 1992; Helman, 2003), muitas vezes, a existência de dor implica lidar com percepções diferentes sobre o mesmo fenômeno, sofrendo repercussão direta da esfera social e cultural.

Os diagnósticos de dor crônica benigna tendem a suscitar dificuldade de compreensão e aceitação, sendo freqüente a existência de fantasias ansiogênicas (geradoras de ansiedade) a respeito, por exemplo, da causa do quadro álgico ser uma doença oncológica ou um quadro degenerativo que resultará em total incapacidade física. Como exemplo, podemos citar a afirmação de Kaziyama e cols. (2001):

> *"(...) A fibromialgia, por ser uma doença de origem não determinada e cura incerta, provoca sentimentos de vulnerabilidade e desamparo e é a razão pela qual muitos fibromiálgicos interpretam sua condição como muito mais séria do que realmente é. (...)"* (p.213).

Além disso, são comuns as queixas de pacientes sobre o descrédito que a dor pode despertar em outras pessoas, sejam elas familiares ou mesmo profissionais da saúde. Estes últimos têm que estar atentos para não minimizar ou questionar o sofrimento do paciente diante de situações em que a dor não seja totalmente compreendida do ponto de vista clínico, ou porque não seja responsiva ao tratamento (Alpay, 2004).

De modo geral, a impossibilidade de compartilhar e de ser acolhido intensifica o sofrimento. Uma paciente com diagnóstico de dor miofascial há seis anos contava emocionada que o marido, que havia sido submetido a uma cirurgia cardíaca, achava impossível que ela pudesse sentir dor se ele, que tinha uma grande cicatriz, não sentia.

Diante de condições clínicas crônicas, não é raro que profissionais de saúde ou familiares passem a minimizar o sofrimento inerente à vida com uma doença crônica. Assim, tendem a não reconhecer o grande esforço empregado pelos pacientes nessas circunstâncias.

Os quadros clínicos crônicos trazem consigo uma nova realidade em que doença, dor e incapacidade são virtualmente eternos, situando no passado o ideal de bem estar e saúde. Nessa condição, a pessoa poderá vivenciar sentimentos de desgosto e estágios de conscientização, tristeza, raiva e ansiedade.

A boa adaptação a essa nova realidade deve incluir a possibilidade de viver da melhor forma possível apesar das perdas e, assim, viver como uma pessoa portadora de uma doença crônica e não como um doente (Krupp, 1968). Esse mesmo desafio de adaptação ocorre na dor crônica.

Não raro os pacientes encontram-se paralisados diante de questões circunstanciais que envolvem o quadro álgico, seja pela falta de informação sobre as possibilidades de tratamento, seja pela ausência das respostas esperadas quando todas as orientações estão sendo seguidas adequadamente. Nessas situações, sentimentos de impotência, desesperança, depressão e ansiedade são comuns e, por sua vez, tendem a diminuir o limiar de tolerância à dor, agravando o quadro.

A condição álgica pode ser percebida como uma "entidade" poderosa sobre a qual a pessoa sente não ter qualquer controle. "A DOR" passa a ocupar o centro de uma vida organizada em função dos tratamentos, perdas e impossibilidades (Caudill, 1998; Loduca, 1999).

Considerando que a finitude dá sentido às nossas experiências e que tememos sofrimento (Pompéia & Sapienza, 2004), a idéia de conviver com uma "dor sem fim", ou de "viver com dor para sempre" pode ser fonte de significativa desorganização não só no cotidiano, mas no mundo interno da pessoa, influenciando sua postura diante da dor, do tratamento e de sua própria vida, que pode perder o sentido.

O relato de alguns pacientes sugere a suspensão de seus projetos de vida, que ficam atrelados à prerrogativa de extinção da dor e recuperação da capacidade física. Alguns pacientes comentam: "*Se eu pudesse voltar a trabalhar, fazer o que eu fazia antes, aí estava tudo bem, mas como não posso, fico assim me sentindo inútil.*"

Muitas vezes, as situações de afastamento do trabalho, com recebimento de auxílio-doença, ocasiona nova fonte de desgaste emocional. Alguns questionamentos são comuns a esses pacientes: "*Sempre pioro quando tenho que passar na perícia, é minha vida que está em jogo. E se eu tiver alta e não conseguir trabalhar, como vou conseguir outro emprego sendo doente?*"

A questão previdenciária, juntamente com questões de litígio (responsabilização da empresa pela condição física do funcionário ou de imperícia e erros médicos) são fatores sociais que podem configurar ganho secundário, na medida em que a existência ou permanência da dor passa a ser a garantia para a sobrevivência do ponto de vista financeiro ou do alcance de ressarcimento.

Os ganhos também podem ser afetivos, tais como recebimento de afeto e atenção familiar, solução de conflitos emocionais ou o abandono de responsabilidades.

A existência de ganhos secundários pode estar subjacente ao "comportamento anormal de dor", que se caracteriza por uma ampliação das queixas dolorosas e dos limites decorrentes do quadro álgico, adesão excessiva ao tratamento, ausência de melhora. Esse comportamento muitas vezes é reforçado por familiares ou pessoas significativas. Nessas situações, nota-se o prejuízo da identidade, caracterizada então como a identidade de doente, reduzindo as chances de respostas positivas ao tratamento (Fortes, 2001).

Ressaltamos que essa dinâmica psicológica tende a ser inconsciente e não invalida o sofrimento desses indivíduos. Assim, mais do que um sintoma a ser abolido, a dor sinaliza a importância do cuidado com o sofredor de modo que ele possa compreender quais são suas necessidades e descobrir outra via, que não a dor, para satisfazê-las (Schnake, 2001; Carvalho, 2004).

Embora muitas pessoas portadoras de dor crônica desejassem "voltar a ser como antes", cabe ressaltar que, freqüentemente, essa existência anterior caracterizava-se por prejuízo da capacidade de auto-cuidado associada a uma postura excessivamente ativa e exigente. Assim, a dor crônica chama o indivíduo a conhecer e respeitar os seus limites, bem como a ampliar sua consciência e cuidado corporais (Loduca,1999).

Diante do que foi exposto, o papel do psicólogo será o de favorecer o alívio do sofrimento e auxiliar a que a pessoa com dor possa conscientizar-se do sentido existencial desse sintoma. Desse modo, buscamos estimular o desenvolvimento de recursos pessoais na conquista de maior qualidade de vida e autonomia.

## A experiência do Ambulatório de Psicologia

A avaliação psicológica tem início a partir de solicitação médica, que tem sido caracterizada por demandas de:

a) *avaliação inicial*, em geral de pacientes recém-chegados ao serviço, sem demanda psicológica específica, mas que poderiam beneficiar-se de orientações para melhor enfrentamento da dor.

b) *avaliação de demandas emocionais*, tais como quadros de ansiedade e depressão concomitantes ao quadro álgico.

Além disso, alguns pacientes, em momento de recaída, seja do estado emocional, seja da dor, tendem a procurar a Psicologia. Nesse caso, são reavaliados quanto à necessidade de novo acompanhamento psicológico em nosso ambulatório.

O objetivo geral da avaliação psicológica é identificar de que modo a presença de dor está repercutindo no cotidiano e na existência do paciente e o quanto essa pessoa tem conseguido realizar em termos de um ajustamento criativo a essa situação, averiguando mais do que suas dificuldades, a existência de apoio externo e sua capacidade de auto-suporte.

Assim, são investigadas as características da dor, sua magnitude, a história do adoecimento, as limitações residuais, juntamente com o tratamento que vem sendo realizado, as expectativas de recuperação e a relação estabelecida com a equipe. São exploradas as características de personalidade, experiências prévias com a dor, bem como as crenças e valores pessoais decorrentes. O humor, os hábitos e estilo de vida, considerando fatores de melhora e piora da dor, a capacidade produtiva, a situação de trabalho, convívio familiar e social, auto-imagem e imagem corporal também são averiguados em sua repercussão nos projetos de vida e, por fim, no significado da dor.

A expectativa em relação ao encaminhamento para a Psicologia é explorada, já que muitas vezes ele é representado como a confirmação de que a dor não está sendo validada pelos médicos, podendo prejudicar a adesão à nossa especialidade.

Além disso, também em função do encaminhamento médico, em alguns casos o paciente pode não apresentar uma queixa conhecida, sendo necessário ajudá-lo a verificar se vivencia algum sofrimento para o qual sente necessidade de ajuda.

A avaliação tem caráter interventivo. Desse modo, demandas identificadas durante esse processo sofrem intervenção imediata: informações são fornecidas assim que fantasias negativas são percebidas, e demandas que tenham forte mobilização emocional são acolhidas antes de maior investigação sobre a questão específica da dor.

A duração média da avaliação é de três sessões. Além de entrevistas, utilizamos instrumentos baseados na literatura, como o Desenho da Dor (Loduca, 1999), o Diário da Dor e técnicas corporais (Caudill, 2001), juntamente com alguns recursos artísticos, como colagem de figuras, por exemplo.

O critério de eleição para acompanhamento psicológico em nosso ambulatório é a identificação de demandas que possam ser abordadas com Psicoterapia de Curta Duração (Ribeiro, 1999), no caso individual, ou com atividades psicoeducativas em intervenção individual ou grupal.

A Psicoterapia de Curta Duração é uma modalidade de psicoterapia breve baseada na Gestalt-Terapia, cuja metodologia é o existencialismo fenomenológico. É indicada quando o cliente tem percepção clara do mal-estar e da necessidade de mudança, foi sujeito a alterações rápidas e não sabe como se organizar diante do novo contexto, está vivenciando situações de estresse, de impotência e não dispõe de apoio interno para lidar sozinho com seu sofrimento. Será importante que tenha funções egóicas suficientemente preservadas, capacidade de vincular-se afetivamente, recursos intelectuais e ausência de psicopatologias graves.

Em caso de indicação, é realizado um contrato com o paciente estabelecendo um número de sessões pré-determinado, no máximo doze, que poderá ser reavaliado quanto à necessidade de continuidade ou encaminhamento externo.

O objetivo da psicoterapia será esclarecido junto ao cliente: desenvolvimento de suporte para as circunstâncias (dor, tratamento etc.); suporte emocional diante de quadros depressivos ou ansiosos; desenvolvimento de novos projetos de vida, dentre outros. Os casos são discutidos com a equipe sempre que necessário, seja informalmente, seja através de reuniões clínicas.

A abordagem grupal, que está em fase de aprimoramento, é coordenada pela Psicologia e conta com a orientação dos demais profissionais. Trata-se de grupo heterogêneo, quanto ao diagnóstico de dor, e fechado quanto aos participantes e número de encontros.

São realizados em média oito encontros, com temas preestabelecidos como: dor e tratamento, adoção de expectativas realistas, relação mente-corpo, consciência corporal, qualidade e projetos de vida, relações familiares e sociais. No acompanhamento psicológico, seja individual ou grupal, muitas vezes são utilizadas técnicas de relaxamento e outras, baseadas em hipnose (Caudill, 1998; Carvalho, 1999[b]).

Cabe ressaltar que, em nosso ambulatório, a utilização de determinadas intervenções, estratégias e técnicas, seja no contexto individual ou grupal, tem sido justificada mediante a identificação, tanto na literatura quanto na prática clínica, de alguns focos de atuação. Além disso, vale dizer que as atividades realizadas são abordadas com ênfase na vivência que propiciam ao cliente, nas emoções e sensações que despertam, sejam agradáveis ou desagradáveis.

Os focos de atuação são descritos a seguir.

## a) Sentimento de esperança e potência

Diante da dor crônica, a pessoa tende a submeter-se a vários tipos de tratamento, muitos deles invasivos, nem sempre adequados ou efetivos e que, juntamente com experiências de incompreensão, acabam sendo iatrogênicos e prejudicando sua confiança em resultados melhores.

O tratamento exige uma postura participativa do paciente. Sentimentos de desesperança e impotência tendem a favorecer uma postura passiva, em que toda a expectativa de resolução fica depositada na equipe.

Falta de informações ou crenças inadequadas sobre a dor e o tratamento, influenciam as expectativas do paciente e o seu modo de lidar com sua condição.

Uma paciente com diagnóstico de dor miofascial há 6 anos dizia: *"Não quero mais falar de dor. Agora já sei que não tem mais jeito mesmo."* Descrevia sua dor como sendo um *"aleijão"*, evidenciando sua vivência de incapacidade e deformidade. As sensações de vulnerabilidade e fragilidade estavam presentes em sua referência ao membro acometido: *"É como pele de ovo, se tocar, estoura."* Dessa forma, essa paciente imobilizava o membro acometido de modo a protegê-lo, adotando assim uma estratégia desfavorável, já que a imobilização agravava o quadro álgico.

É importante que a pessoa possa experimentar alívio do sofrimento físico e emocional e que possa dar-se conta de que ela própria pode ter alguma influência sobre tal alívio, favorecendo a percepção de auto-suporte (os recursos pessoais de que dispõe para enfrentar a situação) e, conseqüentemente, de potência diante das adversidades.

O alívio e a maior sensação de controle podem resultar do uso de medicações, da adoção de posturas físicas mais adequadas, do alongamento ou relaxamento musculares. Pode advir também de experiências gratificantes associadas ao acolhimento emocional, à descoberta e ao desenvolvimento de novos interesses e atividades.

### b) Consciência corporal

É comum os pacientes dizerem que buscam ignorar a dor e que gostariam de se livrar dela, "cortando fora" a parte do corpo dolorida. A tendência a rejeitar ou evitar contato com a dor tende a prejudicar ainda mais a consciência e a imagem corporais.

Muitos pacientes relatam também que procuram "aproveitar" momentos de maior bem-estar e disposição física realizando todas as atividades que não haviam podido desenvolver quando estavam doloridos. Como conseqüência ao esforço físico, experimentavam uma agudização do quadro álgico, conforme ilustra uma paciente: *"Passei uma mala de roupa e depois parecia que um caminhão tinha passado por cima de mim"*.

A atenção às sensações e às alterações corporais decorrentes das atividades realizadas, bem como dos eventos e oscilações do humor, permite a maior percepção dos limites e necessidades corporais, com a identificação dos fatores e hábitos favoráveis ou desfavoráveis ao maior controle da dor. Permite também o reconhecimento dos recursos corporais preservados e a valorização de sensações de alívio e prazer, favorecendo maior integridade corporal e pessoal.

Uma paciente com queixa importante de ansiedade, tensão muscular e crises álgicas constantes passou por uma sessão de relaxamento. Ao final, comentou que estava mais "leve" e que havia podido sentir o seu corpo como havia muito tempo não conseguia. Nessa experiência, pôde resgatar uma lembrança muito antiga, referente a um relacionamento afetivo de sua juventude, fonte atual de mágoa e ressentimento. Desse modo, pôde contextualizar sua escolha existencial de manter-se solteira.

### c) Consciência do sofrimento emocional e elaboração das perdas

A possibilidade de perceber e aceitar limites, sejam eles físicos, cognitivos e/ou emocionais, requer a elaboração de perdas reais e simbólicas (lidar com a redução da renda familiar e com a perda do papel de provedor da família, por exemplo). Desse modo, o processo de conscientização dos limites pode envolver a reflexão sobre a identidade e os papéis desempenhados nos âmbitos familiar, social e/ou profissional, bem como a revisão dos valores, das exigências pessoais e do projeto de vida.

Em geral, as pessoas tendem a identificar a dor como a fonte de todo o seu sofrimento. No entanto, sabemos que situações de adoecimento e crise podem favorecer a emergência de conflitos psicológicos pré-existentes.

Além das reações afetivas decorrentes do quadro álgico, será importante que a pessoa possa considerar o peso de outros conflitos emocionais em seu sofrimento. Desse modo, a dor pode estar, em algumas situações, comunicando necessidades existenciais cuja satisfação pode proporcionar um equilíbrio pessoal mais saudável.

Um paciente com hipótese diagnóstica de fibromialgia falava espontaneamente sobre a enorme consideração e gratidão que tinha por seu chefe. Ao ser questionado sobre sua atividade profissional, da qual encontrava-se afastado, surpreendentemente contou que se sentia sobrecarregado e insatisfeito com o excesso de solicitações profissionais, mas tinha receio de abordar o patrão quanto a esse assunto. A dor surgiu nesse período de sua vida e, diante dessa associação, o paciente comentou que a dor havia lhe dado ânimo para conversar com seu patrão e, assim, atenuar sua condição de trabalho. Quando abordado, pôde reconhecer o conflito relacionado à dificuldade em frustrar ou contrariar pessoas do seu agrado.

## Considerações finais

Escrever este capítulo nos lançou a revisitar o caminho percorrido até este momento. No início de nossa atuação, nos deparávamos com a impotência diante do sintoma dor, reagindo de modo a evitarmos os pacientes. O distanciamento também era a resposta às situações em que tendíamos a julgar a dor do outro, questionando a sua veracidade.

Tempos depois, pudemos compreender o sofrimento decorrente do quadro álgico e, então, foi possível empatizar. Mas, no sentido oposto, tendíamos a adotar uma postura excessivamente protetora e onipotente, desejando solucionar todos os problemas da vida do paciente por ele, curá-lo.

Maior equilíbrio só foi possível quando, de fato, encontramos a pessoa escondida atrás da dor, com sua história não só de sofrimento, mas de luta e de recursos para lutar.

Neste momento do caminho, salientamos o quanto o profissional que trabalha com pessoas portadoras de dor está em contato com suas próprias dores. Também precisará reconhecer e aceitar seus limites, apropriar-se de seu potencial, desenvolvê-lo e adotar perspectivas realistas.

Sabemos dos benefícios que nossa atuação proporciona às pessoas portadoras de dor crônica. Sabemos também que nosso ambulatório pode e deve ser aprimorado.

Desse modo, atualmente sentimos necessidade de estruturar um protocolo de avaliação e acompanhamento psicológicos mais específicos para a temática da dor, adotando instrumentos de investigação e intervenção já existentes nessa área, bem como oferecer maior atenção aos familiares.

A equipe reconhece a importância da contribuição dos diversos profissionais. Por essa razão, os canais de discussão e troca estão sendo ampliados, buscando favorecer a construção de um conhecimento sobre a dor e a atuação com maior uniformidade, favorecendo a adoção de medidas efetivamente multiprofissionais.

## Referências bibliográficas

ALPAY, M. – Pain Patients. In: Stern, T. A.; Fricchione, G. L.; Cassem, N. H.; Jelinek, M. S. & Rosenbaum, J. F. – *Massachusetts General Hospital Handbook of General Hospital Psychiatry*. Mosby. Boston, 2004.

CAMARGO JR, K. R. – Algumas considerações sobre a Relação Doença – Sociedade em Psicologia Médica. In: MELLO FILHO, L. (Org.), *Psicossomática Hoje*. Artes Médicas, Porto Alegre, 1992.

CARVALHO, M. M. M. J. – Palavras Iniciais. In: Carvalho, M. M. M. J. (Org.), *Dor: Um Estudo Multidisciplinar*. Summus. São Paulo, 1999[a].

CARVALHO, M. M. M. J. – A Hipnoterapia no Tratamento da Dor. In: Carvalho, M. M. M. J. (Org.), *Dor: Um Estudo Multidisciplinar*. Summus. São Paulo, 1999[b].

CARVALHO, M. M. M. J. – A Dor no Estágio Avançado das Doenças. In: Angerami-Camon, V. (Org.), *Atualidades em Psicologia da Saúde*. Pioneira Thompson Learning. São Paulo, 2004.

CAUDILL, A.M. – *Controle a Dor Antes que ela Assuma o Controle: Um Programa Clinicamente Comprovado*. Summus. São Paulo, 1998.

FORTES, S. – O Paciente com Dor. In: Botega, N. J. (Org.), *Prática Psiquiátrica no Hospital Geral: Interconsulta e Emergência*. Artmed. Porto Alegre, 2002.

HELMAN, C. G. – *Cultura, Saúde e Doença*. Artmed. Porto Alegre, 2003.

INTERNATIONAL ASSOCIATION FOR THE STUDY OF PAIN – IASP. Conceito de Dor. Disponível em: http://www.dor.org.br/inf-gerais/dor/dor.asp, 2004.

KAZIYAMA, H. H. S.; YENG, L. T. & TEIXEIRA, M. J. – Síndrome Fibromiálgica. In: Teixeira, M. J. & Figueiró, J. A. B., *Dor: Epidemiologia, Fisiopatologia, Avaliação, Síndromes Dolorosas e Tratamento*. Moreira Júnior. São Paulo, 2001.

KRUPP, N. E. – Psychiatric Complications of Chronic and Crippling Illness. *Psychosomatics,* 9: 109-113, 1968.

LODUCA, A. – Atuação do Psicólogo em um Serviço Multidisciplinar de Tratamento da Dor Crônica: Experiência da Irmandade da Santa Casa de Misericórdia de São Paulo. In: Carvalho, M. M. M. J. (Org.), *Dor: Um Estudo Multidisciplinar*. Summus. São Paulo, 1999.

PIMENTA, C. A. M. – Dor Crônica, Terapia Cognitiva Comportamental e o Enfermeiro. *Revista de Psiquiatria Clínica*, 28 (6): 288-294, 2001.

PIMENTA, C. A. M. & PORTNOI, A. G. – Dor e Cultura. In: Carvalho, M. M. M. J. (Org.), *Dor: Um Estudo Multidisciplinar*. Summus. São Paulo, 1999.

RIBEIRO, J. P. – *Gestalt-Terapia de Curta Duração*. Summus. São Paulo, 1999.

POMPEIA, J. A. & SAPIENZA, B. T. – *Na Presença do Sentido: Uma Aproximação Fenomenológica a Questões Existenciais Básicas*. Educ Paulus. São Paulo, 2004.

SCHNAKE, A. – *Los Diálogos del Cuerpo*. Cuatro Vientos. Santiago del Chile, 2001.

TEIXEIRA, M. J. & PIMENTA, C. A. M. – Avaliação do Doente com Dor. In: Teixeira, M. J. & Figueiró, J. A. B., *Dor: Epidemiologia, Fisiopatologia, Avaliação, Síndromes Dolorosas e Tratamento*. Moreira Júnior. São Paulo, 2001.

# Capítulo 12

# Transplante renal e hepático: a intervenção psicológica no Hospital Geral

Rosana Trindade Santos Rodrigues
Maria das Graças Saturnino de Lima
Sandra Fernandes de Amorim

## Introdução

Neste capítulo, trataremos especificamente de dois tipos de transplante, hepático e renal, considerando, em ambos os casos, a cirurgia realizada com doador cadáver ou doador vivo.

O transplante renal ou hepático é uma intervenção cirúrgica de grande porte, realizada em um indivíduo portador de patologia renal ou hepática de curso crônico e que, por essa razão, com freqüência apresenta um estado geral precário que evolui de forma desfavorável.

O transplante hepático pode ser realizado com doador cadáver ou vivo, sendo este último realizado em menor número, porém, com um crescente aumento, mais recentemente. No caso do transplante de doador cadáver, todo o fígado é implantado no receptor; quando o doador é vivo, apenas uma parte do fígado é retirada e implantada. Ao final da cirurgia, o paciente necessita de cuidados de Terapia Intensiva durante um período que pode variar entre dois e dez dias ou mais, dependendo de cada caso. As maiores preocupações nessa fase estão relacionadas ao funcionamento do fígado (rejeição hiperaguda ou complicação do tipo trombose arterial ou portal). Quando o paciente sai da UTI, o que, em casos com evolução mais favorável, pode ocorrer dentro das primeiras 24 horas, continua internado em leito de enfermaria convencional, com os cuidados de assepsia necessários, durante algumas semanas. Após a alta hospitalar, o paciente comparece semanalmente às consultas ambulatoriais durante aproximadamente quatro meses, acompanhamento este que, até o primeiro ano de cirurgia, é quinzenal e depois mensal, a partir do segundo ano (Pereira, Galizi, Lima & Andrade, 1996).

O transplante renal, por sua vez, pode também ser realizado tanto com doador cadáver, como com doador vivo. Neste último caso, há aproveitamento de um dos rins, com a manutenção do outro órgão remanescente, o qual passa a cumprir as funções renais necessárias para que o doador mantenha-se em boas condições clínicas. A exemplo do transplante hepático, o protocolo cirúrgico do transplante renal engloba a prestação de cuidados intensivos ao paciente no pós-operatório imediato, os quais são sucedidos pelo acompanhamento médico de rotina, em esquema de enfermaria e, depois, de ambulatório, à medida que ocorre boa evolução. A possibilidade de ocorrência de rejeição do órgão transplantado, de forma análoga ao transplante hepático, é um risco a ser considerado e, no caso do transplante renal, em particular, é o principal fator de insucesso da cirurgia, a curto ou a longo prazo. Quando isso ocorre, o paciente reingressa no tratamento dialítico que antecedeu ao transplante e, caso manifeste desejo e apresente condições clínicas que viabilizem a realização de outro transplante, inicia preparo para nova cirurgia.

É importante ressaltar que, tanto para hepatopatas quanto para doentes renais crônicos, o transplante não representa a resolução definitiva para a patologia de base. Na verdade, trata-se de um procedimento que possibilita uma melhora expressiva das condições de saúde do indivíduo e de sua qualidade de vida, conforme discutiremos mais adiante.

O paciente transplantado, mesmo que organicamente estabilizado, demanda contínuo acompanhamento médico, com o uso diário de medicamentos imunossupressores que inibem a possibilidade de rejeição do órgão e a adoção de medidas rotineiras de auto-cuidado.

Em todo transplante de doador cadáver, o paciente necessita estar inscrito na lista de espera na Secretaria da Saúde de seu Estado. A equipe que o assiste deve preencher um formulário próprio onde estão descritos todos os critérios adotados para o ingresso do paciente na lista, seus dados clínicos e sua anuência para inserção na fila de espera.

O tempo de aguardo por um transplante renal ou hepático com órgão de cadáver, no nosso país, é ainda longo, não menos que dois anos, na maioria dos casos, estando isso também na dependência do tipo sangüíneo do receptor e da existência de condições clínicas do paciente que tornem possível a realização da cirurgia. A espera pela cirurgia costuma ser menor quando o receptor dispõe de um doador vivo em potencial.

Em hepatopatas, existe alta taxa de mortalidade na lista de espera, uma vez que o paciente, na maioria dos casos, encontra-se gravemente doente. O paciente com insuficiência renal crônica, por sua vez, conta com a possibilidade de manter-se em tratamento dialítico durante o período de aguardo da cirurgia, o que lhe garante uma chance de sobrevida um pouco maior.

O último registro de dados sobre transplantes realizados no Brasil descreve que em 2003 foram realizados 3126 transplantes de rim e 792 de fígado, números que estão em crescimento nos últimos anos (Associação Brasileira de Transplante de Órgãos, 2004).

## Doença e indicação de transplante

O paciente portador de uma doença renal ou hepática crônica evolui com perda progressiva de seu bem estar físico, fato este que se associa a um declínio importante na qualidade de vida.

As doenças hepáticas podem ser causadas por microorganismos (ex.: hepatites), defeitos metabólicos (ex.: doença de Wilson, acúmulo de cobre no fígado), defeitos de outros órgãos (ex.: atresia das vias biliares), agentes tóxicos (ex.: alcoolismo) ou tumores (Pereira e cols., 1996; D'Albuquerque, 2001).

As patologias hepáticas geralmente têm curso silencioso, danificando e incapacitando o corpo. Repentinamente tomam o doente como num assalto, manifestando graves sinais de avançado comprometimento. O transplante surge então, em dado momento, como a única possibilidade de resgatar o bem estar físico perdido.

A doença renal crônica, equivalente em severidade, afeta indivíduos de todas as faixas etárias, de crianças até indivíduos idosos. Decorre de variados fatores, tais como anomalias congênitas dos rins (ex.: rins policísticos, hipoplasia renal), doenças renais adquiridas (ex.: pielonefrite, tuberculose renal) ou patologias primárias (ex.: hipertensão grave, diabetes, lúpus eritematoso sistêmico) que afetam a função renal secundariamente (Kimachi, 1981).

A insuficiência renal crônica é uma patologia que em muito afeta a rotina dos pacientes, englobando restrições alimentares e no consumo de líquidos, uso continuado de medicamentos diversos, prejuízos no rendimento físico e mudanças drásticas na rotina de vida, especialmente quando o tratamento dialítico é iniciado.

O tratamento dialítico corresponde a diferentes modalidades terapêuticas (diálise ou hemodiálise) que, utilizando equipamentos específicos, têm como objetivo suprir algumas das funções dos rins, quando estes se mostram disfuncionais temporariamente, como no caso da insuficiência renal aguda, ou definitivamente, quando o paciente é portador de insuficiência renal crônica.

Em nossa experiência, adquirida ao longo dos últimos anos, realizando contato com os pacientes no momento da indicação do transplante, observamos que estes tendem a apresentar, num primeiro momento, sentimentos ambivalentes em relação à aceitação do procedimento. Os pacientes com doença hepática sentem-se pressionados pela idéia de que "essa é a sua única chance", fato este que representa um momento de muita ansiedade. Os pacientes com doença renal, por sua vez, apresentam um grau considerável de idealização do transplante que, no dizer de muitos, "os livraria da máquina" (de hemodiálise) e de outras restrições em seu cotidiano. Tal idealização alterna-se com o receio de que a cirurgia não seja bem sucedida e, sobretudo, de que haja rejeição do órgão, tornando infrutífero todo o preparo que precedeu o transplante.

A expectativa de melhora da qualidade de vida é, de qualquer forma, aspecto comum que permeia a opção pela cirurgia em ambos os grupos de pacientes. Essa questão, bem como outras que se apresentam em nossa prática clínica, apontam para variados aspectos psicológicos que necessariamente acompanham esse tipo de cirurgia.

Matta & Borba (1993) destacam que o acompanhamento psicológico de doadores e receptores tem demonstrado a complexidade do processo de transplante, envolvendo componentes que estão além da dimensão biológica desse importante recurso terapêutico.

Castro & Castro (1996) argumentam, em complemento, que os aspectos emocionais relacionados aos transplantes são amplos, pois envolvem dimensões frente às quais as pessoas não estão adaptadas e para as quais não foram preparadas socialmente.

Esses aspectos podem variar muito de um tipo de transplante para outro, pois as situações não são homogêneas: vão depender do tipo de órgão transplantado e também do doador, vivo ou não.

## Qualidade de vida

Na área da saúde, a avaliação da qualidade de vida vem sendo, cada vez mais, um ponto de apoio para a tomada de decisões. Por esse motivo, é de grande importância que profissionais dessa área estejam familiarizados com esse assunto (Parse, 1994; Peplau, 1994; Blumenthal & Mark, 1994; Philips, 1995).

O termo "qualidade de vida" começou a ser utilizado nos Estados Unidos após a Segunda Guerra Mundial e esteve primariamente relacionado com o efeito gerado pela aquisição de bens materiais na vida das pessoas (Ferraz, 1998).

Definir qualidade de vida não é uma tarefa fácil, pois existem diferentes opiniões e critérios sobre o tema entre pesquisadores de diversas áreas.

O Grupo de Qualidade de Vida da Organização Mundial de Saúde (OMS) definiu qualidade de vida como a percepção do indivíduo de sua posição na vida, no contexto da cultura e sistema de valores nos quais ele vive e em relação aos seus objetivos, expectativas, padrões e preocupações. Nessa definição, fica implícito que o conceito de qualidade de vida é subjetivo, multidimensional e inclui elementos de avaliação tanto positivos como negativos (Fleck e cols., 1999).

Sendo o transplante um recurso da Medicina altamente sofisticado, dispendioso e que não promove a cura e reabilitação total dos pacientes, a maior ênfase é dada à questão da melhora da qualidade de vida nesses indivíduos.

Estudos realizados com grupos de pacientes em pré-transplante e grupos de pacientes transplantados de fígado, avaliaram qualidade de vida de pacientes transplantados em vários programas de atendimento voltados para essa clientela. Os autores utilizaram escalas para avaliar qualidade de vida relacionada à saúde, e obtiveram como resultados, a ocorrência de melhora significativa da qualidade de vida de pacientes transplantados, quando comparados ao grupo de pacientes em fila de espera. Os autores constataram que os pacientes começaram a gozar de uma melhor qualidade de vida após 8 meses de transplante. Detectaram ainda que os ganhos em 1 e 2 anos de transplante se mantiveram no decorrer dos anos seguintes. Nessa pesquisa, os autores se referem aos ganhos relacionados à vida social e profissional. Afirmam que o estado emocional, entretanto, não apresentou melhora significativa (Bona e cols., 2000; Bona e cols., 1998; Bryan e cols., 1998; Levy e cols., 1995; e Bravata, Olkin, Barnato, Keeffe & Owens, 1999).

Outros estudos, embora demonstrassem os ganhos, destacaram também o prejuízo na qualidade de vida em decorrência de complicações clínicas, principalmente a recidiva do vírus C, um dos causadores da cirrose hepática por vírus C-HCV (Hellgren, Blerglund, Gunnarson, Norberg & Backman, 1998; Singh, Gayowski, Wagener & Marino, 1999; Rodes & Navasa, 2000).

Holzner e cols. (2001) e Ratcliffe e cols. (2002) obtiveram resultados análogos aos estudos acima descritos, relacionados à qualidade de vida em transplante hepático. Os autores observaram melhora significativa na qualidade de vida de pacientes transplantados quando comparados a pacientes não transplantados e ainda constataram prejuízos na qualidade de vida no grupo de pacientes que tinham complicações clínicas importantes. Essas pesquisas foram especialmente significativas porque consideraram como parâmetro de comparação os resultados obtidos na aplicação das mesmas escalas na população geral. Os pesquisadores concluíram que os pacientes transplantados, embora experimentem melhora da qualidade de vida, apresentam índices inferiores aos da população geral. Perceberam que esses pacientes, mesmo apresentando uma boa recuperação, não voltarão a ser como antes da doença, ou como a população saudável, em termos de qualidade de vida.

Portanto, um dos fatores complicadores em pós-operatório de transplante hepático é a expectativa idealizada em pré-transplante. Essa expectativa, quando não devidamente abordada, poderá resultar em elevados níveis de frustração e conseqüente não reconhecimento de melhora.

No tocante ao transplante renal, parece haver um consenso no que se refere aos benefícios da cirurgia, quando bem sucedida, na qualidade de vida dos pacientes, segundo diferentes autores. Tais estudos apontam para a melhora em diferentes domínios na qualidade de vida dos transplantados, comparativamente ao que ocorre em pacientes que se submetem a tratamento dialítico, sobretudo a hemodiálise. No transplantado renal, são notórios os benefícios que a cirurgia propicia no rendimento físico, apetite, sono e vida sexual dos pacientes. A restrição de alimentos e de líquidos deixa de existir ou é atenuada e o nível de autonomia, anteriormente bastante prejudicado pela obrigatoriedade da diálise, apresenta melhora substancial (Gokal, 1993; Dew, Switzer, Goycoolea & DiMartini 1997; Khan e cols., 1995; Bremer, McCauley, Wrona & Johnson, 1989; Insense, Vilarde, Aranzabal & Lago, 1999).

Entretanto, conforme destacado por Vergoulas (2002), em artigo de revisão de pesquisas versando sobre o tema, é necessário que algumas variáveis sejam consideradas na avaliação da qualidade de vida de transplantados renais, tais como sexo e idade do paciente, os efeitos colaterais do uso continuado de medicamentos imunossupressores que evitam a rejeição do órgão transplantado, a presença de comorbidades, os episódios de rejeição e hospitalizações e o tempo de transplante.

Nossa experiência com a clientela de transplantados renais confirma os achados dos pesquisadores da área. Em acréscimo, destacamos que, no nosso entender, a percepção de melhora na qualidade de vida está, em grande parte dos casos, primariamente ligada à evolução médica satisfatória no pós-cirúrgico. Ainda que identifiquem na interrupção do tratamento dialítico e na descontinuidade de algumas restrições os maiores benefícios advindos do transplante, constatamos que pacientes que apresentam sinais de rejeição do órgão mais precocemente, que têm reinternações ou retornos médicos muito freqüentes por complicações clínicas ou que apresentam reações colaterais mais intensas derivadas da terapia imunossupressora, com maior freqüência questionam qual o real benefício que a cirurgia lhes proporcionou. Outras variáveis, tais como a existência de uma adequada rede de apoio familiar e social após o transplante, bem como o retorno para a atividade laboral também se mostram relevantes na percepção de qualidade de vida dessa clientela.

## Transplante pediátrico

Conforme mencionado no início do capítulo, o transplante é um recurso terapêutico utilizado para um portador de doença crônica. Quando esse portador é uma criança, nós nos deparamos com uma série de especificidades importantes a serem consideradas.

A criança portadora de doença crônica pode apresentar desajustes psicológicos decorrentes do estresse advindo com a enfermidade e respectivo tratamento. Os pais da criança doente freqüentemente sentem-se muito mais exigidos em seus papéis parentais. Testemunhar o sofrimento do filho doente provoca sentimentos variados como medo, culpa e impotência (Piccinini, Castro, Alvarenga, Vargas & Oliveira, 2003).

Do ponto de vista psicológico, a criança é um ser em desenvolvimento inserida em um ambiente que deve lhe prover cuidados, que estão diretamente relacionados às expectativas dos adultos (pais ou cuidadores) responsáveis por ela. Normalmente é esperado que as crianças brinquem, cresçam, aprendam e se desenvolvam de forma saudável, conquistando o mundo. Na verdade, as tarefas desenvolvimentais de crianças saudáveis e crianças portadoras de doença crônica são similares. No entanto, cumprir com as tarefas próprias da infância e lidar com o estresse comum dessa etapa se tornam mais difícil para a criança enferma (Vieira & Lima, 2002).

Quando estamos diante de uma criança candidata a transplante, o potencial idealizado pelos pais para o mundo infantil é atingido em função da doença crônica que o filho porta. É comum que os pais mergulhem no que é descrito por alguns autores como "luto antecipatório" (McDaniel, Hepworth & Doherty, 1994). Pode se instaurar uma dinâmica superprotetora dos pais em relação à criança, o que impede esta última de manifestar e usufruir naturalmente suas características saudáveis, como por exemplo, desempenhar a própria autonomia no que tange a realizações pertinentes à faixa etária. Ocorre uma espécie de bloqueio da vida imaginária dos pais, como se os sonhos para o futuro do filho tivessem que ser interrompidos.

A criança candidata a transplante renal ou de fígado freqüentemente está submetida a um tratamento que lhe impõe diversas privações. Há restrição alimentar ou hídrica, consultas médicas constantes, internações nos períodos de descompensação do quadro clínico que levam a procedimentos dolorosos e afastamento do círculo social de origem. Geralmente apresentam uma aparência física diferente das crianças saudáveis da mesma faixa etária. Demonstram fragilidade no próprio corpo, e por vezes, características específicas decorrentes da doença ou de efeitos colaterais das medicações, como, por exemplo, volume abdominal aumentado e tom de pele amarelado nos casos das crianças hepatopatas, edemas (inchaço) ou excesso de pelos no corpo nos casos das crianças com problemas renais.

As crianças portadoras de doenças renais, no período pré-transplante, contam com a possibilidade do tratamento dialítico enquanto aguardam a cirurgia. Tal recurso é muito valioso do ponto de vista clínico, pois garante a sobrevida da criança. Porém, interfere diretamente nas questões de ordem psicossocial, uma vez que o procedimento exige dedicação exclusiva durante determinado número de horas semanais em que a criança estará conectada ao equipamento para a substituição da função renal (Bellodi, 1994).

Como resultado desse conjunto de interferências no desenvolvimento, observa-se freqüentemente nas crianças hepatopatas e doentes renais crônicas prejuízos na freqüência escolar, limitações na vida social e dificuldades de adaptação geral decorrentes de baixa auto-estima.

No caso do transplante, o procedimento geralmente representa para a família e para a criança, conforme a idade, uma grande esperança para a minimização das dificuldades enfrentadas. Às vezes, as expectativas em relação ao transplante surgem de forma tão idealizada, que pais e criança acreditam que o procedimento trará o fim de todos os problemas.

A situação de cirurgia constitui momento importante de sobrecarga para o psiquismo infantil, podendo trazer à tona conflitos psicológicos que merecem cuidados específicos (Trinca, 1997). Chamamos a atenção para a importância de um processo psicodiagnóstico de caráter pré-cirúrgico, envolvendo criança e família. Os recursos psicológicos dos pais e da criança interagem constantemente, interferindo na qualidade da adaptação da criança à própria doença e tratamento.

No Ambulatório de Transplante Renal Infantil utilizamos algumas diretrizes de avaliação psicológica, conforme **Tabela 3** ao final do capítulo. A prática clínica tem mostrado que identificar os principais conflitos da criança relacionados à doença e ao procedimento, bem como as atitudes familiares pertinentes a tais questões, dão indicativos de prognóstico emocional no pós-operatório, facilitando a programação de estratégias de intervenção. Por exemplo, a administração da dieta pode ser um dos reflexos de como a família enfrenta a doença. Não resistir aos apelos da criança para comer determinado alimento pode estar relacionado com uma possível não aceitação da doença, com sentimento de culpa em não poder oferecer coisas boas ao filho, ou ainda, com falta de comprometimento em relação ao tratamento. Se a criança deixa de ir à escola por motivos vinculados à situação, segundo orientação médica, ou porque se sente diferente em relação aos colegas, ou se tal comportamento traduz um sintoma fóbico, também são indicativos na avaliação que demandam intervenções diferenciadas.

A compreensão que a criança tem da doença também é outro fator importante que deve ser relacionado com a situação de transplante. Conhecer quais informações ela tem a respeito da doença e sua etiologia indicam se a criança está respondendo cognitivamente de forma adequada a sua faixa etária. Os possíveis prejuízos nessa área devem ser considerados e correlacionados com as reações emocionais também pertinentes à situação. Identificar tais reações consiste, por exemplo, em compreender se há falhas na comunicação com a criança, ou se os conteúdos psicológicos estão se sobrepondo de tal maneira que promovem entraves. É importante considerar a qualidade das brincadeiras exercidas, quais seus interesses e potencial criativo; se apresenta comportamento irritável, impulsivo ou hiperativo; se apresenta características de hipoatividade, com maior tendência ao tônus depressivo; e ainda como lida com as próprias limitações e qual sua capacidade de tolerância à frustração, além da qualidade das relações que estabelece com os pais e familiares.

A avaliação completa irá determinar a tônica das próximas condutas. Caso necessário, a criança seguirá em acompanhamento psicoterápico no pré ou pós-operatório. Os focos de intervenção poderão ter caráter orientativo, esclarecedor ou suportivo, sempre contemplando também as necessidades da família.

Vale ressaltar que no caso das crianças doentes renais, o insucesso do transplante leva ao retorno do tratamento dialítico. Tal condição freqüentemente é vista como fracasso. Outro aspecto importante a ser levantado no caso do transplante pediátrico refere-se ao processo de reabilitação no período pós-transplante. Mesmo nos casos bem sucedidos clinicamente, observamos que o reingresso da criança em atividades e situações próprias à sua idade implica uma tarefa que traz novas demandas adaptativas.

## Doação em transplante

A realização de transplantes de órgãos intervivos teve origem nos anos 50, inicialmente entre gêmeos idênticos. Com o advento de novas medicações mais eficazes para que a rejeição do órgão transplantado (denominado enxerto) seja evitada, as doações provenientes de outros membros da família tornaram-se viáveis e com bons resultados, havendo uma diminuição considerável da ocorrência de rejeição do enxerto.

O doador vivo continua sendo, na maioria das vezes, um parente em primeiro grau do receptor. O parentesco e, quando possível, a semelhança imunológica, fazem com que, a médio e longo prazo, a duração do enxerto seja maior no transplante com doador vivo do que no transplante com doador cadáver (Salomão, Salazar, Câmara & Rambalducci, 1996).

Mais recentemente, na maioria dos países, a doação deixou de ser restrita a parentes geneticamente próximos, passando a ser extensiva a indivíduos que mantêm apenas uma relação legal, tal como um cônjuge, desde que exista uma profunda base emocional para a doação. Esses são os chamados doadores vivos não-relacionados (Lamb, 2000).

A realização de transplantes com doadores vivos representou um evidente benefício para os receptores que tiveram ampliado seu leque de possibilidades de tratamento de algumas doenças de curso crônico ou degenerativo.

Contudo, essa modalidade de transplante suscita, ainda na atualidade, discussões diversas em torno das implicações morais, éticas e emocionais.

Parte dessas implicações se confirma em nossa prática clínica, na qual observamos que, se por um lado a maioria dos doadores apresenta condição emocional satisfatória no pré e pós-cirúrgico, outros doadores, sobretudo em fase posterior ao transplante, evoluem com uma desadaptação psicológica mais intensa. Esta se expressa, por exemplo, no desenvolvimento de quadros de natureza ansiosa e ou depressiva mais exacerbados, na hipervigilância em relação a possíveis seqüelas físicas derivadas da retirada do órgão, em quadros álgicos e outras queixas físicas sem achados clínicos evidentes que as justifiquem ou no desenvolvimento de um relacionamento disfuncional com o receptor.

Abram & Buchanan (1976) referem que os doadores, apesar da motivação altruísta para oferecer o órgão, freqüentemente ocultam ressentimentos voltados para o receptor e comumente apresentam depressão no pós-operatório imediato, sobretudo quando há uma complicação orgânica, particularmente a rejeição do enxerto. Dado correlato é apontado por Baron (2001), que afirma que o doador tem sempre motivos latentes e manifestos para expressar o desejo de doar, razões estas que mesclam afetividade, comiseração, altruísmo e generosidade com fantasias de castração, medo da morte, das cicatrizes e da dor.

Conrad & Murray (1999) descrevem como respostas emocionais comuns aos receptores a ambivalência, a passividade e uma tendência à refutação da severidade de sua doença, ao passo que nos doadores identificam uma variabilidade de respostas que incluem desde o predomínio de sentimentos francamente altruísticos, passando pela ambivalência, até chegar à expressão de preocupações em torno de uma possível coerção para a doação.

Sharma & Enoch (1987), contrariamente, afirmam que não há indícios suficientes para que se possa concluir que a doação cause seqüelas emocionais a longo prazo, idéia esta partilhada também por Peters e cols. (2000). Em pesquisas conduzidas por esses estudiosos, a maioria dos doadores, independente do resultado do transplante, expressou sentimentos positivos sobre a cirurgia e verificou conseqüências mínimas em sua rotina e qualidade de vida posteriores.

Ainda que não haja um consenso entre os pesquisadores, Abecassis e cols. (2000) preconizam como medida a ser considerada no manejo dos potenciais doadores vivos o estabelecimento de algumas diretrizes que deveriam nortear rotineiramente a avaliação desses indivíduos, visando prevenir a incidência de quadros emocionais disfuncionais.

No entender dos autores, o paciente candidato à doação de órgão deve:

a) estar apto e competente a decidir

b) estar disposto a doar

c) estar livre de coerção

d) ser considerado médica e psicologicamente apropriado

e) dispor de todas as informações possíveis que digam respeito aos riscos e benefícios para o doador e no que concerne ao receptor.

Em vista dos achados na literatura especializada, bem como de nossa experiência junto a essa clientela, constatamos que a elaboração e implementação de protocolos específicos que visem à avaliação e intervenção em saúde mental junto a doadores vivos para transplante é conduta apropriada no intuito de que questões emocionais envolvidas na doação de órgãos intervivos sejam adequadamente abordadas, desde a fase pré-cirúrgica.

Com esse objetivo, elaboramos um protocolo psicológico especialmente voltado para os candidatos à doação. Nesse protocolo, são averiguados os seguintes aspectos:

a) grau de parentesco e relacionamento com o receptor

b) contexto em que se deu a decisão pela doação e circunstâncias que a precederam

c) fatores motivacionais envolvidos

d) participação da família ou de outras pessoas na decisão pela doação

e) indícios de coerção material ou emocional

f) vínculo anterior e atual entre o receptor e o paciente

g) grau de aceitação do paciente frente à proposição de doação

h) indícios de ambivalência ou de insegurança

i) repercussões, impressões e sentimentos relativos à doação

j) expectativas irreais ou inadequadas voltadas para o receptor ou órgão a ser doado.

Os achados psicodinâmicos do receptor e do doador são posteriormente confrontados com o objetivo de estabelecermos uma conduta particularizada para cada caso, incluindo, em certas situações, a contra-indicação da doação. Em casos de contra-indicação temporária, quando se identifica a presença de dificuldades emocionais relativas à cirurgia que são permeáveis à abordagem psicológica, propomos a inclusão do doador em programa de intervenção especialmente focalizada em tais dificuldades. Procedemos, então, à sua reavaliação posterior e à elaboração de um parecer conclusivo acerca de sua condição emocional.

Em casos excepcionais, nos quais o potencial doador não apresenta, em definitivo, condições emocionais que viabilizem a efetivação da doação, propomos a inclusão do receptor na fila de espera de órgão de cadáver ou a avaliação de um novo doador vivo potencial.

## A família do paciente transplantado

O transplante está sobreposto a uma condição de doença crônica, para a qual a família vinha buscando adaptação. A indicação e realização do transplante trazem uma nova situação a ser administrada pela família. A princípio, esse procedimento cirúrgico sugere ser um tratamento ou a cura definitiva para a doença, no entanto, o transplante consiste essencialmente na tentativa de aumento da sobrevida e na melhora da qualidade de vida do indivíduo enfermo. Os pacientes deixam de ser portadores de uma patologia crônica e passam a ser transplantados, o que significa continuidade de tratamento por toda a vida, exigindo participação ativa da família.

Observamos que o impacto do diagnóstico, o medo da cirurgia, o medo da morte, a relação com o recebimento de um órgão de um doador vivo ou cadáver e o significado dessa experiência têm influências sobre todo o sistema familiar. Com isso, percebemos que existe a necessidade de mudança nessa estrutura e em seu funcionamento visando encontrar um modo de lidar com todos esses sentimentos, os quais terão significados diferentes para cada membro dentro do mesmo sistema e uma implicação direta nas relações entre eles.

Considerados esses fatores, propomos, além de uma avaliação da estrutura familiar, seu posterior acompanhamento.

O acompanhamento psicológico à família do paciente transplantado visa a buscar acomodação da situação de doença e tratamento dentro da estrutura existente. Devemos considerar que cada família tem seu estilo e sua própria estrutura e, por isso, não podemos exigir transformações imediatas mas sim adequação e acomodação à nova realidade. A transformação poderá ocorrer em decorrência do próprio crescimento e desenvolvimento da família, mas sempre partirá da própria família. O psicólogo tem o papel de acompanhar as mudanças, tornar claras as relações, orientar e oferecer tratamento psicoterapêutico.

O acompanhamento também tem por objetivo motivar a família a se desenvolver, impedindo paralisações, desistência de projetos e objetivos, tanto do grupo como de seus integrantes, individualmente (Rolland, 1995).

Em nossa experiência, tem se evidenciado que esse tipo de suporte ameniza os conflitos familiares e, por conseqüência, viabiliza melhor adesão ao tratamento, proporciona melhor qualidade de vida, maior apoio ao paciente e melhor relação com a equipe hospitalar.

## Avaliação psicológica

Considerando todos os aspectos até aqui descritos, partiremos, então, para a discussão sobre a avaliação psicológica dos pacientes.

A despeito da experiência mais extensa já adquirida até aqui junto a essa clientela, consideramos relevante a reflexão acerca de questões como: Qual a finalidade da avaliação? O que avaliar? Como avaliar?

A avaliação psicológica sempre esbarrará em conflitos éticos e morais. Para o psicólogo, a tarefa de avaliação de pacientes em pré-transplante ainda se configura como um campo de inúmeros desafios:

- a necessidade de aferir comportamentos, sentimentos que não são facilmente mensuráveis, de modo a formular uma hipótese psicodinâmica precisa sobre as condições emocionais do paciente para a cirurgia.
- a carência de "marcadores" psíquicos de elevada precisão (análogos aos marcadores clínicos) que fundamentem a indicação ou a contra-indicação – absoluta ou relativa, temporária ou definitiva – para o transplante.
- a conciliação de expectativas de realização do transplante pela equipe médica, pelo paciente e seus familiares, com os achados resultantes da avaliação psicológica.

Sabemos que o transplante é um procedimento dispendioso para a sociedade, do ponto de vista financeiro. Sabemos ainda que esta mesma sociedade que critica, por vezes, a escolha sobre quem receberá o órgão, também nos confronta quando um órgão é perdido em função da não adesão ao tratamento, pois, em última instância, outra pessoa deixou de ser beneficiada e pode ter morrido por isso.

Considerando toda a polêmica que este tema gera, é necessário ter cautela e minúcia ao avaliar um paciente candidato ao transplante.

Castro & Castro (1996) afirmam que a literatura mundial considera que, do ponto de vista psiquiátrico e psicológico, as contra-indicações se dividem em absolutas e relativas. As contra indicações absolutas incluem: alcoolismo ativo, oposição formal e declarada do paciente, retardo mental severo e episódio agudo de distúrbio psicótico. As contra-indicações relativas incluem: má adesão ao tratamento, utilização de substâncias psicoativas, distúrbio grave da personalidade e ausência de suporte familiar.

O procedimento padrão do Programa de Transplante Hepático e do Ambulatório de Transplante Renal da Santa Casa de São Paulo, no que se refere à abordagem médica dos pacientes candidatos ao transplante, constitui-se de um protocolo de avaliações e de tratamento clínico, como objetivo de obter melhora dos sintomas e preparo físico do paciente para o transplante. Após essa avaliação, o paciente é considerado apto ou não para a cirurgia, do ponto de vista clínico. A partir de então, iniciam-se outras avaliações, dentre elas a avaliação psicológica.

A abordagem psicológica é realizada através de uma avaliação de todos os pacientes e da proposição do acompanhamento psicoterapêutico, em alguns casos específicos.

Nossa avaliação tem por objetivo observar a dinâmica emocional e o funcionamento psíquico do paciente, bem como a qualidade do apoio familiar. São utilizadas entrevistas, testes psicológicos projetivos como o Teste de Apercepção Temática – TAT (Murray, 1995) e o HTP (Buck, 2003) e, eventualmente, escalas utilizadas para avaliação em saúde mental: SF-36 (Ciconelli, 1997) e o Inventário Beck de Depressão (Gorenstein & Andrade, 2000).

Em nossa prática, constatamos que os testes e escalas representam um recurso a mais na investigação de aspectos da personalidade do paciente e, dessa forma, facilitam a detecção de desajustes emocionais relacionados à cirurgia e outros que possam comprometer a adesão ao tratamento e a melhora da qualidade de vida. Além disso, servem como elemento subsidiário para a identificação de casos que demandam atenção especial, tais como quadros depressivos mais graves ou transtornos de personalidade, particularmente sociopatias. No primeiro caso, os pacientes são incluídos em programa de acompanhamento psicoterapêutico semanal e, no segundo, discutimos a possibilidade de contra-indicação por dificuldades relativas à adesão ao tratamento que estes pacientes apresentam.

Observamos que grande parte dos pacientes hepatopatas avaliados e encaminhados para o acompanhamento psicoterapêutico tem boa adesão e segue para a cirurgia em melhores condições emocionais.

Verificamos, porém, que, dentre os doentes renais crônicos, a adesão ao acompanhamento psicológico mais sistemático se mostra prejudicada em significativa parcela dessa clientela. Atribuímos isso ao fato de que tais pacientes, por seguirem uma rotina extenuante que inclui a realização continuada do tratamento dialítico, seja no domicílio ou em unidades ambulatoriais, apresentam menor disponibilidade para o acompanhamento psicoterapêutico convencional, em virtude do desgaste físico e emocional derivados do tratamento em curso, dos gastos elevados com as vindas freqüentes ao hospital, das constantes intercorrências clínicas e hospitalizações, dentre outros fatores. Considerada essa realidade, procura-se, na medida do possível, adequar os horários de atendimento psicológico, conciliando-os com os retornos médicos ou com a realização de exames.

O acompanhamento psicoterapêutico se sustenta nos pressupostos da Psicoterapia Breve e é realizado no próprio Ambulatório, semanal ou quinzenalmente, dependendo da necessidade.

No caso dos doentes renais crônicos, utilizamos também, como método de intervenção, as "consultas terapêuticas", nos moldes do que propõe Winnicott (1984), através do monitoramento periódico mensal de pacientes que estão no aguardo da cirurgia, mas que não necessitam de acompanhamento psicológico mais sistemático.

Os pacientes hepatopatas que não necessitam de psicoterapia participam do Programa de Preparo para a Cirurgia em Grupo e são acompanhados individualmente após o transplante. O Programa é realizado com grupos de 8 a 10 pacientes que encontram-se próximos de serem convocados para o transplante. As sessões são temáticas e têm duração de 10 encontros quinzenais de 90 minutos. Os pacientes que não necessitam de psicoterapia individual pré-transplante participam do grupo e também são acompanhados individualmente após o transplante.

Como estratégia de abordagem adicional, é distribuído para pacientes e familiares o *Manual de Orientação Psicossocial em Transplantes*, especialmente elaborado pelas autoras, que contém informações e orientação sobre o tratamento, o transplante e o pós-operatório.

Algumas diretrizes de avaliação utilizadas por nosso Serviço junto aos candidatos a transplante renal encontram-se descritas nas **Tabelas 1 e 2,** no caso dos adultos, e na **Tabela 3**, no caso das crianças.

As diretrizes de avaliação utilizadas no Programa de Transplante Hepático encontram-se na Ficha de Avaliação Psicológica apresentada na **Tabela 4**.

Tabela 1: *Diretrizes psicológicas para avaliação do receptor adulto em Transplante Renal*

| | |
|---|---|
| 1) DADOS DE IDENTIFICAÇÃO E CARACTERIZAÇÃO SÓCIO-DEMOGRÁFICA DO PACIENTE | Nome. Sexo. Idade. Situação sócio-econômica. Situação profissional. Estado civil. Religião. |
| 2) PERÍODO DE AVALIAÇÃO | Data do pedido de consulta. Início e término da avaliação. |
| 3) METODOLOGIA UTILIZADA NA AVALIAÇÃO | Entrevistas, escalas psicométricas, testes psicológicos? |
| 4) DADOS PSICOLÓGICOS RELEVANTES PRÉVIOS À DOENÇA RENAL | Infância / Adolescência / Período atual. Eventos significativos e impacto emocional destes. |
| 5) DINÂMICA EMOCIONAL | Estrutura de personalidade. Temperamento. Reações e estratégias de enfrentamento prevalentes frente a situações de estresse e/ou de perda. Mecanismos de defesa predominantes. Histórico psicopatológico (individual e familiar). Uso de medicação psicoativa ou de outras substâncias. |
| 6) IMPACTO EMOCIONAL DA DOENÇA RENAL E DO TRATAMENTO PROPOSTO | Reação de ajustamento, com melhora posterior? Reação de ajustamento, com manutenção de sintomas sugestivos de desadaptação emocional, na atualidade? Outros quadros psicopatológicos no curso da doença e/ou tratamento? Tipo de reação apresentada (ansiedade? depressão? revolta? sentimentos de desistência/ideação suicida?). |
| 7) RECURSOS INTELECTUAIS | Bons / Regulares / Insuficientes? Há compreensão adequada da doença, do tratamento atual e do processo de transplante pelo paciente? |
| 8) TRATAMENTO EM CURSO | Conservador / Diálise / Hemodiálise. |
| 9) ADESÃO AO TRATAMENTO EM CURSO: (quanto à diálise, restrição alimentar, restrição na ingesta de líquidos, medicação em uso) | Presente / Ausente? Problemas de adesão decorrem de dificuldades extrínsecas ou inerentes ao paciente? |
| 10) QUALIDADE DE VIDA ATUAL | Satisfatória / Regular / Insatisfatória? Em qual(is) domínio(s) é(são) verificado(s) prejuízos mais proeminentes, se presentes? |
| 11) RECURSOS ADAPTATIVOS APRESENTADOS FRENTE A DIFICULDADES IMPOSTAS PELA DOENÇA / TRATAMENTO | Busca soluções frente a dificuldades, predominantemente / parcialmente? |
| 12) DINÂMICA E RETAGUARDA FAMILIAR (FAMÍLIA DE ORIGEM E GRUPO FAMILIAR ATUAL) NO TRANSCURSO DA DOENÇA, DO TRATAMENTO E DO PREPARO PARA O TRANSPLANTE | Satisfatória / Regular / Insatisfatória? |

| | |
|---|---|
| **13) DOADOR(ES) VIVO(S) EM POTENCIAL?** | Grau de parentesco? Circunstâncias que precederam a iniciativa pela doação. Participação da família e/ou de outras pessoas na iniciativa pela doação? Indícios de coerção material / emocional? Vínculo anterior e atual entre receptor e doador. Grau de aceitação do receptor frente à proposição de doador vivo. Grau de aceitação do receptor frente ao doador atualmente disponível. Indícios de ambivalência? Insegurança? Repercussões / impressões / sentimentos frente a esta modalidade de doação. Expectativas irreais e/ou inadequadas voltadas para o doador / órgão transplantado? |
| **14) DOADOR CADÁVER EM POTENCIAL?** | Circunstâncias que precederam a decisão por esta modalidade de doação. Houve iniciativa de doação por pessoa relacionada, anteriormente? Escolha do doador cadáver deu-se por razões intrínsecas ou extrínsecas ao paciente? Grau de aceitação do receptor frente à proposição de doador cadáver. Indícios de ambivalência? Insegurança? Repercussões / impressões / sentimentos frente a esta modalidade de doação. Expectativas irreais e/ou inadequadas voltadas para o doador / órgão transplantado. |
| **15) INFORMAÇÕES SOBRE O TX** | Adequadas / Inadequadas? Bom nível de informações / Informações parciais / Sem informações? Fonte de informações (equipe médica? pacientes? familiares? outros meios?). |
| **16) TEMORES FRENTE AO TX** | Ausentes / Difusos – não especificados / Específicos: relativos ao procedimento cirúrgico? à hospitalização? à evolução clínica no pós-transplante? ao doador? outros? Temores são explicitados abertamente ou permanecem implícitos no relato do paciente? São contextualizados à situação de transplante? Interferem na decisão por realizar a cirurgia? São permeáveis à abordagem específica visando tranqüilização / asseguramento? |
| **17) EXPECTATIVAS FRENTE AO TX** | Predominantemente positivas / ambivalentes / negativas? Expectativas relatadas são contextualizadas à situação de transplante? São realistas? Fantasiosas? Irreais? Expectativas relatadas interferem na decisão de realizar a cirurgia? Expectativas não adequadas são permeáveis à abordagem específica visando esclarecimento / elaboração mais satisfatória da situação? |

| | |
|---|---|
| 18) DINÂMICA EMOCIONAL RELATIVA AO TRANSPLANTE | Sem evidência de quadro emocional desadaptativo? Reação de ajustamento contextualizada à perspectiva de realização do transplante? Reação de ajustamento não contextualizada à perspectiva de realização do transplante? Grau de motivação. Quais dados são preditivos a uma evolução emocional satisfatória ou insatisfatória no pós-cirúrgico imediato e tardio? Grau presumido de adesão a condutas de auto-cuidado no pós-transplante. |
| 19) RELAÇÃO COM A EQUIPE DE SAÚDE: (DO SERVIÇO DE ORIGEM DO PACIENTE E DO NOSSO SERVIÇO) | Satisfatória / Regular / Insatisfatória? Dificuldades constatadas? Tipo de vínculo predominante. |
| 20) COMPORTAMENTO DO PACIENTE DURANTE A AVALIAÇÃO PSICOLÓGICA | Colaborativo? Com adesão aos atendimentos propostos? |
| 21) PARECER PSICOLÓGICO | Apto ou não apto para o transplante, no momento? Motivos. |
| 22) SUGESTÃO DE CONDUTA À EQUIPE TRANSPLANTADORA | Sugestão de formas de manejo do paciente, visando à melhora de sua condição emocional em pré e pós-cirúrgico. |
| 23) CONDUTA PROPOSTA PELA PSICOLOGIA | Reavaliação posterior para elaboração de laudo conclusivo? Avaliação complementar com familiares? Ambulatório – Psicologia à disposição do paciente, para retorno espontâneo? Seguimento psicológico ambulatorial pré e/ou pós transplante? Solicitação de avaliação complementar pela Psiquiatria? Necessidade de atendimento voltado para o grupo familiar? |

Tabela 2: *Diretrizes psicológicas adicionais\* de avaliação do doador em Transplante Renal*

| | |
|---|---|
| GRAU DE PARENTESCO / RELACIONAMENTO COM O RECEPTOR | Com vínculo consangüíneo? Doador vivo não relacionado? |
| CONTEXTO EM QUE SE DEU A DECISÃO PELA DOAÇÃO | Circunstâncias que precederam a iniciativa pela doação. Fatores motivacionais envolvidos. Participação da família e/ou de outras pessoas na iniciativa pela doação? Indícios de coerção material / emocional? Vínculo anterior e atual entre receptor e o paciente. Grau de aceitação do paciente frente à proposição de doação. Indícios de ambivalência? Insegurança? Repercussões / impressões / sentimentos frente à doação. Expectativas irreais e/ou inadequadas voltadas para o receptor / órgão a ser doado. |

\*A avaliação do doador inclui os itens 1 a 3, 5, 7, 10, 12, e 15 a 23 que constam do protocolo do receptor (Tabela 1)

Tabela 3: *Avaliação psicológica pré-cirúrgica – Transplante Renal Infantil*

| |
|---|
| Nome do paciente:                                           Registro: |
| Endereço:                                                   Telefone: |
| Nome do pai: |
| Nome da mãe: |
| Constituição familiar: |
| Nível de escolaridade: |
| Produção escolar: |
| Vida social e lazer: |
| Diagnóstico e tempo de tratamento: |
| Formas atuais de tratamento: |
| Informações e compreensão a respeito da doença e tratamento: |
| Dinâmica psicológica do paciente: |
| Expectativas do paciente diante do TX: |
| Expectativas da família diante do TX: |
| Dinâmica familiar: |
| Considerações finais: |

Tabela 4: *Ficha de avaliação psicológica do Programa de Transplante Hepático – Adultos*

---

**DADOS DE IDENTIFICAÇÃO**

Nome: _____ Idade: _____

Endereço: _____ F: _____

Escolaridade: _____ Naturalidade: _____ Religião: _____

Profissão: _____ Diagnóstico: _____

Período da avaliação: _____

**CONSTITUIÇÃO FAMILIAR ATUAL**

**ANTECEDENTES PSICOPATOLÓGICOS**

Anterior à Doença Hepática
( ) Não
( ) Sim   Qual? _____

Concomitante à Doença Hepática
( ) Não
( ) Sim   Qual? _____

Uso de Medicação Psicoativa?
( ) Não
( ) Sim   Qual? _____ Desde quando? _____

Ideação Suicida?
( ) Não
( ) Sim
( ) Sim, ainda ativa

História de uso de drogas
( ) Não
( ) Sim

História de alcoolismo
( ) Não
( ) Sim, em uso
( ) Sim, em abstinência
Há quanto tempo? _____ De que forma parou? _____

## DOENÇA E TRATAMENTO

Grau de assimilação da doença e do tratamento (TX)

( ) Bom

( ) Regular

( ) Ruim

Adesão ao tratamento atual

( ) Total

( ) Parcial

Aceitação do transplante

( ) Sim

( ) Não

( ) Ambivalência

Obs.: _____

Expectativas frente ao transplante

( ) Positivas

( ) Negativas

( ) Ambivalentes

( ) Idealizadas

Obs.:_____

Temores relacionados ao transplante

( ) Ausentes

( ) Difusos

( ) Específicos – Em relação a: _____

_____

( ) dentro do esperado

( ) acima do esperado

## QUALIDADE DE VIDA

(segundo a percepção do paciente ou familiar)

( ) Satisfatória

( ) Regular

( ) Insatisfatória

Obs.: _____

## FAMÍLIA

Núcleo familiar atual

( ) Estruturada

( ) Desestruturada

( ) Oferece apoio ao paciente

Família de origem

( ) Estruturada

( ) Desestruturada

( ) Oferece apoio ao paciente

Obs.:_____

## ESTADO EMOCIONAL GERAL

Relativo ao transplante

( ) Sem evidência de quadro emocional desadaptativo

( ) Reação de ajustamento contextualizada à perspectiva de realização do transplante

( ) Reação de ajustamento não contextualizada à perspectiva de realização do transplante

Relativo a outras circunstâncias, genericamente

( ) Sem problemática específica

( ) Com problemática apresentada:

    ( ) Relativa ao paciente

    ( ) Relativa à família

    ( ) Relativa ao meio social

    ( ) Outras

Obs.: _____

Recursos emocionais

( ) Satisfatórios

( ) Regulares

( ) Insatisfatórios

Obs.:_____

## CONCLUSÃO

( ) Não favorável ao transplante

( ) Não favorável ao transplante, no momento

( ) Favorável, no momento

( ) Favorável, no momento, com recomendações à equipe

Necessário acompanhamento psicológico ambulatorial?

( ) Sim

( ) Não

## Referências bibliográficas

ABECASSIS, M.; ADAMS, M.; ADAMS, P.; ARNOLD, R.M.; ATKINS, C. R.; BARR, M. L.; BENNETT, W. M.; BIA, M.; BRISCOE, D. M.; BURDICK, J.; CORRY, R. J.; DAVIS, J.; DELMONICO, F. L.; GASTON, R. S.; HARMON, W.; JACOBS, C. L.; KAHN, J.; LEICHTMAN, A.; MILLER, C.; MOSS, D.; NEWMANN, J. M.; ROSEN, L. S.; SIMINOFF, L.; SPITAL, A.; STARNES, V. A.; THOMAS, C.; TYLER, L. S.; WILLIAMS, L.; WRIGHT, F. H. & YOUNGNER, S. – Consensus Statement on The Live Organ Donor. *Journal of the American Medical Association*, 284 (22): 2919-2926, 2000.

ABRAM, H. S. & BUCHANAN, D. C. – The Gift of Life: A Review of the Psychological Aspects of Kidney Transplantation. *International Journal Psychiatry Medicine*, 7 (2):153-64, 1976-77.

ASSOCIAÇÃO BRASILEIRA DE TRANSPLANTE DE ÓRGÃOS - ABTO – *Registro Brasileiro de Transplantes*, ano IX: (2), 2004.

BARON, M. – *Transplante - O Doar e o Receber*. Disponível em: http://www.hse.rj.saude.gov.br/revista/transp.html, 2001.

BELLODI, P. L. – *Contribuição das Técnicas de Exame Psicológico ao Estudo de Pacientes com Insuficiência Renal numa Unidade de Diálise Infantil*. Dissertação de Mestrado, Universidade de São Paulo. São Paulo, 1994.

BLUMENTHAL, J. A. & MARK, D. B. – Quality of Life after Cardiac Surgery. *Psychosomatic Medicine*, 56: 213-215, 1994.

BONA, M. D.; RUPOLO, G.; PONTON, P.; LEMMOLO, R.; BOCCAGNI, P.; DESTRO, C.; ERMANI, M.; NACCARATO, R. & BURRA, P. – The Effect of Recurrence of HCV Infection of Life after Liver Transplantation. *Transplant International*, 11 (1): S475-479, 1998.

BONA, M. D.; PONTON, P.; ERMANI, M.; LEMMOLO, R. M.; FELTRIN, A.; BOCCAGNI, P.; GERUNDA, G.; NACCARATO, R.; RUPOLO, G. & BURRA, P. – The Impact of Liver Disease and Medical Complications on Quality of Life and Psychological Distress Before and After Liver Transplantation. *Journal of Hepatology*, 33 (4): 609-615, 2000.

BRAVATA, D. M.; OLKIN, I.; BARNATO, A. E.; KEEFFE, E. B. & OWENS, D. K. – Health Related Quality of Life after Liver Transplantation: A Meta-Analysis. *Liver Transplantation Surgery*, 5 (4): 318-331, 1999.

BREMER, B. A.; MCCAULEY, C. R.; WRONA, R. M. & JOHNSON, J. P. – Quality of Life in End Stage Renal Disease: a Reexamination. *American Journal of Kidney Diseases*, 13: 200-209, 1989.

BRYAN, S.; RATCLIFFE, J.; NEUBERGER, J. M.; BURROUGHS, A. K.; GUNSON, B. K. & BUXTON, M. J. – Health-Related Quality of Life Following Liver Transplantation. *Quality of Life Research*, 7 (2): 115-120, 1998.

BUCK, J. N. (1948) – *HTP: Casa-Árvore-Pessoa. Técnica Projetiva de Desenho: Manual e Guia de Interpretação*. Vetor. São Paulo, 2003.

CASTRO, E. E. C. & CASTRO, J. O. – Dimensões Psicológicas e Psiquiátricas. In: Pereira, W. A. (Org.), *Manual de Transplantes de Órgãos e Tecidos*. MEDSI. Rio de Janeiro, 1996.

CICONELLI, R. M. – *Tradução para o Português e Validação do Questionário Genérico de Avaliação de Qualidade de Vida "Medical Outcomes Study 36-Item Short Form Health Survey (SF-36)"*. Tese de Doutorado. Universidade Federal de São Paulo - Escola Paulista de Medicina. São Paulo, 1997.

CONRAD, N. E. & MURRAY, L. R. – The Psychosocial Meanings of Living Related Kidney Organ Donation: Recipient and Donor Perspectives – Literature Review. *ANNA Journal*, 26 (5): 485-490, 1999.

D´ALBUQUERQUE, L. A. C. – Transplante de Fígado. In: Pereira, W. A. (Org.), *Manual de Transplantes de Órgãos e Tecidos*. MEDSI. Rio de Janeiro, 2001.

DEW, M. A.; SWITZER, G. E.; GOYCOOLEA, J. M. & DiMARTINI, A. – Does Transplantation Produces Quality of Life Benefits? *Transplantation*, 64: 1261-1273, 1997.

FERRAZ, M. B. – Qualidade de Vida: Conceito e Breve Histórico. *Revista Jovem Médico*, 4: 219-222, 1998.

FLECK, M. P. A.; LOUZADA, S.; XAVIER, M.; CHACHAMOVICH, E.; VIEIRA, G.; SANTOS, L. & PINZON, V. – Aplicação da Versão em Português do Instrumento de Avaliação de Qualidade de Vida da Organização Mundial de Saúde (WHOQOL-100). *Revista de Saúde Pública*, 33 (2): 198-205, 1999.

GOKAL, R. – Quality of Life in Patients Undergoing Renal Replacement Therapy. *Kidney International*, 43: S23-27, 1993.

GORENSTEIN, C. & ANDRADE, L. – Inventário de Depressão de Beck - Propriedades Psicométricas da Versão em Português. In: Gorenstein, C., Andrade, L. S. G. & Zuardi, A. W. (Eds.), *Escalas de Avaliação Clínica em Psiquiatria e Psicofarmacologia*. Lemos. São Paulo, 2000.

HELLGREN, A.; BLERGLUND, B.; GUNNARSON, K.; NORBERG, U. & BACKMAN, L. – Health-Related Quality of Life Liver Transplantation. *Liver Transplantation Surgery,* 4 (3): 215-221, 1998.

HOLZNER, B.; KEMMLER, G.; KOPP, M.; DACHS, E.; KASERBACHER, R.; SPECHTENHAUSER, B.; VOGEL, W. & SPEMER-UNTERWEGER, B. – Preoperative Expectations and Postoperative Quality of Life in Liver Transplant Survivors. *Archives of Physical Medicine and Rehabilitation,* 82 (1): 73-79, 2001.

INSENSE, B.; VILARDE, I. J.; ARANZABAL, J. & LAGO, A. M. – Quality of Life in Renal, Hepatic and Heart Transplant Patients. *Transplantation Proceedings,* 31: 2647-2648, 1999.

KHAN, I. H.; GARRATT, A. M.; KUMAR, A.; CODY, D. J.; CATTO, G. R.; EDWARD, N. & MacLEOD, A. M. – Patient's Perception of Health on Renal Replacement Therapy: Evaluation Using a New Instrument. *Nephrology, Dialysis, Transplantation,* 10: 684-689, 1995.

KIMACHI, Y. L. – Insuficiência Renal Crônica. In: Ferraz, A. S. (Org.), *Manual de Tratamento de Insuficiência Renal Crônica Terminal.* Interamericana. Rio de Janeiro, 1981.

LAMB, D. – *Transplante de Órgãos e Ética.* Sobravime/Hucitec. São Paulo, 2002.

LEVY, M. F.; ABOUJOUD, M. S.; MULLIGAN, D. C.; GOLDSTEIN, R. M.; HUSBERG, B. S.; GONWA, T. A. & KLINTMALM, G. B. – Quality of Life Improvements at One, Two, and Five Years after Liver Transplantation. *Transplantation,* 59 (4): 515-518, 1995.

MATTA, G. C. & BORBA, M. C. – Psychological Aspects in a Kidney Transplantation Situation. *Jornal Brasileiro de Medicina,* 64 (4): 53, 57-58, 63-64, 1993.

McDANIEL, S. H.; HEPWORTH, J. & DOHERTY, W. J. – *Terapia Familiar Médica: um Enfoque Biopsicossocial às Famílias com Problemas de Saúde.* Artes Médicas. Porto Alegre, 1994.

MURRAY, H. A. (1937) – *Teste de Apercepção Temática - TAT.* Casa do Psicólogo. São Paulo, 1995.

PARSE, R. R. – Quality of Life: Science and Living the Art of Human Becoming. *Nursing Science Quarterly,* 7 (1): 16-21, 1994.

PEPLAU, H. E. – Quality of Life: an Interpersonal Perspective. *Nursing Science Quarterly,* 7 (1): 10-15, 1994.

PEREIRA, W. A.; GALIZI FILHO, J.; LIMA, A. S. & ANDRADE, M. A. C. – Transplante de Fígado. In: Pereira, W. A. (Org.), *Manual de Transplantes de Órgãos e Tecidos.* MEDSI. Rio de Janeiro, 1996.

PETERS, T. G.; REPPER, S. M.; JONES, K. W.; WALKER, G. W.; VINCENT, M. & HUNTER, R. D. – Living Kidney Donation: Recovery and Return to Activities of Daily Living. *Clinical Transplantation.,* 14 (4 Pt 2): 433-438, 2000.

PHILIPS, J. R. – Quality of Life Research: its Increasing Importance. *Nursing Science Quarterly,* 8 (3): 100-101, 1995.

PICCININI, C. A.; CASTRO, E. K.; ALVARENGA, P.; VARGAS, S. & OLIVEIRA, V. Z. – A Doença Crônica Orgânica na Infância e as Práticas Educativas Maternas. *Estudos de Psicologia,* 8 (1): 75-83, 2003.

RATCLIFFE, J.; LONGWORTH, L.; YOUNG, T.; BRYAN, S.; BURROUGHS, A. & BUXTON, M. – Assessing Health-Related Quality of Life Pre and Post-Liver Transplantation: A Prospective Multicenter Study. *Liver Transplantation,* 8 (3): 263-70, 2002.

RODES, J. & NAVASA, M. Transplantation and Quality of Life. *Journal of Gastroenterology,* 14 (8): 693-699, 2000.

ROLLAND, J. S. – Doença Crônica e o Ciclo de Vida Familiar. I In: Carter, B. & Mcgoldrick, M., *As Mudanças no Ciclo de Vida Familiar: Uma Estrutura para a Terapia Familiar.* Artes Médicas. Porto Alegre, 1995.

SALOMÃO FILHO, A.; SALAZAR, H. M.; CÂMARA, F. P. & RAMBALDUCCI, S. – Transplante Renal. In: Pereira, W. A. (Org.), *Manual de Transplantes de Órgãos e Tecidos.* MEDSI. Rio de Janeiro, 1996.

SHARMA, V. K. & ENOCH, M. D. – Psychological Sequelae of Kidney Donation: A 5-10 Year Follow-up Study. *Acta Psychiatrica Scandinavica,* 75 (3):264-7, 1987.

SINGH, N.; GAYOWSKI, T.; WAGENER, M. M. & MARINO, I. R. – Quality Of Life, Functional Status, and Depression in Male Liver Transplantation Recipients with Recurrent Viral Hepatitis C. *Transplantation,* 67 (1): 69-72, 1999.

TRINCA, A. M. T. – *A Apreensão de Conteúdos Emocionais de Crianças em Situação Pré-Cirúrgica.* Dissertação de Mestrado. Universidade de São Paulo. São Paulo, 1997.

VERGOULAS, V. G. – Quality of Life in Patients with Kidney Transplantation. *Hippokratia,* 6 (1): 91-98, 2002.

VIEIRA, M. A. & LIMA, R. A. G. – Crianças e Adolescentes com Doença Crônica: Convivendo com Mudanças. *Revista Latino-Americana de Enfermagem,* 10 (4): 552-560, 2002.

WINNICOTT, D. W. – *Consultas Terapêuticas em Psiquiatria Infantil.* Imago. Rio de Janeiro, 1984.

# CAPÍTULO 13

# A NEUROPSICOLOGIA NO HOSPITAL GERAL

Silvia Faigenbaum Balsimelli
Mirella Baise Duque
Ana Paula Sabatini de Mello
Wilze Laura Bruscato

## Introdução

Nos últimos anos, muitos pesquisadores voltaram seu interesse para a Neuropsicologia, muito conhecimento vem sendo produzido nessa área e, em virtude disso, o Conselho Federal de Psicologia reconheceu, através da Resolução n.º 002/2004 (CFP, 2004), a Neuropsicologia como uma especialidade em Psicologia, para a finalidade de concessão e registro de título de especialista. Mas o que vem a ser Neuropsicologia? E porque desperta tanto interesse?

Este capítulo tem como finalidade abordar questões relativas à Neuropsicologia, uma vez que, também nos hospitais gerais, esse campo de atuação psicológica vem se tornando imprescindível. Primeiramente, o leitor terá contato com conceitos e com a história da Neuropsicologia, para então entender o que são a avaliação e a reabilitação neuropsicológicas que praticamos. Os tópicos seguintes tratarão da Neuropsicologia no contexto do Hospital Geral e abordaremos, especificamente, o trabalho realizado pela equipe de neuropsicólogas do Serviço de Psicologia Hospitalar na Santa Casa de São Paulo.

### a) Conceitos relacionados à Neuropsicologia

A Neuropsicologia é uma ciência aplicada que está relacionada às manifestações comportamentais de disfunções cerebrais (Lezak, 1995). Sua rápida evolução nos últimos anos reflete o interesse crescente dos psicólogos e demais profissionais da saúde nos problemas práticos de identificação, avaliação, cuidado e tratamento de pessoas com danos cerebrais. Ela surgiu da necessidade de compreensão das relações entre *cognição* e *comportamento humano*. É uma área específica da Psicologia que tem, como principal característica, a busca da compreensão do funcionamento cerebral na tarefa de cognição.

***Cognição*** corresponde ao conjunto de atividades e processos pelos quais um organismo adquire informação e desenvolve conhecimentos. Para isso, utiliza-se de mecanismos mentais (funções cognitivas) que agem sobre a informação sensorial, buscando a sua interpretação, classificação e organização. As ***funções cognitivas*** são as seguintes: percepção, orientação, atenção, praxia (capacidade de executar pequenas tarefas e movimentos específicos em resposta a estímulos), memória, aprendizagem, linguagem, pensamento, gnosia (capacidade de reconhecer estímulos sensoriais, táteis e auditivos) e funções executivas centrais (raciocínio, planejamento e flexibilidade mental).

As quatro maiores classes de funções cognitivas têm analogia com operações de recepção (*input*), armazenamento, processamento e expressão (*output*) da informação sensorial. Assim:

1) Percepção, atenção, orientação e gnosia, funções receptivas, envolvem as habilidades para selecionar, classificar e integrar informações

2) Memória e aprendizagem referem-se ao armazenamento de informações e sua recuperação

3) Pensamento corresponde ao processamento, à organização e reorganização mental da informação

4) Linguagem, praxia e funções executivas centrais são as funções expressivas através das quais as informações são comunicadas e expressas (Lezak, 1995).

## b) Histórico da Neuropsicologia

O surgimento da Neuropsicologia se deu entre duas vertentes: a Psicologia Científica, que estuda o comportamento humano, as estruturas funcionais responsáveis pelas atividades mentais superiores, pelo movimento e pela ação, e a Neurologia, que estuda tanto o envolvimento do Sistema Nervoso no comportamento, como as alterações causadas por patologias ou lesões cerebrais.

Em 1861, Broca realizou um estudo anátomo-clínico no qual demonstrou a relação entre lobo frontal esquerdo e linguagem. Suas conclusões, baseadas em avaliações clínicas, em estudos anatômicos e, em particular, no estudo de dois pacientes e suas posteriores autópsias, são consideradas, atualmente, o marco inicial da Neuropsicologia. Pela primeira vez, havia sido localizada uma função mental complexa, em uma área específica do córtex e demonstrada, também, uma diferenciação entre os hemisférios cerebrais. Broca associou o hemisfério esquerdo com a produção da fala e com a idéia de dominância manual (Nitrini, 1996).

Em 1874, no mesmo ano em que Wundt, fundador da Psicologia Científica, publicava *Princípios da Psicologia Fisiológica*, o neurologista alemão Wernicke descrevia a relação causal entre a lesão no primeiro giro temporal esquerdo e uma das formas clínicas da afasia, a afasia sensorial. O nome afasia sensorial foi escolhido por Wernicke para fazer contraste com a afasia motora, descrita anteriormente por Broca (Kristensen, Almeida e Gomes, 2001).

Broca e Wernicke foram os principais representantes da ***teoria localizacionista***, que preconizava que as formas complexas da atividade mental poderiam ser localizadas em regiões circunscritas do córtex cerebral, da mesma forma que as funções elementares (Luria, 1981).

Durante a Segunda Guerra Mundial, Luria – que é considerado o fundador da vertente soviética da Neuropsicologia – avaliou e delimitou as lesões cerebrais de seus pacientes, observando as alterações comportamentais que surgiam. Nesse estudo, ele tinha como principal objetivo a compreensão das bases neurológicas do comportamento e a ênfase na construção dos processos mentais em vez de, simplesmente, sua localização.

Para Luria (1981), a localização de sistemas funcionais não poderia ser definida em áreas anatômicas delimitadas do cérebro ou de seu córtex. Passou, então, a denominá-las como zonas ou áreas *funcionais* que possuem uma função dentro de uma área maior. Assim, de acordo com a teoria elaborada por ele, a ***teoria do sistema funcional***, as funções mentais organizam-se em sistemas de zonas, cada qual exercendo seu papel específico dentro desse sistema. Porém, se ocorrer uma lesão em um único local ou se lesões ocorrerem em locais diferentes, todo o sistema funcional pode ser perturbado. Essa é a teoria utilizada atualmente.

No Brasil, o médico neurologista e neuropediatra Lefèvre, que realizou trabalhos práticos sobre distúrbios da linguagem escrita e falada, é considerado um dos pioneiros no estudo da Neuropsicologia, tendo publicado obra de referência na área (Lefèvre, 1989).

## Avaliação neuropsicológica

Desde os estudos de Luria para investigação das disfunções cerebrais, a avaliação neuropsicológica passou a ser de suma importância no auxílio diagnóstico e no tratamento dos vitimizados por lesões. Ela ocupa um lugar central na Neuropsicologia e tem um lugar de destaque também em muitas outras áreas de atuação do psicólogo que realiza psicodiagnósticos, em função de três aspectos:

1) A Psicologia científica tende a ter mais confiança na validade e confiabilidade da avaliação de funções cognitivas do que de características de personalidade

2) Os métodos da Psicologia para lidar com pessoas que apresentam dano cerebral são ainda limitados

3) A avaliação de pessoas com alterações neuropsicológicas apresenta grande relevância para a tomada de decisão nas questões de diagnóstico e de procedimentos que serão adotados.

Segundo Lezak (1995), os objetivos da avaliação neuropsicológica podem ser subdivididos em: 1) diagnóstico, 2) planejamento de cuidados com o paciente, 3) avaliação dos programas de reabilitação e tratamento (desenvolvimento de programas individuais) e 4) pesquisa.

A avaliação neuropsicológica consiste num exame complementar importante para a Medicina, pois permite obter um diagnóstico que revele não apenas as dificuldades relacionadas ao funcionamento cognitivo, mas também as funções intactas, essenciais quando objetivamos uma reabilitação. Ela se utiliza de baterias de testes que têm, então, como objetivo avaliar as diferentes funções cognitivas e delimitar aquelas que estão afetadas e/ou preservadas, para traçar o perfil cognitivo dos pacientes e para estudar a expressão dessas disfunções cerebrais sobre o comportamento. Ao estabelecer a existência e avaliar a magnitude de alterações cognitivas, proporciona análises quantitativas e qualitativas.

Existe uma gama enorme de situações disfuncionais e patológicas e de desordens comportamentais, que têm evidentes correlatos neuropsicológicos. As disfunções cognitivas podem ser resultado de lesões, de doenças degenerativas, ou podem estar ligadas a quadros psiquiátricos e a doenças que tenham a disfunção neurológica como resultado secundário. Existem condições tais como encefalopatias tóxicas, erros inatos do metabolismo, doença de Alzheimer e outros quadros demenciais, em que até mesmo os estudos laboratoriais sofisticados têm dificuldades em esclarecer adequadamente um diagnóstico. Então, em muitos casos, a disfunção não pode ser detectada através de exames clínicos, uma vez que o tecido cortical não está comprometido. Assim, o paciente, embora apresente uma série de dificuldades, não tem alteração em nenhum exame anatômico, fisiológico ou funcional. Nessas situações, os achados neuropsicológicos têm importante papel no estabelecimento do diagnóstico e eles é que vão nortear o tratamento a ser seguido.

Por exemplo, na suspeita de Transtorno do Déficit de Atenção e Hiperatividade, o perfil cognitivo é fundamental para definir o diagnóstico, uma vez que esclarecerá se há realmente um déficit de atenção e hiperatividade com causa orgânica ou se se trata de uma criança muito agitada, com problemas outros que não os neurológicos. E, nos casos de hipótese de demência, a avaliação neuropsicológica esclarecerá se o quadro é de envelhecimento normal ou se há, realmente, um quadro degenerativo, além de auxiliar o médico a estabelecer qual a patologia real, baseado no perfil cognitivo do paciente.

Em função da complexidade dessas e de outras questões, é de grande importância a avaliação neuropsicológica e o treino especializado que a deve preceder.

Mas, a avaliação neuropsicológica vai muito além da aplicação de testes. Para um diagnóstico preciso e completo necessitamos não só dos resultados obtidos nos testes, mas de observações atentas realizadas durante a execução das tarefas e de informações sobre a história do paciente e da família, obtendo dados inclusive com os seus pais ou familiares, sobretudo quando se trata de crianças.

Assim, os dados obtidos devem ser analisados tanto quantitativamente quanto qualitativamente. A análise quantitativa permite ao clínico controlar e acompanhar estudos de doenças degenerativas, pré e pós-cirúrgicos e tem como objetivo saber se o paciente está melhor, igual ou pior à medida que o tempo passa. Na análise qualitativa, analisamos os dados obtidos na observação, na entrevista familiar, considerando também os aspectos relativos à cultura, ao meio em que o indivíduo vive e às diferenças psicológicas individuais. As particularidades de cada paciente, seus aspectos afetivos e de personalidade, além dos cognitivos, fazem com que o neuropsicólogo tenha que usar toda uma gama de conhecimentos, para conseguir a compreensão daquele indivíduo e entender e explicar não só o seu funcionamento cerebral, mas o que realmente está ocorrendo com aquela pessoa. Somente com base nessa compreensão é que é possível sugerir um diagnóstico.

Além da avaliação neuropsicológica, passaram a ser empregadas e auxiliam na obtenção de um diagnóstico preciso (Kristensen e cols., 2001), as diferentes técnicas de neuroimagem, dentre as quais destacam-se:

- Eletroencefalografia (EEG)
- Exames estruturais ou anatômicos, como a tomografia computadorizada (TC)
- Ressonância magnética (MRI)
- Exames funcionais, como a tomografia computadorizada por emissão de fóton único (SPECT), tomografia por emissão de pósitrons (PET) e a ressonância magnética funcional (fMRI).

Atualmente, os grandes centros hospitalares, como a Santa Casa de São Paulo, vêm utilizando, cada vez mais, os conhecimentos da Neuropsicologia que, associados às técnicas de neuroimagem e aos exames eletrofisiológicos, tornam possível identificar quais as funções correspondentes à área cerebral afetada, permitindo a orientação de programas de reabilitação cognitiva, que colaboram para a recuperação ou manutenção da qualidade de vida, mesmo de pacientes com patologias crônicas e/ou degenerativas, e propiciam um atendimento mais eficaz e eficiente a seus pacientes. Os resultados da avaliação neuropsicológica, como vimos, também permitem, à equipe médica, obter dados sensíveis e complementares, que são importantes para diagnósticos diferenciais. Além disso, a avaliação neuropsicológica possibilita a identificação de funções cognitivas que estão mais prejudicadas e, conseqüentemente, orientam o trabalho de reabilitação.

Na nossa Instituição, a avaliação neuropsicológica é realizada em crianças, adolescentes e, mais freqüentemente, em adultos e idosos, tanto ambulatorialmente, com hora marcada, em ambiente tranqüilo e com acomodações adequadas, como em caráter eletivo ou emergencial, em pacientes internados, alguns em pré e pós-cirúrgico, quando o atendimento é realizado no leito e sem horário preestabelecido. Neste último caso, procuramos realizar um rastreamento das áreas cognitivas sem perder de vista os pré-requisitos necessários para uma avaliação adequada.

Em ambas as situações, a avaliação que fazemos das funções cognitivas do paciente tem por objetivo verificar as suas operações preservadas e comprometidas, visando a:

- investigar como os déficits afetam a sua vida
- verificar qual o grau de comprometimento
- analisar as possibilidades reais de recuperação
- elaborar um plano de tratamento para reabilitação.

### a) O exame neuropsicológico da criança

A Neuropsicologia infantil exige formação e cuidado especiais, pois, estando o cérebro da criança em evolução, são maiores as dificuldades na análise das suas funções cognitivas e de seus comportamentos, ao contrário do adulto, que já é capaz de discriminar de forma mais complexa, raciocinar e expressar criticamente seus pensamentos (Lefèvre, 1989).

Lidar com crianças com dificuldades cognitivas exige perspicácia e flexibilidade, pois geralmente elas chegam ao hospital fragilizadas por sentirem-se incapazes frente às dificuldades que vêm apresentando, com uma queixa que pode ser dos pais/responsáveis, da escola ou do médico. Essa queixa refere-se, na grande maioria das vezes, a problemas comportamentais e de aprendizagem, porém há casos de patologias severas ou seqüelas de lesões cerebrais.

Provavelmente, já passaram por diversas situações constrangedoras e já foram motivo de chacotas dos companheiros pelas suas inabilidades. A cooperação e participação da criança dependem, em parte, da maneira como ela é recebida pelo profissional. Para facilitar a avaliação, cabe ao neuropsicólogo tornar esse processo o mais natural possível, explicar o motivo da avaliação e fazer de cada teste um jogo no qual a criança possa sair-se bem.

O exame neuropsicológico da criança tem como objetivos verificar e compreender a atividade nervosa superior e seus aspectos cognitivos e emocionais, para que possamos fazer interpretações clínicas, patológicas e prognósticas.

Subdividimos a avaliação neuropsicológica infantil em cinco partes:

1) *Queixa:* estudamos a problemática que nos é apresentada.
2) *Anamnese:* buscamos informações a respeito dessa criança para conhecer o seu universo. Para compreensão de uma linha evolutiva da criança, optamos por entender aspectos desde a concepção, amamentação, controle dos esfíncteres, introdução da alimentação e, principalmente, desenvolvimento neuropsicomotor. Os cadernos escolares e a comunicação com professores são extremamente importantes nos casos de problemas de aprendizagem.
3) *Entrevistas:* investigamos e observamos a dinâmica das relações da criança com seus pais ou informante, no ambiente escolar e social.
4) *Instrumentos para avaliação:* depois de formulada a hipótese diagnóstica, através das entrevistas e anamnese, propomos uma bateria de testes de acordo com a necessidade da criança. Essa bateria consta de testes que irão avaliar a) a dominância lateral, para verificar as especializações hemisféricas; b) as funções motora e visual; c) a capacidade de atenção e planejamento; d) a fala receptiva (discriminação de sons, compreensão de palavras e frases); e) a fala expressiva (fala espontânea, articulação, nomeação e narração); f) a memória e g) a eficiência intelectual.
5) *Entrevista devolutiva:* informamos à criança, aos pais, aos profissionais da saúde ou aos professores, os aspectos observados durante a entrevista e a testagem, quais os déficits e as habilidades que a criança apresentou e o seu desempenho frente à situação de avaliação. Elaboramos um relatório sucinto contendo as informações relevantes fornecidas durante a anamnese e as entrevistas e os dados conclusivos dos testes, que deve ser anexado ao prontuário. Um fator que sentimos como muito importante nesse processo é a prescrição e o encaminhamento ao tratamento necessário e adequado, e a orientação aos profissionais envolvidos no caso, aos pais e, quando for o caso, à equipe escolar.

Essa divisão visa a facilitar a compreensão da avaliação infantil, enfatizando os seus aspectos mais importantes. Procuramos realizar cada parte da avaliação discriminada acima, tanto na enfermaria quanto no atendimento ambulatorial. Observamos que essa forma de trabalho tem facilitado, tanto para a família como para a equipe médica, a compreensão com relação ao diagnóstico e ao prognóstico da criança.

### b) O exame neuropsicológico do adulto

Diante da realização de uma avaliação neuropsicológica de um adulto, sentimos como se estivéssemos empreendendo um trabalho de detetive. Nós nos deparamos com uma pessoa, que não consegue se expressar, ou não compreende o que lhe é dito, ou não se locomove, ou não consegue concluir um raciocínio, ou nem sequer lembra o motivo que a levou a procurar o Serviço. Cabe a nós a difícil tarefa de desvendar o seu funcionamento cognitivo e o modo como seu cérebro está operando. Por isso, precisamos estar atentos a cada atitude e resposta do paciente, pois, muitas vezes, um pequeno sinal pode ser a chave para revelar o que está ocorrendo.

O processo de avaliação inicia-se com a entrevista de anamnese que tem como objetivo conhecer o indivíduo que está diante de nós. Nessa oportunidade, é importante obter dados de antecedentes familiares, histórico pessoal, queixa, início do aparecimento dos sintomas, progresso dos sintomas, outras doenças existentes, medicamentos, exames em geral, além dos demais dados de qualquer anamnese psicológica. Uma boa anamnese é muito importante, pois permite direcionar toda a avaliação neuropsicológica através da formulação de hipóteses. Algumas vezes, não é possível fazê-la, principalmente porque, no hospital, há casos em que o paciente chega em caráter emergencial, ou não consegue fornecer os dados necessários devido às suas dificuldades cognitivas e nem há acompanhante que possa fazê-lo. Nessas ocasiões, realizamos a avaliação da mesma maneira, porém sem um direcionamento claro e definido.

A próxima etapa é discutir com os outros profissionais da equipe envolvidos com aquele paciente, para a obtenção de mais dados acerca do mesmo. Então, formulamos nossas hipóteses e selecionamos a bateria a ser aplicada de acordo com as funções que precisamos investigar. Durante a realização dos testes pré-selecionados, podemos perceber a necessidade de incluir alguns e/ou retirar outros, de acordo com o desempenho do paciente.

Após isso, reunimos todos os dados quantitativos e qualitativos e elaboramos o relatório, em que abordamos cada uma das funções investigadas, tanto as preservadas quanto as comprometidas e as conclusões obtidas. Esses dados são relatados aos profissionais da equipe e ao paciente e/ou família na entrevista devolutiva, quando também fazemos os encaminhamentos necessários e discutimos as possibilidades reais de reabilitação.

Quando o atendimento é feito em enfermarias, normalmente nos utilizamos de protocolos de rastreamento de funções, ou seja, uma bateria de testes pré-definidos, que analisa, de forma geral, todas as funções cognitivas, pois o atendimento é mais curto e podemos, com ele, obter um mapa geral do desempenho cognitivo do paciente. Ressaltamos que, muitas vezes, esses protocolos são alterados de forma a aprofundar a avaliação de determinadas funções, ou pelas condições específicas de determinado paciente, ou pela especificidade de sua doença/lesão.

## Reabilitação neuropsicológica

Segundo Wilson (2001), a reabilitação cognitiva é o processo através do qual a pessoa com dano cerebral trabalha, juntamente com o profissional do serviço de saúde, para remediar ou aliviar os déficits cognitivos que surgem depois de uma afecção neurológica, em busca de uma melhor adaptação às exigências do cotidiano e de uma boa qualidade de vida.

Os programas de reabilitação são individualizados e o tratamento consiste em treinar o paciente para maximizar o funcionamento cognitivo após uma lesão cerebral ou aparecimento de uma disfunção específica. Enfocam habilidades como: atenção, velocidade de pensamento, memória, resolução de problemas e linguagem, mediante a utilização de tarefas terapêuticas, programadas especificamente para melhorar essas áreas de funcionamento. Em pacientes com demência, é possível apenas retardar o processo de degeneração, permitindo ao paciente prolongar e preservar ao máximo suas funções cognitivas, para a obtenção de uma melhor qualidade de vida.

Na reabilitação, pressupõe-se que o paciente seja capaz de recuperar forças e reduzir fraquezas, restabelecer habilidades deficitárias e amenizar suas inabilidades. A duração do tratamento e a freqüência das sessões de reabilitação dependem da natureza e da intensidade dos déficits apresentados pelo paciente.

No Serviço de Psicologia Hospitalar da Santa Casa de São Paulo, vimos desenvolvendo programas de reabilitação neuropsicológica com pacientes portadores de Esclerose Múltipla (E.M.), dos quais trataremos mais adiante.

## A Neuropsicologia e as especialidades médicas

Dentro do Hospital Geral, diversas clínicas solicitam a avaliação e reabilitação neuropsicológica na tentativa de melhorar a qualidade de vida de seus pacientes. As principais são:

### a) Neurologia

A Neuropsicologia está intimamente ligada à Neurologia, uma vez que alterações neurológicas geralmente afetam as funções cognitivas. São atendidos pacientes com desordens neuromusculares, quadros degenerativos, distúrbios comportamentais, demência, distúrbios do sono, epilepsia, entre outros. A avaliação neuropsicológica é solicitada pelos médicos tanto devido a disfunções específicas como a déficit global. A avaliação neuropsicológica é importante por ajudar a determinar como as alterações do Sistema Nervoso estão afetando a cognição e qual o tratamento mais adequado. Embora existam baterias de avaliação prontas, cabe a nós a determinação de quais instrumentos serão adequados para cada caso.

### b) Neuropediatria

O atendimento infantil da Neuropsicologia está sendo cada vez mais utilizado, pois auxilia o clínico na difícil tarefa de estabelecer um diagnóstico. A avaliação é solicitada em casos de lesões, desordens de comportamento, alterações genéticas/congênitas, dificuldades de aprendizagem, epilepsia, entre outras. Na avaliação de crianças, temos ainda um cuidado maior quanto aos aspectos emocionais, enfatizando muito mais a análise qualitativa.

### c) Neurocirurgia

Nesta unidade, nosso papel é avaliar os pacientes no pré e pós-cirúrgico. Muitas vezes, quando o atendimento é emergencial, a avaliação só pode ser realizada no pós-cirúrgico. Mesmo assim, a avaliação é fundamental, uma vez que seus resultados ajudam o cirurgião a entender a extensão da lesão e a verificar os resultados e/ou seqüelas de determinado procedimento. A avaliação também é imprescindível para nortear o plano de reabilitação e acompanhar os seus progressos.

### d) Psiquiatria

A avaliação neuropsicológica auxilia o psiquiatra na compreensão e no diagnóstico do quadro de transtorno mental do paciente e lhe permite avaliar e orientar o tratamento que está sendo empregado. Na avaliação desses pacientes, são comuns a tentativa de manipulação e o falso desempenho, portanto, é importante que tenhamos um bom treino e que estejamos sempre atentos para não corrermos o risco de resultados errôneos.

### e) Geriatria

A atuação do neuropsicólogo junto à clínica geriátrica vem crescendo muito e a solicitação geralmente recomenda a diferenciação entre o envelhecimento normal e o patológico. É comum o médico apresentar dúvida sobre os sintomas do paciente já que, com a idade, ocorre um processo degenerativo normal, que altera as funções cognitivas. O que necessitamos saber é se se trata apenas de um envelhecimento natural ou se estamos diante do início de um processo degenerativo, uma vez que, neste caso, quanto antes fizermos o diagnóstico, melhor será o prognóstico do paciente. Além disso, muitos quadros degenerativos podem parecer idênticos, mas, através da avaliação neuropsicológica, obtemos um perfil detalhado que permite fazer a diferenciação entre as diversas patologias existentes.

Além dessas áreas, a Neuropsicologia, tendo um campo muito amplo de atuação, atende a outras patologias que também demandam avaliação cognitiva, como cardiopatias e doenças vasculares.

# As intervenções na esclerose múltipla

## a) Entendendo a Esclerose Múltipla

Dentre as inúmeras patologias neurológicas que levam a déficits cognitivos, destacamos a Esclerose Múltipla (E.M.), em função do trabalho que o Serviço de Psicologia realiza no Centro de Atendimento e Tratamento aos Portadores de Esclerose Múltipla (CATEM), da Santa Casa de São Paulo.

A Esclerose Múltipla é uma doença crônica, inflamatória, auto-imune (aquela na qual o próprio sistema imunológico do organismo ataca um tecido ou órgão saudável). Na E.M., o ataque imunológico ocorre no Sistema Nervoso Central, contra a bainha de mielina, que é uma proteína que envolve os neurônios, fundamental na transmissão dos impulsos nervosos. Esse processo, que se caracteriza por ser de cunho inflamatório, é denominado de desmielinização.

A E.M. pode ocorrer de três formas: a **remitente-recorrente – RR** (que se manifesta por períodos de "surtos" inflamatórios da bainha de mielina, com a posterior remissão total ou parcial dos sintomas) a **secundariamente progressiva – SP** (que se inicia com a forma RR e cursa com uma piora gradativa das incapacidades físicas e cognitivas, não mais se caracterizando por surtos) e a **primariamente progressiva – PP** (que se inicia já com a forma progressiva de incapacitação, não se caracterizando por surtos em nenhum momento de seu curso).

Freqüentemente, a doença é descrita como disseminada no tempo e no espaço, isto é, o processo inflamatório ocorre em diversas áreas do Sistema Nervoso Central e em épocas diferentes. É comum em mulheres jovens, na faixa etária de 20 a 25 anos, sendo rara na puberdade e após os 60 anos. Aparece mais freqüentemente em indivíduos de cor branca do que em hispânicos ou negros e é rara entre os asiáticos.

De acordo com Lobato e Souza (1998), os sintomas iniciais compreendem sinais piramidais (fraqueza e espasticidade), cerebelares (equilíbrio e coordenação), parestesias (formigamento e adormecimento), distúrbios visuais (diminuição da acuidade visual, diplopia e escotomas), comprometimento esfincteriano (incontinência ou retenção urinária e fecal), disfunção sexual e fadiga.

Os aspectos emocionais como ansiedade e depressão são comuns e permeiam a vida do paciente desde os primeiros sinais. A ansiedade aparece ou na busca do diagnóstico preciso ou nas confrontações diárias com o desconhecido, que suscita dúvidas a todo o momento: o que irá acontecer a curto, médio e longo prazo? Quais as partes de meu corpo que serão afetadas? A depressão está intimamente ligada às possíveis perdas que acontecerão nas capacidades físicas e/ou cognitivas.

Além disso, por ser uma doença crônica, que pode se manifestar por surtos, que em geral deixam seqüelas, gera intensa instabilidade afetiva, por exigir um processo interminável de adaptação. O acompanhamento psicológico, com um profissional que tenha o conhecimento da E.M., e a participação em grupos de apoio são fundamentais para esses pacientes, que precisam ser ajudados a enfrentar um dos maiores desafios da E.M., que é essa "montanha russa emocional" (Kalb, 2000).

A avaliação neuropsicológica é de extrema importância para esses pacientes, visto que as alterações cognitivas acometem de 43 a 65% deles (Peyser, Edwards, Poser & Filskov, 1980; Rao, Leo, Bernardin & Unverzagt, 1991) e podem afetar a sua capacidade para desempenhar até mesmo atividades diárias comuns como, por exemplo, dirigir, preparar uma refeição ou aquelas relacionadas ao trabalho ou às interações sociais.

A E.M. não acomete as funções intelectuais gerais, porém compromete algumas funções cognitivas específicas, enquanto outras permanecem intactas (Rao, 1993). Assim, as alterações cognitivas assumem características especiais na E.M., uma vez que os comprometimentos não são uniformes. Alguns portadores percebem essas alterações como um dos primeiros sintomas da doença, enquanto outros, que têm a doença há muitos anos, não apresentam nenhum déficit cognitivo (Beatty, Goodkin, Hetsgaad & Monson, 1990; Rao e cols., 1991; Dujardin, Donze & Hautecoeur, 1998).

Testes que avaliam funções cognitivas complexas, como a abstração e conceitualização na E.M., apresentam alterações em seus resultados. Outros estudos afirmam que, entre as funções freqüentemente alteradas, há prejuízo da memória recente e lentificação do processamento mental ao formular conceitos, sugerindo que as faculdades mentais e emocionais encontram-se globalmente embotadas (Balsimelli e cols., 2000; Rao, 1993).

A memória é uma das funções cognitivas mais analisadas. Pesquisas demonstraram que, quando a memória de curto prazo está preservada, existe um comprometimento na evocação e na recuperação das informações, talvez em conseqüência da dificuldade em elaborar e manter estratégias de recuperação (Rao e cols., 1991). De Luca, Johnson, Beldowicz & Natelson (1993) observaram que, embora pacientes com E.M. necessitem de um número maior de tentativas para adquirir e fixar a informação, no final do processo ela ocorre de forma completa e efetiva.

A afasia e as alterações de linguagem raramente são relatadas, embora a fluência verbal muitas vezes esteja comprometida (Mahler & Benson, 1990).

Segundo Mariani e cols. (1991), a praxia, a gnosia e a linguagem são funções usualmente preservadas. Quanto à percepção vísuo-espacial, os resultados ainda são conflitantes.

No ano de 2000, realizamos uma avaliação em portadores de E.M., como parte de uma pesquisa de grande porte do CATEM, que desenvolveu um estudo sobre as alterações neuropsicológicas desses pacientes. Foram avaliados 100 pacientes portadores na forma remitente-recorrente. A mesma bateria de testes foi aplicada aos portadores de E.M. e no grupo controle, composto por 40 voluntários normais, pareados quanto ao sexo, idade e escolaridade.

Essa bateria era composta por:

– Testes de Memória: Lista de Palavras (Atkinson & Shiffrin, 1971), Teste de Buschke (Buschke & Fuld, 1974) e Memória Lógica (Wechsler, 1987)
– Testes de Atenção Simples: Dígitos (Wechsler 1987) e Teste de Cancelamento (Rainho, 1994)
– Teste de Atenção Complexa das Funções Executivas do Lobo Frontal: Teste de Trilhas A e B (Lezak, 1995) e Stroop (Golden, Purish & Hammeke, 1979)
– Teste de Linguagem: Fluência Verbal (F.A.S. e animais (Lesak,1995))
– Teste de Inteligência Geral de Raven (Raven, 1993).

Os resultados do estudo não identificaram diferenças significativas entre o desempenho dos portadores de E.M. e o grupo controle em alguns dos testes de inteligência, de atenção simples (dígitos), de linguagem, inteligência geral, dígitos, fluência verbal e memória (teste de Buschke). Entretanto, observamos desempenho inferior dos portadores de E.M. nos testes que exigem rapidez em sua execução, evidenciando comprometimento na velocidade do processamento das informações em praticamente todas as suas etapas, com alterações no processamento automático, controlado e no programa motor.

Sabemos que o processamento de informações utiliza mecanismos automáticos e controlados. Os processos automáticos pressupõem o uso de uma informação isolada, sem contato com informações de outros subsistemas. No processo controlado, há utilização de informações multimodais, com a utilização de diversos sistemas sensoriais, sendo necessária a existência de uma rede eficiente e global de comunicação, na qual os diversos subsistemas entram em contato um com o outro. A finalização desse processo é realizada pelo programa motor, que pode ser avaliado pelo tempo necessário que o indivíduo leva planejando a ação para executar o movimento. A maioria dos portadores de E.M. necessita de um tempo maior.

No teste de memória verbal, observamos um prejuízo da memória tardia, porém houve bom desempenho no reconhecimento e evocação imediata, o que indica que os pacientes apresentavam dificuldades em recuperar os dados já armazenados. Quando o paciente é capaz de realizar a correta discriminação em uma lista que fornece informações recentes e antigas, podemos supor que ocorre armazenamento na memória de longo prazo. Sua dificuldade em evocá-la é, portanto, secundária a um déficit na capacidade de recuperar a informação.

## b) Avaliação neuropsicológica e reabilitação cognitiva em pacientes com esclerose múltipla

Baseando-nos nos dados de literatura e nos resultados obtidos através desse estudo, iniciamos, em 2003, o Programa de Reabilitação Cognitiva, que permanece até hoje, cujo objetivo principal é melhorar a capacidade do portador de E.M. de desempenhar suas atividades diárias, de modo tão eficiente e seguro quanto possível, apesar do comprometimento cognitivo.

A maioria das técnicas de reabilitação cognitiva existentes, foi desenvolvida para pacientes com alterações agudas nas funções cognitivas devido a danos cerebrais decorrentes de traumas ou derrames. Baseadas nelas, foram desenvolvidas estratégias de reabilitação.

A primeira é a chamada *estratégia restauradora*, que visa a melhorar a função cognitiva comprometida, através de programas computadorizados, com exercícios específicos, repetitivos e grau de dificuldade crescente. O programa que utilizamos é o REHACOM – *Computer-Aided Cognitive Rehabilitation for Windows, Version 4.11* (Schuhfried, 2002). Trata-se de um programa desenvolvido originariamente na Alemanha e na Áustria, que tem sido aplicado com sucesso em dez diferentes idiomas e que permite o treinamento específico de habilidades diversas, podendo ser ajustado às capacidades dos pacientes.

Outra é a chamada *estratégia ecológica*, na qual paciente é orientado a utilizar agendas e a desenvolver uma atividade de cada vez, minimizando falhas que possam ocorrer em suas atividades diárias, o que melhora consideravelmente sua qualidade de vida.

No momento, estão em atendimento no Serviço de Psicologia junto ao CATEM, pacientes portadores de E.M. na forma remitente-recorrente, todos diagnosticados clínica e laboratorialmente pelos critérios de Poser e cols., (1993). Nossa intenção é, num futuro próximo, aumentar o número de pacientes reabilitados.

A reabilitação compreende uma sessão semanal, com duração de 50 minutos. Os pacientes são encaminhados pelo neurologista com queixas cognitivas, independente do tempo da doença. A duração do programa, inicialmente, é de seis meses.

Antes de iniciar o programa de reabilitação, todos os pacientes passam por uma avaliação neuropsicológica prévia. Ao final, eles se submetem a outra, posterior à reabilitação cognitiva, para que possamos acompanhar sua evolução. A bateria de testes que utilizamos foi elaborada a partir de informações obtidas da literatura científica e da experiência clínica no atendimento desses pacientes.

Os testes e escalas são os seguintes:

– Escala de Medida de Ansiedade e Depressão – HAD (Zigmond & Snalth, 1983): é um questionário composto por 14 itens, que avalia e quantifica ansiedade e depressão, subdivididos em duas subescalas (sete itens avaliam depressão e sete avaliam ansiedade). Este instrumento foi validado para a língua portuguesa por Botega, Bio, Zomignani, Garcia Jr & Pereira (1995).

– Escala de Severidade da Fadiga – ESF (Krupp, Larocca, Muri-Nasch & Scheinberg, 1989): é um questionário composto por nove itens, que quantificam a intensidade da fadiga e o impacto desta na vida diária. É uma escala de auto-avaliação desenvolvida para pacientes com E.M. e foi adaptada para a língua portuguesa por Mendes e cols. (1998).

– Testes de Atenção Simples: Dígitos (Wechsler 1987) e Teste de Cancelamento (Rainho, 1994)

– Teste de Atenção Complexa das Funções Executivas do Lobo Frontal: Teste de Trilhas A e B (Lezak, 1983) e Stroop (Golden e cols.,1978)

Aqueles pacientes nos quais nossa avaliação apontou a presença de ansiedade e/ou depressão não são incluídos para o trabalho de reabilitação, uma vez que esses aspectos podem prejudicar o funcionamento cognitivo. Esses pacientes são orientados a realizar um acompanhamento psicoterapêutico e são encaminhados para tratamento medicamentoso sob orientação médica. Nesses casos, o comprometimento cognitivo decorrente desses estados psíquicos é reversível (Mendes e cols., 2003).

Como na E.M. a fadiga é um sintoma que acomete até 87% dos pacientes, sendo uma queixa comum e limitante e implicando uma intolerância às atividades diárias, no trabalho de reabilitação, respeitamos o limite do paciente. Caso contrário, haverá queda na sua produtividade durante a sessão e poderá ocorrer um prejuízo para o paciente em suas outras atividades ao longo do dia.

Não temos, até o momento, resultados analisados dessa atividade, que deverão ser publicados posteriormente. Porém, por parte dos pacientes, o retorno tem sido muito satisfatório, com alto grau de adesão.

## Referências bibliográficas

ATKINSON, R. C. & SHIFFRIN, R. M. – The Control of Short-Term Memory. *Science American*, 221: 82-90, 1971.

BALSIMELLI, S. F.; TILBERY, C. P.; MENDES, M. F.; MOREIRA, M. A.; BERTOLUCCI, P. H. F.; KANTOR, L., & RIBEIRO, M. S. C. A. – Avaliação Neuropsicológica de Pacientes Portadores de Esclerose Múltipla. *Arquivos de Neuropsiquiatria*, supl. II (58): 342, 2000.

BEATTY, W. W.; GOODKIN, D. E.; HETSGAAD, D.; MONSON, N. – Clinical and Demographic Predictor of Cognitive Performance in Multiple Sclerosis. *Archives of Neurology*, 47: 305-308, 1990.

BOTEGA, N. J.; BIO, M. R.; ZOMIGNANI, M. A.; GARCIA JR., C. & PEREIRA, W. – Transtornos do Humor em Enfermaria de Clínica Médica e Validação da Escala de Medida (HAD) de Ansiedade e Depressão. *Revista de Saúde Pública*, 29: 355-363, 1995.

BUSCHKE, H. & FULD, P. A. – Evaluating Storage, Retention and Retrieval in Disordered Memory and Learning. *Neurology*, 24: 1019-1025, 1974.

CONSELHO FEDERAL DE PSICOLOGIA – CFP – *Resolução CFP n.º 002/2004*. Disponível em: http://www.psicologia-online.org.br, 2004.

DUJARDIN, K.; DONZE, A. C. & HAUTECOEUR, P. – Attention Impairment in Recently Diagnosed Multiple Sclerosis. *European Journal of Neurology*, 5: 61-66, 1998.

DE LUCA, J.; JOHNSON, S. K.; BELDOWICZ, D. & NATELSON, B. H. – Neuropsychological Impairments in Chronic Fatigue Syndrome, Multiple Sclerosis, and Depression. *Journal of Neurology, Neurosurgery and Psychiatry*, 58: 38-43, 1995.

GOLDEN, C. J.; PURISH, A. D. & HAMMEKE, T. A. – *The Luria-Nebraska Neuropsychological Test Battery: A Manual for Clinical and Experimental Uses*. University of Nebraska Press. Lincoln, 1979.

KALB, R. C. – Esclerose Múltipla: Perguntas e Respostas. In: Smith, C. R. & Schapiro. R., *Neurologia*. Patrocínio do Banco Bradesco S. A. São Paulo, 2000.

KRISTENSEN, C. H.; ALMEIDA, R. M. M. & GOMES, W. B. – Desenvolvimento Histórico e Fundamentos Metodológicos da Neuropsicologia Cognitiva. *Revista Psicologia: Reflexões e Críticas*, 14 (2), 2001.

KRUPP, L. B.; LAROCCA, N. G.; MURI-NASCH, J. & SCHEINBERG, L. C. – The Fatigue Severity Scale: Application to Patients with Multiple Sclerosis and Systemic Lupus Erythematosus. *Archives of Neurology*, 46: 1121-1123, 1989.

LEFÈVRE, B. H. – *Neuropsicologia Infantil*. Sarvier. São Paulo, 1989.

LEZAK, M. – *Neuropsychological Assessment*. Oxford University Press. New York, 1995.

LOBATO, E. M. & SOUZA, N. A. – Esclerose Múltipla. *Neurociências,* 6 (3): 114-118, 1998.

LURIA, A. R. – *Fundamentos de Neuropsicologia*. EDUSP. São Paulo, 1981.

MAHLER, M. E. & BENSON, F. – Cognitive Dysfunction in Multiple Sclerosis: a Subcortical Dementia? In: Rao, S. M., *Neurobehavioral Aspects in Multiple Sclerosis*. Oxford University Press. New York, 1990.

MARIANI, C.; FARINA, E.; CAPPA, S. F.; ANZOLA, G. P.; FAGLIA, L.; BEVILACQUA, L. & COLS. – Neuropsychological Assessment in Multiple Sclerosis: A Follow-up Study with Magnetic Resonance Imaging. *Journal of Neurology*, 238: 395-400, 1991.

MENDES, M. F.; TILBERY, C. P.; BALSIMELLI, S. F.; MOREIRA, M. A. & BARÃO CRUZ, A. M. – Depressão na Esclerose Múltipla Forma Remitente-Recorrente. *Arquivos de Neuropsiquiatria*, 61 (3-A): 591-595, 2003.

MENDES, M. F.; TILBERY, C. P.; BALSIMELLI, S. F.; BERTOLUCCI, P. H.; KANTOR, L.; NASSIF, S. & FELIPE, E. – Avaliação Neuropsicológica Através de Testes Não Verbais em Pacientes Portadores de Esclerose Múltipla. *Arquivos de Neuropsiquiatria*, supl. 1 (56): 353, 1998.

NITRINI, R. – Conceitos anatômicos Básicos em Neuropsicologia. In: Nitrini, R.; Caramelli, P.& Mansur, L. L. (Orgs.), *Neuropsicologia: Das Bases Anatômicas à Reabilitação*. HCFMUSP. São Paulo, 1996.

PEYSER, J. M.; EDWARDS, K. R.; POSER, C. M. & FILSKOV, S. B. – Cognitive Function in Patients with Multiple Sclerosis. *Archives of Neurology*, 37: 577-579, 1980.

POSER, C. M.; PATY, D. W.; SCHEINBER, G. L., McDONALD, I. DAVIS, F. A.; EBERS, G. C. e COLS. – New Diagnostic Criteria for Multiple Sclerosis: Guidelines for Research Protocols. *Annual Neurology*, 13: 227-231, 1993.

RAO, S. M. – Cognitive and Neuroimaging Changes in Multiple Sclerosis. In: Habreich U., *Multiple Sclerosis: A Neuropsychiatric Disorder*. American Psychiatric Press. Washington, 1993.

RAO, S. M.; LEO, G. J.; BERNARDIN, L. & UNVERZAGT, F. – Cognitive Dysfunction in Multiple Sclerosis. *Neurology,* 41: 685-691, 1991.

RAINHO, O. – *Manual de Psicologia Aplicada. Bateria CEPA - Testes de Aptidões Específicas*. CEPA. Rio de Janeiro, 1994.

RAVEN, J. C. – *Teste das Matrizes Progressivas – Escala Geral*. CEPA. Rio de Janeiro, 1993.

SCHUHFRIED, G. – *REHACOM – Computer-Aided Cognitive Rehabilitation for Windows, Version 4.11*. Disponível em: www.schuhfried.co.at, 2002.

WECHSLER, D. – *Wechsler Memory Scale-Revised*. Psychological Corporation. New York, 1987.

WILSON, B. – *Resultados da Reabilitação Neuropsicológica do Centro Olivier Zangwill*. Comunicação pessoal da autora. Hospital Israelita Albert Einstein. São Paulo, 2000.

ZIGMOND, A. S. & SNALTH, R. P. – The Hospital Anxiety and Depression Scale. *Acta Psychiatrica Scandinavica*, 67: 361-370, 1983.

# CAPÍTULO 14

# A ATUAÇÃO DO PSICÓLOGO JUNTO A PACIENTES CIRÚRGICOS COM CÂNCER DE CABEÇA E PESCOÇO

Daniela Achette dos Santos

## Introdução

Uma doença sempre traz consigo uma potencial ameaça à continuidade da existência e, portanto, carrega a presença da morte. Ela traz a revelação da precariedade, da transitoriedade e dos limites do nosso existir (Rehfeld,1992). O câncer é permeado por essa revelação e é acompanhado por uma imensa carga de condenação, pois o sentido da existência é ameaçado.

Cada paciente vivencia essa situação de adoecimento de um modo diferente, porém é possível perceber que o estigma do câncer é sempre muito presente. O temor de que a doença vá levar a um sofrimento prolongado, e a idéia de que a sua história chegou ao fim, é comum entre os pacientes.

Foi na tentativa de compreender o impacto que o câncer gera na vida de pacientes, familiares e equipes de saúde e, de que forma os aspectos psicológicos interferem no risco e sobrevida dos pacientes, que surgiu o corpo teórico da Psico-Oncologia (Gimenes,1994).

Botega (2002) entende que o câncer, além de trazer o medo da morte em si, suscita o medo do morrer com dor, desfigurado, mutilado, asfixiado, isolado e abandonado. Em outras palavras, o câncer remete a todo o sofrimento que um adoecimento pode ocasionar.

Carvalho (1994) aponta como principais temores do paciente oncológico:

- o desenvolvimento desordenado das células cancerosas e, com isso, o desequilíbrio do organismo
- a mutilação
- a dor
- a apreensão quanto aos exames médicos desconhecidos

- a perda da força física
- a perda dos ideais, objetivos de vida e papéis sociais
- o sofrimento causado à família.

Nascimento-Schulze (1997) complementa, afirmando que o paciente com câncer é confrontado também com sucessivas mudanças de vida impostas pelo diagnóstico e pelo tratamento e com desapontamentos, perdas e temores que são, naturalmente, muito significativos, tais como: ameaça de morte eminente, ansiedade pelas possíveis cirurgias, mudança no desempenho dos papéis sociais, mudanças corporais decorrentes da cirurgia e dos tratamentos.

Assim, fica evidente o sofrimento pessoal de pacientes e familiares quando se defrontam com o diagnóstico oncológico. Com a confirmação deste, no transcorrer do tratamento, alguns pacientes incorporam o câncer como uma experiência que a eles foi dada e que a eles pertence. Fazem desse momento uma parte de sua história, favorecendo a aceitação e o acolhimento da vivência do adoecimento, implicando em convívio e conformação, num sentido de apropriação. Outros, porém, significam-no como uma deficiência, como algo que lhes foi retirado, deixando-os privados, impedidos de suas realizações, não admitindo a presença da doença (Jacob, 2000).

De acordo com dados do Instituto Nacional do Câncer (INCA, 2004) e da Sociedade Brasileira de Cirurgia de Cabeça e Pescoço (SBCCP, 2004), o câncer de cabeça e pescoço é o 4º mais diagnosticado no Brasil, com maior incidência no sexo masculino e em pessoas acima de 40 anos. Quanto à sua localização, o câncer pode se manifestar na boca, na garganta, na laringe (órgão da voz), na tireóide, nas fossas nasais e também na pele da região da cabeça e do pescoço, disseminando-se com maior freqüência na região cervical e de forma mais rara pelo sangue.

A Sociedade Brasileira de Cancerologia (SBC, 2003) refere que, como parte de sua história, estes pacientes apresentam, entre os fatores de risco, tabagismo de longa data, alcoolismo, exposição a radiação solar, má conservação dentária e deficiências vitamínicas A e C. Edwards, Marshall & Cook (1999), verificaram que o consumo pesado de álcool está associado a um risco aumentado de câncer na orofaringe, na laringe e no esôfago, em homens e mulheres. Na orofaringe o risco de câncer está relacionado ao número de doses consumidas por dia. Para Tuyns (1991), no câncer de laringe, o efeito do consumo de álcool é exacerbado pelo do fumo.

Em pacientes diagnosticados com câncer na região da cabeça e pescoço, os prejuízos psicossociais também são observados e por vezes até mais evidenciados, já que, como conseqüência dos tratamentos (cirurgia, radioterapia, quimioterapia), fica imposta, freqüentemente, a convivência com seqüelas estéticas, especialmente faciais, mutilações nervosas e musculares, que podem gerar perdas salivares, presença de sonda nasal e traqueostoma, além de modificações na fala e na alimentação.

De fato, Dropkin, Malgady, Scott, Oberst, & Strong (citados por Vickery e cols., 2003), referem que, além do impacto do diagnóstico oncológico, as repercussões do mesmo são acentuadas na região da cabeça e pescoço, uma vez que o tratamento invasivo, nesse caso, impõe mudanças em uma região que tem grande função no papel social, na expressão emocional e na comunicação.

As seqüelas decorrentes da intervenção cirúrgica e do tipo de reconstrução realizada dependerão do estadiamento e localização do tumor e serão vividas a longo prazo, quando não forem permanentes. As conseqüências mais comuns são as disfagias (dificuldade de deglutição), o prejuízo na articulação de diversos sons, a perda e/ou modificação da voz e as alterações estéticas.

Para Bahnson (1977), é fundamental que o paciente oncológico receba apoio psicológico como parte do programa de tratamento, em suas diferentes fases (diagnóstico, tratamento, remissões, recidivas, cura), pelas inúmeras vivências emocionais, esperadas ou inesperadas, que ocorrem.

## O Ambulatório de Cirurgia de Cabeça e Pescoço

A Equipe Cirúrgica de Cabeça e Pescoço da Santa Casa de São Paulo foi criada em 1991 e a

Psicologia integrou-se a ela em 1998. Esta atividade passou por reformulações e a Psicologia atua, no formato aqui descrito, desde Outubro de 2001, quando a presente autora assumiu o ambulatório.

O atendimento no ambulatório inicia-se com a triagem do paciente, realizada pela equipe médica que, na suspeita ou confirmação do diagnóstico de câncer, o encaminha para os demais profissionais, com o objetivo de oferecer uma assistência que favoreça a melhor qualidade de vida possível a cada indivíduo, abarcando suas necessidades de modo global.

Para que este trabalho ocorra, a equipe conta com cirurgiões, radioterapeutas, oncologistas clínicos, especialistas na área de Odontologia, fonoaudiólogas, nutricionistas, enfermeiras e psicólogos, que mantêm uma rotina semanal para discussão de casos. Lampert & Witten (1999) ressaltam a importância dessa composição e organização multiprofissional, para uma melhor compreensão de cada caso e para o favorecimento de condutas mais adequadas que respeitem as particularidades de cada paciente.

Embora o Ambulatório de Cirurgia de Cabeça e Pescoço atenda tanto patologias benignas como malignas, o atendimento psicológico é dirigido apenas aos que recebem o diagnóstico oncológico. Habitualmente, chegam para avaliação psicológica, pacientes em três condições:

1. Pacientes com indicação cirúrgica, tanto de caráter curativo como de controle da doença
2. Pacientes com indicação de realização de radioterapia e/ou quimioterapia
3. Pacientes fora de possibilidades terapêuticas, que receberão cuidados paliativos para controle dos sintomas e tentativa de melhora da qualidade de vida.

O psicólogo da equipe de Cirurgia de Cabeça e Pescoço tem, então, como clientela, o paciente oncológico e seus familiares, por entender que tal afecção pode comprometer de maneira abrangente todo um sentido de existência. Com essa visão, evidencia-se a necessidade, tanto do paciente quanto de seus acompanhantes, de encontrarem um espaço de cuidado que favoreça uma melhor compreensão das novas informações e dos sentimentos decorrentes destas, buscando um processo de reformulação das expectativas de vida.

Faz parte do trabalho do psicólogo – e o auxilia no manejo do paciente e dos familiares – saber quais as modificações funcionais e estéticas que os pacientes sofrerão com a cirurgia e que readaptações são necessárias para que uma vida com qualidade seja possível.

Neste capítulo descreveremos especificamente os atendimentos psicológicos feitos ao paciente que possui indicação cirúrgica e aos seus familiares, por se tratar da maioria da população assistida no Ambulatório de Cirurgia de Cabeça e Pescoço. Esclarecemos aqui que tais atendimentos abrangem desde o diagnóstico até a reabilitação pós-operatória, incluindo o período de internação.

## O acompanhamento psicológico no pré-operatório

Da fase do diagnóstico à realização do procedimento cirúrgico, o paciente, em geral, vive momentos de muita angústia e de ambivalência diante da possibilidade da realização da cirurgia, que favorecem o surgimento de medo diante da dor, da anestesia, da incapacitação, da mutilação e da morte (Fernandes, 1999).

O período pré-operatório é caracterizado por idas e vindas constantes ao hospital para realização de avaliações e exames. Esse processo permite ao paciente a familiarização com rotinas com as quais terá bastante contato. Esta experiência poderá tornar-se cada vez mais angustiante e desgastante pelas expectativas que gera, no entanto, é a partir dela que se inicia a consolidação de uma escolha, ou seja, a decisão por determinado tipo de tratamento, que é realizado pelo paciente/família/equipe.

O encaminhamento do paciente e seus familiares para avaliação psicológica ocorre com a solicitação da equipe médica, através de um pedido de consulta, quando a suspeita ou a confirmação do diagnóstico de câncer e as possíveis formas de tratamento geralmente já foram informadas.

São realizados, em média, de três a cinco atendimentos individuais com o paciente no período pré-operatório, a depender das necessidades observadas e do tempo disponível até a data do procedimento cirúrgico. Essas sessões objetivam a realização de uma avaliação e de um preparo psicológico para o manejo da situação do adoecimento e da cirurgia que, freqüentemente, implica mutilações e, por conseqüência, demanda consideráveis necessidades adaptativas.

Vale salientar que esse é um número médio de sessões porque, em alguns casos, cinco sessões são insuficientes até mesmo para que o paciente tenha uma compreensão adequada de seu estado, do alcance e das conseqüências da cirurgia. Além disso, esclarecemos que, de modo algum, estamos aqui preconizando que cinco sessões são suficientes para garantir um paciente preparado para uma cirurgia de grande porte. Elas, em alguns casos, são suficientes apenas para a formação de um vínculo entre paciente e psicólogo para que possamos iniciar uma intervenção que vai muito além da cirurgia.

Esclarecemos que, de acordo com o nosso procedimento, a avaliação e o preparo acontecem concomitantemente. Ocorre que o câncer de cabeça e pescoço, pela sua gravidade, evoca uma urgência cirúrgica que, se não atendida prontamente, pode ter conseqüências ainda mais devastadoras, pois, quanto mais avançado esteja seu estádio, menor a chance de controle e as seqüelas se tornam ainda mais significativas.

Durante nossos atendimentos, quando percebemos que há necessidade de esclarecimentos de ordem técnica, tanto no processo de avaliação pré-operatória, como no preparo para a cirurgia, a presença do médico ou de outros profissionais é solicitada, ocorrendo, assim, uma atuação conjunta de caráter multiprofissional.

O acompanhamento psicológico inicia-se, então, no ambulatório e tem continuidade no dia da internação, já em ambiente de enfermaria, até a alta do paciente. Durante o mesmo, buscamos uma aproximação do modo de ser desses pacientes, procurando perceber que significados eles construíram de si e do mundo, a partir da doença.

É nesse momento também que verificamos a necessidade de avaliação psiquiátrica. O encaminhamento é feito nos casos em que levantamos hipóteses de quadros psiquiátricos preexistentes ou refratários ao diagnóstico, sendo mais freqüentes, em nosso cotidiano, os transtornos de ajustamento, os ansiosos, os depressivos e aqueles relacionados ao uso de álcool e drogas (mais especificamente o tabaco).

Leeuw e cols. (2000) ressaltam a importância do atendimento pré-operatório de pacientes nos quais identifiquemos possíveis indícios de depressão. Para os autores, esses pacientes deprimidos devem receber uma atenção diferenciada que minimize a interferência de aspectos psicossociais e favoreça uma qualidade de vida melhor no período pós-operatório.

Muitos pacientes que fazem uso do álcool ou do tabaco, ao receberem o diagnóstico, ou mesmo quando percebem que existe algo errado acontecendo em seu organismo, conseguem cessar o tabagismo e o alcoolismo sem uma ajuda técnica específica. Nos casos em que isso não ocorre, o acompanhamento psicológico lança mão de estratégias comportamentais e de orientações sobre a dependência, com o intuito da cessação do hábito, além do encaminhamento para acompanhamento psiquiátrico, o que possibilita uma retaguarda medicamentosa adequada. O que constatamos em nossa experiência é que o tabagismo é a adição que apresenta maior dificuldade de interrupção e também a que mais facilmente recidiva.

No Ambulatório de Cirurgia de Cabeça e Pescoço da Santa Casa de São Paulo, a família normalmente participa da avaliação/preparo, e tal estratégia tem como objetivo verificar o nível de suporte que esta oferece, bem como averiguar as repercussões da doença no ambiente familiar. Concordamos com Cassorla (2002) quanto à importância de um espaço de atendimento para familiares, pois estes também necessitam de acolhimento e orientações em relação ao manejo do paciente e da nova situação (veja também capítulo 16).

Ao avaliarmos um paciente oncológico, alguns dados são de grande relevância para definirmos nossa intervenção. No protocolo abaixo, resumimos os aspectos avaliados por nós.

Protocolo de avaliação pré-cirúrgica de pacientes com câncer de cabeça e pescoço

- Histórico pessoal
- Dados sócio-demográficos
- Exposição a fatores de risco? Quais? Significado destes para o paciente
- Que características pessoais são observadas?
- Quais são seus valores, suas crenças, seus planos?
- Em que momento do ciclo vital se encontra?
- Como está sua vida no momento?
- Como lida com situações conflitantes, estresses, perdas?
- Qual o potencial de enfrentamento observado?
- Histórico ou presença de distúrbios psicopatológicos?
- Qual o momento do tratamento em que se encontra?
- Quais são as informações de que dispõe? Como as assimilou?
- Quais as informações das quais se beneficia em relação a seu tratamento?
- O que significa estar com câncer?
- De que forma o câncer afetou sua vida?
- Quais são suas expectativas?
- Como é sua família? Oferece suporte? De que tipo?
- Como a família encarou a doença?
- Como é a relação com a equipe de saúde?

O preparo psicológico para a cirurgia objetiva a consolidação de um processo de co-responsabilidade entre paciente-família-equipe e o conseqüente enfrentamento da situação de adoecimento, cirurgia e tratamento, uma vez que a qualidade adaptativa no pós-operatório possui uma relação direta com o pré-operatório, favorecendo ou não o tratamento como um todo. Embora a nossa experiência clínica revele que, em muitos casos, o preparo fique aquém do desejado, o que procuramos garantir nesse processo é que o paciente possa:

- Ter suas dúvidas esclarecidas, compreender o diagnóstico e o tratamento a ser realizado
- Refletir sobre as conseqüências do tratamento em sua vida
- Ponderar os ganhos e perdas que a cirurgia trará
- Relacionar o procedimento com a possibilidade de cura ou melhora na qualidade de vida (não somente como algo que poderá fazer com que se sinta incompleto, desorientado, deprimido, infeliz etc.)
- Participar ativamente de seu tratamento
- Respeitar suas escolhas diante do que achar melhor para si em cada momento
- Permitir que suas fantasias e os medos em relação aos tratamentos e, especificamente, quanto à cirurgia, apareçam e se expressem de maneira mais evidente
- Apropriar-se de sua condição
- Reorganizar sua vida frente à nova realidade
- Estabelecer, com o psicólogo, um vínculo suficiente para se sentir à vontade para retornar ao atendimento, quando sentir necessidade.

## O acompanhamento psicológico no pós-operatório

Ao voltar da cirurgia, o paciente estabelece contato de uma maneira mais concreta com sua situação. A cirurgia já foi feita e há a necessidade de ele iniciar um processo de apropriação de sua nova condição e de sua realidade. Nesse momento, ele ainda está internado e o tempo de permanência é de, aproximadamente, uma semana.

O atendimento que realizamos na enfermaria tem, como foco principal, não só as dificuldades ocasionadas pela internação (veja capítulo 5), mas, principalmente aquelas imediatas advindas da cirurgia. Para ilustrar, podemos citar uma situação em que um paciente foi preparado para uma laringectomia total, procedimento que ocasionou, entre outras condições, a perda definitiva da voz. Apesar de ter recebido antes todas as informações pertinentes, o paciente, nos primeiros dias pós-operatórios, ainda internado, mantinha tentativas voluntárias e freqüentes de produzir voz, mostrando-se muito angustiado com a constatação da perda, só vindo a assimilá-la após os atendimentos subseqüentes.

Esse atendimento direciona-se para a mobilização de recursos emocionais que possibilitem, ao paciente, encarar o dado real: a ausência de uma parte do corpo, modificações em suas estruturas, possíveis perdas funcionais (comunicação e deglutição, principalmente) e estéticas, além da presença do traqueostoma e da sonda, que prejudicam a imagem corporal e colaboram para que a auto-imagem, a auto-estima e a confiança sejam afetadas. Enfim, há um comprometimento de extrema relevância do aspecto relacional do indivíduo com o mundo (Hutton & Williams, 2001).

Nesse momento, é comum a presença de aspectos depressivos que, apesar de esperados e, sob alguns aspectos, considerados "saudáveis" (se entendidos como um modo de elaboração de perdas), podem não ser apenas parte de um quadro reacional e demandar também intervenção medicamentosa. Esses pacientes, em particular, tornam-se mais suscetíveis à depressão, pelas peculiaridades da região acometida e pela freqüente perda física e funcional gerada pelas mutilações (Leeuw e cols., 2000).

Outro aspecto a ser considerado é quanto ao momento das visitas médicas na beira do leito. Estas, em alguns casos, tornam-se grande fonte de angústia para o doente, em função das discussões realizadas pelos profissionais e das informações veiculadas sobre a doença (que nem sempre se referem àquele paciente em questão). Em nossa rotina, esta visita acontece sempre com a presença da equipe multiprofissional. Posteriormente, o psicólogo intervém junto à equipe quanto ao conteúdo das discussões e ao teor dos termos utilizados, sugerindo, inclusive, quais seriam mais apropriados. No caso daqueles pacientes nos quais o psicólogo identifique aspectos depressivos, fragilidade emocional, sugestionabilidade ou ansiedade, por exemplo, ele sugere que a discussão se dê em outro local e não na presença dos mesmos.

Em um estudo que averiguou as inter-relações entre desfiguração, gênero e suporte social e sua influência no ajuste ao tratamento, Kats, Irish, Devins, Rodin & Gullane (2003), verificaram que mulheres tendem a apresentar mais sintomas depressivos e a ser menos beneficiadas do suporte social do que os homens.

É de extrema importância avaliar a dimensão desses quadros para que as condutas no atendimento psicológico possam se tornar mais efetivas e também para que os encaminhamentos para avaliação psiquiátrica sejam realizados nos casos em que seja detectada esta demanda.

Já no ambulatório, após a alta hospitalar, estão presentes situações de estranhamento em relação à nova maneira de estar no mundo. Redko (1994) em seu estudo verificou que as dificuldades mais presentes no pós-operatório foram referentes aos hábitos cotidianos, às atividades laborais, sociais e familiares e às questões econômicas. Um paciente, durante um atendimento que aconteceu aproximadamente um mês após a realização de uma laringectomia total, descreveu (através da escrita, já que a cirurgia tem, como conseqüência, a perda da voz) da seguinte forma sua nova condição de se comunicar com as pessoas: *"É esquisito, eu não lembro de pegar caneta e papel quando vou sair de casa, também é estranho. Muitas pessoas não têm paciência para esperar. Às vezes, prefiro ficar quieto, só observando".*

O acompanhamento psicológico ambulatorial no pós-operatório se faz acolhendo o paciente nesse momento angustiante de readaptação, favorecendo a percepção de sua atual situação e propiciando a assimilação da sua nova condição. De certa forma, pretendemos aproximá-lo das suas reais potencialidades e não apenas da mudança em si. Isso, esperamos, o ajudará a criar novas possibilidades de se relacionar com o mundo.

Nossa prática aponta para a importância da retaguarda familiar. No pós-operatório fica evidente que pacientes que contam com apoio e boa retaguarda da família têm maior facilidade para readequação e para a retomada de atividades cotidianas que lhes são importantes.

Um outro estudo procurou conhecer o impacto do câncer de cabeça e pescoço e o desfiguramento facial na qualidade de vida, não só dos pacientes, mas também dos acompanhantes. Nele, Vickery, Latchford, Hewinson, Bellew & Feber (2003), curiosamente, constataram que os acompanhantes demonstravam um nível de angústia mais elevado e, com isso, um maior prejuízo na qualidade de vida, se comparado ao de alguns pacientes. Isso reforça a importância do oferecimento de um espaço psicoterápico, tanto com foco suportivo como de orientação, também aos acompanhantes nos quais se detecte essa demanda, para que estes tenham condições de oferecer o cuidado adequado ao paciente.

Não é raro que a família se coloque à frente e funcione como um "escudo" em relação às informações que chegam sobre a situação do paciente, a condução do tratamento ou seus resultados, gerando, para si mesma, uma sobrecarga emocional imensa. Nesses casos, é importante que compreendamos em nome do que tal postura é adotada. Algumas vezes, é possível que o paciente não tenha mesmo condições de receber tais informações, mas, em outras, elas não chegam até ele porque a família ou a equipe acreditam que assim o estão protegendo de algo insuportável, quando, na realidade, a dificuldade de suportar é delas.

A avaliação de até que ponto essa situação é pertinente é imprescindível para que percebamos os problemas de comunicação entre o paciente, sua família e a equipe e para que adotemos condutas favorecedoras da quebra da "conspiração do silêncio".

Após a realização da cirurgia, é avaliada a necessidade da complementação do tratamento com radioterapia e quimioterapia, sendo respeitados critérios protocolares. Estes tratamentos também apresentam implicações físicas e emocionais. Podem trazer efeitos colaterais como dor, boca seca e ressecamento da pele, dificuldades de ingestão de sólidos e líquidos e alteração do paladar, que prejudicam o retorno às atividades laborais e limitam as atividades sociais, resultando em sentimentos de isolamento (Krouse, Krouse & Fabian, 2003).

Do ponto de vista psicológico, podemos observar que as crenças e as expectativas positivas influenciam beneficamente na postura que o paciente adota em relação ao seu tratamento e na evolução do mesmo. Se o tratamento faz sentido para ele, se ele acredita que poderá ficar melhor ou curado, para dar continuidade a seus projetos, sonhos, sejam eles quais forem, a aceitação das limitações e mudanças impostas pela cirurgia e pelos tratamentos são manejadas não sem sofrimento, mas com mais facilidade de resignificação e acolhimento.

## Repercussões emocionais

Observamos que, em nossa rotina, existem algumas peculiaridades do paciente oncológico, em especial o portador de câncer de cabeça e pescoço aqui referido, que vão além das repercussões emocionais já citadas. Esse momento propicia a ele uma retrospectiva do que foi a sua vida até então, uma revisão de valores, de conceitos, de posturas e de atitudes. E, muitas vezes, o surgimento do câncer mobiliza alguns cuidados em nossos pacientes que, apesar de já terem sido percebidos anteriormente como necessários, foram adiados ou sempre tidos como não prioritários. Falamos especificamente sobre o tabagismo e o alcoolismo.

Conforme já assinalamos, a maioria desses pacientes apresenta, em sua história de vida, consumo pesado de álcool associado a tabagismo de longa data e a outros fatores de risco. Algumas famílias não vivenciam o alcoolismo como algo desagregador. Ajustam-se a ele e encontram formas de driblar suas consequências, não o considerando algo problemático. Mas, o alcoolismo geralmente provoca um profundo impacto na dinâmica familiar, colaborando para desajustes nas relações intra-familiares (Edwards e cols., 1999). Nestes casos, o diagnóstico de câncer freqüentemente vem a incrementar uma crise preexistente, já que os familiares muitas vezes se vêem com a tarefa de cuidar de alguém que, acreditam, sempre só trouxe "problemas". O que ocorre é que alguns assumem essa tarefa e outros não.

Por vezes, uma postura minimizadora de tais hábitos é comum nos pacientes, talvez como um apaziguamento da responsabilidade que sentem pelo desenvolvimento da doença, já que tanto o antecedente de alcoolismo quanto o de tabagismo colaboram para que sentimentos de culpa e castigo sejam revelados.

Nosso trabalho se faz no sentido de que tais sentimentos não se tornem justificativas e não colaborem para uma postura de acomodação, resignação e impotência, como na constatação freqüentemente manifestada: *"Meu câncer é pelo cigarro. Sempre soube que não fazia bem, mas a gente nunca acha que vai acontecer na nossa vida, só na casa do vizinho. Agora vou ter que aceitar, vou fazer o quê?"*

Alguns desses sentimentos são, por vezes, corroborados pela família, como ilustra a fala de um familiar durante o atendimento: *"A gente sempre falou para ele parar de beber e de fumar, agora tá aí, colhendo o que plantou".*

Nesse momento, as intervenções se dão no sentido de focar a atenção na busca de soluções dos problemas que já estão aí, ou seja, o câncer, a necessidade da cessação de tais hábitos e a cirurgia que se aproxima. Esse foco é de extrema relevância, já que a doença, a cirurgia e o tratamento impõem tal necessidade e os conflitos daí decorrentes são prioritários em sua resolução. É importante esclarecer que isso não significa invalidar a história do paciente e os conflitos vivenciados por ele e seus familiares até esse momento, inclusive porque esses dados nos auxiliarão na elaboração de estratégias interventivas ajustadas à situação.

Uma outra peculiaridade desses pacientes é que a perspectiva de realização da traqueostomia (que poderá ser provisória ou permanente, como nos casos dos laringectomizados) aparece como um dos principais estressores. Apesar de conviverem com outros pacientes que já possuem o traqueostoma, encontrando-os nos corredores e na sala de espera, o estranhamento é comum, mesmo sem tê-lo ainda concretamente. Isso pode ser exemplificado por uma colocação que constantemente é trazida durante os atendimentos: *"Eu não nasci assim, como vou conviver com isso?".*

Outras reações dos pacientes verificadas diante da traqueostomia são de vergonha, repúdio e nojo, freqüentes em nosso cotidiano através de declarações do tipo: *"Aquela secreção escapa pelo buraco e às vezes a pessoa não percebe. Quem está em volta fica sem jeito de falar, fico preocupado disso acontecer comigo".* Existe o temor da não aceitação dos familiares e amigos e até mesmo de desconhecidos que encontrem na rua, nos meios de transporte e em situações sociais cotidianas como festas ou o próprio almoço em família. Há também, nessa população, dúvidas freqüentes sobre se terão de aprender a respirar pela nova abertura ou se ainda poderão exercer sua sexualidade normalmente.

Outro aspecto preponderante nessa população é o medo de morrer por insuficiência respiratória: *"O tumor tá crescendo e tenho medo de tampar a garganta e não conseguir respirar".*

Outras fantasias que os pacientes trazem dizem respeito ao convívio com a sonda. Apesar de temporário, não deixa de ser uma fonte importante de angústia, que desperta o medo de passar fome, de sentir dor e enfrentar constrangimento em situações sociais.

Corroborando estudos anteriores (Jacob, 2000), percebemos, com certa freqüência no trabalho com esta especialidade, que, mesmo tendo informações favoráveis disponíveis sobre as possibilidades de tratamento, permanece, não só na própria vivência do paciente, mas na de todos aqueles que o cercam – isto é, pessoas que desempenham os mais variados papéis, desde diagnosticar, medicar, até conviver diariamente com ele – um clima de ameaça, um movimento destrutivo, ainda que silencioso. Mesmo sendo clara a tendência à racionalização, percebemos, freqüentemente, uma miscelânea de sentimentos – ansiedade, medo, raiva, tristeza – que podem interferir na maneira como o indivíduo conduz suas escolhas nesse momento de sua vida.

Diante de tantas repercussões, o atendimento psicológico poderá permitir que as fantasias e os medos que o paciente apresenta em relação à doença, aos tratamentos e, especificamente, quanto à cirurgia sejam evidenciados, permitindo inclusive que ele tenha mais claro para si quais são eles.

Assim, a experiência da vida com câncer e suas repercussões definem-se enquanto foco da intervenção psicológica, pois o cliente não traz uma história sem contorno, ele traz um sofrimento diante de um diagnóstico, de uma indefinição cirúrgica, angústias diante de possíveis mutilações e seqüelas, medo da morte e receio da vida imposta, neste momento, pela convivência com a doença.

## Considerações finais

Ao trazermos a experiência de nossa atuação nesse ambulatório, procuramos elucidar peculiaridades da nossa rotina, que nos colocam em contato com as questões da fragilidade e da transitoriedade do humano, cotidianamente. A associação do câncer à morte, nos faz lidar com pessoas em momentos nos quais a incerteza da vida e outras condições tão evitadas pelo humano preponderam.

Alguns utilizam esse momento como uma oportunidade de modificação, de reorganização ou de reestruturação de aspectos de sua vida. Outros, defendem-se e fecham-se em seu mundo. O processo de enfrentamento é vivido por cada paciente de forma peculiar e pode ser alterado em cada etapa da doença. Cada um tem um modo de enfrentar a doença, que varia de acordo com sua personalidade, seus princípios, seu contexto familiar e social, seus valores, sua idade, sua etapa do ciclo de vida etc.

Deparamo-nos com pacientes que muitas vezes procuram não pensar ou disfarçar a presença da doença. Nesse sentido, o atendimento psicológico é, por vezes, algo assustador, na medida em que propõe que o problema seja visto em toda sua amplitude e que novas possibilidades de se relacionar com os problemas, as situações e as pessoas sejam desenvolvidas.

As questões emergentes no pré e no pós-operatório são distintas, e as intervenções adequam-se ao momento, à disponibilidade, às características e às possibilidades daquele com quem estabelecemos um vínculo e para quem propusemos um trabalho. A maneira e o tipo de intervenção que será benéfica para cada paciente, e que forma diferenciada de cuidado de psicoterapia no ambiente hospitalar ele necessita, serão ponderadas a partir do momento em que fizermos um primeiro contato com *esse* paciente.

Apesar de sabermos da importância de um paciente desejar seu tratamento e sua cura, a psicoterapia oferece, antes de mais nada, um espaço para que o *sentido* de toda a experiência possa ser revelado. O desejo não suporta o tempo, o sentido, sim. E, no câncer, questões relacionadas ao tempo são constantemente colocadas prioritariamente diante de todos os envolvidos.

## Referências bibliográficas

BAHNSON, C. B. – Cuestiones Psicológicas e Emocionales en Cáncer: Asistencia Psicoterapéutica del Paciente Canceroso. In: Goepp, C. E. (Org.), *Terapia de Apoyo del Paciente Canceroso*. Médica Panamericana. Buenos Aires, 1977.

BOTEGA, N. J. (2002). Reação à Doença e à Hospitalização. In: Botega, N. J. (Org.), *Prática Psiquiátrica no Hospital Geral: Interconsulta e Emergência*. Artmed. São Paulo, 2002.

CARVALHO, M. M. J. – *Introdução à Psico-Oncologia*. Psy. Campinas, 1994.

CASSORLA, R. M. S. – A Morte e o Morrer. In: Botega, N. J. (Org.), *Prática Psiquiátrica no Hospital Geral: Interconsulta e Emergência*. Artmed. São Paulo, 2002.

DROPKIN, M. J.; MALGADY, R. G.; SCOTT, D. S.; OBERST, M. T. & STRONG, E. W. – Scaling of Disfigurement and Dysfunction in Postoperative Head and Neck Patients. In: Vickery, L. E.; Latchford, G.; Hewinson, J.; Bellew, M. & Feber, T., The Impact of Head and Neck Cancer and Facial Disfigurement on the Quality of Life of Patients and their Partners. *Head and Neck*, 25: 289-296, 2003.

EDWARDS, G; MARSHALL, E. J. & COOK C. H. – *O Tratamento do Alcoolismo: Um Guia para Profissionais de Saúde*. Artes Médicas. Porto Alegre, 1999.

FERNANDES, K. P. – Aspectos Psicológicos em Cirurgia de Cabeça e Pescoço. In: Araújo Filho, V. J. F. A. (Org.), *Manual do Residente de Cirurgia de Cabeça e Pescoço*. Keila & Rosenfeld. São Paulo, 1999.

GIMENEZ, M. G. – Definição, Foco e Intervenção. In: Carvalho, M. M. J., *Introdução à Psico-Oncologia*. Psy. Campinas, 1994.

HUTTON, J. M. & WILLIAMS, M. – An Investigation of Psychological Distress in Patients who have been Treated for Head and Neck Cancer. *British Journal of Oral and Maxillofacial Surgery*; 39: 333-339, 2001.

INSTITUTO NACIONAL DO CÂNCER – INCA – *Falando Sobre Câncer e Seus Fatores de Risco.* Disponível em: http://www.inca.gov.br/cancer/, 2004.

JACOB, L. M. A. J. – *A Marca do Câncer: Deficiência ou Peculiaridade?* Universidade Católica de Santos. Trabalho de Conclusão de Curso de Pós-Graduação Latu-Sensu. Santos, 2000.

KATZ, M. R.; IRISH, J. C.; DEVINS, G. M.; RODIN, G. M. & GULLANE, P. J. – Psychosocial Adjustment in Head and Neck Cancer: The Impact of Disfigurement, Gender and Social Support. *Head and Neck,* 25 (2): 103-112, 2003.

KROUSE, J. H.; KROUSE, H. J. & FABIAN, R. J. – Adaptation to Surgery for Head and Neck Cancer. In: Vickery, L. E.; Latchford, G.; Hewinson, J.; Bellew, M. & Feber, T., The Impact of Head and Neck Cancer and Facial Disfigurement on the Quality of Life of Patients and their Partners. *Head and Neck,* 25: 289-296, 2003.

LAMPERT, M. H. & WITTEN, C. M. – Reabilitação. In: Love, R. F., *Manual de Oncologia Clínica.* União Internacional Contra o Câncer. Springer-Verlag – Fundação Oncocentro. São Paulo, 1999.

LEEUW, J. R. J.; GRAEFF, A.; ROS, W. J. G.; BLIJHAM, G. H.; HORDIK, G. J. & WINNUBST, J. A. M. – Prediction of Symptomatology After Treatment of Head and Neck Cancer: The Influence of Pre-Treatment Physical and Depressive Symptoms, Coping and Social Support. *Head and Neck*, 22: 799-807, 2000.

NASCIMENTO-SCHULZE, C. M. – As Contribuições do Enfoque Psicossocial para o Cuidado junto ao Paciente Portador de Câncer. In: Nascimento-Schulze, C. M., *Dimensões da Dor no Câncer: Reflexões sobre o Cuidado Interdisciplinar e um Novo Paradigma da Saúde.* Robe. São Paulo, 1997.

REDKO, C. P. – Representações da Doença dos Pacientes com Câncer de Cabeça e Pescoço. *Acta Oncológica Brasileira*, 14: 231-237, 1994.

REHFELD, A. – Existência e Cura – Ideais. In: Beirão, F. S. F. (Org.), *Vida, Morte e Destino.* Companhia Ilimitada. São Paulo, 1992.

SOCIEDADE BRASILEIRA DE CANCEROLOGIA – SBC – *O Câncer no Brasil: Câncer de Cabeça e Pescoço.* Disponível em: http://www.sbcancer.org.br, 2003.

SOCIEDADE BRASILEIRA DE CIRURGIA DE CABEÇA E PESCOÇO – SBCCP – *Perguntas e Respostas sobre Câncer de Cabeça e Pescoço.* Disponível em: http://www.sbccp.org.br, 2004.

TUYINS, A. J. – Alcohol and Cancer. An Instructive Association. *British Journal of Cancer*; 64: 415-416, 1991.

VICKERY, L. E.; LATCHFORD, G.; HEWINSON, J.; BELLEW, M. & FEBER, T. – The Impact of Head and Neck Facial Disfigurement on the Quality of Life of Patients and Their Partners. *Head and Neck*, 25: 289-296, 2003.

CAPÍTULO
15

# INTERVENÇÃO PSICOLÓGICA EM AMBULATÓRIO GERAL

Nilza Maciel Oliveira

A história do Ambulatório Geral de Adultos remonta à história do próprio Serviço de Psicologia Hospitalar da Santa Casa, pois sua concepção e implementação estão relacionadas ao percurso do Serviço dentro da Instituição, ao longo de seus doze anos de existência.

Inicialmente contratado para atuar junto a poucas especialidades médicas, o psicólogo, em pouco tempo, viu a procura por seu trabalho multiplicar-se, desde que sua presença no hospital estimulou o aparecimento de uma demanda até então reprimida. Os profissionais de saúde das demais especialidades passaram a solicitá-lo também em suas equipes. Além disso, uma vez inseridos na Instituição, os próprios psicólogos detectaram outros campos de atuação, além daqueles para os quais haviam sido designados a princípio.

Como resultado desse duplo movimento, a primeira tentativa de atender melhor à demanda, ampliando a assistência, foi a criação do chamado Plantão Psicológico, destinado a atender os pacientes encaminhados pelos médicos do Pronto Atendimento, a triagem de todo paciente ambulatorial que chega à Santa Casa. O principal objetivo do Plantão era a avaliação dos casos, que podia resultar no encaminhamento para os psicólogos ligados às especialidades ou para serviços de saúde mental da comunidade. Tanto o número quanto a diversidade dos casos recebidos eram enormes e refletiam certa dificuldade de discriminação, por parte dos médicos que os encaminhavam, entre os casos psiquiátricos e os "psicológicos". Tal modelo foi revisto e criado, então, o Ambulatório Geral de Adultos, cuja proposta era oferecer o trabalho do psicólogo para as especialidades médicas que não contavam com o profissional em suas equipes, isto é, a grande maioria delas. Em seu início, o Ambulatório atendia pacientes com toda sorte de doenças orgânicas, das mais leves às mais graves, das agudas às crônicas e até mesmo pacientes sem doença alguma, encaminhados à Psicologia por seus problemas mentais. Num hospital de grande porte como o nosso, em pouco tempo esse modelo mostrou-se inviável, estenderam-se as filas de espera e os encaminhamentos externos. Por isso, quando assumimos o Ambulatório, em outubro de 2002, optamos por sua reestruturação, deixando-o mais de acordo com nossas possibilidades assistenciais e adaptando-o às demandas mais importantes, tendo em vista os recursos humanos de que dispunhamos.

Concebemos, então, o Ambulatório Geral para uma avaliação inicial de todos os pacientes encaminhados e o acompanhamento de alguns casos específicos. Contamos com um psicólogo responsável, três estagiários de Graduação e, eventualmente, um ou dois alunos do Curso de Especialização em Psicologia Hospitalar.

## As entrevistas iniciais

A avaliação inicial dos pacientes é geralmente feita em uma ou duas entrevistas, sendo usualmente mais longa nos casos pré-cirúrgicos e quando o médico, a partir de uma concepção de exclusão, solicita nossa ajuda para fazer o diagnóstico diferencial entre doença orgânica e psíquica.

Em um sentido bem amplo, toda doença é causada e mantida por uma multiplicidade de fatores; biológicos, psicológicos e sociais. Essa visão, apesar de ser, teoricamente, predominante entre os profissionais de saúde, tem uma infinidade de interpretações, dada a formação de cada um e a dificuldade de se aferir tanto o peso de cada aspecto como a relação entre eles. Na prática, ainda hoje observamos uma tendência dos médicos a darem maior valor para os aspectos biológicos e dos psicólogos a interessarem-se mais pelos aspectos psicológicos. Embora esta tendência venha se modificando ao longo dos anos, uma verdadeira integração de saberes permanece rara. Voltaremos a este ponto mais adiante. Por enquanto, manteremos neste texto, por razões práticas, o uso da denominação dualista "doença orgânica" e "psíquica".

Nas entrevistas iniciais, preponderantemente de avaliação, procuramos compreender o funcionamento psíquico e sua interação com os fatores orgânicos presentes. Buscamos também, desde então, mostrar ao paciente a natureza do trabalho psicoterápico, sensibilizando-o para sua necessidade, quando for o caso. Além disso, selecionamos os pacientes que atendem aos nossos critérios de inclusão e encaminhamos os demais para outros serviços, internos ou externos.

Restringimos o acompanhamento psicoterápico ao que nos parece ser a demanda mais crucial dentro de nossa realidade, considerando-se o grande número e diversidade de casos assistidos pela Instituição, além da presença do psicólogo em algumas equipes específicas. Os casos acompanhados são:

1. Pacientes com problemas emocionais, de moderados a graves, desencadeados ou agravados por uma doença orgânica (também de moderada a grave) ou seu tratamento, e que estejam em seguimento médico na Santa Casa.

2. Pacientes cirúrgicos, nos seguintes casos:
   - Quando há algum sintoma psicológico que pode prejudicar a intervenção cirúrgica ou o tratamento pós-operatório.
   - Quando a cirurgia não foi plenamente satisfatória, deixou seqüelas e o paciente está com séria dificuldade de adaptação.
   - Quando há ou haverá incapacitação importante e, pela reação emocional do paciente, necessidade de apoio psicológico (por exemplo, nos casos de disfunção sexual decorrente de cirurgia, de amputação de membros, de colostomia, de gastrostomia etc).

3. Pacientes nos quais a influência dos aspectos psicológicos na produção e manutenção dos sintomas corporais é evidente, em dois casos:
   - Pacientes que cronicamente se queixam de problemas físicos para os quais não se encontra substrato orgânico, mas que, apesar disso, continuam em tratamento médico, seja pela dificuldade de aceitarem a etiologia psicológica, seja pela concepção, por parte da equipe, de que há necessidade de abordagem multidisciplinar.
   - Nos casos de ativação ou agravamento do quadro após determinados eventos de vida.

4. Pacientes com doenças graves, geralmente crônicas, com dificuldade em aderir ao tratamento, ou seja, que não seguem as recomendações profissionais como deveriam.

Relembramos que a descrição acima, com base em sintomas e comportamentos, não é uma proposta de classificação nosográfica, mas uma seleção e organização dos casos segundo nossas prioridades e o motivo – manifesto – do encaminhamento ao psicólogo. Consideramos esta a demanda mais crucial no Hospital Geral porque, nesses casos, o tratamento do paciente fica muito comprometido quando não acompanhado da assistência psicológica, além de representarem o maior número de encaminhamentos para nosso Serviço. São, em grande parte, os casos mais dramáticos existentes no hospital. O encaminhamento para a Psicologia reflete, muitas vezes, a dificuldade dos profissionais de saúde em lidar com essas situações extremas, de dor e morte. Evidentemente, o psicólogo não está imune e, por isso, tem que prestar especial atenção aos aspectos contratransferenciais de seu trabalho.

Nas entrevistas iniciais, além da avaliação usual (queixas e sintomas, conflitos, defesas predominantes, traços de personalidade, relações objetais, recursos egóicos, auto-estima, valores morais, projeto de vida, transferência e contra-transferência, sexualidade e demanda própria para psicoterapia, entre outros), estamos atentos a aspectos mais específicos da problemática do paciente no hospital:

1. Sua relação com seu corpo e a história de sintomas corporais.
2. Características da doença ou das doenças relatadas:
   - Diagnóstico médico.
   - História: início dos sintomas, sua associação a diferentes aspectos da vida, fase do ciclo vital em que o paciente se encontrava no momento do diagnóstico, sua reação a ele, eventuais experiências traumáticas, por exemplo.
   - Tipo: aguda ou crônica, hereditária ou adquirida, contagiosa ou não, incapacitante ou não, desfigurante ou não etc.
   - Tipo de incapacitação: na cognição (como na doença de Alzheimer, por exemplo), na sensação (surdez, por exemplo), na motricidade (em casos de acidente vascular cerebral, no mal de Parkinson, por exemplo), na produção de energia (nas doenças cardíacas e pulmonares, por exemplo), entre outros (Rolland, 1995).
   - Curso: progressivo, constante ou episódico.
   - Grau: leve, moderada ou grave.
   - Prognóstico.
   - Fase: inicial, intermediária ou avançada.
   - Formas de tratamento: se houve internações (e como foram vividas), cirurgias, procedimentos invasivos e/ou dolorosos, seqüelas de procedimentos médicos, efeitos colaterais da medicação, infecção hospitalar etc.
   - Quantidade e qualidade dos cuidados exigidos.
   - Presença ou ausência de comprometimento do sistema nervoso.
3. Impacto e repercussões da doença na vida familiar, profissional/escolar, social, amorosa e sexual.
4. A representação mental do órgão ou sistema afetado.
5. Como é vivido o papel de doente: se há identificação com esse papel, quais os usos que o paciente faz da doença, quais os mecanismos de enfrentamento da situação e se há ganhos secundários, por exemplo.
6. A relação com a equipe de saúde e com a Instituição.

Durante o processo de avaliação procuramos consultar o prontuário do paciente e, quando possível, discutir o caso com o profissional que solicitou nossa intervenção e/ou com outros membros da equipe e, se necessário, entrevistar também os familiares. A síntese de nossa avaliação e a conduta estabelecida são registradas no prontuário. As informações relevantes são anotadas e alguns dados tabelados: a identificação do paciente, o responsável pelo encaminhamento, o motivo de sua ocorrência, as queixas e sintomas e a conduta estabelecida pelo psicólogo.

## Sobre os casos acompanhados

Quando inicialmente projetamos a reestruturação do Ambulatório, pensamos em oferecer um acompanhamento breve, de cerca de dezesseis sessões, em função do grande número de casos que imaginávamos receber. Ao longo do tempo, porém, percebemos a falácia desse critério, que desconsiderava não apenas tudo que acontecia no interior do processo terapêutico, como também a diversidade dos pacientes que priorizamos atender. Optamos, então, por uma conduta mais flexível e individualizada, isto é, particular a cada caso, tendo em vista a demanda do paciente, seu aproveitamento do processo e a relação transferencial.

### Problemas Emocionais Desencadeados ou Agravados pelo Adoecimento ou seu Tratamento, Incluindo o Cirúrgico

É sempre limitante e simplificador considerar os problemas emocionais apresentados pelo doente apenas como conseqüência de sua enfermidade ou do tratamento. Quando o fazemos, deixamos de lado a participação dos fatores psicossociais na etiologia e manutenção do quadro. No entanto, como o adoecimento, isoladamente, implica sempre um agravamento importante dos conflitos e da angústia, este aspecto da questão merece ser considerado à parte.

Doenças graves e procedimentos médicos invasivos e dolorosos usualmente significam uma crise na vida de qualquer pessoa. Dependendo da natureza da doença e do tratamento, da personalidade e dinâmica psíquica do paciente e das características da família ou rede social, a crise pode vir acompanhada de sintomas mentais graves.

Uma reação normal ao adoecimento é a pessoa voltar-se quase que exclusivamente para ele, deixando de lado demais interesses e outras dimensões da vida, que ficam temporariamente em suspenso. Surgem as mais terríveis fantasias: de dores físicas, de desfiguramento, de descontrole das funções fisiológicas e de morte; além do medo de outra ordem de perdas: da dignidade (alguns pacientes sentem-se humilhados pela sua condição, especialmente quando há dependência severa), da autonomia, da liberdade, da independência, do *status* econômico e social, do *status* dentro da família, da pessoa amada (especialmente quando há desfiguramento e incapacitação), de amigos (quando há um estigma social muito grande, como no caso da AIDS), da capacidade de trabalho e das perspectivas de futuro, entre outros. Lembremos que, na maior parte dos nossos casos, nem tudo é fantasioso: o paciente tem que enfrentar dores, incômodos físicos e perdas reais.

Para se proteger da angústia, o sujeito lança mão dos mecanismos de defesa de que dispõe, evidentemente. Em relação ao adoecimento, observamos com maior freqüência em nosso Ambulatório:

- A negação: é comum vermos pacientes que parecem não compreender ou "esquecem" as informações sobre sua doença; ou pacientes que assumem uma atitude onipotente, desconsiderando suas limitações físicas (fazendo questão de manter sua autonomia, ou fazendo planos irrealistas, por exemplo); ou pacientes que não seguem o tratamento de maneira adequada, achando exagerados os cuidados recomendados, por exemplo.

- O deslocamento da raiva pela doença para os familiares ou equipe de saúde, expresso pela agressividade e/ou atribuição de culpa.

- A regressão, expressa pelo comportamento infantilizado (recrudescido quando há dependência real).

A maneira como cada indivíduo lida com o sofrimento e com as perdas também depende das características da doença e do tratamento, já descritas, da presença ou ausência de uma rede de apoio social provedora de suporte emocional e de fatores pessoais: a internalização de experiências gratificantes, o grau de maturidade, o auto-conceito, as percepções acerca da doença e do tratamento, as crenças religiosas, as experiências anteriores de adoecimento, a fase do ciclo vital em que a doença surge, o estado dos demais aspectos da vida no momento do diagnóstico e durante a vigência da doença e a história da família em relação a experiências com adoecimento, entre outros. Em alguns casos, a relação entre esses fatores pode adquirir uma configuração tal que os mecanismos defensivos sucumbem, dando lugar ao sofrimento intenso, expresso, mais freqüentemente, pelos sintomas depressivos e ansiosos.

Entendemos que as situações de crise são oportunas para a compreensão e a elaboração de conflitos, pois a ruptura no curso dos acontecimentos pode abalar funcionamentos rígidos e estereotipados, favorecendo a reflexão. De maneira geral, buscamos compreender a dimensão adquirida pelo adoecimento no conjunto de problemáticas do sujeito, identificando os pontos de conflito e sua articulação com os demais aspectos da dinâmica individual.

Apesar de buscarmos as particularidades individuais, nossa prática envolve sempre um trabalho de elaboração do luto pelas perdas sofridas e a descoberta de potenciais de enfrentamento da situação. O objetivo principal é ajudar o paciente a passar pela crise da maneira mais profícua possível e, em última instância, promover as mudanças internas necessárias ao processo de adaptação, com o conseqüente alívio dos sintomas que o trouxeram ao psicólogo.

## Sintomas Psicológicos a Prejudicar a Intervenção Cirúrgica ou o Tratamento Pós-operatório

A ocorrência de manifestações emocionais e comportamentais que despertam a cautela dos cirurgiões e motivam o encaminhamento do paciente ao psicólogo é relativamente rara em nossa experiência no Ambulatório Geral, dado que a cirurgia é um recurso terapêutico usado em último caso e, por isso, sua necessidade normalmente prevalece sobre a maior parte das dificuldades emocionais que possam surgir. Portanto, a solicitação de intervenção psicológica é feita, primordialmente, nos casos mais severos de desorganização, quando a ameaça representada pela cirurgia se soma a características de personalidade e a conflitos e sintomas preexistentes, como, por exemplo, no caso da paciente que desfalecia a cada exame preparatório, ou de outra que se recusou a fazer uma gastrostomia, ameaçando cometer suicídio. Além desses, também são encaminhados pacientes cuja cirurgia pode resultar em incapacitação, como no caso do doente de câncer que precisava optar entre duas formas de operação, sendo que na mais indicada, do ponto de vista médico, havia risco de impotência sexual. (O tema "preparo psicológico para cirurgias" é também abordado nos capítulos 10, 12 e 14).

A intervenção cirúrgica é sempre um procedimento invasivo a ameaçar a integridade narcísica, podendo provocar fantasias de mutilação/castração e de morte. A reação a ela também depende, além do já referido, da percepção do paciente acerca de três aspectos: sua complexidade, grau e natureza dos riscos envolvidos e competência e experiência dos médicos na sua realização.

Além destes, as reações do paciente diferem em função do tipo de doença e da experiência prévia com o tratamento. No caso da enfermidade aguda, ocorre uma perda brusca da ilusão de invulnerabilidade e o paciente tem que enfrentar a cirurgia num estado de fragilidade e ansiedade. Como não está familiarizado com o hospital e com a equipe de saúde, as fantasias são acirradas pelo medo do desconhecido e pelo ambiente hospitalar, onde tudo pode parecer hostil e assustador, desde a arquitetura, a decoração, os aparelhos e instrumentos e a presença de pacientes desfigurados pela doença, até os procedimentos médicos e de enfermagem. Na enfermidade crônica, a necessidade de cirurgia geralmente significa uma piora ou recidiva do quadro, isto é, a homeostase é quebrada, estabelecendo-se uma crise semelhante, em alguns pontos, à da doença aguda. Difere desta, no entanto, porque a piora pode representar o fracasso de anos de luta contra a moléstia e a confirmação das fantasias mais aterrorizantes. Além disso, o paciente crônico pode estar traumatizado por experiências dolorosas e mesmo por cirurgias anteriores, como ocorre, por exemplo, em alguns casos de câncer em metástase e nas reparações de más-formações congênitas, quando o tratamento, em si, consiste numa série de intervenções cirúrgicas.

Em nosso trabalho, procuramos entender a crise representada pelo caráter agudo dos sintomas à luz das circunstâncias de vida do paciente, tentando descobrir ou construir um significado para a dificuldade específica com a cirurgia. Muitas vezes, apenas nossa tentativa inicial de articular o adoecimento aos conflitos afetivos e a garantia de que daremos continuidade ao acompanhamento psicológico já são suficientes para diminuir a ansiedade e possibilitar o procedimento. O ideal seria aliarmos esse trabalho à discussão em equipe das necessidades emocionais do paciente, visando a promover condutas que favorecessem seu bem estar, como, entre outras, o fortalecimento do vínculo cirurgião-paciente. Devido à complexa estruturação dos serviços, no entanto, raramente conseguimos reunir a equipe assistencial.

Em nossa prática, nunca houve a necessidade de contra-indicar cirurgias. Apenas em uma única experiência o acompanhamento psicológico ajudou o paciente a se decidir por não fazê-las. (Trata-se de um rapaz de vinte e dois anos que havia sofrido um acidente de trabalho e quatro amputações consecutivas dos dedos da mão esquerda, restando-lhe apenas o dedo mínimo. A equipe médica, posteriormente, lhe indicou duas novas cirurgias: a retirada do *hallux* – o dedo grande do pé – e seu implante no lugar do polegar, o que possibilitaria o movimento de pinça. Diante de sua sempre postergada decisão, foi encaminhado ao psicólogo).

## Influência Evidente dos Fatores Psicológicos na Produção e Manutenção dos Sintomas Corporais

Num certo sentido, podemos dizer que todo sintoma corporal é expressão de um desequilíbrio no funcionamento global do indivíduo. Segundo essa acepção, a saúde e a doença são determinadas pela relação dialética entre o psíquico, o orgânico e o social. Aliás, mais apropriado seria dizer da relação entre a unidade psicossomática e o meio. De um ponto de vista mais estrito, no entanto, o peso dos aspectos psicossociais na produção e manutenção de sintomas corporais é maior em algumas formas de padecimento do que em outras. Na verdade, os conhecimentos atuais não permitem uma compreensão detalhada acerca da articulação entre os vários fatores atuantes na gênese, reativação e/ou manutenção das doenças. As diferentes disciplinas que estudam o assunto permanecem relativamente afastadas umas das outras, se tomarmos por integração a incorporação mútua de conhecimentos, resultando num saber híbrido e novo.

De acordo com a concepção mais estrita, os aspectos psicossociais são preponderantes nos seguintes casos:

Na ausência de alterações biológicas objetiváveis:
- Sintomas factícios.
- Hipocondria.
- Quando os sintomas corporais são parte de alguns quadros considerados mentais, como a depressão, por exemplo.
- Sintomas conversivos.
- Condições claramente desencadeadas ou agravadas por eventos de vida, como alguns tipos de hipertensão arterial e de alterações dermatológicas, por exemplo.
- Outros sintomas corporais, chamados de "doenças funcionais": síndrome do cólon irritável, fibromialgia e síndrome da fadiga crônica, por exemplo, classificadas, por alguns autores, entre as chamadas "doenças psicossomáticas"(Jeammet, Reynaud & Consoli, 2000).

Na presença de alterações biológicas objetiváveis:
- Também em condições desencadeadas ou agravadas por eventos de vida, como alguns casos de infarto do miocárdio, de enfermidades auto-imunes e de partos prematuros, por exemplo. (Botega & Smaira, 2002).
- Em algumas doenças em que a participação dos aspectos psicológicos foi mais amplamente estudada (anteriormente chamadas de "psicossomáticas"), como a asma brônquica e a psoríase, por exemplo.

Como já dissemos, no Ambulatório Geral acompanhamos dois grupos de pacientes: aqueles que cronicamente se queixam de problemas físicos para os quais não se encontra substrato orgânico, freqüentemente encaminhados e, mais raros, casos nos quais determinados eventos de vida influenciam diretamente a produção ou o agravamento dos sintomas, tenham eles substrato orgânico ou não.

Tais pacientes têm quadros diversos – a maior parte dos descritos acima – cada qual com seu funcionamento próprio. Para considerá-los em conjunto podemos, de maneira geral, diferenciar os sintomas corporais em dois tipos: aqueles que simbolizam um conflito inconsciente (como na hipocondria, na conversão etc.) e aqueles produzidos por uma excitação não representada mentalmente, portanto carentes de significado simbólico passível de decifração (como parece ser o caso dos pacientes do segundo grupo, entre outros).

Apesar de diversos, os pacientes do primeiro grupo possuem, em comum, a dificuldade em perceber a ligação entre seu sofrimento físico e sua vida afetiva, buscando no médico, reiteradamente, alívio para seus males. Como não o encontram, atribuem seus sintomas, muitas vezes, à raridade e/ou gravidade de sua suposta doença ou à falta de qualificação do médico para a realização do diagnóstico, o que justifica novas investigações através de exames complementares e de consultas a especialistas e/ou a outros serviços de saúde, estabelecendo-se um círculo vicioso. (Cabe lembrar que a tendência em localizar as causas do sofrimento não orgânico é, não raramente, ratificada pelos médicos.) Alguns destes pacientes, depois de confirmado o diagnóstico, acabam por aceitar os tratamentos indicados; outros, insistem na busca pelo fator orgânico, despertando uma sensação de impotência nos profissionais de saúde que, muitas vezes, os encaminham para atendimento psicológico como forma de livrar-se do "paciente-problema", o que pode ser interpretado como desinteresse ou mesmo incompetência. O encaminhamento chega a ser visto, por alguns, como uma verdadeira ofensa.

Nos pacientes do segundo grupo (casos de ativação ou agravamento do quadro após eventos de vida), observamos a relação entre a alteração somática e determinados acontecimentos de maneira mais direta, dado o curto período de tempo que separa os fenômenos e a freqüência em que aparecem associados. Nestes, a percepção é oposta àquela do primeiro grupo, pois, usualmente, a aceitação da etiologia psicológica é grande, o que facilita a abordagem psicoterápica.

Como estamos considerando pacientes diferentes, naturalmente nosso trabalho também se diversifica. De modo geral, o objetivo é trazer para o espaço mental o que está expresso no corpo, isto é, promover a conexão entre essas duas esferas. Para tanto, procuramos entender o tipo de sintoma corporal, como se deu sua formação e o lugar que ocupa no funcionamento do paciente. Quando é o caso, buscamos seu significado simbólico; quando não, tentamos favorecer a mentalização, estimulando a percepção e a expressão verbal dos sentimentos, o resgate da história pessoal e a produção de sonhos e fantasias, entre outros.

## Dificuldade de Adesão ao Tratamento

Em algum grau, uma adesão parcial ao tratamento é esperada, especialmente nas doenças crônicas. Com facilidade podemos imaginar que dificilmente alguém seguirá recomendações profissionais, médicas ou outras, à risca e para sempre. Isto exigiria disciplina e controle absolutamente inumanos. De fato, os estudos na área mostram uma taxa média de adesão, para os tratamentos em geral, de cinqüenta por cento (Jordan, Lopes, Okazaki, Komatsu & Nemes, 2000; Vitória, 2000). Algumas vezes, no entanto, o problema assume uma dimensão ainda maior, acarretando a ineficácia do tratamento e colocando a vida do paciente em risco. Além disso, a adesão parcial implica também o desperdício de recursos públicos e, no caso das moléstias infecto-contagiosas, o desenvolvimento, proliferação e disseminação de microorganismos resistentes aos medicamentos, podendo levar a problemas de saúde pública de enormes proporções.

Para os profissionais de saúde em geral e, em particular, para os médicos, torna-se difícil lidar com o paciente não aderente, cuja atitude é percebida como menosprezo ou rejeição de seus cuidados e boas intenções. A adesão parcial e a não adesão são ataques ao narcisismo do profissional, pondo em cheque certa ilusão de onipotência, causando frustração e desinvestimento libidinal, o que acaba por reforçá-las ainda mais. Na maior parte das vezes, também são vividas com ansiedade pelos familiares do paciente, muitos chegando ao desespero.

A dificuldade de adesão está relacionada a quatro fatores: o paciente, sua doença, o tipo de tratamento e a qualidade do serviço de saúde (Jordan e cols., 2000; Botega, 2002).

Em relação ao paciente, alguns estudos fazem menção a dados objetivos, apontando para uma menor adesão, no caso das doenças crônicas, entre os mais jovens, os maiores de setenta e cinco anos, os indivíduos que vivem sozinhos e os que têm transtornos mentais, especialmente usuários de álcool e/ou de drogas (Jordan e cols., 2000). Quanto aos aspectos subjetivos, podemos fazer inúmeras interpretações relacionando a dificuldade de adesão, por exemplo, à negação da realidade limitante, à revolta contra a doença, a um mecanismo contra-fóbico (diante do medo do sofrimento e da morte, o paciente os desafia, atirando-se ao risco) ou, ainda, a sintomas depressivos, como o desânimo, a falta de esperança e o desejo de morrer. Neste último caso, a não adesão pode ser um verdadeiro "suicídio passivo". (Aqui, há que se distinguir o doentio do saudável em relação ao desejo do paciente gravemente doente, que pode, realisticamente, não ver sentido num viver a qualquer preço. Esse lado da questão é, muitas vezes, incompreensível para os profissionais de saúde, formados para lutar contra a morte, mesmo quando a luta já não vale mais a pena...). Além disso, a dificuldade de adesão pode estar relacionada também a uma necessidade inconsciente de manter-se doente, ligada aos ganhos, primários e secundários, associados à condição.

Em relação à doença, alguns elementos contribuem para a dificuldade de adesão: a ausência de sintomas ou a melhora significativa dos mesmos, a falta de vantagens terapêuticas imediatas (como no caso do tratamento com anti-retrovirais para a prevenção de queda imunológica em indivíduos portadores do HIV, por exemplo) e a necessidade de controle periódico (Jordan e cols., 2000). Alterações no funcionamento cognitivo, como prejuízo na memória, também podem comprometer a adesão.

No que diz respeito ao tratamento, algumas de suas características influenciam a adesão, como a duração (quando longos, a adesão tende a diminuir), o custo e o tipo de regime terapêutico: número de medicamentos e de doses, via de aplicação, necessidade de dieta alimentar, gravidade dos efeitos colaterais, quantidade e natureza das mudanças no estilo de vida exigidas pelo tratamento etc. (Jordan e cols., 2000; Vitória, 2000). (Como no exemplo do usuário de álcool e de drogas que, ao ver-se com uma doença crônica, precisa fazer mudanças radicais em seu modo de vida: abandonar a bebida e as drogas, disciplinar-se para cumprir com os horários de tomada de medicamentos, afastar-se dos amigos e encontrar gratificação em novas formas de lazer.)

Quanto ao serviço de saúde, a qualidade da adesão está relacionada a sua localização (devido ao custo e ao tempo gasto na locomoção do paciente) e à conveniência dos agendamentos e procedimentos (tempo de espera, qualidade das acomodações e otimização do fluxo de consultas e exames), entre os aspectos objetivos (Jordan e cols., 2000). Todavia, talvez mais importante que tudo sejam as relações humanas dentro do hospital: a qualidade do acolhimento, da atenção, a disponibilidade emocional, o interesse pelo paciente e a competência técnica, de todos os funcionários do serviço, mas especialmente dos médicos, são determinantes.

No trabalho com estes pacientes procuramos compreender a natureza de sua dificuldade em cuidar-se, articulando os vários aspectos expostos e, se necessário, intervindo também junto aos demais membros da equipe. Muitas vezes, porém, o problema atingiu uma gravidade tal que o paciente também não adere ao acompanhamento psicológico. Nesses casos, buscamos conhecer a família e tentamos, através dela, favorecer o retorno do paciente.

## Considerações finais: vantagens e desvantagens desse modelo assistencial

O funcionamento relativamente autônomo do Ambulatório Geral dificulta o encontro dos profissionais que cuidam do paciente, comprometendo a troca de informações, a compreensão global do caso, a reflexão em equipe acerca da melhor conduta terapêutica e a realização de atividades em conjunto, prejudicando a produção de um conhecimento interdisciplinar. Além disso, torna-se impossível, para o psicólogo, aprofundar-se nas especificidades dos conflitos trazidos por cada tipo de doença e de tratamento.

Por outro lado, a maior vantagem desse modelo de prestação de serviços é de ordem prática: a Psicologia, priorizando os pacientes com maior necessidade, consegue atender à demanda principal de todo o hospital, embora parcialmente. Como são casos onde a dimensão psicológica é valorizada pela totalidade dos profissionais de saúde, seu atendimento acaba por favorecer o reconhecimento de nosso trabalho, com a conseqüente ampliação do espaço da Psicologia dentro da Instituição. Além disso, o Serviço assim estruturado oferece uma experiência de trabalho rica e diversificada, abrangendo as variadas problemáticas existentes no Hospital Geral, vantagem evidente para o processo de ensino/aprendizagem.

## Referências bibliográficas

BOTEGA, N. J. – Reação à Doença e à Hospitalização. In Botega, N. J. (Org.), *Prática Psiquiátrica no Hospital Geral: Interconsulta e Emergência*. Artmed. São Paulo, 2002.

BOTEGA, N. J. & SMAIRA, S. I. – Morbidade Psiquiátrica no Hospital Geral. In: Botega, N. J. (Org.), *Prática Psiquiátrica no Hospital Geral: Interconsulta e Emergência*. Artmed. São Paulo, 2002.

JEAMMET, P.; REYNAUD, M. & CONSOLI, S. – *Psicologia Médica*. Medsi. Rio de Janeiro, 2000.

JORDAN, M. S.; LOPES, J. F.; OKAZAKI, E.; KOMATSU, C. L. & NEMES, M. I. B. – Aderência ao Tratamento Anti-retroviral em AIDS: Revisão da Literatura Médica. In: Teixeira, P. R., Paiva, V. & Shimma, E. (Orgs.), *Tá Difícil de Engolir? Experiências de Adesão ao Tratamento Anti-retroviral em São Paulo*. Nepaids. São Paulo, 2000.

ROLLAND, J. – Doença Crônica e o Ciclo de Vida Familiar. In: Carter, B. & McGoldrick, M. (Orgs.), *As Mudanças no Ciclo de Vida Familiar: uma Estrutura para a Terapia Familiar*. Artes Médicas. Porto Alegre, 1995.

VITÓRIA, M. A. A. – Adesão ao Tratamento Anti-retroviral. In: Rodrigues, K. G. (Org.), *Manual de Assistência Psiquiátrica em HIV/AIDS*. Ministério da Saúde. Brasília, 2000.

# Parte III

## Outros focos de atuação no Hospital Geral

# Capítulo 16

# Trabalhando com famílias no Hospital Geral

Rosana Trindade Santos Rodrigues

Neste capítulo pretendemos abordar as dificuldades e necessidades da família diante de situações de crise, principalmente quando essa crise se refere à doença de um de seus membros. Para ilustrar e ajudar na compreensão das situações aqui referidas, utilizaremos a Abordagem Sistêmica, especialmente os ensinamentos de Salvador Minuchin, da Escola Estrutural.

Daremos início convidando o leitor a pensar o quanto a instituição familiar é significativa, uma vez que é com a família que o indivíduo interage desde o nascimento até a morte. Segundo Seixas (1992):

*"a interação do indivíduo com a família influencia constantemente o desenvolvimento da personalidade e a compreensão dos fatos, assim podemos entender a importância da maior ou menor flexibilidade do sistema familiar para a manutenção da saúde mental dos seus membros"* (p. 16).

Para trabalhar com famílias é necessário compreender seu funcionamento, sua dinâmica. A Concepção Sistêmica oferece recursos importantes para esta compreensão. Seixas (1992) menciona que:

*"a Concepção Sistêmica nos enriquece com a percepção de uma circularidade entre os elementos da família e do social, mostrando que cada um tem seu próprio papel e responsabilidade na manutenção da dinâmica social e familiar atual e, por conseguinte, na saúde ou doença mental de seus membros"* (p. 16).

Para entender o funcionamento familiar precisamos conhecer seus membros, os papéis que cada um ocupa no sistema, as hierarquias, as fronteiras intra-familiares e inter-familiares.

Uma das grandes contribuições para a compreensão da família através de sua estrutura dentro do pensamento Sistêmico foi a de Salvador Minuchin. Psiquiatra e Terapeuta Familiar, Minuchin iniciou seu trabalho com famílias de crianças delinqüentes, atuou junto a famílias que tinham problemas com doenças e atualmente transmite seus conhecimentos a jovens terapeutas interessados nesse trabalho. Seu pensamento e seus conceitos deram origem à Escola Estrutural, que tem como base três componentes essenciais da família: estrutura, subsistemas e fronteiras. Minuchin (1990) define estrutura familiar como sendo:

> *"um conjunto invisível de exigências funcionais que organiza as maneiras pelas quais os membros da família interagem. Uma família é um sistema que opera através de padrões transacionais. Transações repetidas estabelecem padrões de como, quando e com quem se relacionar e esses padrões reforçam o sistema"* (p. 57).

Para o autor, os indivíduos formam subsistemas dentro da família, por exemplo, a díade mãe-filho, esposo-esposa. Os subsistemas podem ser formados por sexo, geração, interesse ou função. O subsistema conjugal, por exemplo, é formado pelo casal que tem como objetivo formar uma família. A organização de subsistemas de uma família fornece treinamento valioso no processo de manutenção da diferenciação (eu sou), ao mesmo tempo em que favorece o exercício de habilidades interpessoais em diferentes níveis.

O subsistema parental desempenha tarefas de socialização da criança, sem perder o apoio mútuo, que lhe é característico. O subsistema fraternal é a primeira experiência da criança de relação com iguais. Através dele, ela aprende a se apoiar, se isolar, negociar, cooperar e competir. Pode assumir posições diferentes dentro do subsistema, trapaceando com outros do mesmo subsistema. As primeiras posições assumidas no subgrupo fraternal poderão ser significativas na vida de cada um de seus membros, quando estabelecer contatos extra-familiares com o mundo de iguais.

O subsistema deve ser envolvido por fronteiras. As fronteiras são regras que definem quem participa e de que maneira o faz. A função delas é proteger a diferenciação do sistema. Cada subsistema tem funções específicas e faz exigências aos seus membros. As habilidades que deverão ser desenvolvidas nesse subsistema estão na dependência da liberdade de interferência de outros subsistemas e a ocorrência dessa interferência dependerá da qualidade da fronteira. Por exemplo, a negociação com iguais desenvolvida no subsistema fraternal não pode sofrer interferência dos pais. No entanto, a fronteira deve reconhecer essa interferência e, dependendo da sua qualidade, ela ocorrerá ou não.

Minuchin e Fishman (1990) descrevem os tipos de fronteiras e alertam que, para o bom funcionamento familiar, elas devem ser nítidas e oferecer regras claras e compreensíveis para todos. Quando as fronteiras são difusas, as famílias criam seu próprio mundo, giram em torno de si mesmas, dificultando a diferenciação de papéis. Por outro lado, quando as fronteiras são rígidas, a comunicação entre os subsistemas fica dificultada e as funções protetoras da família são prejudicadas. As fronteiras difusas e rígidas promovem um funcionamento denominado "emaranhado" e "desligado", respectivamente.

As famílias normalmente enfrentam situações que provocam estresse no sistema, enquanto seus membros se adaptam ao crescimento e se modificam. A disfunção familiar advém do fracasso no processo de mudança, portanto é importante cuidar para que não sejam confundidas as dificuldades próprias do crescimento da família com patologia.

As fontes de estresse podem ser ambientais ou desenvolvimentais. O estresse ambiental é aquele que advém de uma situação extra-familiar como, por exemplo, o desemprego de um dos pais, ou ainda, o surgimento de uma doença e suas conseqüências, por exemplo, a hospitalização. O caso do estresse desenvolvimental, ao contrário, decorre de uma situação inerente ao desenvolvimento da família, como por exemplo, a adolescência dos filhos.

Minuchin (1990) ainda chama a atenção para o que ele nomeia *"problemas idiossincráticos transitórios"* e, para explicá-los, cita o seguinte exemplo:

> *"quando uma criança com uma incapacidade física, tal como um lábio leporino, fica mais velha, a família pode ter sido capaz de se adaptar às necessidades da criança enquanto era pequena, mas à medida em que cresce e experimenta dificuldades na interação com um grupo extra-familiar de iguais, que não a aceita, esse estresse pode sobrecarregar o sistema familiar"* (p. 69).

Minuchin (1990) fala que os problemas idiossincráticos podem ser transitórios, como, por exemplo, *"quando um membro da família se torna seriamente doente e as funções que exerce no sistema precisam ser transferidas para outros membros"* (p. 69).

O entendimento que Minuchin apresenta sobre os sistemas familiares respalda o atendimento à família que tem um membro com uma doença crônica.

A nossa experiência na Santa Casa de São Paulo permite afirmar que, no momento da doença, é sempre importante uma intervenção, seja ela de orientação ou psicoterapêutica. Atualmente, além dos atendimentos familiares dos pacientes internados e dos atendidos em ambulatórios das especialidades, durante esse processo, contamos também com um Ambulatório de Psicoterapia para as Famílias. Neste último, os casos são encaminhados pelos psicólogos que atenderam famílias nas enfermarias ou nos ambulatórios e constataram a necessidade de acompanhamento familiar. O processo terapêutico é realizado por um psicoterapeuta familiar e a intervenção é focada na vivência da doença, abordando os conflitos gerados e/ou advindos dela. Buscamos evidenciar e mobilizar os recursos de que a família dispõe para a readaptação, dando continuidade ao crescimento e desenvolvimento familiar apesar da doença. Existe um contrato inicial que estabelece um número de sessões adequado à queixa inicial trazida pela família e observada no primeiro atendimento. Após esse período, é realizada uma reavaliação e, se necessário, é feito um novo contrato redefinindo o tempo de continuidade do processo até que a família se sinta apta a lidar com suas dificuldades e vislumbre a possibilidade de continuidade do seu desenvolvimento.

Na busca dessa readaptação, precisamos compreender a estrutura e a organização familiar e também como cada tipo de doença, considerando a fase em que se encontra, influi na estrutura da família.

A doença aguda, por exemplo, surpreende a família que vinha administrando sua estrutura de forma adaptada. A vivência de crise, instalada a partir do evento agudo da doença, promoverá mudanças nessa estrutura. Devemos lembrar que, nesse caso, a mudança pode ser temporária, mas certamente necessitará de negociações para as mudanças que lhe são inerentes. Um exemplo é um casal que tem um filho e está em pleno desenvolvimento da vida familiar e profissional. Ambos trabalham e organizaram uma rotina de cuidados com a criança. Estão adaptados a essa rotina e estrutura criada por eles considerando suas condições. Se a criança adoece de repente, uma nova estrutura deverá ser criada para atender a essa necessidade, ainda que temporariamente, pois a criança em alguns dias ficará curada e tudo retornará ao seu funcionamento anterior. As mudanças podem ser aparentemente pequenas; no entanto, demandarão negociações como: decidir se o pai ou a mãe ficará em casa para cuidar da criança, ou se deixarão a criança sob os cuidados de uma outra pessoa.

No caso das doenças crônicas, há de se lançar um olhar e um cuidado diferenciado sobre as famílias, uma vez que as mudanças tendem a se cristalizar diante de uma situação que se estenderá por toda a vida do paciente. Portanto, o diagnóstico de uma doença crônica representa para a família uma crise vital significativa. McDaniel, Hepworth & Doherty (1994) apontam que:

*"o paciente e a família geralmente não estão preparados para as mudanças físicas, períodos alternados de estabilidade e crise e incerteza do funcionamento futuro. A doença crônica exige novos modos de enfrentamento, mudanças nas auto-definições do paciente e da família e períodos extensos de adaptação. O paciente com a doença percebe múltiplas perdas, incluindo a saúde física e funcionamento, perda dos papéis ou responsabilidades, perda dos sonhos e possibilidade de menor tempo de vida. As famílias também experienciam perdas, já que tendem a considerar a si mesmas diferentemente, talvez definindo-se como uma família com uma criança doente ou adulto ou uma família 'azarada' ou uma família diferente das famílias 'normais e saudáveis' "* (p. 180).

Outros terapeutas familiares concordam com essas questões que envolvem a doença e a família. Rolland (1995) descreve uma Tipologia Psicossocial da doença crônica ou da doença que ameaça a vida. Este modelo tem por objetivo examinar o relacionamento entre a dinâmica familiar ou individual e a doença crônica. O autor classificou as doenças segundo quatro etapas: início, curso, conseqüências e grau de incapacitação.

Uma descrição resumida do que o autor sugeriu seria:

**Quanto ao início,** as doenças podem ser: **agudas ou graduais**. No primeiro caso, as doenças exigem da família mudanças afetivas e instrumentais em tempo curto e capacidade de administrar a crise. As famílias consideradas mais capacitadas seriam aquelas que intercambiam papéis claramente definidos com flexibilidade, resolvem problemas eficientemente e utilizam recursos externos. As doenças com início **gradual** propiciam para as famílias um período maior de ajustamento.

**Quanto ao curso,** as doenças podem ser: **progressivas, constantes e reincidentes ou episódicas**. Nas doenças **progressivas**, como, por exemplo, o câncer, o indivíduo é perpetuamente sintomático e a incapacidade aumenta de forma gradual e progressiva. Estão implícitas contínuas adaptações e mudanças de papéis, tensões crescentes em quem presta os cuidados com risco de exaustão, sendo que a família precisa ter flexibilidade na reorganização interna de papéis e aceitar ajuda externa. Nas doenças de curso **constante,** como, por exemplo, o derrame ou o infarto, existe um episódio agudo seguido de estabilização. A fase crônica é caracterizada por algum prejuízo claro, a família se defronta com uma mudança semipermanente (que é estável e previsível durante algum tempo). Existe a exaustão familiar, mas sem a tensão de novas mudanças de papéis a longo prazo. Quando o curso é **reincidente ou episódico,** como, por exemplo, lúpus ou asma, a doença se alterna entre períodos de remissão total ou parcial dos sintomas, com períodos de exacerbação. Assim, a família às vezes mantém uma rotina normal; no entanto, como a possibilidade de recorrência paira sempre, o grupo familiar deve estar pronto a restabelecer a estrutura de crise para lidar com a exacerbação da doença. A tensão é causada tanto pela freqüência da transição entre crise e não crise, quanto pela incerteza de quando ocorrerá a próxima crise.

**Quanto à conseqüência,** as doenças podem ser: **fatais ou não fatais**. Quando **fatal,** a doença ameaça a vida, e o membro doente teme morrer antes de executar seu "plano de vida", havendo, por parte tanto da família como do doente, a tendência à tristeza e à separação antecipatória. Às vezes, desejam uma intimidade maior, às vezes afastam-se emocionalmente. Freqüentemente verifica-se uma tendência da família em considerar o indivíduo praticamente "morto" e por isso acabam privando-o de responsabilidades importantes. Nesse sentido, pode existir a superproteção por parte da família e, conseqüentemente, ganhos secundários por parte do doente. As doenças **não-fatais** são aquelas que não costumam afetar a duração da vida. A família lida com uma situação de doença constante, porém sem a presença da morte iminente.

**Quanto ao grau de incapacitação,** o autor relata que diferentes tipos de incapacitação implicam diferenças nos ajustamentos necessários para a família. Afirma que uma incapacitação cognitiva exige mudanças muito maiores do que quando essa função permanece intacta. Um lesado medular, por exemplo, pode participar da reorganização dos papéis familiares.

A descrição de Rolland (1995) da Tipologia Psicossocial das Doenças é de utilidade para os terapeutas familiares na compreensão de cada caso com que se defrontam. Entender a ação de cada tipo e/ou etapa da doença sobre o Sistema Familiar permite ao terapeuta conhecer de que tipo de ferramenta dispõe e com que recursos a família pode contar, cabendo ao terapeuta estimular sua mobilização.

Rolland (1995) fala também sobre as fases da doença e as necessidades do grupo familiar. **Na fase de crise**, além das questões práticas de como lidar com dor, ambiente hospitalar, equipe de saúde, a família terá que construir um significado para a doença que aumente um sentimento de domínio e competência, importantes nessa fase, entristecer-se pela perda da identidade familiar pré-existente, buscar uma posição de aceitação da mudança permanente, unir-se para conseguir sair da crise em curto prazo e desenvolver flexibilidade no sistema, dadas as incertezas inerentes.

**Na fase crônica,** geralmente a família já adquiriu um *modus operandi* e precisará ter capacidade de desenvolver e manter uma aparência "normal" diante de uma situação "anormal" de uma doença crônica.

**Na fase terminal,** a inevitabilidade da morte se torna aparente e domina a vida familiar. É a fase da separação, da morte, da tristeza, da resolução do luto e da retomada da vida familiar após a morte.

Os períodos que ligam cada fase são chamados de períodos de transição e servem para uma reavaliação da adequação da estrutura de vida familiar antes da doença e às novas exigências a serem desenvolvidas em razão dela. É necessário observar que questões não resolvidas na fase anterior tendem a ser razões de inadaptação nas fases posteriores. Por exemplo, a benéfica união na fase de crise pode se tornar sufocante para todos os membros da família na fase crônica (Rolland, 1998; McGoldrick & Walsh, 1998[a]; McGoldrick & Walsh, 1998[b]).

Entender a doença na sua tipologia e fase é importante, assim como compreender o significado para as famílias em suas diferentes etapas de desenvolvimento no ciclo vital. A doença de uma criança para a família é diferente da doença de um adulto ou adolescente.

O significado para a família sobre aquele que adoece também causará diferentes reações. Por exemplo, quando adoece um membro da família que tinha uma função de proteção e sustento, geralmente a família se sente desamparada e pode não conseguir objetivar as ações necessárias para o tratamento. Ou, ainda, quando aquele que adoece é considerado por todos o gerador de conflitos e brigas familiares, a família pode ter sentimentos de culpa por pensar na doença como punição pelas situações geradas por aquele membro quando gozava de saúde.

Outro conceito importante que também é utilizado para compreender o funcionamento da família é citado por Rolland (1995) ao falar sobre as fases do ciclo de vida familiar. O autor discute o comportamento da família em todas as fases do ciclo vital (formação do casal, surgimento dos filhos, criação de filhos adolescentes, filhos adultos) utilizando o conceito de movimento centrípeto e centrífugo – termos emprestados da física. O movimento centrípeto é caracterizado pela aproximação (ex.: fase da criação dos filhos). Nesse período, a ênfase é para a coesão familiar, a vida familiar interna, as fronteiras internas são afrouxadas e a externa torna-se mais rígida. O movimento centrífugo é caracterizado pelo afastamento (ex.: fase da adolescência dos filhos). A ênfase recai sobre as trocas entre os membros da família e o ambiente externo, as fronteiras externas são afrouxadas e a interna enrijecida, de forma não patológica, mas necessária para a individuação.

Diante da compreensão do movimento centrípeto e centrífugo no funcionamento familiar, vamos discutir a doença nos diferentes ciclos evolutivos da família. Entender o significado da doença para a família em função do significado de quem adoece, é um outro aspecto importante e necessário.

A primeira fase do ciclo evolutivo da família é a formação do casal. É o momento em que ambos estão se separando de suas famílias de origem e buscando a constituição de uma nova família. A doença, nessa fase, pode impedir o processo de separação e promover o retorno ao convívio intenso com as famílias de origem, o que muitas vezes torna o cônjuge sadio impossibilitado de cuidar daquele que adoeceu.

A segunda fase é a do surgimento dos filhos. Nessa fase, a família está totalmente voltada para o seu mundo interno. Os pais estão em pleno exercício de seu papel parental. A doença pode causar sobrecarga a um dos cônjuges, sentimentos de frustração e fracasso e dificuldades com os outros filhos, que poderão apresentar problemas de saúde e/ou em sua rotina escolar.

A terceira é a fase da criação de filhos adolescentes. É um período de mudança para o sistema familiar, um período de transição. Todos deverão negociar autonomia e controle, os filhos irão se relacionar intensamente com o mundo externo. Nesse caso, a doença promoverá um retorno ao convívio familiar intenso, nem sempre muito aceito pelos adolescentes e, portanto, gerador de conflitos.

A quarta fase ocorre quando os filhos tornam-se adultos e têm seus próprios compromissos, profissão, amigos, parceiros. O casal volta ao estágio de dupla, porém com novas experiências. O desenvolvimento de projetos, compromissos assumidos, individualmente ou com as famílias recém constituídas pelos filhos, pode ser impedido ou retardado diante da doença.

Portanto, é importante entender que a compreensão do processo de doença na família deve contemplar vários fatores: a estrutura da família, sua dinâmica e funcionamento, a tipologia da doença, sua fase e o ciclo evolutivo em que se encontra. É considerando todos esses aspectos que poderemos dar ajuda efetiva àquelas famílias que nos procuram com suas dificuldades.

A ajuda efetiva refere-se à intervenção psicoterapêutica. No Ambulatório, para as famílias, realizamos o diagnóstico do funcionamento familiar antes e depois da doença.

O diagnóstico deve evidenciar como era a estrutura da família e como está atualmente com o surgimento da doença, assim como todas as mudanças inerentes a essa nova situação. É importante verificar quais são os conflitos que emergiram ou nasceram a partir da doença e estão causando dificuldades. Essa avaliação deve indicar quem é o membro da família com o qual o terapeuta pode contar como auxiliar na otimização dos recursos em prol de uma readaptação funcional e para garantir a continuidade do desenvolvimento familiar. Com esse diagnóstico inicial, o terapeuta tem a possibilidade de iniciar um trabalho com a família e vislumbrar mudanças e adaptações importantes.

O atendimento familiar no Hospital Geral é extremamente importante e indispensável em muitos casos, tanto para aquelas famílias que têm um membro internado, como para as que estão em acompanhamento ambulatorial. Esse recurso serve como um forte aliado para a equipe, que, em muitos momentos, se vê emaranhada numa trama familiar que dificulta o tratamento.

A criação de um Ambulatório especialmente dedicado a esse tipo de atendimento oferece a oportunidade de trabalhar, em psicoterapia, casos mais complexos, ou seja, aquelas famílias que apresentam conflitos que interferem no tratamento do paciente e que impedem o desenvolvimento do grupo familiar, apesar da doença. São casos que necessitam de intervenção psicoterapêutica em ambiente apropriado, como uma sala no ambulatório e com freqüência semanal ou quinzenal.

As atividades do nosso Ambulatório são recentes. Começamos em Setembro de 2003 e contamos com diferentes tipos de encaminhamentos: violência familiar, doença crônica e morte na família.

Embora os resultados ainda não tenham sido mensurados, a nossa prática diária corrobora a idéia de que atender à família de pessoas doentes é fundamental quando almejamos um tratamento de qualidade e quando a preocupação está voltada para o outro em sua totalidade.

## Referências bibliográficas

MCDANIEL, S. H.; HEPWORTH, J. & DOHERTY, W. J. – *Terapia Familiar Médica*. Artes Médicas. Porto Alegre, 1994.

MCGOLDRICK, M. & WALSH, F. – A Perda e a Família: Uma Perspectiva Sistêmica. In: Walsh, F & McGoldrick, M., *Morte na Família: Sobrevivendo às Perdas*. Artmed. Porto Alegre, 1998[a].

MCGOLDRICK, M. & WALSH, F. – Um Tempo para Chorar: A Morte e o Ciclo de Vida Familiar. In: Walsh, F. & McGoldrick, M., *Morte na Família: Sobrevivendo às Perdas*. Artmed. Porto Alegre, 1998[b].

MINUCHIN, S. – *Famílias – Funcionamento e Tratamento*. Artes Médicas. Porto Alegre, 1990.

MINUCHIN, S. & FISHMAN, S. C. – *Técnicas de Terapia Familiar*. Artes Médicas. Porto Alegre, 1990.

ROLLAND, J. S. – Ajudando Famílias com Perdas Antecipadas. In: Walsh, F. & McGoldrick, M., *Morte na Família: Sobrevivendo às Perdas*. Artmed. Porto Alegre, 1998.

ROLLAND, J. S. – Doença Crônica e o Ciclo de Vida Familiar. In: Carter, B. & McGoldrick, M., *As Mudanças no Ciclo de Vida Familiar: uma Estrutura para a Terapia Familiar*: Artes Médicas. Porto Alegre, 1995.

SEIXAS, M. R. D'A. – *Sociodrama Familiar Sistêmico*. ALEPH. São Paulo, 1992.

# Capítulo 17

# Intervenção psicológica na equipe de saúde

Sandra Fernandes de Amorim
Sandra Ribeiro de Almeida Lopes
Wilze Laura Bruscato

A atividade assistencial na área da saúde pode representar realização profissional e fonte de gratificação para as pessoas que a praticam. Um diagnóstico perspicaz, um tratamento correto, eficaz e eficiente, a melhora do paciente, sua cura, a possibilidade de prevenção, a transmissão do saber através do ensino ao aluno ou através da orientação dada ao paciente e familiares, a obtenção do sucesso na intervenção planejada, a sensação de capacidade e competência, a gratidão e o reconhecimento, são fatores extremamente gratificantes ao profissional da saúde.

Ainda assim, pesquisas ligadas à saúde ocupacional afirmam que o sofrimento psicológico é inerente e comum a todos os profissionais do trabalho hospitalar (Nogueira-Martins[LA], 2003; Nogueira-Martins[MCF], 2003). A análise e elaboração de planos interventivos voltados para os profissionais que integram a Instituição de Saúde é também um dos focos potenciais de atuação da Psicologia Hospitalar, uma vez que toda a equipe está inserida no conjunto de normas e rotinas da Instituição e pressionada por aspectos institucionais como a grande demanda de pacientes, a eventual falta de recursos materiais, o pouco tempo destinado à consulta, o tipo de paciente atendido e os problemas de vida que ele traz, muitas vezes cifrados numa linguagem corporal de difícil tradução.

Assim, o campo de atuação do psicólogo em Hospital Geral não se limita somente ao âmbito assistencial voltado para o paciente, estritamente. Acompanhando o aumento do interesse em trabalhos preventivos da Psicologia e as recentes noções sobre humanização hospitalar, esse Serviço também se dedica a uma forma de atividade psicoprofilática em saúde mental que beneficie os profissionais da saúde no aprimoramento de sua tarefa e, em conseqüência, a clientela por eles atendida. Dessa forma, nossa atuação, ainda que dirigida prioritariamente para a ação assistencial junto aos pacientes e seus familiares, vem agregando, de modo progressivo, outras modalidades de intervenção, voltadas para as equipes integrantes da Instituição, com o intuito de aprimorar o trabalho já desenvolvido por esses profissionais.

O trabalho orientado para as equipes multiprofissionais da saúde se baseia em proposições destacadas por diferentes autores, que seguem basicamente três modelos conceituais: estresse-adaptação, *burnout* e demanda-controle (Nogueira-Martins[LA], 2003).

O modelo conceitual de estresse se refere ao conjunto de reações que um organismo desenvolve, ao ser submetido a uma situação que exige um esforço adaptativo. O nível de estresse profissional na área da saúde tem sido crescente, não só em virtude das rápidas mudanças tecnológicas, que expõem o indivíduo às limitações do seu próprio conhecimento científico, mas também pela competitividade e busca incessante de resultados, com o inevitável aumento da carga de trabalho. Além disso, há a lida constante com as expectativas do paciente, dos familiares e da própria equipe e o contato direto e contínuo com a doença de um ser humano, com sofrimento, dor e morte, o que coloca o profissional diante de sua própria vida, saúde ou doença, conflitos e frustrações. Autores como Balint (1975), reportando-se ao impacto da tarefa assistencial sobre equipes médicas, e Menzies (1970), em seu trabalho clássico relativo à equipe de Enfermagem, referem que a tarefa do "cuidador" se acompanha muito freqüentemente de variados aspectos subjetivos e de toda uma série de implicações, positivas ou negativas, na forma como esse profissional lida com sua vida, seu trabalho e com sua clientela.

Um outro modelo conceitual, compreendido como a resposta a um estresse crônico decorrente de um alto grau de contato com outras pessoas em atividade assistencial cotidiana, é conhecido por *burnout*. Ele se caracteriza por sintomas somáticos, psicológicos e comportamentais, que incluem exaustão física e emocional, tensão muscular, redução da realização profissional, da eficiência e da produtividade, cefaléia crônica, depressão, alterações fisiológicas diversas, irritabilidade, ansiedade, alheamento e desinteresse. O atendimento dos pacientes passa a ser distante, rápido, frio e despersonalizado, às vezes até sem contato visual. O profissional tende a criticar tudo e todos, a rotular depreciativamente os pacientes, a não se sensibilizar com a necessidade ou o sofrimento alheios, a sentir-se decepcionado, frustrado e com a auto-estima bastante prejudicada. Esse desgaste emocional, derivado do cotidiano de trabalho dos profissionais de saúde, vem sendo foco de estudos sistematizados, tais quais os conduzidos recentemente por Maslach & Jackson, conforme citado por Benevides-Pereira (2002) acerca da chamada Síndrome de *Burnout* ou Síndrome do Estresse Profissional.

Um terceiro modelo conceitual que vem contribuindo para a administração do trabalho em saúde, é o da demanda-controle (Karasek, 1979). Nesse modelo, a maior ou menor insalubridade psicológica do trabalho do profissional é relacionada à interação entre a demanda à qual ele é submetido e a autonomia e o controle que ele tem sobre sua atividade. A atividade laboral é classificada desde a alta exigência, na qual existe uma demanda altíssima, mas o profissional não tem controle sobre a atividade (plantonistas de serviços de emergência, por exemplo), até uma baixa exigência e alto controle, quando o profissional decide quando comparecer ao local de trabalho e o que realizar (por exemplo, profissionais apadrinhados do serviço público de saúde, que não comparecem ao local de trabalho ou, quando o fazem, não trabalham).

De forma geral, as pesquisas (Anabuki, 2001; Abalo & Roger, 1998; Figueiredo & Turato, 1995; Stechmiller & Yarandi, 1993; Bianchi, 1990) enfatizam a importância de que aspectos diversos como o tipo de trabalho desenvolvido, as condições institucionais vigentes ou o perfil do profissional de saúde, sejam aferidos mais detalhadamente no sentido de averiguar qual o impacto dessas variáveis, isolada ou conjuntamente, na condição emocional da equipe de saúde e em seu desempenho junto à clientela do hospital.

Nossa experiência no Serviço de Psicologia Hospitalar, atendendo a pedidos de consulta formulados pelas equipes de saúde das enfermarias do hospital, vem comprovando amplamente alguns achados da literatura. Confirma, por exemplo, a existência de uma razão "latente" em muitos dos pedidos de intervenção formulados para o psicólogo junto a determinados pacientes, motivo implícito que revela estar vinculado primariamente a dificuldades institucionais ou ao profissional requisitante, conforme destacado por Ferrari, Luchina & Luchina (1977), mais do que ao paciente, propriamente. Confirma, igualmente, que a natureza do trabalho desenvolvido pelo profissional de saúde – tão continuamente exposto a situações de morte, sofrimento e limitações de toda sorte no ambiente hospitalar, conforme mencionado por Nogueira-Martins (2002) e Pitta (1990) – em muito pode interferir em seu grau de motivação e envolvimento com a tarefa assistencial, em sua condição psíquica e no tipo de relacionamento mantido com os demais colegas.

Tendo por base algumas reflexões acerca de nossa rotina de trabalho e as contribuições da literatura especializada sobre o tema, o Serviço de Psicologia incorporou às suas atividades, desde 1999, ações de cunho investigativo e de intervenção junto às equipes de saúde, notadamente voltadas para as equipes de Enfermagem da Instituição, procurando averiguar quais demandas da esfera emocional poderiam ser contempladas através de uma atuação especializada do psicólogo junto ao trabalhador da área hospitalar.

Os projetos de intervenção já realizados até aqui pelo Serviço de Psicologia consideram como diretrizes:

a) focalizar junto à equipe alguns aspectos emocionais intervenientes na tarefa assistencial junto aos pacientes e seus familiares

b) propiciar oportunidade de auto-reflexão sobre o papel profissional

c) formar multiplicadores em saúde mental no contexto hospitalar, instrumentalizando a equipe a identificar disfunções emocionais nos pacientes e familiares ao longo da doença e tratamento, bem como a adotar formas de manejo mais satisfatórias, em nível primário de intervenção.

d) fornecer, para as equipes, indicadores relativos à necessidade de avaliação e acompanhamento mais especializado de pacientes e familiares pela equipe de Psicologia da Instituição.

Como ilustração da atuação voltada para as equipes multiprofissionais do hospital, apresentaremos aqui o projeto de intervenção realizado junto a uma equipe de Enfermagem (enfermeiros e auxiliares de Enfermagem) que atende a pacientes portadores de doença crônica.

Como outros que o sucederam, o projeto obedeceu a um planejamento sistematizado de ações, conforme descrito a seguir:

- Levantamento de dados preliminares junto à equipe de auxiliares de Enfermagem da unidade, através de entrevista padronizada;
- Planejamento inicial do projeto (objetivos a serem alcançados; focos eleitos para intervenção; estratégias ponderadas);
- Apreciação do projeto pelas chefias dos setores envolvidos;
- Levantamento de dados adicionais junto às enfermeiras coordenadoras da unidade;
- Reformulação do projeto inicial;
- Implantação do projeto;
- Aferição dos resultados;
- Devolutiva dos resultados.

Os dados obtidos através do levantamento realizado junto à equipe de Enfermagem da unidade permitiram que três áreas de concentração de demandas fossem inicialmente detectadas:

Quanto ao manejo do paciente:

- dificuldades em impor limites;
- despreparo emocional eventual para prestar informações realistas sobre a doença e o tratamento;
- dificuldades em lidar com exigências elevadas de atenção pelos pacientes;
- justaposição do papel profissional com o envolvimento pessoal.

Quanto ao manejo das famílias:

- dificuldades em lidar com questionamentos e exigências no tocante à assistência prestada ao paciente;
- despreparo emocional eventual para prestar informações realistas sobre a doença e o tratamento.

Quanto ao profissional:

- ambiente de trabalho estressante (ex.: espaço físico mais restrito);
- justaposição do papel profissional com o envolvimento pessoal;
- dificuldades eventuais de relacionamento entre colegas de trabalho.

De posse dos dados coletados, procedemos à elaboração do plano de atuação especialmente voltado para esta equipe, baseada na seguinte metodologia:

- Abordagem grupal, com utilização de técnicas específicas;
- Programa fechado com objetivos e estratégias pré-estabelecidos;
- Número limitado de encontros, com periodicidade semanal e duração aproximada de 60 minutos;
- Número preestabelecido de participantes – no mínimo três, no máximo seis pessoas;
- Formação de grupos baseada nos horários (turnos) de trabalho já existentes – manhã, tarde e noite;
- Presença obrigatória, com a anuência da chefia imediata.

O planejamento resultou na execução de quatro encontros sucessivos com a equipe, segundo objetivos e estratégias específicas, conforme a seguir descrito:

*Encontro 1*

**Objetivo:** Fornecer subsídios teóricos sobre determinados aspectos emocionais presentes no paciente crônico.

Estratégias utilizadas:

- Apresentação do programa e de seus objetivos gerais pelas coordenadoras do grupo;
- Apresentação dos participantes;
- Utilização de técnica grupal de sensibilização e "aquecimento";
- Fornecimento de material didático especialmente elaborado para fins de discussão do tema central do encontro;
- Discussão de aspectos da prática da Enfermagem relativos ao tema.

*Encontro 2*

**Objetivo:** Fornecer subsídios teóricos sobre alguns aspectos emocionais presentes na família do paciente crônico.

Estratégias utilizadas:

- Utilização de técnica grupal de sensibilização e "aquecimento";
- Fornecimento de material didático especialmente elaborado para fins de discussão do tema central do encontro;
- Discussão de aspectos da prática da Enfermagem relativos ao tema.

*Encontro 3*

**Objetivo:** Identificar qual a percepção que o profissional tem de seu desempenho na unidade de trabalho junto aos pacientes crônicos.

Estratégias utilizadas:

- Utilização de técnica grupal de sensibilização e "aquecimento";
- Utilização de técnica projetiva gráfica ("desenho-história");
- Discussão grupal dos dados apresentados.

*Encontro 4*

**Objetivo:** Abordar alguns aspectos da prática cotidiana do profissional de saúde no trabalho com pacientes crônicos e suas famílias.

Estratégias utilizadas:

- Utilização de técnica grupal de sensibilização e "aquecimento";
- Fornecimento de material didático especialmente elaborado para fins de discussão do tema central do encontro;
- Discussão grupal do conteúdo deste e dos encontros anteriores;
- Encerramento e avaliação do programa.

Considerados os resultados obtidos, através de um questionário respondido pelos participantes, constatamos que a avaliação do projeto de intervenção pelo grupo de profissionais foi positiva, de forma geral.

A freqüência dos auxiliares de Enfermagem foi satisfatória, confirmando nossa suposição de que a proposição de um número limitado de encontros, com temas previamente definidos, respeitando as demandas mais prementes trazidas pela equipe na etapa de levantamento de dados, mostrou-se uma estratégia eficaz como primeira forma de abordagem deste grupo de profissionais.

Cabe ressaltar, porém, que foram detectadas algumas dificuldades no cumprimento de toda a programação junto às equipes dos plantões noturnos, especificamente. Esses grupos, quando os encontros foram possíveis, mostraram-se participativos. Contudo, os profissionais alegaram problemas para encontrar horários comuns a todos ou, quando juntos, nem sempre conseguiam conciliar a realização dos encontros, nos dias e horários previstos, com outras atividades assistenciais emergentes em momento simultâneo ao previsto para realização de nosso trabalho.

Destacamos também que, à exceção da enfermeira do período da manhã, infelizmente não pudemos contar com a presença mais assídua das demais enfermeiras, o que, no nosso entender, seria essencial para valorizar a participação do funcionário em projetos com objetivos análogos ao que realizamos.

Os objetivos estabelecidos no projeto foram compreendidos e valorizados pelo grupo como sendo importantes em sua prática profissional. Entretanto, essa clareza não era tão evidente para algumas pessoas, em particular, sendo necessários novos esclarecimentos dos objetivos do projeto e de nosso papel como coordenadoras, ao longo dos encontros. Alguns profissionais pareciam pouco à vontade ou algo reticentes para falar mais abertamente sobre si, indicando talvez o grau de mobilização e ansiedade que um trabalho voltado para a reflexão sobre a tarefa assistencial pôde gerar para alguns membros da equipe.

O grupo foi, em geral, participativo, enriquecendo os encontros com exemplos de seu cotidiano de trabalho com os pacientes e familiares.

Destacamos ainda que, em alguns grupos (especificamente os profissionais atuantes no período diurno), temas adicionais de discussão foram trazidos, versando sobre o relacionamento entre colegas e entre auxiliares e supervisores da unidade.

Com respeito a isso, foi-nos esclarecido que já haviam sido efetuados encontros específicos a fim de que possíveis dificuldades de relacionamento fossem abordadas. Ainda assim, nosso parecer foi de que um trabalho *a posteriori* mais focalizado nestas questões, em especial, poderia representar benefício no vínculo entre colegas, favorecendo secundariamente a qualidade dos serviços prestados pela equipe.

A forma como se reportaram às suas atividades na unidade de trabalho demonstrou que havia, por parte dos funcionários, envolvimento e dedicação na assistência prestada aos pacientes e familiares.

Tratava-se de uma equipe tecnicamente especializada, com grande parte de seus membros atuando na unidade há bastante tempo, junto a pacientes que, por sua vez, também estavam vinculados ao setor por período já prolongado, em muitos casos, em virtude da natureza de seu quadro clínico. A rotatividade de profissionais e de pacientes era pequena, ao contrário do que se observa habitualmente no cotidiano do hospital com as características da nossa Instituição.

Tal característica se traduzia no estreitamento da ligação entre a equipe e a clientela (pacientes e famílias), a ponto de alguns membros do grupo terem se reportado à equipe de saúde da unidade como algo similar a uma "família". Em acréscimo, disseram conhecer tão bem a forma de se conduzir de alguns pacientes, em especial, que eram capazes de antecipar, nos mesmos, comportamentos, reações, predileções por certas pessoas da equipe, antipatia e desconfiança frente a outras e atitudes de "birra".

Se por um lado essa peculiaridade da equipe minimizava o tão freqüente caráter impessoal existente na assistência prestada em outros locais do hospital, por outro também era fator facilitador para o estabelecimento de uma ligação na qual o envolvimento profissional e pessoal com o paciente poderiam adquirir nuances de indiscriminação, conforme percebido nos depoimentos de alguns.

Nesse sentido, constatamos, por vezes, a existência de relações com características de complementaridade entre pacientes específicos – que, muito apegados a determinados profissionais que lhes inspiravam mais confiança, tendiam a rechaçar os auxiliares novatos – e certos membros da equipe que evidenciavam, contratransferencialmente, agradar-se com tal tipo de vínculo, sentindo-se prestigiados e "queridos", comparativamente a outros colegas menos experientes.

Algumas das situações descritas pelo grupo – dizer ou não a verdade sobre a evolução da doença e tratamento aos pacientes e familiares, corresponder ou não às solicitações dos mesmos na unidade, impor ou não limites, a perda de pacientes que vão a óbito após longo tempo de acompanhamento, apesar de todos os esforços da equipe – foram confirmadas como circunstâncias ansiogênicas e de mais difícil manejo no cotidiano de trabalho.

Percebemos que cada profissional tendia a buscar uma resolução própria para este tipo de situação, muitas vezes valendo-se de um repertório pessoal prévio, onde a abordagem algo "paternalista" do paciente se dava em detrimento do enfoque "empático" necessário e desejável na tarefa assistencial.

Com o objetivo de melhor avaliar qual era a percepção que o profissional tinha de sua atuação, foi utilizada, além da discussão dirigida desse tema, o uso de técnica gráfica (desenho-história).

Essa técnica, utilizada no terceiro encontro, propiciou o surgimento, por parte dos profissionais, de representações a respeito do desempenho de seu papel no cotidiano de trabalho.

Apesar do recurso gráfico permitir uma análise clínica individual de aspectos emocionais e de personalidade, vale enfatizar que, em nosso trabalho, não foi utilizado com esta finalidade, e sim com o intuito de facilitar a expressão do tema, por meio de uma estratégia não predominantemente verbal, bem como de averiguar a existência de certas características comuns ao grupo na lida com a clientela e com o seu trabalho, mais genericamente.

Pudemos perceber através das histórias que o grupo esperava, de forma geral, que o bom profissional fosse "ativo, atencioso, organizado, cuidadoso, prestativo, tolerante" e, acima de tudo, "humano". Fazia ainda parte das expectativas arroladas pelo grupo a imagem do profissional "solidário", que está sempre de bom humor e sorridente, apesar de todas as dificuldades e problemas pessoais que enfrentava em seu cotidiano (no dizer de um dos participantes, a imagem de um "carregador de bagagem").

Em contrapartida, notou-se que a representação gráfica nem sempre correspondia às expectativas descritas nas histórias, uma vez que os desenhos refletiam figuras algo frágeis, inseguras e, até certo ponto, imaturas.

A análise comparativa dos desenhos e das histórias do grupo, vistos globalmente, revelava um anseio idealizado de organização e de bom desempenho profissional sob o aspecto técnico, mas que se acompanhava, simultaneamente, da autopercepção de certa fragilidade sob o aspecto pessoal e mesmo profissional.

Os participantes do grupo foram ressonantes com a idéia de que fatores emocionais são intervenientes na forma como pacientes e familiares enfrentam a doença e o tratamento, bem como na maneira como seu próprio trabalho era conduzido.

Valorizavam a intervenção do profissional de Psicologia no cotidiano da unidade, porém, sem muita clareza do que o psicólogo poderia oferecer (é um profissional que se limita a "conversar" com o paciente? com o qual o paciente poderia "desabafar"?). Mostravam-se também algo resistentes à idéia de que esse profissional de saúde mental atue dentro de um modelo de "consultoria" (respondendo a pedidos de consulta formulados pela equipe, por escrito), privilegiando a inserção do profissional como membro integrante da unidade.

Foi também foco de especial atenção em nosso trabalho instrumentalizar a equipe para identificar nos pacientes e familiares disfunções emocionais que pudessem ser manejadas pela própria equipe da unidade, em primeira instância, através de determinadas intervenções que servissem como "ações de efeito terapêutico", nos moldes do proposto por Penna (1997).

Por fim, o grupo disse ser receptivo a novos projetos de trabalho coordenados pela equipe de Psicologia.

Os resultados obtidos através do presente projeto confirmaram a existência de uma demanda específica de atenção aos profissionais de Enfermagem que ocupam um lugar particular e privilegiado no cuidado e atenção diretos ao paciente.

Segundo Loyola (1984), o enfermeiro, por ser o profissional de saúde que mais tempo permanece no ambiente hospitalar, vive com maior intensidade as situações que dele emanam, até porque, por ser o profissional mais aderido e submetido à sua estrutura organizacional, vive mais intensamente as situações resultantes dessa organização. Seu papel tende a confundir-se com o da Instituição, sendo obrigado, muitas vezes, a constituir-se na voz humana do poder institucional.

A importância da formulação de programas de atuação voltados para equipes profissionais, visando a prevenir ou modificar padrões disfuncionais na relação do profissional de saúde com seu trabalho cotidiano é aspecto também salientado por Garrosa-Hernández, Benevides-Pereira, Moreno-Jiménez & González (2002); por Nogueira-Martins, 2003[LA] e Nogueira-Martins, 2003[MCF]. Esses autores, tratando especialmente da já citada Síndrome de Burnout, referem que os achados, já bastante substanciais sobre a incidência desse fenômeno entre profissionais de saúde, oferecem sustentação para a elaboração de diversificados tipos de planos de execução, preventivos ou interventivos, dentro das organizações, desde aqueles que se centram na resposta do indivíduo até os que se voltam mais para o contexto ocupacional ou, por fim, na interação entre o contexto ocupacional e o indivíduo.

## Referências bibliográficas

ABALO, J. A. G. & ROGER, M. C. – *Burnout: una Amenaza a los Equipos de Salud*. Conferência apresentada na II Jornada de Actualización en Psicología de la Salud, Havana, 1998.

ANABUKI, M. H. – *Situações Geradoras de Estresse: a Percepção das Enfermeiras de um Hospital de Ensino*. Dissertação de Mestrado. Escola de Enfermagem da Universidade de São Paulo. São Paulo, 2001.

BALINT M. – *O Médico, seu Paciente e a Doença*. Atheneu. São Paulo, 1975.

BENEVIDES-PEREIRA, A. M. T. (Org.) – *Burnout: Quando o Trabalho Ameaça o Bem-estar do Trabalhador*. Casa do Psicólogo. São Paulo, 2002.

BIANCHI, E. R. F. – *Estresse em Enfermagem: Análise da Atuação do Enfermeiro em Centro Cirúrgico*. Dissertação de Mestrado. Escola de Enfermagem da Universidade de São Paulo. São Paulo, 1990.

FERRARI H., LUCHINA N. & LUCHINA I. L. – *La Interconsulta Médico-Psicológica en el Marco Hospitalario*. Nueva Visión. Buenos Aires, 1977.

FIGUEIREDO, R. M. & TURATO, E. R. A – Enfermagem diante do Paciente com AIDS e a Morte. *Jornal Brasileiro de Psiquiatria*, 12 (44): 641-47, 1995.

GARROSA-HERNÁNDEZ, E.; BENEVIDES-PEREIRA, A. M. T.; MORENO-JIMÉNEZ, B. & GONZÁLEZ, J. L. – Prevenção e Intervenção na Síndrome de Burnout: como Prevenir (ou Remediar) o Processo de Burnout. In: Benevides-Pereira, A. M. T. (Org.), *Burnout: quando o Trabalho Ameaça o Bem-estar do Trabalhador*. Casa do Psicólogo. São Paulo, 2002.

KARASEK, R. A. – Job Demand, Job Decision Latitude and Mental Strain: Implication for Job Redesign. *Administration Sciences Quarterly*, 24: 285-308, 1979.

LOYOLA, C. M. D. – *Os Dóceis Corpos do Hospital: as Enfermeiras e o Poder Institucional na Estrutura Hospitalar*. Dissertação de Mestrado. Instituto de Filosofia e Ciências Sociais da Universidade Federal do Rio de Janeiro. Rio de Janeiro, 1984.

Menzies, I. *O Funcionamentodas Organizações como Sistemas Sociais de Defesa Contra as Ansiedades*. Fundação Getúlio Vargas. São Paulo, 1977.

NOGUEIRA-MARTINS, L. A. – Saúde Mental dos Profissionais de Saúde. In: Botega, N. J. (Org.), *Prática Psiquiátrica no Hospital Geral: Interconsulta e Emergência*. Artmed. Porto Alegre, 2002.

NOGUEIRA-MARTINS, L. A. – A Saúde do Profissional da Saúde. In: De Marco, M. A. (Org.), *A Face Humana da Medicina: do Modelo Biomédico ao Modelo Biopsicossocial*. Casa do Psicólogo, 2003.

NOGUEIRA-MARTINS, M. C. F. – Cuidando do Futuro Cuidador, In: De Marco, M. A.(Org.), *A Face Humana da Medicina: do Modelo Biomédico ao Modelo Biopsicossocial*. Casa do Psicólogo. São Paulo, 2003.

PITTA, A. – *Hospital: Dor e Morte como Oficio*. Hucitec. São Paulo, 1991.

STECHMILLER, J. K. & YARANDI, H. N. – Predictors of Burnout in Critical Care Nurses. *Heart & Lung*, 13: 534-41, 1993.

# Parte IV

## Ensino e pequisa em Psicologia Hospitalar

# CAPÍTULO 18

# A FORMAÇÃO DO PSICÓLOGO HOSPITALAR

Wilze Laura Bruscato
Rosana Trindade Santos Rodrigues
Sandra Ribeiro de Almeida Lopes

## Introdução

A atuação do psicólogo na saúde, atendendo, na clínica privada, a uma clientela de classe social mais favorecida, assim como sua inserção nos ambulatórios e hospitais de saúde mental, mesmo que muitas vezes subordinada aos paradigmas da Psiquiatria, já era prática estabelecida desde os primórdios da Psicologia. Aliás, era principalmente para esse tipo de atuação que se voltava, tradicionalmente, a formação do psicólogo (Campos, 1992).

Mas a importância da Psicologia Hospitalar, como uma nova e distinta esfera de atuação, com seu campo próprio de conhecimento, foi reconhecida na recente decisão do Conselho Federal de Psicologia, de nomeá-la formalmente uma especialidade, através da Resolução CFP n.º 14/00, de 20 de Dezembro de 2000 (CFP, 2004), em função de ela contar com um histórico de atuação e de produção já de vários anos.

Atualmente, essa especialidade vem, progressivamente, fazendo parte da grade curricular de algumas das universidades do país. E o Parecer n.º 0062/2004, da Câmara de Ensino Superior do Conselho Nacional de Educação - CNE, aprovou em 08/04/2004 as novas Diretrizes Curriculares Nacionais para os Cursos de Psicologia, que já contemplam uma formação mais ampla do psicólogo, levando em conta a expansão da atuação profissional para novos contextos, superando a antiga divisão de áreas que privilegiava a Psicologia Clínica e deixando claras, inclusive, as interfaces da Psicologia com as disciplinas da área da saúde (CRP, 2004).

Dessa forma, a Psicologia Hospitalar, que antes se referia a um local de atuação, hoje se constitui como um campo de conhecimento que vem sendo definido e dimensionado, na medida em que, cada vez mais, o psicólogo se insere na atividade de profissional da saúde. Não é meramente uma "expansão" da Psicologia Clínica a um outro contexto, mas uma área especial de conhecimento, que se ocupa da assistência, do ensino e da pesquisa nas conexões da Psicologia com as demais áreas da saúde atuantes no hospital.

Segundo Spink (1992; 203), a atuação do psicólogo no Hospital Geral é mais do que um novo campo de trabalho; ela aponta para a exigência de novas técnicas e para a necessidade de um novo campo de saber, no qual o atendimento individual é substituído pelas ações integradas com a equipe multiprofissional de saúde. A ênfase anterior no modelo clínico de consultório, aplicado à área da saúde, deixava de lado as temáticas relacionadas à saúde pública e às questões macrossociais. Assim, a formação do psicólogo não incluía o debate sobre a saúde em seus aspectos políticos, sociais e econômicos. O sujeito psicológico era tomado à margem desses processos, sem uma discussão mais abrangente que permitisse uma apreensão do processo de adoecimento como parte de um contexto mais amplo, complexo e multideterminado, fundamental para o embasamento da prática do psicólogo no Hospital Geral.

Considerando, então, que a formação básica do psicólogo privilegiava a atuação centrada no indivíduo e localizada na clínica particular, era comum a mera transferência dos conceitos obtidos na graduação para o contexto institucional. E era nesse processo de substituição acrítica que o psicólogo, freqüentemente, não conseguia ser efetivo em sua atuação, pois a mera transposição de um referencial teórico para realidades distintas pode, simplesmente, não surtir qualquer efeito.

Dessa forma, o profissional se inseria numa equipe de saúde, marcada pela hierarquia do saber médico, tentando adotar como prática o modelo clínico aprendido na graduação, sem a dimensão da complexidade do campo da saúde no Brasil, quando a compreensão do pano de fundo que formata o cenário no qual desenvolvemos nossa prática profissional é, obviamente, um ingrediente fundamental para um desempenho consciente e conscientizador. No nosso país, a dimensão das carências na saúde é de tal monta, que os psicólogos, ao adentrarem o hospital, precisaram abandonar a perspectiva unicamente psicológica e individual e desenvolver um olhar mais abrangente, uma vez que todos os determinantes do adoecimento – biopsicossociais – precisam ser levados em conta.

Em resumo, ao nos afastarmos da situação paradigmática delineada nos nossos cursos de graduação, de prática psicológica como profissional liberal centrada em consultório e privilegiando a esfera individual, fez-se necessário expandir o referencial teórico de forma a compreender o contexto da saúde como realidade mais ampla, que contemple não só as questões psicológicas, mas as biológicas e as sociais.

Além disso, ao sair da relação protegida, forjada na clínica particular onde as normas são definidas pelo psicólogo (o local de atendimento, a forma de trabalho, o tempo de consulta) e enfrentar a rede complexa de normas institucionais, surgiu a necessidade também de buscar subsídios para sua inserção em uma realidade *institucional*, que é regida por um conjunto de regras preestabelecidas, às quais ele terá que se adaptar.

Os Hospitais Gerais representam, hoje, mais um campo de trabalho para o psicólogo, não só em função da crise enfrentada pela clínica privada, mas também pela proposta de atenção integral à saúde. Atualmente, diversas Portarias do Ministério da Saúde, assim como Projeto de Lei que tramita no Senado Federal, (veja também capítulo 2) tornam obrigatória a presença do psicólogo hospitalar nos serviços de saúde pública e privada, no sentido de "*promover o alívio do sofrimento do enfermo*" (CRP, 2003; CFP, 2004; MS, 2004; SF, 2004). Mas, a abertura de concursos e de possibilidades de atuação do psicólogo nessas instituições faz com que, muitas vezes, o profissional se volte para esse campo sem uma reflexão mais cuidadosa sobre a especificidade desse trabalho e sobre a formação diferenciada que ele exige (Almeida, 2000).

Então, ao procurar entender e pensar a capacitação do psicólogo para a prática em saúde, o que passa a estar na berlinda é o próprio processo de construção do novo saber: *a formação profissional*.

E é com esse processo de construção que o Serviço de Psicologia Hospitalar da Santa Casa de São Paulo se compromete, como parte de suas atribuições, ao propor um Curso de Especialização em Psicologia Hospitalar. Tomamos como parte de nossa responsabilidade profissional colaborar para a formação de recursos humanos da área da Psicologia para o trabalho institucional na saúde.

O hospital é um espaço de vivências muitas vezes extremas, caracterizando-se, ainda, como uma clínica da urgência. É o lugar onde nos defrontamos com a fragilidade do corpo, com a dor, com o sofrimento, com perdas e tristezas. Mas, por outro lado, a possibilidade de superar esse lugar de desamparo, de redução ao corpo e de vazio da palavra, pode trazer momentos importantes e gratificantes também para quem assiste, não só para quem é assistido.

Assim, a instituição hospitalar reúne uma enorme diversidade de experiências humanas, que acreditamos ser de fundamental importância para a formação do psicólogo em sua relação com o trabalho na saúde, para capacitá-lo a entender as formas singulares de responder ao adoecimento, a escutar, analisar e lidar com as variadas demandas não só do paciente, mas também da equipe – do enfermeiro (que em geral fica mais tempo com o enfermo), do médico (em sua tensão de responder prontamente com o diagnóstico e a intervenção adequada) – e dos familiares (ansiosos por uma palavra de esclarecimento e de apoio).

Portanto, é nesse lugar onde o que se vê, o que se apalpa e o que se ausculta ocupam o primeiro plano, que o psicólogo poderá capacitar-se para a sua profissão e validar sua atuação, ao buscar acolher e ouvir a palavra daquele que clama por um interlocutor (Silva, 1998).

Ao concretizar oficialmente a nomeação da Psicologia Hospitalar como uma especialidade, o Conselho Federal de Psicologia (CFP, 2004) também definiu o que entende por formação de especialista nessa área. Esse profissional deve estar capacitado para atuar em instituições de nível secundário e terciário de atenção à saúde, nas quais terá, como principais tarefas, avaliar e acompanhar intercorrências psíquicas dos pacientes em relação aos processos de adoecimento e hospitalização. Além disso, deve estar habilitado para o atendimento de pacientes que estão sendo ou que serão submetidos a procedimentos médicos e cirúrgicos, visando basicamente a promover e/ou recuperar a saúde física e mental dos mesmos. Esse profissional deverá estar habilitado, ainda, a promover intervenções voltadas para o benefício da relação entre os profissionais da equipe multiprofissional da saúde e entre o paciente, os familiares e a equipe.

Ainda de acordo com o CFP, essas atividades profissionais serão levadas a efeito por meio de diversas modalidades de intervenção psicológica, para as quais deverá haver um preparo consistente: psicodiagnóstico e avaliação diagnóstica específica para finalidades clínicas e/ou cirúrgicas, atendimento terapêutico individual, grupos psicoterapêuticos, grupos de profilaxia, pronto atendimento, atendimento familiar e interconsultas.

## O Curso de Especialização em Psicologia Hospitalar

A Santa Casa de São Paulo, no seu elevado sentido humanista, tem, como função essencial e prioritária, a assistência. Apesar dessa primazia da assistência, nunca releva a ciência e coloca-se, necessariamente, como formadora de recursos humanos para a área da saúde, em função da enorme quantidade de pessoas que recorrem a ela todos os dias, com as mais variadas e complexas patologias, o que a torna, potencialmente, um terreno fértil de aprendizagem para qualquer atividade desse campo de ação. Mas, ela não é apenas um local onde o aluno pode obter informação correta, atual e científica sobre as questões pertinentes à saúde. Também é o espaço propício para que ele adquira a sua **formação**. Assim, a característica fundamental do profissional formado pela Instituição é a dedicação prioritária ao atendimento da população menos favorecida, tirando daí o aprendizado do seu "ofício", sua capacitação para o exercício de sua profissão, em suma: sua formação profissional.

É dentro desses princípios que o Curso de Especialização em Psicologia Hospitalar da Irmandade da Santa Casa de Misericórdia de São Paulo foi criado em 1993 e, ao longo destes 11 anos, formou, pelo menos, duzentos especialistas. Desde sua criação até o momento, o Curso passou por diversas reformulações, tanto em seu aspecto formal (inclusão de módulos teóricos, ampliação ou redução de ofertas de áreas de estágio, entre outras), quanto em seus objetivos e propostas, sempre no sentido de atender às determinações legais e às necessidades do aluno, na busca de uma formação profissional e científica atual e de qualidade.

Durante alguns anos, ele contou com a aprovação do Programa de Aprimoramento Profissional da Fundação do Desenvolvimento Administrativo – FUNDAP, para o fornecimento de Bolsas de Estudo – o que contribuiu significativamente para o aumento da sua procura – vindo a perder este vínculo, quando a Associação Brasileira de Ensino de Psicologia – ABEP, com a autorização do Conselho Federal de Psicologia - CFP, procedendo ao exame da documentação solicitada e realizando vistoria para verificação da estrutura e funcionamento, grade curricular, corpo docente e demais condições do Curso, emitiu parecer favorável sobre os aspectos verificados e permitiu seu reconhecimento oficial como Curso de Especialização (e não mais "aprimoramento").

Assim, conforme Ofício n.º 1383-03/DIR-CFP de 16/10/03 do Conselho Federal de Psicologia, ele foi credenciado como **Curso de Especialização em Psicologia Hospitalar**, de acordo com o Processo Administrativo CPF n.º 0170/03 para Credenciamento de Curso n.º 021/03, por estar em tudo de acordo com as exigências das Resoluções CFP n.º 014/00, 022/01 e 07/01 (CFP, 2004). Dessa forma, o aluno do Curso, uma vez aprovado, terá seu certificado de conclusão reconhecido para fins de concessão do Título de Especialista.

De acordo com o CFP (2004), o cadastramento como Curso de Especialização implica a certificação da qualidade do ensino e a possibilidade de formar profissionais mais capacitados e atualizados. Além disso, é um elemento diferenciador, indicando maior segurança para os profissionais que buscam aperfeiçoamento.

A população de candidatos que recebemos para o nosso Curso de Especialização é, primordialmente, de jovens, recém-formados, com pouca experiência profissional e de vida, desejosos de atuar diretamente com os pacientes e ansiosos por ver, na prática, tudo aquilo que ouviram ao longo da vida acadêmica. Querem permanecer na área clínica, porém, agora, inserida num contexto institucional, acreditando que a especialização lhes franqueará a entrada em um mercado de trabalho com maiores possibilidades.

Ao recebermos esse aluno que nos chega, consideramos, antes, sua motivação para a escolha da profissão. Segundo Campos, Souza, Catão & Campos (1996), em pesquisa realizada com estudantes de Psicologia, os motivos que os levam a optar pelo curso parecem estar relacionados à busca de um novo caminho de vida, aliada ao crescimento pessoal e ao desejo de ajudar e compreender o outro ser humano.

No que se refere particularmente à escolha pela Psicologia Hospitalar, temos observado que o aluno que procura essa especialidade vem movido pelo desejo de estender a prática clínica, de se aproximar da área médica, de poder usar seus conhecimentos para aliviar o sofrimento e a dor do outro. Entretanto, grande parte desses sentimentos aparece de uma maneira claramente idealizada. Alguns candidatos referem que em muito se identificam com a figura do médico e, ao trabalharem no hospital, esperam adquirir o *status* e o poder atribuídos à carreira médica e obter o reconhecimento que a mesma usufrui.

Também são freqüentes, durante o nosso processo seletivo, relatos de candidatos que justificam a escolha pela área em função de experiências pessoais ou familiares relacionadas à doença, hospitalização e morte. Muitas vezes, a escolha pela clínica de estágio está diretamente relacionada a essas vivências.

Outro motivo que parece igualmente significativo é a tendência a acreditar que a proximidade com a doença ou a morte do outro possa, de alguma forma, protegê-lo de sua própria doença e morte, quase que num movimento contra-fóbico.

Mas, apesar destas defesas e da idéia do hospital como proteção, a maioria dos alunos tem temores de ingressar nesse espaço. O confronto impactante com a existência do sofrimento, da dor e da morte, com o desamparo e com a transitoriedade do corpo e da vida humana, pode exercer o efeito de estilhaçamento em suas armaduras imaginárias. Ao tomar contato com o real da vida, através da percepção do outro na sua fragilidade, ele é despido de toda idealização, angustia-se diante do sofrimento do paciente e diante do seu próprio, ao reconhecer sua impotência, tanto no nível profissional quanto pessoal.

No decorrer destes anos, vimos observando algumas dificuldades marcantes e peculiares, que se repetem a cada turma do Curso, configurando-se como "padrões" que os alunos apresentam no seu relacionamento com diferentes contextos: com a Instituição, com o Curso, com o supervisor e com o paciente.

a) **Relação aluno-Instituição:**
   1. **Idealização:** acredita ter vindo para um complexo hospitalar que, por ser altamente qualificado, suprirá todas as necessidades dele enquanto profissional aprendiz e do paciente em sua busca de tratamento e cura.
   2. **Frustração:** entra em contato com a realidade da Instituição, não mais apenas no que diz respeito às suas potencialidades, mas também às suas insuficiências, na escassez de recursos, na precariedade social do seu contingente humano ou na luta mal sucedida pelo restabelecimento da saúde.
   3. **Resolução:** consegue uma apreensão das dimensões reais de suas possibilidades e limitações para a atuação institucional na saúde.

b) **Relação aluno-Curso:**
   1. **Idealização:** imagina que o Curso propiciará um aprendizado completo e definitivo que o instrumentalizará para a solução de quaisquer situações que se apresentem.
   2. **Frustração:** percebe que o Curso não vem "pronto", demanda muito empenho, esforço e dedicação e, portanto, não satisfaz às suas necessidades idealizadas.
   3. **Resolução:** compreende que não existe uma "receita infalível" aplicável a toda e qualquer situação e que cada circunstância demanda uma atitude específica, passível de ser adquirida apenas com a experiência.

c) **Relação aluno-supervisor:**
   1. **Idealização:** idolatra o supervisor que tudo sabe, tudo resolve, além de conter respostas para todos os questionamentos.
   2. **Frustração:** depara-se com a evidência de que o supervisor não pode atendê-lo em todos os seus anseios.
   3. **Resolução:** compreende que o supervisor atua como norteador no processo de aprendizagem, mas que compete ao próprio aluno a construção de seu saber.

d) **Relação aluno-paciente:**
   1. **Evitação:** esquiva-se do contato, adotando atitudes como desviar-se do atendimento ou demorar-se para realizá-lo, justificando-se: *"não consegui atender, o paciente estava dormindo"..., "não atendi, o paciente já está com previsão de alta"..., "não marquei retorno porque o paciente disse que não pode vir às consultas marcadas"..., "não convoquei a família porque o paciente disse que a mesma não viria"...*
   2. **Insegurança:** realiza os atendimentos e avaliações, mas, mesmo estando em condições de emitir um parecer psicológico, após supervisão clínica, encontra dificuldade de se colocar no papel profissional e sustentar a conduta (por exemplo, no caso de uma contra-indicação de transplante), ou de anotar no prontuário a avaliação realizada ou ainda de elaborar um relatório entre Instituições.
   3. **Super envolvimento:** faz alianças com o paciente no sentido de defendê-lo diante da equipe e da Instituição.

Avaliamos esse processo como tendo um resultado positivo quando o aluno consegue se implicar diretamente nas situações, reconhecendo seus recursos, desejos, expectativas e limitações. Por esse motivo, incentivamos o processo psicoterapêutico pessoal, além da participação nos Grupos de Reflexão oferecidos durante o Curso.

Partindo dessas constatações, supomos que o hospital os ajuda a criar habilidades e competências para lidar com esses aspectos e podemos afirmar que a vivência hospitalar passa a ser de fundamental importância para a formação integral do psicólogo que pretenda trabalhar como profissional da saúde. Esse é o principal motivo que justifica a necessidade de realização do Curso *dentro* do hospital, pois somente essa inserção direta pode possibilitar o amadurecimento e o desenvolvimento no processo de aprendizagem.

Ao longo destes anos pudemos verificar que apenas uma pequena parcela dos alunos não consegue ajustar-se ao ambiente e superar todas as dificuldades de adaptação, acabando por desistir. Muitos dos que finalizam, no entanto, nos presenteiam com carreiras profissionais de sucesso. Temos hoje ex-alunos atuando em hospitais de grande porte, não só em São Paulo, mas em diversos outros Estados, levando, como multiplicadores do modelo de assistência, a nossa prática da Psicologia Hospitalar.

Nosso Curso foi configurado para oferecer ao aluno a possibilidade de dar um significado maior a essa experiência pessoal/profissional dentro da Instituição de saúde, redimensionando os limites de atuação, revendo modelos e referenciais teóricos e metodológicos, adequando-os à prática hospitalar. Levando em conta o universo pessoal e individual de cada aluno que, certamente, refletirá em sua atuação, estimulamos o desenvolvimento de uma postura profissional sempre questionadora de valores e atitudes diante das situações as mais diversas, e propiciamos o aprendizado da flexibilidade no contato com outros profissionais, e também com as normas e regras que regem as relações institucionais.

Oferecemos ao aluno um campo vasto e abundante em experiências para a prática intensiva supervisionada, acompanhada por professores especialistas, além de aulas, seminários, elaboração e apresentação de trabalhos escritos e discussões clínicas, que garantem uma formação sólida, capacitando-o para o pleno exercício profissional no atendimento à população, nas instituições de saúde. Ele circula pelas várias áreas da assistência hospitalar, o que lhe possibilita o contato e o conhecimento da organização e do funcionamento da mesma, como também o coloca diante das várias modalidades assistenciais.

O aluno deverá se integrar ao esforço do Serviço de Psicologia Hospitalar em assegurar uma assistência digna e de qualidade à população e, através de um processo pedagógico, durante o qual multiplicam-se as perguntas, o aluno obtém, por indução dos casos particulares e concretos, um conceito geral dessa área de atuação profissional. Torna-se capaz, ao final de seu percurso conosco, de planejar, implantar e desenvolver projetos de assistência, ensino e pesquisa em qualquer outra realidade institucional da qual venha, futuramente, a fazer parte.

Assim, estabelecemos, para a formação do profissional da Psicologia que pretenda atuar em Hospitais Gerais, objetivos bastante amplos e genéricos, que dêem conta de abarcar toda a amplitude da área, capacitando o aluno a desenvolver um trabalho de qualidade em qualquer clínica ou unidade hospitalar.

Dessa maneira, através de módulos teóricos e de atividades práticas supervisionadas, objetivamos:

– Oferecer conhecimentos específicos relacionados à atuação no contexto hospitalar para ampliação do saber teórico e do raciocínio clínico

– Promover atividades práticas, através do contato com pacientes, familiares e equipe multiprofissional

– Integrar a prática das diversas possibilidades de atuação nesse campo à reflexão sobre a mesma

– Apresentar ao aluno os diversos ambientes de atendimento hospitalar (enfermarias, ambulatórios, Unidades de Terapia Intensiva, Pronto Socorro), junto a populações de diferentes faixas etárias

– Contextualizar os diversos serviços/unidades/clínicas/ambulatórios, abordando as principais características, rotinas e clientela de cada especialidade

– Apresentar a organização, as especificidades de abordagem e o trabalho assistencial desenvolvido em ambulatórios

– Oferecer contribuições teóricas e práticas e oportunidade de reflexão e discussão sobre a atuação do psicólogo na avaliação e acompanhamento de pacientes hospitalizados e de seus familiares

- Propiciar o conhecimento, a compreensão e a utilização das intervenções psicológicas em suas diversas modalidades (individual, grupal, familiar) no Hospital Geral
- Promover reflexão acerca dos modelos de atuação do psicólogo junto às equipes multiprofissionais
- Instrumentalizar o aluno para a identificação e o manejo das principais ocorrências no campo da psicopatologia em enfermarias e ambulatórios no Hospital Geral
- Oferecer oportunidade de reflexão e discussão da atuação do psicólogo na avaliação e acompanhamento em pré e pós-cirúrgico, de pacientes candidatos a cirurgias de grande porte e a transplantes
- Capacitar para o desenvolvimento de pensamento científico, apresentando opções metodológicas no campo da Psicologia Hospitalar e estimulando o apreço pela pesquisa
- Desenvolver conduta ética no desempenho das atividades profissionais na Instituição de Saúde

O curso tem duração de 1 ano, foi coordenado inicialmente pela psicóloga Sandra Ribeiro de Almeida Lopes, atualmente tem a coordenação de Rosana Trindade Santos Rodrigues e conta com um corpo docente de 16 professores e supervisores, especialistas, mestres e doutores na área. A seleção é por concurso interno da Instituição, constando de análise de currículo, prova escrita, entrevista e dinâmica de grupo, aberto a todos os psicólogos inscritos nos Conselhos Regionais de Psicologia. São oferecidas 25 vagas anuais e a mensalidade é equivalente a um salário mínimo (padrão para todos os cursos da Instituição).

No processo seletivo para o ano de 2004, dos candidatos inscritos, 81 eram do sexo feminino (93,1%) e seis eram do sexo masculino (6,9%). A média de idade foi de 26 anos, com um limite mínimo de 21 anos e máximo de 48.

Em termos de naturalidade, 60,9% dos candidatos eram procedentes da Grande São Paulo, 13,8% eram de São Paulo interior e 18,4% eram de outros Estados. Em relação às universidades de origem, temos: 82,8% dos candidatos eram originários de universidades da Grande São Paulo, 9,2% eram de universidades de São Paulo interior e litoral e 4,6%, de universidades de outros Estados.

A carga horária é de 20 horas semanais, totalizando 956 horas, divididas entre 656 horas de parte prática (que corresponde a 68,7% da carga horária total) e 300 horas de aulas teóricas (que representam 31,3% do total). Aqueles alunos que se interessam em participar de projetos de pesquisa como auxiliares têm horas extras incluídas na carga horária total.

O programa teórico conta com aulas iniciais de apresentação das atividades desenvolvidas em cada uma das áreas de estágio, procurando caracterizar a população assistida, o tipo de intervenção realizada e a programação desenvolvida. A seguir são apresentados os módulos cuja carga horária varia de 4 a 16 horas, dependendo do tema abordado.

Esses módulos abordam temáticas como: Psicologia Hospitalar, Política do Sistema de Saúde Brasileiro, Psicopatologia, Psicossomática, O Trabalho em Equipe Multiprofissional, Avaliação Psicológica no Hospital Geral, Utilização de Testes no Hospital Geral, Psicoterapia Breve, Grupos no Hospital Geral, Metodologia Científica, Neuropsicologia, Atendimento à Família no Hospital Geral, Atendimento ao Paciente Pediátrico no Hospital Geral, Atendimento ao Adolescente no Hospital Geral, Psicologia e Obesidade Mórbida, Psicologia e Dor, Psicologia e Transplantes (rim, fígado e coração), Atendimento em Unidade de Terapia Intensiva, Atendimento ao Paciente em Reabilitação, Atendimento em Unidade de Cirurgia de Cabeça e Pescoço, Atendimento em Unidade de Pulmão e Coração e Atendimento em Enfermarias de Adultos.

As áreas de intervenção e de realização dos programas práticos são definidas entre as diversas clínicas/unidades nas quais haja um psicólogo responsável (essas unidades podem ser vistas no capítulo 1). Nesses locais, o aluno pode ter contato com as diferentes áreas de atuação do psicólogo dentro do Hospital Geral – enfermarias, ambulatórios e unidades específicas e vivenciar os vários momentos do processo de adoecimento e hospitalização.

Os alunos se distribuem, para as atividades práticas, entre ambulatórios de diferentes especialidades (num sistema de ligação, conforme capítulo 1) e enfermarias de adultos e infantis (num sistema de consultoria). Cada aluno deverá estar inserido em um desses sistemas por um semestre, rodiziando ao final do mesmo.

As supervisões clínicas ocorrem semanalmente e, nelas, o aluno tem a oportunidade de discutir os casos e desenvolver seu raciocínio clínico. Mantemos também reuniões clínicas semanais, nas quais os alunos apresentam ou assistem a casos em atendimento e participam de discussão com os demais supervisores e alunos do Serviço de Psicologia, ampliando o foco de atenção para o caso em questão. Além dessas apresentações, são realizados mensalmente seminários com temas da Psicologia Hospitalar, à escolha dos alunos, que refletem as elaborações de suas experiências e traduzem a rica vivência dos mesmos nessa modalidade de especialização.

O Curso também oferece aos alunos a possibilidade de participação em Grupos de Reflexão, o que os auxilia a lidar com as peculiaridades e dificuldades encontradas nessa atividade, além de ajudá-los a refletir sobre sua identidade profissional, acomodando suas necessidades às demandas das tarefas.

Ao final do Curso, os alunos entregam uma monografia com tema de sua escolha, que tenha relação direta com a prática do psicólogo na Instituição Hospitalar, orientada pelo psicólogo supervisor que tenha maior afinidade com o assunto escolhido. Essa monografia deverá estar de acordo com os critérios de elaboração e apresentação de um trabalho científico, e será avaliada por uma banca de profissionais experientes.

Ao concluir o Curso, o aluno que tiver interesse em continuar se aperfeiçoando nas lides de um Hospital Geral, poderá permanecer em um campo específico de sua escolha, por mais 1 ano, cumprindo uma carga horária semanal de 12 horas. Essa permanência tem por objetivo a prática supervisionada em uma área de interesse do aluno, dentre as que a Santa Casa oferece, além da realização de uma pesquisa orientada pelo supervisor. Embora não tenha mais a obrigatoriedade de assistência das aulas teóricas, esse aluno participará das supervisões, seminários e reuniões clínicas do Serviço de Psicologia.

Nosso objetivo num sentido maior é formar profissionais capacitados para desenvolver seu trabalho de maneira ética, crítica e humana, conciliando de forma harmônica teoria e técnica, ação e reflexão, formalismo e criatividade, rigidez e flexibilidade nas mais diferentes situações com as quais se encontrarão.

## Referências bibliográficas

ALMEIDA, E. C. – O Psicólogo no Hospital Geral. *Psicologia Ciência e Profissão*, 3: 24-27, 2000.

CAMPOS, F. C. B. – *Psicologia e Saúde – Repensando Práticas*. Hucitec. São Paulo, 1992.

CAMPOS, L. F. L.; SOUZA, K. C. C.; CATÃO, E. C & CAMPOS, P. R. – Fatores Motivacionais na Escolha de Abordagens Teóricas em Psicologia Clínica. *Estudos de Psicologia*: 1 (13): 41-54, 1996.

CONSELHO FEDERAL DE PSICOLOGIA – CFP. – *Resolução CFP n.º 014/00, que Institui o Título Profissional de Especialista em Psicologia e Dispõe sobre Normas e Procedimentos para seu Registro*. Disponível em http://www.psicologia-online.org.br, 2004.

CONSELHO REGIONAL DE PSICOLOGIA – CRPSP. – Progresso na Saúde inclui Psicologia Hospitalar. *Jornal de Psicologia*, 137: 04-05, 2003.

CONSELHO REGIONAL DE PSICOLOGIA – CRPSP. – Ensino da Psicologia no Brasil Respira Novos Ares. *Jornal de Psicologia*, 140: 08, 2004.

MINISTÉRIO DA SAÚDE – MS – *Portaria n.º 2042 de 11/10/1996*. Disponível em: http://www.abct.org.br/docs/portaria, 2004.

MINISTÉRIO DA SAÚDE – MS – *Portaria n.º 3407*. Disponível em: http://www.dtr2001.saude.gov.br, 2004.

SENADO FEDERAL – SF – *Projeto de Lei Suplementar 77/2003 de 25/03/2003*. Disponível em: http://www.legis.senado.gov.br, 2004.

SILVA, C. O. – Trabalho e Subjetividade no Hospital Geral. *Psicologia, Ciência e Profissão*, 2: 26-33, 1998.

SPINK, M. J. P. – Psicologia da Saúde: A Estruturação de um Novo Campo de Saber. In: Campos, F.C.B. (Org.), *Psicologia e Saúde – Repensando Práticas*. Hucitec. São Paulo, 1992.

SPINK, M. J. P. – *Psicologia Social e Saúde*. Vozes. Petrópolis, 2003.

# Capítulo 19

# Produção de conhecimento em Psicologia Hospitalar

Wilze Laura Bruscato
Carmen Benedetti

*A pesquisa ativa o metabolismo intelectual.*
Umberto Eco

*A ciência desconfia da veracidade de nossas certezas,
de nossa adesão imediata às coisas,
da ausência de crítica e da falta de curiosidade.*
Marilena Chauí

Até agora, vínhamos fazendo descrições das atividades assistenciais do psicólogo na Santa Casa de São Paulo e do modelo por nós praticado de formação de especialistas em Psicologia Hospitalar. O presente capítulo tem como objetivo mostrar ao leitor como se processa, nessa Instituição, a produção de conhecimento em Psicologia Hospitalar.

A elaboração deste capítulo enfrentou algumas dificuldades. Ao fornecermos descrições de algumas pesquisas que foram realizadas nesse hospital, tivemos que selecionar algumas delas e descartar outras, o que, sem dúvida, redundou em empobrecimento, além de não fazer justiça à produção de todos os profissionais do Serviço. Além disso, o relato puro e simples de uma pesquisa não respeitaria os propósitos que nortearam a confecção deste livro, que é contar, para aqueles que trabalham ou venham a trabalhar com Psicologia no Hospital Geral, como fazemos Psicologia Hospitalar na Santa Casa de São Paulo. Parecia-nos mais relevante e instrutivo contar ao leitor, de onde surge, porque surge e que frutos nos tem oferecido, ao longo destes anos, a pesquisa como parte do nosso cotidiano, e não apenas fazer uma ou outra descrição de um procedimento científico que tenha sido realizado por nós. Assim, optamos pela organização de um capítulo que, além de trazer relatos de pesquisa, discutisse a importância da produção de conhecimento específico sobre Psicologia Hospitalar.

Quando abordamos a questão da Psicologia como prática hospitalar, nos deparamos com outras formas de inserção dos psicólogos na saúde, especialmente no que diz respeito à sua atuação em Serviços de Psicologia Hospitalar. Essa inserção transforma a relação clínica tradicional, força os psicólogos a adotarem uma postura mais compatível com o ambiente médico/cirúrgico e coloca a sua formação tradicional na berlinda, deixando transparecer as lacunas no que se refere aos conhecimentos necessários para embasar essa forma de atuação.

Por trabalhar numa área relativamente nova, o psicólogo hospitalar, no seu cotidiano, se depara, muito freqüentemente, com situações nas quais não sabe como atuar e não encontra respaldo teórico capaz de sustentar sua prática. A tentativa (ou tentação?) de buscar inspiração na Psicologia Clínica, praticada no consultório, não resolve necessariamente seu problema, porque o hospital carrega características muito particulares, restando lacunas que correm o risco de serem preenchidas com ações baseadas no senso comum.

Se perguntarmos, então, qual é a relevância da produção de conhecimento em Psicologia Hospitalar, diremos que é o conhecimento que orienta a ação. Se quisermos influenciar a ação, precisamos antes compreender o que a embasa. A palavra de ordem é, então, ***produzir conhecimento*** (Spink, 2003).

Essa perspectiva de construção do conhecimento na interface da Psicologia com a saúde é recente na Psicologia Hospitalar. Recente, aqui, refere-se ao esforço sistematizado de pesquisa, próprio à postura científica das modernas disciplinas, uma vez que milhares de psicólogos estão, há algum tempo, atuando nesse campo estimulante da Psicologia aplicada. Tão frenético é seu ritmo de crescimento, que raramente os psicólogos hospitalares têm parado para examinar criticamente sua qualidade, revisar seus pressupostos, avaliar sua prática e adotar uma nova maneira de ver o já visto.

Se partimos, em um primeiro momento, de uma prática atuante a partir do referencial clínico e centrada na experiência do paciente com sua doença, cabe-nos agora – ao abordar as contribuições possíveis da Psicologia para a compreensão do processo de adoecimento e das práticas adotadas para prevenção desse adoecer, seu tratamento e para a promoção do estado de saúde – empreender a tentativa de formulação de uma teoria explicativa, que contribua, juntamente com as demais disciplinas relevantes no cenário interdisciplinar, para a compreensão do processo saúde/doença. Afinal, um dos indicadores mais seguros da constituição de um campo de saber é a aparição de um corpo teórico. Assim, através das exigências da prática, estamos sendo levados à conformação de um campo teórico que define uma área do saber.

Dessa forma, a Psicologia Hospitalar, que se iniciou como um campo de *fazer*, desenvolve-se agora, através da produção científica, como um campo de *saber*, para se constituir como um campo de *saber-fazer*. É a prática criando a necessidade de um corpo teórico que dê visibilidade e coerência aos saberes e fazeres que nela se delineiam e vice-versa.

A produção de conhecimento em Psicologia Hospitalar é um processo ativo de construção, porque cria, efetivamente, essa área de atuação, através de sua atividade. Essa perspectiva "construtivista", no dizer de Spink (2003), privilegia a relação entre teoria e prática. E é justamente nessa ênfase dada a esses dois eixos que a Psicologia Hospitalar vem assumindo uma função de agregadora de conhecimento e vem se constituindo como um conjunto de contribuições científicas, educativas e profissionais, trazidas para a promoção e manutenção da saúde, para a prevenção e tratamento das enfermidades.

Quando estudamos o ser humano, através das Ciências da Saúde, precisamos estar preparados para a complexidade. Assim, as condições básicas para que ocorra a ciência, para que se realize um trabalho científico, se constituem, ao nosso ver, em objetivos claros como guias num caminho que nos conduza a encontrar algo novo e em metodologias adequadas para análises qualitativas e quantitativas, suficientemente criativas e flexíveis, que nos aproximem da realidade como ela se constitui, ultrapassando o senso comum (Turato, 2003).

Se a pesquisa da área da saúde em geral privilegia a explicação da doença a partir da explicitação da rede de causalidade linear (causa-efeito), na qual o que está em pauta é entender e prevenir o surgimento da doença, a especificidade da pesquisa na área da Psicologia vê a doença como um fenômeno psicossocial. Ao trazer a contribuição teórica e metodológica da Psicologia à compreensão da cadeia multicausal responsável pelo processo saúde/doença – entendido este como uma totalidade irredutível que compreende os aspectos biológicos, psicológicos e sociais – a Psicologia não só aborda a doença como uma experiência subjetiva, mas passa a legitimar a visão do paciente, o significado psicológico da experiência e o sentido pessoal que lhe é dado pelo indivíduo, além de enfatizar as representações do processo saúde/doença, procurando explicitar o substrato psicossocial.

O desenvolvimento de pesquisas no hospital, fundamentadas na Psicologia Científica, com o objetivo de subsidiar a prática psicológica tem, ao longo dos últimos anos, conseguido a delimitação de procedimentos ajustados ao funcionamento hospitalar, possibilitado a verificação da eficácia de intervenções já existentes, consubstanciado a implementação de intervenções psicológicas.

Nossa proposta de produzir conhecimento é contribuir com aqueles que procuram dar à Psicologia Hospitalar contornos claros e bem delimitados, retirando-a do senso comum com mais especulações do que certezas científicas.

Assim, no Serviço de Psicologia Hospitalar da Santa Casa de São Paulo, temos sempre a presença inquieta do espírito pesquisador e, com a humildade de quem desconfia do que vê, mantemos uma atividade sistemática de indagação que busque explicações do processo saúde/doença.

Temos como uma das preocupações prioritárias ser uma fonte de produção de conhecimento e de formação de pesquisadores qualificados, que aprendam a pôr ordem nas próprias idéias, a organizar dados para explicar os fenômenos e a ver a investigação como a descoberta da arquitetura reflexiva. Criando espaço para a pesquisa, pretendemos ser capazes de movimentar outras mentes, acionar novas idéias e promover algum debate. Procuramos manter a mente aberta, ver onde outros ainda não viram, interpretar os dados em profundidade, indo além do aparente e desmascarando o senso comum, modificar caminhos de forma criativa, sempre rumo ao novo, ao não conhecido, e extrair, daí, conhecimento.

Trazemos, em seguida, alguns exemplos de estudos desenvolvidos pelos profissionais do Serviço, que ilustram, para o leitor, nossa contribuição para a produção de conhecimento em Psicologia Hospitalar. As pesquisas aqui descritas podem ser encontradas na íntegra, a partir das citações ao final do capítulo.

Lembramos que, antes de mais nada, um dos procedimentos indispensáveis a qualquer trabalho de pesquisa é a obtenção do **Termo de Consentimento Livre e Esclarecido**, de acordo com a Resolução N.º 196/96 do Conselho Nacional de Saúde, que estabelece as Diretrizes e Normas Regulamentadoras de Pesquisa Envolvendo Seres Humanos. E todos os projetos são, antecipadamente, submetidos para aprovação do Comitê de Ética em Pesquisa da Santa Casa de São Paulo.

## O Exemplo do Ambulatório de Cirurgia da Obesidade

*Carmen Benedetti*

### Introdução

A pesquisa que será descrita a seguir, intitulada **Obesidade e emagrecimento: um estudo com obesos mórbidos submetidos a gastroplastia** foi realizada basicamente no Ambulatório de Cirurgia da Obesidade Mórbida entre os anos 1998 e 2000 e culminou em uma Dissertação de Mestrado (Benedetti, 2001)[1].

O funcionamento do Ambulatório de Cirurgia da Obesidade Mórbida está descrito em detalhes no capítulo 10 do presente livro. Gostaríamos, no entanto, de marcar que as atividades ambulatoriais foram iniciadas em 1998 e, na época, a tentativa de encontrar respaldo teórico para a prática psicológica junto a candidatos à gastroplastia esbarrou na precariedade de material disponível. E foi justamente essa indisponibilidade que determinou a execução da pesquisa que será descrita neste capítulo. De fato, até aquele momento, a Psicologia havia abordado de maneira muito discreta o problema da obesidade mórbida, e a literatura disponível, ao lidar com questões referentes à qualidade de vida dos pacientes submetidos a

---
[1] Esta Dissertação foi defendida na Pontifícia Universidade Católica de São Paulo – PUCSP e foi orientada pela Profa. Dra. Rosane Mantilla de Souza.

gastroplastia, tratava o assunto, em grande parte, apenas no sentido de identificar ganhos e perdas ao longo do processo de emagrecimento. Esses estudos, embora fossem importantes para avaliar as conseqüências da cirurgia em áreas específicas e legitimar a aplicabilidade do procedimento cirúrgico, não ofereciam informações voltadas para a organização de procedimentos de acompanhamento, orientação e suporte dos pacientes e seus familiares – o que era a nossa necessidade naquele momento.

Objetivo

A pesquisa procurou ampliar a compreensão da experiência subjetiva de passar pelo tratamento cirúrgico da obesidade mórbida através da investigação do significado atribuído por pacientes já operados à obesidade, à cirurgia e ao emagrecimento por que haviam passado, buscando entender o que subjazia a tal processo.

Método

Considerando que o objetivo do trabalho era a compreensão de uma experiência subjetiva de transformação, foi feita uma investigação qualitativa. Não foi estabelecido o número de participantes *a priori*, optamos por incluir tantos depoentes quantos fossem necessários para obtermos repetição dos dados.

Como o que visávamos era a análise de um processo, a variável tempo foi considerada como critério de inclusão. Em vista do interesse do trabalho pelo significado atribuído pelo paciente ao processo de emagrecimento, entendíamos que a experiência de pelo menos um ano seria o mais adequado, até porque a literatura informava esse período como de fechamento ou pelo menos de diminuição acentuada de perda de peso (Garrido Jr., 1998). Foram feitas entrevistas com três mulheres e dois homens e alguns dados desses participantes estão apontados na **Tabela 1**, a seguir:

**Tabela 1:** *Dados dos participantes*

| Gênero | Idade | Estado Civil | Escolaridade | Peso (Kg) A | Peso (Kg) D | Tempo de pós-operatório |
|---|---|---|---|---|---|---|
| Masculino | 39 anos | Casado | 2° grau completo | 256 | 84 | 3 a 2 m |
| Feminino | 29 anos | União estável | 3° grau incompleto | 112 | 65 | 1 a 3 m |
| Feminino | 36 anos | União estável | 1° grau incompleto | 135 | 78 | 1 a 4 m |
| Feminino | 46 anos | Casado | 1° grau completo | 109 | 63 | 1 a 1 m |
| Masculino | 24 anos | Solteiro | 2° grau incompleto | 187 | 95 | 1 a 4 m |

Quanto ao procedimento, os indivíduos foram convidados a participar da pesquisa e, após darem consentimento mediante a assinatura do Termo de Consentimento, foram submetidos à técnica de entrevista individual. Os participantes foram incentivados a dar depoimento livre a partir de uma frase estímulo, a saber: *"eu gostaria que você me contasse como vem sendo passar por esse tratamento de obesidade"*. As entrevistas foram pouco dirigidas. Como havia alguns focos de interesse predefinidos, foram sendo introduzidas, ao longo do processo e à medida que havia abertura no relato, questões específicas ou de esclarecimentos relativas aos temas sob investigação: decisão de submeter-se à cirurgia, continuidade do tratamento e dificuldades enfrentadas. O objetivo era facilitar a compreensão do sentido atribuído à experiência pelo entrevistado.

De posse das entrevistas impressas, primeiramente fizemos uma análise de cada caso, identificando as falas que se referiam aos eixos temáticos sob investigação: **obesidade, cirurgia e emagrecimento**. Analisamos as semelhanças e diferenças entre os relatos. Organizamos categorias e descrevemos, então, todo o espectro de experiência de vida dos participantes. A seguir, buscamos atingir o sentido do texto (análise hermenêutica), destacando *"a mediação, o* *acordo e a unidade de sentido"* (Minayo, 1998, p. 227), ou seja, o processo que permeava a vivência subjetiva durante toda a comunicação.

Resultados

Os dados apresentados a seguir são um resumo dos resultados obtidos na pesquisa original, que, pelo formato deste capítulo, não puderam ser apresentados em sua totalidade.

No que se refere ao eixo temático **"significado da obesidade"**, os resultados revelaram a percepção unânime dos entrevistados de que a obesidade é uma experiência ruim, com enormes prejuízos para a vida. Sob diversos pontos de vista, a condição superada de obeso foi caracterizada como penosa: em primeiro lugar pelas dimensões corpóreas propriamente ditas e, em segundo, pelo que a obesidade representava na vida relacional do sujeito: sua maneira de se colocar no mundo e de ser tratado pelos demais.

As dimensões corpóreas estiveram ligadas, pelos entrevistados, a problemas de saúde (dores articulares, dificuldades respiratórias etc.), sendo inclusive associadas à idéia de morte prematura. Foram ressaltados também seus efeitos sobre o desempenho de atividades simples do cotidiano (como abaixar-se e levantar-se sem dificuldades ou proceder à higiene íntima sem a ajuda de terceiros) e, portanto, sobre a autonomia. Estiveram ainda relacionadas ao rebaixamento da auto-estima; a vergonha da aparência do próprio corpo foi um dado notado nas entrevistas e esteve sempre associado à sensação de inferioridade.

No que diz respeito à interferência da obesidade na relação com outras pessoas, dois aspectos foram apontados: a impossibilidade de acompanhar as pessoas em suas atividades costumeiras (participar com os filhos de brincadeiras e passeios ou sentir-se à altura do parceiro no desempenho sexual) e ainda à postura assumida pelo obeso nas relações interpessoais, determinada por sentimentos de inferioridade e insegurança. A incapacidade de revidar a agressões e a tendência a fazer de tudo para agradar foram alguns dos exemplos citados.

Para cada um dos entrevistados, a obesidade teve um sentido único, construído ao longo de sua história. Entretanto, a análise das entrevistas informou que, para todos, ela significou "ser diferente", "não ser normal" e isso era considerado motivo de sofrimento. A visão de si mesmos como pessoas que fugiam do padrão de normalidade esteve ligada, como foi dito, às dimensões corpóreas, mas também aos hábitos alimentares; todos reconheceram que antes de serem operados tinham com o alimento uma relação peculiar, muito dependente das emoções e diferente da que observavam em outras pessoas, sendo o exagero alimentar, a voracidade, a ausência de mastigação adequada e, sobretudo, o descontrole, características marcantes.

Os primeiros dados referentes ao segundo eixo temático, **"cirurgia e continuidade do tratamento"**, referiram-se à consideração consensual de que os tratamentos convencionais (não cirúrgicos) têm pouco ou nenhum efeito sobre a obesidade de grandes proporções e que a opção pela gastroplastia não foi casual, mas fruto de uma profunda insatisfação com a condição de obeso e também com a ineficiência dos tratamentos conservadores. Nesse sentido, a cirurgia foi avaliada como um sacrifício que deu resultado.

Em relação às expectativas sobre os resultados da cirurgia, notamos que estas também estiveram contaminadas pela percepção de que ser gordo é ser diferente. De fato, respeitadas as particularidades do discurso de cada sujeito, a grande expectativa em relação à cirurgia foi a de ser normal, sentir-se normal e ser visto como tal. O desejo de se livrarem do estigma que acompanha a obesidade foi citado muito freqüentemente.

Para os entrevistados, o tratamento não foi fácil por implicar mudanças muito rápidas em diferentes áreas da vida, não apenas nos hábitos alimentares, mas também nas relações pessoais. Não obstante, nenhum operado afirmou arrepender-se do tratamento. Ao contrário, disseram preferir enfrentar qualquer dificuldade relacionada à cirurgia àquelas advindas da obesidade.

A permanência do que chamaram de *cabeça de gordo* foi um fator apontado como assustador por ameaçar o emagrecimento e o sucesso do tratamento. O enfrentamento das mudanças inerentes ao tratamento foi identificado pelos entrevistados como um processo em que estão incluídos o aprendizado, o controle e o respeito a novos limites. Qualquer desvio que prejudicasse esse ajustamento foi caracterizado como resquício de pensamentos (e, daí, *cabeça de gordo*) ou comportamentos ainda não dominados.

O que o emagrecimento permitiu para cada um dos entrevistados variou muito: resgate da autonomia, conquista de uma aparência melhor, a possibilidade de sentir-se mais seguro e aceito nas relações e assim por diante. Assim, no que se refere ao eixo temático **"significado de ser magro"**, os dados foram, sem dúvida, positivos. No entanto, o que ficou bem claro é que uma coisa é emagrecer e outra é conseguir usufruir dos benefícios de ter um corpo magro, e que a satisfação do paciente em relação ao tratamento tem relação direta com esta última capacidade.

Além disso, os ganhos obtidos estiveram, de maneira geral, vinculados à sensação de normalidade, à possibilidade de fazer as coisas simples que os outros fazem, visto que as dimensões do corpo se enquadravam nos padrões de normalidade e que a alimentação estava mais controlada. Vale ressaltar que todos esses resultados foram citados como grandes conquistas propiciadas pela adaptação a um número considerável de mudanças, o que só foi conseguido com muito esforço.

### Discussão

Foram muitos os dados obtidos da pesquisa aqui descrita e uma apresentação resumida corre sempre o risco de superficializar os resultados e a análise subseqüente. Para não corrermos esse risco também na discussão, optamos por selecionar apenas aquilo que consideramos o eixo de tudo que foi desvelado a partir da análise das entrevistas: a associação feita pelo obeso, e por todos aqueles que o circundam, entre obesidade, descontrole e anormalidade e, na contramão, entre magreza, controle e normalidade.

A partir disso, fica fácil entender que, quando um obeso mórbido procura tratamento cirúrgico para sua obesidade, sua expectativa não é ser magro. É ser normal. Sentir-se assim e ser visto como tal. E é justamente esse aspecto que abre as portas para a entrada da Psicologia em uma área de natural competência médica: a cirurgia da obesidade.

### Considerações finais

As intervenções cirúrgicas destinadas ao tratamento da obesidade estão ganhando espaço e aceitação cada vez maior na sociedade, entre os médicos e no meio científico. O papel do psicólogo, junto a esses pacientes e na equipe multiprofissional, precisa ser melhor delimitado e, sem dúvida, há muito espaço para pesquisas.

A implantação do atendimento psicológico no Ambulatório de Cirurgia da Obesidade da Santa Casa (veja também o capítulo 10) ocorreu concomitantemente ao desenvolvimento da pesquisa que aqui foi descrita, e foi constantemente influenciada por ela. A possibilidade de acompanhar os passos daqueles que já passaram pelo tratamento cirúrgico da obesidade ofereceu dados preciosos que não apenas serviram de guia para a escolha de ações relevantes no ambulatório, mas também preencheram lacunas de conhecimento que a prática pura e simples certamente não seria capaz de fazer. A experiência de pesquisar uma realidade e, ao mesmo tempo, prestar serviços aos envolvidos nela foi extremamente gratificante e, esperamos, proporcionou um atendimento de qualidade melhor àqueles que procuram a Santa Casa.

## O exemplo do Grupo de Trauma do Departamento de Ortopedia e Traumatologia

*Wilze Laura Bruscato*
*Marcela Mayumi Gomes Kitayama*

### Introdução

A pesquisa a seguir, denominada **Caracterização da demanda psicológica dos pacientes polifraturados do Departamento de Ortope-**

**dia e Traumatologia**, foi realizada no Grupo de Trauma do Departamento de Ortopedia e Traumatologia (DOT), no ano de 2003 e apresentada no Annual Meeting of the American Psychiatric Association, em Maio de 2004 (Bruscato, Kitayama e cols., 2004). Esta pesquisa surgiu da necessidade de configurar um campo de estágio para alunos da graduação em Psicologia a partir de um perfil padrão dos pacientes para os quais seriam preparadas intervenções adequadas. O DOT foi escolhido pelo seu numeroso contingente de pacientes e pela significativa demanda por assistência psicológica que representa junto ao Setor de Consultoria. Ao lado disso, o Grupo de Trauma vinha demonstrando um interesse constante em que realizássemos um trabalho psicológico direcionado para a sua população.

Assim, este estudo piloto, que se utilizou de uma metodologia de pesquisa quantitativa, teve como um dos objetivos primordiais caracterizar a população de polifraturados para detectar as possíveis interferências de natureza psicológica no trauma e as demandas emocionais que porventura aparecessem em pacientes fraturados e que demandassem um atendimento psicológico específico.

Em grande parte dos casos, o paciente internado numa unidade de trauma não é um doente. É uma pessoa que gozava de saúde perfeita e, em função de um acidente, vê-se repentinamente hospitalizado. Mas alguns fatores, sejam eles de origem orgânica, como osteoporose, demência, uso de medicamentos, ou de ordem psicológica, como depressão, alcoolismo, ansiedade, tentativas de suicídio, comportamento repetitivo de exposição ao risco, estilo de vida, estresse, podem ser relacionados como possíveis causas do trauma (Botega, 2002). Para Santos (2001), a causa mais freqüente de trauma em idosos é a queda da própria altura e esta autora ainda refere que as quedas mais freqüentes ocorrem nos próprios domicílios.

Por outro lado, como decorrência da hospitalização por polifratura, podemos detectar distintas características de estresse psicológico (Botega, 2002). São elas:

- dificuldade em lidar com a ameaça à integridade narcísica
- ansiedade de separação (estar longe de casa, da rotina)
- medo de estranhos (paciente coloca sua vida e seu corpo nas mãos de pessoas desconhecidas cuja competência e intenção são desconhecidas)
- culpa e medo de retaliação (idéia de que o que ocorreu veio como castigo)
- medo da perda de controle (não conseguir falar, andar)
- perda de amor e aprovação (autodesvalorização gerados por dependência e sobrecarga financeira)
- medo da "perda de" ou "dano a" partes do corpo (mutilações ou disfunções de membros e órgãos que alteram o esquema corporal, que são perdas equivalentes à de uma pessoa querida)
- medo da dor e da morte.

Além disso, podemos pensar em outras conseqüências decorrentes do trauma, algumas de origem orgânica (por exemplo, as infecções) e outras de origem psicológica, como valorização de sintoma, transtornos mentais secundários, problemas relacionados à auto-imagem e à significação do corpo.

Objetivos

- Caracterizar o perfil sócio-demográfico dos pacientes polifraturados atendidos nas enfermarias do Grupo de Trauma do Departamento de Ortopedia e Traumatologia (DOT) da Santa Casa de São Paulo
- Fazer o mapeamento das possíveis causas do trauma, correlacionando-as à existência de fatores psicológicos
- Estabelecer a demanda psicológica decorrente do trauma e da internação
- Planejar intervenções futuras.

## Metodologia

**a) Desenho do estudo: Transversal Descritivo**

**b) Sujeitos**

A amostra foi constituída de 67 pacientes adultos, maiores de 18 anos, com diagnóstico de fratura, hospitalizados nas enfermarias do Grupo de Trauma do Departamento de Ortopedia e Traumatologia (DOT), no período de um mês.

**c) Instrumentos**

Foram utilizados como instrumentos de pesquisa:

- Ficha sócio-demográfica elaborada pelos pesquisadores com essa finalidade
- Protocolo de avaliação psicológica elaborado pelos pesquisadores com essa finalidade.

**d) Procedimentos**

Inicialmente foi realizada uma revisão da literatura com o objetivo de buscar informações já existentes sobre o tema, durante a qual nos deparamos com a dificuldade de encontrar dados específicos sobre a atuação da Psicologia na população de polifraturados.

Foram elaborados, com base no material de uso de rotina do Serviço de Psicologia, dois protocolos de avaliação, um deles para coleta de dados sócio-demográficos e o outro para avaliar dados relativos aos aspectos psicológicos dessa população.

Após um projeto piloto, que serviu para aperfeiçoamento dos instrumentos e para treinamento dos pesquisadores, foram realizadas, por uma dupla de estagiários, entrevistas no leito dos pacientes. As entrevistas visavam ao preenchimento da Ficha Sócio-Demográfica e do Protocolo de Avaliação Psicológica e duraram aproximadamente 60 minutos.

**e) Análise**

Os dados obtidos foram codificados e inseridos no banco de dados criado no *SPSS for Windows*, Versão 6.0 (Norusis, 1993). Em seguida, foi feita uma análise exploratória para averiguação das medidas de tendência central, dispersão e forma. Análises univariadas exploraram as variáveis sócio-demográficas em relação às variáveis psicológicas e o cálculo do coeficiente de correlação foi estabelecido entre algumas delas. Foi arbitrado, para todos os testes, o nível de significância em $p \leq 0{,}001$.

## Resultados

### 1. Dados Sócio-Demográficos

A amostra consistiu de **67** pacientes. Setenta e dois pacientes foram abordados pelos pesquisadores, mas apenas 68 preencheram os critérios de inclusão, sendo que três não tinham o diagnóstico de fratura, um outro apresentava no momento da entrevista um quadro de confusão mental e um deles se recusou a participar do estudo. Os sujeitos demoraram entre 30 e 50 minutos para responder aos itens do protocolo de entrevista. Os dados relativos a idade e gênero dos pacientes participantes podem ser visualizados na **Tabela 1**.

Tabela 1: *Dados de idade e gênero da amostra de pacientes (N=67)*

| VARIÁVEIS | PACIENTES | AMOSTRA MASCULINA | AMOSTRA FEMININA |
|---|---|---|---|
| Idade (Média e DP) | 45,3 (21,9) | 36,3 (16,20) | 59,5 (22,5) |
| Gênero | | | |
| masculino (N e %) | 41 (61,2%) | | |
| feminino (N e %) | 26 (38,8%) | | |

Para a amostra total, a idade mínima foi de 18 anos e a máxima de 90 anos, produzindo, portanto, uma extensão de 72 anos. A média foi de 39 anos e 25% dos pacientes tinham mais de 65 anos. Para a amostra feminina, a média esteve em 69 anos e para a masculina, em 30 anos.

Com relação aos demais dados sócio-demográficos coletados com os pacientes, podemos consultar a **Tabela 2**.

Tabela 2: *Variáveis sócio-demográficas da amostra de pacientes (N=67)*

| VARIÁVEIS | N (%) |
|---|---|
| **Raça** | Branca = 48 (71,6%)<br>Parda = 11 (16,4%)<br>Negra = 7 (10,4%)<br>Amarela = 1 (1,5%) |
| **Naturalidade** | Cidade de São Paulo = 17 (25,4%)<br>Interior do Estado de São Paulo = 14 (20,9%)<br>Outro Estado = 36 (43,3%)<br>Outro País = 7 (10,4%) |
| **Tempo médio (DP) de residência** | 28,4 anos (21,0) |
| **Estado civil** | Solteiro = 31 (46,3%)<br>Casado = 23 (34,3%)<br>Separado/Divorciado = 7 (10,4%)<br>Viúvo = 6 (9%) |
| **Convívio familiar** | Reside com a família = 58 (86,6%)<br>Reside só = 9 (13,4%)<br>Tem filhos = 37 (55,2%) |
| **Escolaridade** | Média de anos = 6,8<br>Chegou ao curso superior = 5 (7,5%) |
| **Situação ocupacional** | Executa alguma atividade = 37 (55,2%)<br>Não trabalha = 27 (40,3%)<br>Estuda = 3 (4,5%) |
| **Renda mensal familiar** | Até 2 salários mínimos = 8 (11,9%)<br>De 2 a 4 salários mínimos = 25 (37,3%)<br>De 4 a 6 salários mínimos = 12 (17,9%)<br>Mais de 10 salários mínimos = 7 (10,4%) |
| **Diagnóstico** | Fratura membro inferior = 43 (64,2%)<br>Fratura membro superior = 14 (20,9%)<br>Fratura coluna cervical = 4 (6%)<br>Fratura cintura escapular = 1 (1,5%)<br>Mais de uma fratura = 5 (7,5%) |

| Causa da fratura | Acidente de trânsito = 25 (37,3%) |
|---|---|
| | Queda da própria altura = 19 (28,4%) |
| | Queda = 9 (13,4%) |
| | Situação de lazer = 5 (7,5%) |
| | Acidente de trabalho = 4 (6%) |
| | Violência = 4 (6%) |
| Tempo de hospitalização | Até 5 dias = 42 (63,6%) |
| | Entre 15 e 30 dias = 5 (7,5%) |
| Hospitalização prévia | Sim = 44 (65,7%) |
| | Pelo mesmo motivo = 8 (12,1%) |
| Outra doença física | Sim = 21 (31,3%) |
| Queixa | As condições atuais de saúde = 32 (47,8%) |
| Relação com a equipe de saúde | Satisfatória = 60 (98,6%) |
| Possui informações adequadas | Sim = 54 (80,6%) |
| Considera seu quadro grave | Sim = 44 (72,1%) |
| Expectativa de recuperação | Positiva e realista = 41 (65%) |
| Adesão ao tratamento | Total = 63 (95,5%) |
| Postura diante do tratamento | Ativa e responsável = 55 (85,9%) |

O perfil padrão dessa amostra de pacientes foi o de um indivíduo branco, do sexo masculino, escolaridade de 1º Grau Incompleto, com mais de 18 anos, solteiro, natural de São Paulo, com diagnóstico de fratura do membro inferior, que teve como causa um acidente de trânsito, que trabalha como autônomo, tendo como renda familiar entre 2 e 4 salários mínimos, e com um tempo de hospitalização, até o momento da pesquisa, de 5 dias.

### Dados da Avaliação Psicológica

Sessenta e seis pacientes (98,5%) foram **receptivos à abordagem psicológica**, cinco deles (7,5%), com alguma reserva. A avaliação das funções psíquicas dos pacientes mostrou que essa amostra estava preservada em pelo menos 89,1% deles. Sessenta e três pacientes (94%) mostraram a função da **consciência** preservada, 62 (93,0%) tinham preservação da **orientação**, 64 (95,5%) tinham a **atenção** preservada, 60 (92,2%) mostraram preservação da **sensopercepção**, 57 (87,7%) tinham preservação da **memória**, 57 (89,1%) estavam com **afeto** preservado, 60 (98,4%), com preservação da **vontade** e 62 pacientes (93,9%) estavam com **pensamento e juízo** preservados. Esses dados podem ser visualizados na **Tabela 3**.

Tabela 3: *Funções psíquicas (N=67)*

| FUNÇÃO PSÍQUICA | PRESERVADA (N e %) | ALTERADA (N e %) |
|---|---|---|
| Consciência | 63 (94%) | 4 (6%) |
| Orientação | 62 (92,5%) | 4 (6,1%) |
| Atenção | 64 (95,5%) | 3 (4,5%) |
| Sensopercepção | 60 (95,2%) | 3 (4,8%) |
| Memória | 57 (87,7%) | 8 (12,3%) |
| Afeto | 57 (89,1%) | 7 (10,9%) |
| Vontade | 60 (98,4%) | 1 (1,6%) |
| Pensamento e Juízo | 62 (93,9%) | 4 (6,1%) |

Quatro dos pacientes entrevistados (6,7%), três homens e uma mulher, apresentavam um **diagnóstico para transtorno mental**, sendo considerada necessária para eles uma **avaliação psiquiátrica**, e 11 deles (16,4%) referiram **antecedentes psiquiátricos**.

Embora 95,5% (64 pacientes) da amostra tenham afirmado não haver **influência do uso de álcool na causa do acidente**, 44,8% da amostra (30 pacientes, 25 do sexo masculino) referiram **uso atual de álcool** e outros 9,7% (6 pacientes) referiram **abstinência** por um período de tempo que variava de 1 mês a 5 anos. Com isso, temos uma ligação de pelo menos 54,5% da amostra com álcool. Avaliando as amostras divididas por gênero, 61% dos pacientes do sexo masculino (25 dos 41 homens), referiram uso atual de álcool, contra 19,2% da amostra feminina (5 das 26 mulheres).

O **uso atual de drogas** foi referido por 32,8% da amostra (22 pacientes), com predomínio de tabaco (18 pacientes, 26,9%). Outros 16,7% (11 pacientes) disseram-se abstinentes há pelo menos 1 mês, o que totaliza 49,5% dos pacientes (33) com alguma ligação com outra substância, preponderantemente nicotina.

As **reações emocionais** observadas, relacionadas à condição atual de saúde e à hospitalização, foram de racionalização/aceitação para 32,7% (19) dos pacientes. Doze pacientes (20,7%) mostraram algum tipo de reação emocional negativa, como negação, revolta, depressão ou ansiedade. Vinte e sete pacientes, correspondendo a 46,6% da amostra, tinham reações emocionais diversas, por vezes contraditórias. Aproximadamente 20% dos pacientes demonstraram tanto **preocupação com o seu estado** como com os prejuízos causados e com os transtornos impostos à família.

Como **principal acontecimento na história de vida**, 25,5% da amostra (14 pacientes, 10 do gênero masculino) referiram o próprio acidente, outros 11 pacientes (20%), sendo 9 do gênero feminino, referiram fatos ligados a perdas anteriores e luto. Apenas 8 pacientes (14,5%) referiram fatores positivos ligados à realização pessoal/profissional como os mais importantes de suas vidas. Doze pacientes (17,9%) não quiseram ou não souberam informar. Diante desses acontecimentos, para 47,8% (32 pacientes) não foi possível avaliar, apenas em uma entrevista, que **repercussões emocionais** tiveram. Para 28,4% (19 pacientes), a repercussão emocional foi ligada a sentimentos negativos como revolta, medo, tristeza, incômodo ou não elaboração do luto. Apenas 9% (6) dos pacientes referiram sentimentos positivos ligados à valorização da vida.

Também foram avaliados os sentimentos dos pacientes com relação a diversas variáveis ligadas ao relacionamento interpessoal. No que diz respeito aos **relacionamentos familiares**, 66,7% (42) dos pacientes, com maior porcentagem de mulheres, referiram como bons. Vinte e um pacientes (31,3%) referiram relacionamentos conflituosos ou superficiais. Mas, para 53 pacientes (79,1%), o **suporte familiar** foi declarado como satisfatório. Os **relacionamentos sociais** foram avaliados como bons por 33 pacientes (majoritariamente do sexo masculino), que correspondem a 51,5% da amostra. Para os restantes, os relacionamentos eram ou restritos à família, ou escassos e instáveis. Com relação aos **relacionamentos afetivos**, foram considerados bons ou estáveis para 54,2% da amostra (32 pacientes). Os demais referiram ou não possuir no momento um relacionamento ou estar em um relacionamento ruim ou insatisfatório (45,8%, o que corresponde a 27 pacientes).

A **vida sexual** foi referida como satisfatória para 28 pacientes (41,8%) e insatisfatória para 9% (6). No entanto, em 33 deles (49,3%), não foi possível avaliar.

Os pacientes (33, correspondendo a 49,3%) disseram estar satisfeitos com a **vida profissional** que tinham anteriormente ao acidente, sendo a porcentagem de satisfação maior para o sexo feminino. Treze (19,4%) não opinaram e os demais se julgavam insatisfeitos, inseguros, estressados ou apresentavam sentimentos diversos não bem definidos.

O **auto-conceito** foi avaliado como dentro de uma visão positiva para 39 pacientes (66,1%) e dentro de uma visão negativa para 16 pacientes (27,1%). Para os demais, não foi possível avaliar.

O **projeto de vida** a partir da alta foi referido como positivo e esperançoso para 86,2% da amostra (56 pacientes), principalmente para a amostra feminina. Para os demais, não havia expectativas.

No momento da avaliação, 44 pacientes (75,9%) estavam sofrendo de uma **angústia** circunstancial e 8 pacientes (13,8%) sofriam de uma angústia existencial. Para os demais, ou a angústia era patológica (5 pacientes, 8,6% da amostra), ou foi impossível avaliar. O **diagnóstico psicológico** mais freqüente foi relacionado a aspectos depressivos (9 pacientes, 15,3% da amostra). No entanto, 75% dos pacientes (48) tinham **recursos psicológicos** adaptativos ou razoavelmente adaptativos (14 pacientes, correspondendo a 21,9% da amostra). Ainda assim, para 15 dos pacientes (25,4%), foi considerado importante o **acompanhamento psicológico**. Para a amostra feminina, essa porcentagem foi de 19% (4 das 26 mulheres) e para a amostra masculina, de 28,9% (11 dos 41 homens).

Discussão

Os achados mostraram uma diferença estatisticamente significativa entre a média de idade para o gênero masculino e o feminino, caracterizando duas amostras bastante distintas, para as quais serão feitas considerações específicas.

Outro dado que nos pareceu interessante foi a grande diversidade de naturalidade dos pacientes atendidos pelo Departamento de Ortopedia e Traumatologia. Plagiando Gianoni, poderíamos, de fato, afirmar que *"a Santa Casa de São Paulo bem poderia chamar-se Santa Casa do Brasil"*. Mais do que isso, até. Dada a porcentagem de pessoas naturais de outros países, pudemos observar que atendemos pacientes de além de nossas fronteiras.

A existência de hospitalização prévia para 62,9% dos pacientes, dentre os quais 12,1% pelo mesmo motivo da atual, pareceu derivar mais de uma necessidade oriunda da complexidade do tratamento, do que da reincidência das causas (novos acidentes e quedas).

O suporte oferecido pela equipe de saúde do DOT foi avaliado como satisfatório por uma grande maioria dos pacientes (89,6%), que, inclusive, referiu obter informações adequadas dessa equipe no que diz respeito à sua condição de saúde, procedimentos e expectativas. Talvez isso tenha se refletido na altíssima adesão ao tratamento referida pela população entrevistada (95,5%), na postura ativa e responsável diante do tratamento e nas reações emocionais positivas de aceitação.

Chamou-nos a atenção a porcentagem de pacientes que referiram uso do tabaco, que correspondeu a 81,8% da população que faz uso de substância. Percebemos também uma maior facilidade da amostra para referir uso de determinadas substâncias (como cocaína), no passado. Isso talvez indique receio de represália se houver referência ao uso atual.

Ainda com relação ao uso atual de substância, a grande maioria da amostra afirmou *não haver* influência do álcool na causa do acidente. Entretanto, existe uma associação estatisticamente significativa entre o uso atual do mesmo e acidentes de trânsito, seja como condutor do veículo, como passageiro ou como pedestre. Isso corrobora dados do Ministério da Saúde (2001), que indicam que os acidentes de trânsito representam as principais causas de internação no Sistema Único de Saúde (SUS) e que um coadjuvante freqüentemente associado aos mesmos é o álcool. Nesse estudo, observamos a relação significativa entre consumo de álcool por jovens do sexo masculino e o envolvimento com acidentes de trânsito, o que confirma dados anteriores da literatura de associação entre alcoolismo, comportamento repetitivo de exposição ao risco e causa do trauma (Botega, 2002).

Para a amostra feminina, mais idosa, o aspecto que mais sobressaiu foi ter, como causa do acidente, queda da própria altura. Isso está de acordo com dados anteriores, que referem que as quedas mais freqüentes ocorrem com idosos, nos próprios domicílios, conforme referido por Santos (2001).

Os acontecimentos mais importantes, referidos como o próprio acidente e situações de perda e luto, também estão relacionados ao gênero e, provavelmente, à idade. A população feminina, mais velha do que a masculina, encontra-se em uma fase da vida em que o enfrentamento de lutos e perdas passa a ser mais freqüente do que entre os adultos jovens, que caracterizam a população masculina.

A diferença entre os gêneros evidencia-se novamente quando se considera relacionamentos familiares, relacionamentos sociais, satisfação com a vida profissional, projeto de vida e necessidade de acompanhamento psicológico. A população feminina expressou maior satisfação quanto a relacionamentos familiares e vida profissional, bem como projeto de vida positivo e esperançoso, condições que oferecem um melhor prognóstico do ponto de vista psicológico e reflete-se na menor necessidade de acompanhamento psicológico quando comparada com a amostra masculina.

De qualquer forma, a porcentagem de pacientes para os quais seria indicado um acompanhamento psicológico (25,4%) está de acordo com dados anteriores coletados pelo Serviço de Psicologia Hospitalar em outras clínicas/ambulatórios/enfermarias dessa Instituição (Bruscato, Amorim & Fernandes, 2003).

Diante do dado de que para 47,8% não foi possível avaliar as repercussões emocionais relacionadas a esses acontecimentos, cabe ressaltar que o procedimento de uma única entrevista pode ter interferido nos dados coletados. O próprio desenho do estudo não permitiu um maior contato com os pacientes e a devida avaliação dessas questões. Além disso, um único encontro não favorece também o desenvolvimento de um vínculo de confiança para a expressão e aprofundamento das informações referidas pelos pacientes.

A impossibilidade de avaliar as repercussões emocionais poderia ainda estar relacionada à data de ocorrência do acidente e ao tempo de hospitalização (5 dias), que podem ser considerados recentes. Dessa forma, os pacientes poderiam ainda estar naturalmente sob o impacto desses acontecimentos inesperados, em uma fase inicial do processo de elaboração em que não houve uma apropriação dos sentimentos desencadeados. O fato de que 46,6% da amostra apresentava reações emocionais diversas e por vezes contraditórias parece corroborar essa hipótese.

Devemos ainda levar em conta que os dados desse estudo foram coletados por alunos quartanistas de Psicologia, que tiveram, através dele, sua primeira experiência com pesquisa. Muito possivelmente alguns vieses podem ter sido originados já na própria coleta.

## Conclusões

Os achados apontam para a necessidade de duas vertentes de intervenção: uma de reabilitação psicológica, caracterizada pelo acompanhamento psicológico após o acidente/trauma e outra de cunho preventivo.

A proposta de reabilitação psicológica envolveu o atendimento de pacientes nos quais a equipe detectou dificuldades em lidar com a hospitalização em todas as suas causas e conseqüências, que apresentavam transtornos de ajustamento, de ansiedade, de humor, medo, culpa, autodesvalorização, problemas relacionados à auto-imagem e à significação do próprio corpo, disfunções dos membros que alterasse o esquema corporal, medo da dor e da morte. Assim, como resultado da análise dos dados obtidos, foram implantados dois grupos abertos em enfermaria, um para a população feminina e outro para a masculina. Os grupos são conduzidos pelos estagiários e têm como objetivo promover a orientação e reflexão dos pacientes sobre questões associadas ao motivo da hospitalização (queda para as mulheres e acidente de trânsito/alcoolismo para os homens), bem como às repercussões emocionais decorrentes, favorecer a troca de idéias e sentimentos e oferecer suporte emocional.

Desse modo, a pesquisa permitiu a implantação de uma nova modalidade de intervenção psicológica, complementar à modalidade de assistência psicológica individual já existente.

A prevenção junto à população feminina incluiu a confecção de material informativo com orientações sobre os cuidados de prevenção às quedas (em fase de elaboração). Esse material será distribuído não só para as próprias pacientes e/ou seus familiares no momento da alta hospitalar, mas também para pacientes consideradas de risco para quedas, assistidas nos demais ambulatórios dessa Instituição.

Mas, o processo de envelhecimento não pode ser contextualizado só por fatores orgânicos e fisiológicos, porque, junto às transformações corporais e interagindo com elas, as pessoas apresentam mudanças de comportamento, de papéis, de valores, de *status*, de crenças, de acordo com as diferentes fases e grupos etários a que pertenciam e também em função de suas escolhas e adaptações individuais ao longo do seu ciclo de vida. Há a necessidade de sucessivas adaptações que as pessoas vêem-se obrigadas a fazer no decorrer de seu ciclo de vida. Então, a longo prazo, considerando as especificidades psicológicas e comportamentais da velhice, será averiguado o grau de preparo de cuidadores familiares e profissionais na assistência prestada a essa população. Caso necessário, serão organizados manuais e/ou palestras de orientação e sensibilização para as necessidades das pessoas idosas.

A estratégia preventiva oferecida à população masculina envolveu a prevenção do uso de substância e do comportamento repetitivo de exposição ao risco.

Os dados obtidos na pesquisa permitiram identificar demandas relevantes e específicas tanto para a população masculina quanto para a população feminina. Esses resultados deram origem ainda a quatro outros estudos. Cada um desses estudos focaliza especificamente tópicos de relevância para a compreensão e o trabalho psicológicos com essa população. Os estudos abordam os seguintes temas:

– Tratamento psicológico de jovens acidentados pela influência do álcool
– A qualidade dos relacionamentos afetivos e a predisposição a traumas
– Os benefícios para o paciente do suporte oferecido pela equipe de saúde
– A população feminina idosa diante de perdas e traumas.

## O exemplo do Grupo de Coluna do Departamento de Ortopedia e Traumatologia

*Sandra Ribeiro de Almeida Lopes*

### Introdução

O trabalho de pesquisa **Estudo da imagem corporal de adolescentes do sexo feminino portadoras de escoliose idiopática em pré e pós-cirúrgico** teve início em 1993, por ocasião da inserção do Serviço de Psicologia Hospitalar no Grupo de Coluna do Departamento de Ortopedia e Traumatologia da Santa Casa de São Paulo e culminou em uma dissertação de mestrado (Lopes, 2001)[2].

O estudo teve como ponto de partida a observação de que as jovens portadoras de escoliose idiopática, que eram acompanhadas no ambulatório de coluna, encaminhadas por outros especialistas ou levadas por pais ou responsáveis, manifestavam percepções a respeito de sua deformidade que, em geral, não correspondiam à avaliação médica realizada. Um número significativo delas afirmava não perceber o desvio da coluna e não apresentava qualquer outra queixa, embora tivesse clara indicação médica para cirurgia. Outras, ao contrário, traziam queixas relativas à insatisfação com a deformidade da coluna e procuravam a cirurgia como solução definitiva para melhora de sua aparência, apesar de não se incluírem nos critérios para indicação cirúrgica.

Essas divergências, em geral, repercutiam não apenas na decisão quanto à realização da cirurgia, mas também no nível de satisfação com relação aos resultados do procedimento.

Passamos a nos perguntar de que maneira a deformidade física era representada mentalmente pela jovem que se encontrava em processo de formação de sua imagem corporal, e que efeitos a correção cirúrgica poderia produzir sobre ela.

Os adolescentes se deparam, dentro do desenvolvimento normal, com questões relativas à consolidação da imagem corporal, à formação de identidade, além de preocupações referentes à sexualidade e aos relacionamentos íntimos, acompanhadas pelo início do processo de separação dos pais. A adolescência se caracteriza por ser um período de mudanças corporais rápidas e impetuosas, além de profundas e estruturais, que impõem uma revisão da imagem corporal exatamente no momento em que o jovem vive grande instabilidade afetiva, de modo que o corpo passa a ser objeto de intensa preocupação e comparação com o de seus companheiros. Segundo Levinsky (1998), o

---
[2] Esta Dissertação foi defendida na Universidade de São Paulo – USP e foi orientada pela Profa. Dra. Odette Lourenção Van Kolck.

adolescente é muito sensível à sua imagem corporal, reagindo com ansiedade e frustração diante de aspectos que não correspondem a uma imagem idealizada. Sabemos que a deformidade física na adolescência tem uma importância significativa na constituição da auto-imagem e auto-estima.

Os adolescentes com escoliose idiopática são portadores de uma séria deformidade física, que se manifesta num momento de vida bastante delicado, em que as inquietações estão, em sua maioria, voltadas para a aparência e o funcionamento do corpo. O jovem com escoliose é confrontado com um corpo distorcido, em geral é isolado pelo grupo, identificado visivelmente como diferente e rotulado como menos capaz, ficando sujeito ao estigma social e devendo lidar simultaneamente com essas questões e com as tarefas do tratamento, que por vezes implicam desconforto e dor, como no caso do uso do colete. Segundo Payne e cols. (1997), os jovens com escoliose tendem a apresentar quadro de depressão decorrente de uma imagem corporal negativa e, ainda, de acordo com os estudos de Noonan e cols. (1997), uma imagem negativa e uma baixa auto-estima tendem a persistir por anos nos pacientes que se submeteram à cirurgia.

Assim, o impacto psicológico da escoliose idiopática sobre os adolescentes é motivo de preocupação para todos aqueles que, direta ou indiretamente, acompanham esses jovens, seja a equipe de saúde, a família ou os amigos.

O conceito de imagem corporal utilizado neste trabalho se reporta à definição de Schilder (1958), que permanece atual pela sua simplicidade e precisão. Para esse autor, a imagem corporal é a representação do corpo em nossa mente, é a imagem tridimensional que todos têm de si mesmos e que, embora provenha dos sentidos, não é mera percepção, havendo nela quadros e representações mentais, que contêm muito mais do que a pessoa conscientemente saiba acerca do seu próprio corpo.

Abraham (1963) afirma que cada indivíduo elabora a imagem de seu corpo à sua própria maneira, acentuando ou modificando as diferentes partes em função dos mecanismos de sua personalidade e de toda sua vivência passada e presente. Conclui que qualquer alteração em uma parte do organismo por uma doença ou mal físico não introduzirá modificações na imagem corporal da referida parte, mas uma mudança na imagem corporal geral, resultado das novas relações do indivíduo consigo mesmo e com os outros.

A partir desses questionamentos e observações, pensamos em incluir, na avaliação psicológica pré-cirúrgica, a investigação do nível de informação que a paciente possuía a respeito do seu problema, a representação mental de seu próprio corpo e buscamos, principalmente, uma compreensão acerca das expectativas de mudança corporal e suas possíveis implicações.

## Objetivos

Avaliar a imagem corporal de jovens do sexo feminino portadoras de escoliose idiopática, averiguar os efeitos da cirurgia na imagem corporal e investigar o grau de satisfação com o próprio corpo e particularmente com a coluna, antes e depois da cirurgia.

## Metodologia

A amostra foi composta de 12 jovens do sexo feminino, de 12 a 19 anos, com diagnóstico de escoliose idiopática, com indicação cirúrgica, que foram avaliadas pela Psicologia no pré-cirúrgico e reavaliadas um ano após terem se submetido à cirurgia.

Os pacientes do sexo masculino foram excluídos devido a seu número limitado e também pelo fato de a incidência da patologia ser rara no sexo masculino.

Foram desenvolvidos pela pesquisadora dois tipos de questionários, constituídos por perguntas abertas e fechadas, adaptados às características da amostra e aos objetivos da avaliação, com duração prevista de aplicação em torno de 30 minutos. O questionário pré-cirúrgico procurou investigar o nível de informação a respeito do problema (diagnóstico, evolução e tratamento), conhecimento e expectativas com relação à cirurgia e incluía uma auto-avaliação, realizada através de pontuação atribuída ao corpo e suas partes. O questionário pós-cirúrgico, aplicado um ano após o ato cirúrgico, procurou investigar os seguintes aspectos: condições físicas gerais, retorno às atividades e possíveis dificuldades na realização de tarefas do dia-a-dia, avaliação dos resultados da cirurgia, que foram comparados com o nível de expectativa anterior e também auto-avaliação realizada através de pontuação atribuída ao corpo e suas partes.

Foi ainda acrescentada a ambos os questionários a informação referente ao valor angular da curvatura da coluna antes e depois da cirurgia, obtida com os médicos que acompanhavam os casos e que constavam dos registros nos prontuários.

Como recurso complementar foi utilizado o Teste do Desenho da Figura Humana (Machover, 1967), uma técnica projetiva que tem por finalidade a investigação da personalidade. A autora do teste partiu da hipótese básica de que, sendo o corpo a referência substancial e concreta do eu, o desenho da figura humana serviria como veículo único e adequado para a autoprojeção da personalidade. A partir daí, a análise da representação da imagem humana seria uma maneira eficaz de conhecer o sujeito, seus problemas, impulsos, expectativas, conflitos e ansiedades.

Os dados obtidos a partir dos questionários foram tabulados e analisados estatisticamente, servindo como informes objetivos a respeito da percepção que o sujeito tem do seu próprio corpo em comparação com os dados subjetivos obtidos pelos desenhos da figura humana. Um estudo comparativo entre as respostas aos questionários e o desempenho nos desenhos da figura humana, nos dois momentos, no pré e no pós-operatório, foi levado a efeito, tendo sido estabelecido, para todos os testes, o nível de significância em $p \leq 0,05$.

Foram ainda utilizadas, para efeito comparativo, as informações referentes ao grau de curvatura da coluna antes e depois da cirurgia, procurando estabelecer um paralelo entre a mudança concreta do aspecto corporal e a repercussão psíquica de tal alteração. Foi levado em conta, para efeito de análise, o grau de satisfação do sujeito com seu corpo e sua coluna antes e depois da cirurgia.

Na avaliação e interpretação dos desenhos da figura humana, utilizamos o protocolo de avaliação descrito por Van Kolck (1987) elegendo alguns itens que julgamos ser apropriados para o fim desta pesquisa e a tabela desenvolvida por Tardivo (1999), que contempla os principais aspectos de avaliação dos desenhos, utilizando-se da presença ou ausência dos itens a serem analisados, facilitando assim, o tratamento estatístico. Os itens analisados foram os seguintes: 1. Grau de integração da figura, 2. Aspectos gerais; localização, tamanho e traçado, 3. Aspectos estruturais e de conteúdo, postura, movimento, simetria, ordem do gênero desenhado e tronco.

**Resultados**

Levando em conta os graus de curvatura antes da cirurgia, essa curvatura após a correção, a correção feita em cada caso e finalmente a porcentagem de melhora em relação à situação inicial, observamos que, em todos os casos, a cirurgia trouxe algum benefício às adolescentes.

Com relação à avaliação da própria coluna, a maioria das adolescentes (75,0%) avaliou a sua coluna no pré-operatório com notas menores do que no pós-cirúrgico. Quanto à satisfação com o próprio corpo, as notas atribuídas também indicam melhor auto-avaliação no pós-operatório, quando 91,7% das jovens pontuaram notas mais altas. Quanto à expectativa de melhora, observamos que, no pós-operatório, elas foram mais favoráveis do que no pré-operatório, o que indica maior otimismo.

Analisando os desenhos conforme seus tamanhos, observamos que, em ambas as ocasiões, as adolescentes produziram poucos desenhos grandes ou muito grandes em relação ao tamanho da página, mas chamou nossa atenção o fato de que os desenhos produzidos no pós foram, em sua grande maioria, pequenos ou muito pequenos.

Quando analisamos os desenhos conforme a simetria apresentada na realização da figura, notamos que, em toda produção, 66,7% dos primeiros desenhos realizados no pré-cirúrgico tinham maior simetria equilibrada do que os do pós (45,8%), embora essa diferença não tenha sido estatisticamente significativa. No entanto, ao compararmos o segundo desenho, as diferenças são significativas, havendo também mais desenhos equilibrados no pré-cirúrgico.

Ao analisarmos a distribuição das adolescentes pela forma que imprimiram ao desenho do tronco da figura, notamos que os desenhos concentraram-se, basicamente, em troncos normal e retangular/quadrado, tendo havido um aumento do número de desenhos realizados com tronco em formato normal no pós-operatório em comparação com os de formato retangular/triangular realizados antes da cirurgia.

Quanto à localização das figuras desenhadas, verificamos que houve predomínio, em toda produção, de desenhos situados no 3º Quadrante (inferior esquerdo), com significativa aparição de desenhos no 4º Quadrante (superior esquerdo), no pós-operatório.

**Discussão**

Partindo da análise comparativa entre os dados obtidos no pré e pós-cirúrgico, pudemos observar que os resultados apontam para uma sensível melhora na diminuição real da curvatura após a cirurgia, correspondendo a uma percepção da paciente condizente com a mudança, o que se refletiu nas notas atribuídas à coluna no pós-operatório, no aumento expressivo quanto à satisfação com o próprio corpo e na superação das expectativas de melhora com a cirurgia apontadas no pós, em relação ao pré-operatório.

No que concerne aos desenhos, podemos afirmar, de modo geral, que a produção como um todo foi muito similar nos dois momentos (antes e depois da cirurgia). Apesar das jovens referirem sentir as costas mais eretas após a cirurgia, essa correção na imagem corporal não foi refletida nos desenhos. Apenas um dado aponta para uma melhora dos desenhos no pós em relação ao pré, que diz respeito ao formato do tronco da figura desenhada. O aumento do número de desenhos realizados com tronco em formato normal no pós-operatório parece refletir uma percepção mais positiva e realista advinda da mudança física promovida pela cirurgia.

Por outro lado, alguns aspectos dos desenhos denunciam uma piora quanto à imagem corporal no momento posterior à cirurgia. Verificamos a presença significativamente maior dos desenhos pequenos e muito pequenos no pós-operatório, em comparação aos médios no pré-operatório. Segundo Van Kolck (1966):

*"A relação entre o tamanho do desenho e o espaço disponível pode mostrar paralelo com a relação dinâmica entre o sujeito e o seu ambiente. Desenhos pequenos são apresentados por sujeitos com sentimentos de inferioridade, inadequação e talvez tendências ao isolamento; os desenhos grandes representam sentimentos de expansão e agressividade; enquanto os médios representam equilíbrio emocional"* (p. 105).

Temos, ainda, como dado complementar a essas informações, o aspecto referente ao predomínio de figuras com simetria equilibrada no pré em detrimento do pós, cuja prevalência foi de figuras em desequilíbrio, com simetria alterada, denotando uma piora na estruturação da imagem corporal no momento posterior à cirurgia.

Quanto à localização, o 4º Quadrante (superior esquerdo) representa, simbolicamente segundo Van Kolck (1966), uma área de inibição, reserva, nostalgia, de passividade e de expectativa diante da vida, sendo esperado, com a idade, que os sujeitos direcionem seus desenhos para o centro da página, sugerindo com isso um processo de maior estabilidade emocional e segurança pessoal expressos por meios de comportamentos mais adaptativos.

É possível que a mudança promovida pela cirurgia na imagem corporal tenha vindo a comprometer um estado de equilíbrio conquistado com a presença da deformidade e que provavelmente o período de um ano não seja tempo suficiente para haver uma total assimilação de uma nova imagem. Podemos sustentar nossa afirmação baseando-nos na constatação de Abraham (1963) de que qualquer alteração em uma parte do organismo, por doença ou mal físico, não introduzirá modificações na imagem corporal da referida parte, mas uma mudança na imagem corporal como um todo.

Não podemos deixar de considerar a repercussão, na imagem corporal, das modificações físicas e psíquicas vivenciadas normalmente durante a fase da adolescência, sendo essa, portanto, uma variável importante na representação mental das mudanças promovidas pela cirurgia.

## Conclusões

Podemos concluir que, de fato, existe uma dissonância entre o que a paciente afirma com relação aos resultados da cirurgia e o que ela, efetivamente, vivencia a partir das mudanças promovidas. Notamos que, no nível manifesto, consciente e racional, as adolescentes reconhecem a melhora quanto à aparência, sentindo-se mais satisfeitas com seus corpos após a cirurgia. Entretanto, o mesmo grau de satisfação não se evidencia quanto se trata da sua representação mental, num nível mais inconsciente, permeado, portanto, por questões complexas do ponto de vista emocional.

Concluímos, ainda, não haver contra-indicação, do ponto de vista psicológico, para a realização da cirurgia. Porém, é importante que as pacientes sejam devidamente preparadas para o procedimento e posteriormente acompanhadas, o atendimento psicológico servindo como suporte ao tratamento ortopédico. Acreditamos que jovens melhor preparadas possam decidir a respeito do tratamento, seja cirúrgico ou não, com maior consciência e segurança, podendo usufruir de seus resultados de maneira mais satisfatória.

## O exemplo do Programa de Transplante Hepático

*Rosana Trindade Santos Rodrigues*

### Introdução

Este trabalho, denominado *"A vivência da família frente ao transplante hepático"*, surgiu da experiência no Programa de Transplante Hepático da Santa Casa de São Paulo, onde realizamos avaliações e acompanhamento psicológico dos pacientes que se submetem ao Transplante Hepático e suas famílias, e culminou numa Monografia de Conclusão de Curso de Especialização em Terapia Familiar (Rodrigues, 2002)[3].

A inclusão do atendimento familiar foi feita a partir da constatação de que, por trás daquele paciente, havia uma família também em dificuldades, que precisava encontrar uma forma de ajudar o seu membro gravemente doente. Essas famílias também sofriam com o impacto do diagnóstico, com o medo da cirurgia, com o medo da morte, com a situação de recebimento de um órgão de um doador cadáver e com o significado atribuído por todos a essa experiência. A partir disso, surgiu a necessidade de ampliar o foco e a compreensão da vivência da família que tem um de seus membros transplantado.

### Objetivo

Identificar a vivência de uma família frente à experiência do transplante hepático em um de seus membros.

### Método

Tratou-se de uma análise qualitativa, realizada através do estudo de caso de uma família atendida no Ambulatório do Programa de Transplante Hepático da Santa Casa de São Paulo, composta de quatro pessoas: pai, mãe e dois filhos: (os nomes apresentados são fictícios) Carlos (pai), Dalva (mãe), Eduardo (filho do primeiro casamento de Dalva) e Bruno (filho do casal, transplantado há quatro anos). Carlos tinha 38 anos, era natural de São Paulo, cursou o 1º Grau Completo, trabalhava de Segurança em uma empresa. Dalva tinha 42 anos, era natural de São Paulo, tinha o 1º Grau Incompleto, trabalhava em uma creche cuidando de crianças e atualmente fazia faxina uma vez por semana. Eduardo tinha 18 anos, era o primeiro filho de Dalva com um namorado que não assumiu a paternidade da criança. Bruno era o segundo filho de Dalva e primeiro do casal, tinha seis anos e era transplantado há quatro anos. O casal se conheceu há 17 anos e moravam juntos há nove. Carlos contou que assumiu Eduardo como se fosse seu filho. Depois de três anos juntos, nasceu Bruno, que, segundo eles, vinha de uma gravidez tranqüila e planejada.

Foram realizadas cinco entrevistas semi-estruturadas com a família, com duração aproximada de uma hora, em sala privativa do Ambulatório do

---

[3] Esta Monografia foi apresentada à Universidade Federal de São Paulo – Escola Paulista de Medicina – UNIFESP-EPM e foi orientada pela Profa. Dra. Ana Lúcia de Moraes Horta.

Programa de Transplante Hepático Santa Casa de São Paulo, no período de Setembro a Novembro de 2002, iniciando com uma questão aberta que buscava conhecer a vivência do transplante. As questões seguintes foram aprofundadas e possibilitaram a ampliação dos temas trazidos por eles. As entrevistas foram gravadas e transcritas na íntegra. Posteriormente, alguns trechos foram escolhidos para a análise de conteúdo, segundo Bardin (1977). O Termo de Consentimento Livre e Esclarecido assinado por eles incluía autorização para gravação.

A análise de conteúdo dos dados teve como fundamento a Teoria Sistêmica (consultar capítulo 16), dentro da qual enfatizamos alguns aspectos relativos à estrutura de funcionamento familiar, segundo a conceituação desenvolvida por Salvador Minuchin, do Modelo Estrutural (Minuchin, 1990). Escolhemos essa Escola por entendermos que a doença, assim como outros fatores geradores de estresse na família, mostra a necessidade de reestruturação, exigindo mudanças nos papéis, hierarquias e fronteiras.

## Resultados e Discussão

Constatamos sentimentos de culpa, representando a impotência por não terem conseguido proteger a criança, e de perda, relacionada ao fato de terem que abandonar o sonho de ter uma criança saudável e todo o projeto construído (McDaniel, 1994). O casal relatou esses sentimentos nos trechos que seguem:

**Mãe:** – *...eu tive ele de parto normal, o parto foi bom, a gravidez também, tudo normal. Mas aí aconteceu dele ir ficando amarelo e piorando...*

**Pai:** – *...que venha com saúde isto é que é importante...*

**Mãe:** – *...planos futuros para ele, eu não consegui fazer...*

Identificamos uma relação triangular disfuncional na qual o casal se relacionava com a criança de forma a envolvê-la no conflito, que era prévio ao nascimento dela e que foi ativado no período de doença. A mãe se ocupava em lembrar ao pai de que tinham um filho de saúde muito frágil, que poderia piorar a qualquer momento. Essa mensagem gerava medo e insegurança em todos e impedia que a criança se tornasse independente e desfrutasse de uma melhor qualidade de vida, além de manter o casal unido, conforme se verificou neste trecho:

**Pai:** – *...no caso de se separar quem sofre é a criança, então eu acho que se a gente se separar ele vai se sentir sozinho, pode até prejudicar a saúde dele, não é ? ... acho que se a gente se separar ele vai piorar...*

Verificamos a vivência de luto antecipatório, sentimento este que costuma levar as famílias a sofrerem paralisações em seu desenvolvimento. Uma das formas de lidar com o medo da morte é a superproteção. Nesse caso, o luto antecipatório e a superproteção conduziram a família a uma paralisação em sua evolução e comprometeram a qualidade de vida de todos, inclusive da criança, que, em condições de realizar atividades sociais e de lazer próprias à sua idade, era impedida principalmente pelo temor de sua mãe, conforme observamos em vários segmentos dos atendimentos e destacamos alguns:

**Pai:** – *...a gente tinha aquela incerteza, não sabia se ele ia viver ou não, mesmo depois do transplante teve a rejeição e a gente ficava naquela dúvida...*

**Mãe:** – *...era tudo para ele, nossa atenção era toda para ele...*

**Mãe:** – *...um dia eu deixei ele ir a um churrasco, me arrependi, chamei-o de volta, porque sempre acho que vai acontecer alguma coisa. Ele sempre foi uma criança muito presa, eu sempre tive medo...*

**Mãe:** – *...eu fui ver a escola, mas sem vontade. O médico falou que ele poderia ir para a escola mas eu achava que não, achava que o médico estava errado e que ele não tinha condições de ir para a escola...*

Constatamos também que, desde o adoecimento da criança, a família deixou de conviver em sociedade, estando totalmente voltada para as dificuldades internas do Sistema. Com isso, a rede de apoio com que poderia contar tornou-se restrita. Consideramos que esse contato é extremamente importante, principalmente no caso de doenças crônicas, pois a aproximação com outras pessoas oferece troca de experiência e apoio mútuo. Revelaram essa carência nos seguintes trechos:

**Pai:** – *...minha vida é assim: de casa para o serviço e do serviço para casa...*

**Mãe**: – *...antes dele nascer eu gostava de dançar, ele ia também, mas depois... às vezes penso em voltar a ir, mas não confio em deixar meu filho com ninguém...*

Conclusões

Este estudo mostrou as dificuldades enfrentadas pela família que passa por essa experiência e sugere a necessidade da inclusão da Terapia Familiar no processo de assistência desses pacientes e familiares. Consideramos também ter sido de extrema importância, para essa família, o processo que se iniciou com esta coleta de dados, que teve uma ação terapêutica, levando-os a perceber a paralisação em que se encontravam e a buscar formas de apoio entre eles para saírem dessa situação. Outros estudos poderão trazer um aprofundamento deste tema e buscar uma melhor compreensão da vivência da família diante do procedimento de Transplante de Fígado, contribuindo assim para melhorar a qualidade de vida destas famílias.

# O exemplo do Serviço de Reabilitação Física

*Valéria Wojciechowski*

**Introdução**

Neste estudo, intitulado **A importância da avaliação do nível de expectativa frente à neurólise química com toxina botulínica em pacientes espásticos por AVC**, foi investigado o nível de expectativa apresentado pelos pacientes espásticos por Acidente Vascular Cerebral (AVC) que se submeteram à aplicação de neurólise química com toxina botulínica, com o objetivo de avaliar a maneira pela qual eles lidam com o tratamento e com as possibilidades de melhora física.

O tratamento físico da espasticidade envolve diversas opções terapêuticas, como drogas antiespásticas, neurólise química e procedimentos cirúrgicos. A neurólise química mostra-se bastante efetiva na redução da hipertonia. O procedimento é realizado pelo médico, que insere o medicamento em diversos pontos musculares, sendo a toxina botulínica tipo A a droga mais freqüentemente utilizada para esse fim (Lianza, Bang, Carqueja, Rossetto & Alves, 2003).

O Serviço de Reabilitação Física da Santa Casa de São Paulo desenvolve uma linha de pesquisa sobre a espasticidade com enfoque no diagnóstico e tratamento que tem, como finalidade, a padronização de condutas terapêuticas e o treinamento da equipe multiprofissional. Como parte desses trabalhos, são realizados atendimentos concentrados nos quais pacientes com diagnósticos e incapacidades semelhantes são tratados simultaneamente pela equipe multiprofissional.

O quadro clínico desses pacientes, por ser acompanhado de espasticidade, favorece o aparecimento de deformidades e, conseqüentemente, de alterações funcionais do membro acometido (Sposito & Condratcki, 1998), além de sentimentos de insegurança, frustração, desconfiança, pessimismo e inferioridade (Novaes, 1975). Assim, o acompanhamento psicológico torna-se necessário no tratamento de reabilitação, em função das reações afetivo-emocionais que podem ocorrer.

A imagem que o paciente faz da doença e de seu tratamento deve ser entendida não só em seus elementos concretos, mas também nos subjetivos, pois idéias errôneas ou distorcidas podem comprometer a eficácia do mesmo (Botega, 2002). A presença de ansiedade também pode prejudicar o tratamento, gerando uma resposta inadequada à situação, dificultando a adaptação às novas situações e ao ambiente (Cabrera & Sponholz, 2002).

Estudos (Botega, Furlanetto & Fráguas, 2002) afirmam que pessoas portadoras de doenças físicas apresentam perda de interesse, indecisão e irritabilidade. Além dessas reações, Garrison, Rolak, Dodaro & O'Callaghan (1992) observaram que 46% de um grupo de pacientes que tiveram AVC apresentavam sintomas de depressão que geraram lentificação no processo de recuperação motora e pouca cooperação nas atividades propostas.

A literatura ainda refere que um alto nível de expectativa – que dá origem a uma idealização de cura, na qual o paciente acredita que não será mais portador de qualquer deficiência física – em conjunto com resultados não alcançados, também pode originar sintomas depressivos, ansiedade e frustração. Sentimentos referentes a desejo e expectativas de cura são estimuladores para a realização de um tratamento. Entretanto, precisam ser avaliados e elaborados para que não se tornem fonte de frustrações (Novaes, 1975).

Assim, para ser efetiva em espasticidade pós AVC, essa forma terapêutica necessita de uma equipe de especialistas em diferentes áreas da reabilitação, que são requisitados de acordo com cada caso: Fisiatria, Fisioterapia, Fonoaudiologia, Psicologia, Terapia Ocupacional, entre outros (Lianza & Sposito, 1994).

Devido à escassez de artigos que abordam especificamente a neurólise química, o nível de expectativa dos pacientes e suas conseqüências em um processo de reabilitação, realizamos estas avaliações para identificar as fantasias de cura que geralmente os pacientes apresentam e para compreendê-los e auxiliá-los nesse tratamento.

Objetivos

Avaliar o nível de expectativa nos pacientes portadores de AVC inseridos em um tratamento de reabilitação com a utilização da aplicação da neurólise química com toxina botulínica e investigar as reações emocionais diante das limitações físicas.

## Metodologia

Os pacientes que apresentavam espasticidade devido a AVC, e que eram acompanhados pelo Serviço de Reabilitação da Santa Casa de São Paulo, foram convidados a participar de um atendimento concentrado de neurólise química. Esse atendimento foi realizado entre agosto e outubro de 2002. Além do serviço médico, os setores de Fisioterapia, Terapia Ocupacional e Psicologia realizaram avaliações durante esse período.

Quanto à abordagem do Serviço de Psicologia, foram realizadas avaliações psicológicas através de entrevistas semi-dirigidas, que investigaram sentimentos e pensamentos acerca do tratamento, antes e depois da neurólise química com toxina botulínica.

Nessa casuística, composta por 19 pacientes, havia dois pacientes que se submeteram à neurólise química pela primeira vez, catorze pacientes que se submeteram pela segunda vez e três pacientes pela terceira vez.

Os pacientes que participaram deste estudo apresentavam faixa etária entre 44 e 73 anos, sendo sete pacientes do sexo feminino e doze pacientes do sexo masculino. Todos os pacientes dependiam financeiramente da família ou dispunham de aposentadoria.

## Resultados

Pudemos verificar que 89% dos pacientes apresentavam informações adequadas quanto ao tratamento.

Na avaliação do nível de expectativas dos resultados esperados pelos pacientes, constatamos que 100% dos pacientes apresentavam expectativas grandiosas/idealizadas, relatando que esperavam a cura, ou seja, que as limitações físicas desaparecessem.

Após os três meses de tratamento, 79% dos pacientes referiram que alcançaram parcialmente suas expectativas e 21% relataram que não as alcançaram. Mesmo não alcançando as expectativas desejadas, 36% dos pacientes referiram que estavam muito satisfeitos com o tratamento, 59% dos pacientes afirmaram que estavam satisfeitos e 5% não estavam satisfeitos, por não terem alcançado os resultados desejados.

Questionamos dos pacientes que já haviam realizado uma aplicação de neurólise química anteriormente (n = 17) sobre as mudanças em suas vidas após a primeira aplicação e 84% deles afirmaram que sua condição física melhorou significativamente.

Reforçando esses dados, 68% dos pacientes afirmaram que não desistiriam do tratamento, alegando melhora da condição física. Dos que desistiriam, 50% referiram falta de apoio familiar e os demais tomaram esta decisão por não terem obtido melhora física.

Em relação ao apoio familiar, observamos que 74% dos pacientes apresentavam apoio para realizar o tratamento, afirmando que a família participava ativamente, incentivando-os, auxiliando-os no transporte, nos exercícios, entre outros.

A análise das reações emocionais frente às limitações, descritas pelos próprios pacientes, revelaram sintomas depressivos e ansiosos (50% referiram sintomas depressivos como tristeza e isolamento e 50% relataram sintomas ansiosos, como impaciência).

Após o tratamento, 58% dos pacientes não referiram mais depressão. Para os demais (42%), os sintomas depressivos prevaleceram, entretanto houve remissão total dos sintomas ansiosos.

Os dados em relação aos aspectos sociais revelaram que 42% dos pacientes se sentem mais dispostos a sair e participar de eventos sociais.

**Discussão**

Diante desses resultados, podemos concordar com Novaes (1975) em que desejos e expectativas de cura são estimuladores para a realização de um tratamento. Entretanto, a maneira pela qual o paciente percebe a sua inserção nele precisa ser avaliada e elaborada, uma vez que a idealização de cura se tornará fonte de frustrações. Pudemos observar que os pacientes, mesmo orientados quanto aos objetivos do tratamento, de alguma maneira, por motivos provavelmente relacionados a essa idealização, distorceram tais informações referentes à possibilidade de melhora no quadro físico.

Aqueles pacientes que já haviam realizado aplicações anteriores apresentaram os mais altos níveis de expectativa, pois, para eles, quanto mais vezes se submetessem a esse tratamento, mais próximos estariam da cura.

Sendo o tratamento de neurólise química um procedimento médico novo, pode ter, por si, gerado grandes expectativas. Mas, além disso, ele foi divulgado pela mídia como uma nova tecnologia que proporciona a cura, desencadeando, provavelmente, as expectativas de cura que todos os pacientes apresentavam no início do tratamento. Com isso, os pacientes não estavam à procura de um tratamento, mas sim de uma cura para suas limitações.

Nessa casuística, observamos que 100% dos pacientes além de apresentarem expectativas idealizadas quanto à reabilitação de suas limitações físicas, transferiam tais expectativas para a equipe que os assistia. Portanto, a equipe de reabilitação necessita estar atenta a tais expectativas para auxiliar o paciente a se adaptar à sua nova condição física, proporcionando melhor qualidade de vida e independência dentro de expectativas realistas (Lianza e cols., 1994).

A presença de ansiedade no início do tratamento e a sua remissão total ao final foi outro fato importante. Talvez a inserção em um tratamento multifocal e multiprofissional tenha sido responsável pela diminuição da ansiedade. Além disso, as grandes expectativas apresentadas no início podem estar relacionadas à presença de ansiedade e, no decorrer do processo, com a diminuição desta, os pacientes puderam adequar as expectativas aos resultados obtidos e, então, relataram que estavam satisfeitos com o tratamento.

Em relação aos sintomas depressivos, encontramos nesse trabalho semelhanças com outros anteriores (Garrison e cols., 1992) que afirmam que a depressão, na maior parte das vezes, se instala após o AVC. Dessa maneira, o acompanhamento psicológico torna-se extremamente importante e, em alguns casos, é necessário um acompanhamento psiquiátrico para remissão dos sintomas, para que estes não influenciem o tratamento de uma maneira negativa.

Em acordo com o que reportaram resultados de estudos anteriores (Sposito & Condratcki, 1998), a significativa diminuição de sintomas emocionais contribuiu para que os pacientes alcançassem melhores resultados físicos, pois, apresentando um nível menos intenso de ansiedade e depressão, houve maior concentração, colaboração e desempenho tanto nas atividades solicitadas em tratamento quanto no cotidiano.

Portanto, podemos afirmar que o apoio psicológico relacionado à reabilitação pode facilitar a adaptação desses pacientes a sua nova condição física, além de contribuir para a elaboração da nova autoimagem e para o fortalecimento egóico.

A metodologia da realização da neurólise química com toxina botulínica, associada a um processo de avaliação e seguimento multiprofissional, parece ser um fator determinante na adequação de comportamentos dos pacientes espásticos por AVC, porém estudos mais completos devem ser desenvolvidos.

## Conclusão

O tratamento auxiliou o paciente física, social e emocionalmente. No entanto, uma alta expectativa de cura no processo de reabilitação pode gerar sentimentos e comportamentos que o comprometem.

## Considerações finais

A execução deste capítulo, e sua inserção em um livro que se destina a descrever nossa prática cotidiana em Psicologia Hospitalar, pressupõe uma declaração: *a pesquisa não se constitui em uma atividade dissociada da assistência no dia-a-dia do nosso exercício profissional.*

Notadamente, nosso compromisso primordial nessa Casa de Misericórdia é com a assistência. Mas, a pesquisa tem seu lugar, na medida em que traz conhecimento novo e relevante para um atendimento cada vez melhor. De fato, embora a prioridade da Santa Casa seja, sem dúvida, a assistência, o volume de pesquisas desenvolvidas nessa Instituição é certamente também muito grande. Especificamente falando sobre Psicologia Hospitalar, podemos dizer que cada vez mais a produção de conhecimento, através do desenvolvimento de pesquisas científicas, tem sido parte integrante e inseparável da nossa rotina dentro do hospital. Seja como forma de encontrar respaldo para uma atuação de qualidade, seja para conhecer melhor uma determinada população e oferecer a ela novas possibilidades de atendimento, ou ainda para dar respaldo teórico para aquilo que já vem sendo desenvolvido, a pesquisa nos tem dado subsídios importantes, sem os quais a prática poderia correr o risco de se atrelar ao senso comum quando nos encontramos diante de lacunas de conhecimento.

Aquele leitor mais acostumado à prática psicológica no hospital sabe que dispomos de uma quantidade enorme de material, de dados coletados dos pacientes, derivados de entrevistas diagnósticas, de testes aplicados, enfim, de tudo o que é produzido durante avaliações e acompanhamento psicológicos de rotina. Talvez por força do hábito, esses dados, muitas vezes, não são analisados sob o ponto de vista da produção de conhecimento científico, mas ficam restritos ao uso clínico, beneficiando apenas aquele paciente ou família que lhes deu origem. O que este capítulo gostaria de deixar como contribuição é a idéia de que tudo aquilo que produzimos pode e deve ser fonte de informação e de troca de informação entre aqueles que se dedicam ao estudo e à atuação psicológica no Hospital Geral.

Em Psicologia Hospitalar ainda há muito o que se descobrir e desenvolver, e atrelar a produção de conhecimento à prestação de serviços é, talvez, o melhor caminho para uma atuação competente em uma área tão rica e instigante como essa. As pesquisas descritas resumidamente neste capítulo são algumas de nossas contribuições.

## Referências bibliográficas

ABRAHAM, A. – *Le Desin d'une Personne*. Delachaux et Niestlé. Neuchatel, Suiça, 1963.

BENEDETTI, C. – *Obesidade e Emagrecimento: um Estudo com Obesos Mórbidos Submetidos a Gastroplastia*. Dissertação de Mestrado. Pontifícia Universidade Católica de São Paulo. São Paulo, 2001.

BARDIN, L. – Sanálise de Conteúdo. Edições 7º. Lisboa, 1977.

BOTEGA, N. J. (Org.) – *Prática Psiquiátrica no Hospital Geral: Interconsulta e Emergência*. Artmed. São Paulo, 2002.

BOTEGA, N. J. – Reação à Doença e à Hospitalização. In: Botega, N. J. (Org.), *Prática Psiquiátrica no Hospital Geral: Interconsulta e Emergência*. Artmed. São Paulo, 2002.

BOTEGA, N. J.; FURLANETTO, L. & FRÁGUAS, Jr. R. – Depressão no Paciente Clínico. In: Botega, N. J. (Org.), *Prática Psiquiátrica no Hospital Geral: Interconsulta e Emergência*. Artmed. São Paulo, 2002.

BRUSCATO, W. L.; AMORIM, S. F. & FERNADES, F. L. – The Health Psychology in the General Hospital: Data from the Holy House of São Paulo, Brazil. *Abstracts of the 156th Annual Meeting of the American Psychiatric Association*, 130, 2003.

BRUSCATO, W. L.; KITAYAMA, M. M. G.; DE FRANCO, C.; MACHADO, F. S.; SARNES, M. F.; ORSATI, F. T.; PEDREIRA, G. M.; PORTUGUEIS, D.;

SILVA, A. P. C. B. & TORRES, M. V. M. – Characterization of the Polifractured Patients' Psychological Demand at the Orthopedics and Traumathology Department from Santa Casa de São Paulo. Abstracts of the 157$^{th}$ Annual Meeting of the American Psychiatric Association, 203, 2004.

CABRERA, C. C. & SPONHOLZ, JR. A. – Ansiedade e Insônia. In: Botega, N. J. (Org.), *Prática Psiquiátrica no Hospital Geral: Interconsulta e Emergência*. Artmed. São Paulo, 2002.

GARRISON, S. J.; ROLAK, L. A.; DODARO, R. R. & O'CALLAGHAN A. J. – Reabilitação do Paciente com AVC, In: Delisa, J. A., *Medicina de Reabilitação: Princípios e Práticas*. Vol. 2. Manole. São Paulo, 1992.

GARRIDO JR., A. B. – Situações Especiais: Tratamento da Obesidade Mórbida. In: Halpern, A., Matos, A. F. G., Suplicy, H. L., Mancini, M. C. & Zanella, M. T. (Orgs.), *Obesidade*. Lemos. São Paulo, 1998.

LEVINSKY, D. L. – *Adolescência: Reflexões Psicanalíticas*. Casa do Psicólogo. São Paulo, 1998.

LIANZA, S. & SPOSITO, M. M. M. – *Reabilitação – A Locomoção em Pacientes com Lesão Medular*. Savier. São Paulo, 1994.

LIANZA, S.; BANG, G. S. S.; CARQUEJA, C. L.; ROSSETTO, R. & ALVES, D. P. L. – Resultados do Atendimento Concentrado da Espasticidade com Toxina Botulínica Tipo A em Pacientes Hemiplégicos. Medicina de Reabilitação, *22: 9-10, 2003*.

LOPES, S. R. A. – Estudo da Imagem Corporal de Adolescentes do Sexo Feminino Portadoras de Escoliose Idiopática em Pré e Pós-Cirúrgico. *Dissertação de Mestrado*. Universidade de São Paulo. São Paulo, 2001.

MACHOVER, K. – *Técnicas Projetivas do Diagnóstico Psicológico*. Mestre Jou. São Paulo, 1967.

McDANIEL, S. H; HEPWORTH, J & DOHERTY, W. J. – *Terapia Familiar Médica*. Artes Médicas. Porto Alegre, 1994.

MINAYO, M. C. S. – *Os Desafios do Conhecimento: Pesquisa Qualitativa em Saúde*. HUCITEC-ABRASCO. São Paulo, 1998.

MINISTÉRIO DA SAÚDE – MS – *Promoção da Saúde: Plano Nacional para Redução da Mortalidade por Acidentes de Trânsito*. Disponível em http://dtr2001.saude.gov.Br/sps/areastecnicas, 2001.

MINUCHIN, S. – *Famílias: Funcionamento e Tratamento*. Artes Médicas. Porto Alegre, 1990.

NOONAN, K. J.; DOLAN, L. A.; JACOBSON, W. C. & WEINSTEIN, S. L. – Long-term Psychosocial Characteristics of Patients Treated for Idiopathic Scoliosis. *Journal of Pediatric Orthopedics*, 17 (6): 712-717, 1997.

NORUSIS, M. J. – *SPSS. Base 6.0*. SPSS Inc. Chicago, 1993.

NOVAES, M. H. – *Psicologia Aplicada à Reabilitação*. Imago. Rio de Janeiro, 1975.

PAYNE, W. K.; OGILVIE, J. W.; RESNICK, M. D. et al. – Does Scolioses Have a Psychological Impact and Does Gender Make a Difference? *Spine,* 22 (12): 1340-1344, 1997.

RODRIGUES, R. T. S. – *A Vivência da Família Frente ao Transplante Hepático*. Monografia de Conclusão de Curso de Especialização em Terapia Familiar. Universidade Federal de São Paulo – Escola Paulista de Medicina – UNIFESP-EPM. São Paulo, 2002.

SANTOS, S. S. C. – *Enfermagem Gerontogeriátrica – Reflexão à Ação Cuidativa*. Robe Editorial. São Paulo, 2001.

SCHILDER, P. – The Image and Appearance of the Human Body. International University Press. New York, 1958.

SPINK, M. J. P. – *Psicologia Social e Saúde*. Vozes. Petrópolis, 2003.

SPOSITO, M. M. & CONDRATCKI, S. – Hemiplegia por Acidente Vascular Cerebral. *Medicina de Reabilitação*, 47: 17-22, 1998.

TARDIVO, L. S. P. C.; FRÁGUAS, JR. R., RIZZINI, M. A & PAULO, M. S. L. L. – Os Desenhos da Figura Humana em Pacientes com Depressão Secundária. *Mudanças – Estudos Psicossociais*, 7 (11): 223-234, 1999.

TURATO, E. R. – *Tratado da Metodologia da Pesquisa Clínico-Qualitativa*. Vozes. São Paulo, 2003.

VAN KOLCK, O. L – Sobre a Técnica do Desenho da Figura Humana na Exploração da Personalidade. *Estudos de Adolescentes de Centros Urbanos*, 293 (7), Faculdade de Filosofia, Ciências e Letras da Universidade de São Paulo. São Paulo, 1966.

VAN KOLCK, O. L. – A Doença e a Imagem Corporal: Campo Fértil de Pesquisas. *Boletim de Psicologia,* 37 (87): 46-48, 1987.

# Parte V

## Considerações finais

# Capítulo 20

# Considerações finais

Wilze Laura Bruscato
Carmen Neves Benedetti
Sandra Ribeiro de Almeida Lopes

Ao conceituar saúde como *"um estado de completo bem-estar físico, mental e social e não meramente a ausência de doença ou enfermidade"* a Organização Mundial da Saúde (OMS, 2002) – reunindo as dimensões biológicas, os fatores psicológicos e as condições sociais – contribuiu para uma visão integral do homem na prática das atividades em saúde e deu origem à necessidade de criação do **Modelo Biopsicossocial** (Engel, 1960, 1977, 1980, 1987).

Os princípios de atuação desse modelo têm aproximado o convívio de profissionais da Psicologia com colegas de outras profissões da área da saúde, propiciado a integração de conhecimentos na interface entre distúrbios orgânicos e manifestações psicológicas, através da priorização de um atendimento articulado multiprofissional, e têm levado a estudos que examinam, no âmbito das populações atendidas no Hospital Geral, a ocorrência de distúrbios psicológicos, bem como as repercussões emocionais do adoecer e da internação.

A maneira como cada indivíduo vivencia e enfrenta a doença é algo pessoal, em função de características de personalidade, da capacidade de tolerar frustrações, das vantagens e desvantagens advindas da posição de doente, assim como da sua relação com as pessoas e projetos de vida. E a avaliação das condições psicológicas decorrentes da doença e da hospitalização, das condições de estresse e vulnerabilidade, dos traços de personalidade, dos conflitos emocionais e dos mecanismos adaptativos, bem como as experiências prévias com doenças, médicos e hospitais, precisa ser levada em conta (Penna, 1990).

Pacientes com distúrbios emocionais solicitam a equipe mais freqüentemente, apresentam morbidade geral mais elevada e têm mais doenças, em geral, do que o restante da população atendida por médicos (Kessler e cols., 1987). Transtornos orgânicos e emocionais concomitantes necessitam de tratamento especializado, também porque a falta desse recurso conduz freqüentemente ao excesso de prescrição de medicações psicotrópicas (Mayou & Hawton, 1986; Botega, 2002). As investigações desses fatores têm-se tornado algo vital, não só pela premência na produção de conhecimento na área, como também pelo fato de a própria permanência dos Serviços de Psicologia em Hospitais Gerais condicionar-se à sua viabilidade econômica (custo/benefício) dentro da Instituição (Botega & Smaira, 2002).

## Capítulo 20 – Considerações finais

Como resultado dessas investigações, que confirmam que problemas afetivos influenciam a evolução das enfermidades, quer prolongando-as, quer agravando o quadro clínico do paciente (Fortes e cols., 1995; Botega & Smaira, 2002), a instalação de Serviços de Psicologia tem sido reconhecida como importante recurso para provisão de assistência, não só ao paciente que busca o hospital e apresenta distúrbios afetivo-emocionais, mas também às equipes de saúde, proporcionando-lhes conhecimento interdisciplinar, apoio e facilitação para lidar com os problemas psicológicos em pacientes clínicos e cirúrgicos. Além disso, os estudos também referem que a Psicologia ainda trata do impacto, na dinâmica familiar, do adoecimento de um de seus membros e investiga a participação da família nos processos de estabilização ou agravamento da doença em um de seus integrantes (Lamanno-Adamo, 2002).

A implementação do atendimento psicológico no hospital, confirmando os benefícios terapêuticos e demonstrando as vantagens do tratamento psicológico em pacientes internados e acompanhados em ambulatórios em Hospitais Gerais, facilita o manejo do paciente, aumenta sua tolerância e da equipe ao estresse, encurta o período de recuperação e reduz a incidência de distúrbios duradouros de comportamento (Pitta, 1991; Botega, 1995; Martins e cols., 1995; Nogueira-Martins, 2002).

O trabalho da Psicologia também propicia maior adesão ao tratamento, recuperação mais rápida dos pacientes, com tempo menor de permanência no hospital, melhora dos níveis funcionais e menor utilização de serviços médicos, com redução dos custos com assistência médica (Botega & Smaira, 2002).

Na Santa Casa de São Paulo, o Serviço de Psicologia vem se dedicando à compreensão e ao tratamento dos aspectos psicológicos intervenientes no adoecimento, na adesão ao tratamento e no processo de recuperação, e, numa crescente valorização do aspecto psicológico, os psicólogos desse serviço são hoje vistos como membros vitais das equipes multiprofissionais para a *qualidade* dos cuidados da saúde.

Mas isso não significa que sempre tenha sido assim. A compreensão e o reconhecimento, por parte das equipes de saúde, do trabalho do psicólogo, foram paulatino e ocorreu, sem dúvida, graças a uma abertura maior destes profissionais à intervenção psicológica mas, também, e sobretudo, em função de uma atuação psicológica competente, ajustada às exigências hospitalares e cada vez mais distinta do modelo que lhe deu origem: o modelo clínico de consultório particular.

Nossa experiência indica que qualquer tentativa do psicólogo de impor ao hospital o modelo costumeiro de atuação em consultório está fadada ao insucesso, à ineficiência e à ineficácia, e tentativas de se fazer compreendido e aceito pelas equipes de saúde (com as quais o psicólogo precisa se comunicar), esbarrarão em limites por vezes intransponíveis.

A Psicologia Hospitalar não é meramente uma adaptação/expansão da Psicologia Clínica a um contexto ampliado, mas uma *área especial de conhecimento*, logo, uma *especialidade*, que se ocupa da assistência, do ensino e da pesquisa na interface da Psicologia com a Medicina e na interação com as demais áreas da Saúde atuantes no hospital.

Além da inexistência de um *setting* predefinido, alguns outros aspectos claros diferenciam a especialidade Psicologia Hospitalar da Psicologia Clínica praticada em consultórios. Alguns deles são de manejo mais simples, outros nem tanto, havendo aqueles que demandam decisões difíceis de serem tomadas, para as quais o psicólogo, muitas vezes, não encontra aparato teórico nem mesmo na Psicologia.

Ter a consulta interrompida por um funcionário que entra na sala para pegar o prontuário, suspender um atendimento porque o paciente precisa ser submetido a um exame ou não poder atender porque o paciente está sendo preparado para um procedimento ou está dormindo, são situações com as quais freqüentemente nos deparamos, mas não são as de manejo mais difícil. O reconhecimento cada vez maior da importância do trabalho do psicólogo na instituição hospitalar e, portanto, o respeito a ele, associado à maior flexibilidade por parte desse profissional, durante seus atendimentos, dão conta dessas questões circunstanciais, permitindo, apesar delas, uma atuação de qualidade.

São outras as dificuldades às quais nos referimos. Dizem respeito, por exemplo, a situações em que a avaliação psicológica conclui que um determinado paciente não se encontra em condições emocionais de ser submetido a uma cirurgia (veja também capítulos 10, 12 e 14), mas a gravidade do seu estado clínico não permite adiamentos. Ou ainda quando, na situação descrita, um pequeno adiamento é possível e um trabalho psicológico que seria, em condições ideais, feito em meses, precisa ser executado em duas ou três semanas.

Estamos falando também de situações (como as descritas no capítulo 5) ligadas à imprevisibilidade na duração do atendimento psicológico em enfermaria, que pode ser interrompido abruptamente devido à alta hospitalar. Diferentemente da atuação clínica de consultório, a variável "tempo" é extremamente influente nas decisões tomadas pelo psicólogo hospitalar. Assim, a escolha de condutas em um atendimento em enfermaria precisa contemplar sempre a possível ocorrência da alta a qualquer momento.

Uma outra dificuldade diz respeito ao volume de pacientes. A Santa Casa de São Paulo é um hospital de referência e recebe, todos os dias, um número enorme de pacientes. Atendê-los com qualidade exige flexibilidade e o desenvolvimento de novas formas de atuação que, certamente, não agradariam aquele psicólogo mais acostumado ao atendimento no consultório particular. Além disso, esses pacientes pertencem, na sua grande maioria, a uma realidade socioeconômica bastante desfavorável, o que torna a questão, de ordem emocional, por vezes, secundária, e dificulta o trabalho do psicólogo, que tem, então, que lidar com aspectos concretos e limitadores, que ultrapassam o âmbito da Psicologia. Ainda assim, podemos nos surpreender diante de alguns pacientes, tão prejudicados econômica e socialmente, mas que – quando assimilam emocional e cognitivamente as orientações dadas, permitindo que o nosso trabalho ilumine suas experiências e torne suas dificuldades mais toleráveis, enquanto aprendem a conviver com elas, a aceitá-las e a superá-las – nos confirmam que recurso psicológico não está subordinado a recurso social.

O trabalho em equipe multiprofissional, dentro do Modelo Biopsicossocial, é outro aspecto que exige amadurecimento profissional por parte do psicólogo, que precisa ajustar-se a uma abordagem de trabalho em grupo, de colaboração complementar, para que não haja uma cisão no olhar sobre o paciente. Essa articulação nem sempre encontra subsídios na formação acadêmica do psicólogo, de maneira que ele tem que se instrumentalizar para atuar de forma integrada aos demais profissionais, centralizando as ações na obtenção do resultado que é a atenção integral às necessidades de saúde do paciente.

Embora a presença do profissional da Psicologia seja vista como essencial pelas equipes, inclusive porque as isenta de ter que administrar demandas para além de sua especificidade de trabalho, não quer dizer que não existam movimentos, implícitos ou explícitos, de competitividade e disputa de poder quanto às condutas e decisões sobre o melhor para o paciente.

Para lidar com isso, o psicólogo precisa estar seguro e consciente do alcance e dos limites de sua atuação, em constante estudo e aprimoramento técnico, e usar de clareza e objetividade em debates e nas discussões dos casos. A comunicação faz parte do exercício cotidiano do trabalho integrado. E, apesar de ter o domínio de uma área exclusiva, preservar a especificidade do seu saber e sua identidade profissional, precisa agir em colaboração com os demais e questionar-se quanto às intervenções que realiza, para colocar-se de acordo com as ações específicas necessárias para o trabalho comum, numa conjugação de especificidade com flexibilidade.

Trabalhar no hospital é um desafio diário que exige do profissional psicólogo uma estrutura conceitual sólida para guiá-lo em sua atividade, aliada a muita versatilidade, sem as quais lhe seria impossível lidar com a ampla extensão de respostas para as quais ele é solicitado. Essa multiplicidade de solicitações exige ação profissional emergencial consistente, eficaz e eficiente. O psicólogo hospitalar está sempre diante do imprevisível, do inesperado, do inevitável, representado pela alta ou pelo óbito, lidando, portanto, com a urgência em emitir um parecer a respeito da situação para a qual foi solicitado.

Os pacientes que ele atende, pelas enfermidades que os acometem, apresentam características diversas. Pode se tratar de um paciente em pré-operatório, um outro em estado comatoso na Unidade de

Terapia Intensiva, uma idosa com fratura por queda da própria altura, receptores/doadores em transplante intervivos, uma tentativa de suicídio no Pronto Socorro, um paciente com perda de um membro por acidente automobilístico, uma mulher com dor crônica, um sequelado de acidente vascular cerebral em reabilitação física, uma criança vítima de negligência e maus tratos, adolescentes gestantes e seus parceiros, familiares de um paciente terminal, membros de uma equipe de captação de órgãos...

Ademais, no que diz respeito ao trabalho diário dentro do hospital, nunca estamos diante de um tratamento psicológico exclusivo para o paciente. A intervenção também se volta para todos os envolvidos na situação, quer sejam familiares (capítulo 16) ou equipe assistencial (capítulo 17). Enfim, a demanda é de tal forma diversificada, que exige, sem dúvida, um preparo bastante diferenciado.

A Psicologia Hospitalar é uma especialidade em franca evolução, mas é ainda muito recente, se comparada ao tempo de inserção de outros profissionais e, portanto, ainda não oferece respaldo teórico capaz de contemplar tudo aquilo que ocorre no hospital. Preencher lacunas de conhecimento com práticas trazidas do consultório ou originadas do senso comum pode ser danoso ao paciente e à imagem do psicólogo dentro da Instituição.

Descrevemos inúmeras dificuldades no desempenho da Psicologia Hospitalar. Mas, sob muitos aspectos, a intervenção psicológica pode ser facilitada justamente pela condição de internação. Em outras situações, dificilmente teríamos a possibilidade de encontrar nosso paciente com tanta freqüência como no hospital, de observá-lo diretamente nas relações que estabelece com sua família e com as pessoas de um modo geral. Além disso, o contexto hospitalar, ou até mesmo a doença, podem ser extremamente facilitadores quando o que se almeja é a mobilização de recursos para se operar mudanças que, talvez em situações menos angustiantes, não ocorreriam. Numa situação de crise, estando mais vulnerabilizado e, supostamente, menos defendido, o paciente estará mais receptivo à ajuda terapêutica.

A idéia de organizar um livro capaz de proporcionar ao leitor um contato direto com a realidade vivida pelo psicólogo dentro da Santa Casa partiu daqueles psicólogos que, envolvidos no seu trabalho, tantas vezes se viram diante de situações que os levaram a se perguntar: o que eu faço agora?

Embora as diversas formas de atuação descritas neste livro não esgotem o tema em questão – o trabalho do psicólogo na instituição hospitalar – refletem uma prática diária baseada sempre na evidência científica e que ocorre dentro das possibilidades oferecidas por um hospital centenário, de proporções gigantescas e que conta com um pequeno número de psicólogos.

Há doze anos a Santa Casa de São Paulo conta com a assistência profissional de psicólogos em suas enfermarias e ambulatórios, desenvolvendo concomitantemente ações voltadas para ensino e pesquisa. O que este livro se propôs a demonstrar são maneiras de exercitar a Psicologia Hospitalar ajustadas ao funcionamento deste hospital, apontando dificuldades e compartilhando, com aqueles que trabalham ou venham a trabalhar em instituições dessa natureza, práticas que têm se mostrado efetivas ao longo desses anos.

É possível que a esta altura o leitor esteja se perguntando: mas de que me adianta conhecer o trabalho do psicólogo na Santa Casa se não é lá que vou atuar? Não seria mais interessante um livro que falasse da Psicologia Hospitalar de uma maneira geral e não daquela que é especificamente praticada nesse hospital?

A resposta para essas perguntas está em uma colocação que, a princípio, pode parecer óbvia: não existe Psicologia Hospitalar sem hospital. Ou seja, a atuação do psicólogo está, e precisa estar, intrinsecamente ligada ao funcionamento do hospital na qual ocorre, sob risco de sucumbir ou, estando alheia ao que ocorre nos entremeios do funcionamento hospitalar, não conseguir estabelecer comunicação com aquilo que acontece para além das fronteiras da Psicologia. Como cada hospital tem suas características particulares, acreditamos ser muito difícil, quiçá impossível, descrever a prática fora do contexto em que ela ocorre.

Este é um livro que fala de nossa experiência, nosso estudo, nossa pesquisa, nossa vivência. Nossa intenção não foi a de oferecer um arcabouço teórico capaz de instrumentalizar o psicólogo a trabalhar dentro do hospital, mas a de compartilhar com o leitor nosso entusiasmo com nosso trabalho, nossa prática, e mostrar uma maneira, entre tantas outras possíveis, de ser psicólogo e exercer Psicologia em um hospital que, dentro do seu alcance, acolhe esse profissional e respeita sua atividade. Dessa forma, embora estejamos falando do que é praticado apenas na Santa Casa, respeitadas as diferenças institucionais, o que vivemos aqui pode ser experimentado em qualquer outro hospital. E esperamos que as soluções encontradas por nós também possam ser de utilidade para outros profissionais.

*A prática se apóia sobre um saber, mas este é sempre fragmentado e provisório.*
*Fragmentado porque não pode haver teoria exaustiva sobre o homem, e provisório porque a própria prática faz surgir constantemente um novo saber (...)*
*O próprio sujeito da prática é transformado constantemente a partir da experiência na qual está engajado e que ele faz, mas pela qual ele é também feito.*

Castoriardis

## Referências bibliográficas

BOTEGA, N. J. (Org.) – *Serviços de Saúde Mental no Hospital Geral*. Papirus. São Paulo, 1995.

BOTEGA, N. J. (Org.) – *Prática Psiquiátrica no Hospital Geral: Interconsulta e Emergência*. Artmed. São Paulo, 2002.

BOTEGA, N. J. & SMAIRA, S. I. – Morbidade Psiquiátrica no Hospital Geral. In: Botega, N. J. (Org.), *Prática Psiquiátrica no Hospital Geral: Interconsulta e Emergência*. Artmed. São Paulo, 2002.

ENGEL, G. L. – A Unified Concept of Health and Disease. *Perspectives of Biological Medicine*, 3: 459-485, 1960.

ENGEL, G. L. – The Need for a New Medical Model: A Challenge for Biomedicine. *Science*, 196: 129-136, 1977.

ENGEL, G. L. – The Biopsychosocial Model and the Education of Health Professionals. *Annual New Yorker Academy of Science*, 310: 169-181, 1987.

ENGEL, G. L. – The Clinical Application of the Biopsychosocial Model. *American Journal of Psychiatry*, 137 (5): 535-544, 1980.

FORTES, S. L.; PEREIRA, M. E. C. & BOTEGA, N. J. – Ambulatório de Saúde Mental. In: Botega, N. J. (Org.), *Serviços de Saúde Mental no Hospital Geral*. Papirus. São Paulo, 1995.

KESSLER, I. G.; AMICK, B. C. & THOMPSON, J. – Factors Influence in the Diagnosis of Mental Disorder among Primary Care Patients. *Medical Care*, 23 (1): 50-62, 1987.

LAMANNO-ADAMO, V. L. C. – A Família sob Impacto. In: Botega, N. J. (Org.), *Prática Psiquiátrica no Hospital Geral: Interconsulta e Emergência*. Artmed. São Paulo, 2002.

MARTINS, L. A. N.; BOTEGA, N. J. & CELERI, E. H. R. V. – Interconsulta Psiquiátrica. In: Botega, N. J. (Org.), *Serviços de Saúde Mental no Hospital Geral*. Papirus. São Paulo, 1995.

MAYOU, R. & HAWTON, K. – Psychiatric Disorder in the General Hospital. *British Journal of Psychiatry*, 149: 172-190, 1986.

NOGUEIRA-MARTINS, L. A. – Saúde Mental dos Profissionais da Saúde. In: Botega, N. J. (Org.), *Prática Psiquiátrica no Hospital Geral: Interconsulta e Emergência*. Artmed. São Paulo, 2002.

ORGANIZAÇÃO MUNDIAL DA SAÚDE - OMS (1948) – *Definição de Saúde*. Disponível em: http://www.who.int/about/definition, 2002.

PENNA, T. – Formação do Interconsultor. Abordagem Psicodinâmica. In: Miguel Filho, E. C. e cols. (Ed.), *Interconsulta Psiquiátrica no Brasil*. Astúrias. São Paulo, 1990.

PITTA, A. – *Hospital: Dor e Morte com Ofício*. HUCITEC. São Paulo, 1991.

# AUTORES

Adriana Aparecida Fregonese
    Psicóloga, especialista em Psicologia Hospitalar, mestranda em Ciências da Saúde pela Faculdade de Ciências Médicas da Santa Casa de São Paulo (FCMSCSP).

Adriana Haberkorn
    Psicóloga, psicodramatista, especialista em Psicologia Hospitalar, mestranda em Ciências da Saúde pela Universidade Federal de São Paulo – Escola Paulista de Medicina (UNIFESP – EPM).

Ana Paula Sabatini de Mello
    Psicóloga, especialista em Neuropsicologia.

Carmen Neves Benedetti
    Psicóloga, psicodramatista, especialista em Psicologia Hospitalar, mestre em Psicologia Clínica pela Pontifícia Universidade Católica de São Paulo (PUCSP), doutoranda em Ciências da Saúde pela Faculdade de Ciências Médicas da santa casa de São Paulo (FCMSCSP), professora de Ensino Superior do Centro Universitário Nove de Julho (UNINOVE), membro associado da Associação Brasileira de Estudos da Obesidade (ABESO), diretora científica do Instituto Brasileiro de Estudos da Obesidade Mórbida (IBEOM).

Daniela Achette dos Santos
    Psicóloga, fenomenóloga, especialista em Psicologia Hospitalar, membro Associado da Sociedade Brasileira de Psico-Oncologia (SBPO).

Juliana Haddad David
    Psicóloga, Especialista em Psicologia Hospitalar, mestranda em Ciências da Saúde pela Universidade Federal de São Paulo – Escola Paulista de Medicina (UNIFESP-EPM).

**Marcela Mayumi Gomes Kitayama**
Psicóloga, gestaltista, especialista em Psicologia Hospitalar, membro associado da Sociedade Brasileira para o Estudo da Dor.

**Maria das Graças Saturnino de Lima**
Psicóloga, especialista em Psicologia Hospitalar, Mestre em Psicologia Clínica pela Universidade de São Paulo (USP), membro Associado Titular da Associação Brasileira de Transplante de Órgãos (ABTO).

**Mirella Baise Duque**
Psicóloga, especialista em Psicologia Hospitalar em Avaliação Psicológica e Neuropsicológica.

**Nilza Maciel Oliveira**
Psicóloga, psicanalista, especialista em Psicologia Hospitalar.

**Rosana Trindade Santos Rodrigues**
Psicóloga, psicoterapeuta familiar, especialista em Psicologia Hospitalar, mestranda em Ciências da Saúde pela Universidade Federal de São Paulo – Escola Paulista de Medicina (UNIFESP-EPM), coordenadora do Grupo de Apoio ao Transplantado (GAT) da Associação Brasileira de Transplante de Órgãos (ABTO), membro associado titular da Associação Brasileira de Transplante de Órgãos (ABTO).

**Sandra Fernandes de Amorim**
Psicóloga, psicoterapeuta junguiana, especialista em Psicologia Hospitalar, mestranda em Ciências da Saúde pela Universidade Federal de São Paulo – Escola Paulista de Medicina (UNIFESP-EPM), membro associado titular da Associação Brasileira de Transplante de Órgãos (ABTO).

**Sandra Ribeiro de Almeida Lopes**
Psicóloga, especialista em Psicologia Hospitalar, mestre em Psicologia Clínica pela Universidade de São Paulo (USP), doutoranda em Ciências da Saúde pela Faculdade de Ciências Médicas da Santa Casa de São Paulo (FCMSCSP), professora assistente da Universidade Presbiteriana Mackenzie.

**Silvia Faigenbaum Balsimelli**
Psicóloga, especialista em Neuropsicologia.

**Valéria Wojciechowski**
Psicóloga, especialista em Psicologia Hospitalar, mestre em Ciências da Saúde pela Faculdade de Medicina da Universidade de São Paulo (FMUSP).

**Wilze Laura Bruscato**
Psicóloga, psicanalista, especialista em Psicologia Clínica, mestre em Saúde Mental pela Universidade Federal de São Paulo – Escola Paulista de Medicina (UNIFESP-EPM), doutora em Ciências da Saúde pela Universidade Federal de São Paulo – Escola Paulista de Medicina (UNIFESP-EPM), chefe do Serviço de Psicologia Hospitalar da Santa Casa de São Paulo, professora doutora da Faculdade de Ciências Médicas da Santa Casa de São Paulo (FCMSCSP), professora assistente da Universidade Presbiteriana Mackenzie, coordenadora do Grupo de Trabalho de Humanização Hospitalar da Santa Casa de São Paulo, membro associado da Sociedade Brasileira de Psicologia Hospitalar (SBPH), membro associado da Associação Brasileira de Ensino de Psicologia (ABEP), consultora *ad hoc* da Revista *Aletheia*, publicada pela Universidade Luterana do Brasil.

impressão acabamento
rua 1822 nº 341
04216-000 são paulo sp
T 55 11 3385 8500
F 55 11 2063 4275
www.loyola.com.br